BROCÉLIANDE
et l'énigme du Graal

JEAN MARKALE

BROCÉLIANDE
et l'énigme du Graal

ÉDITIONS FRANCE LOISIRS

Édition du Club France Loisirs,
avec l'autorisation des Éditions Pygmalion/Gérard Watelet

Éditions France Loisirs,
123, boulevard de Grenelle, Paris.
www.franceloisirs.com

ISBN 978-2-298-00314-7

PREMIÈRE PARTIE

Les Lieux

I

LES ROUTES DE NULLE PART

Si quelque divinité maléfique, il en existe sûrement, surgissait de l'ombre, un soir, ayant décidé d'engloutir la surface de la terre, et me demandait, par faveur insigne, quelle partie du monde j'aimerais voir épargnée, je répondrais sans aucune hésitation : Brocéliande.

Cette réponse ne correspondrait pas à un choix, mais elle serait une nécessité. Dans ce qu'on appelle la tradition, et aussi dans l'histoire, Brocéliande apparaît comme un pays merveilleux où des chevaliers errants se perdent à force de chercher vainement le Château du Graal, mais pour moi, il s'agit d'une forêt bien réelle, située quelque part au centre de la Bretagne armoricaine, entourée de landes rocailleuses et presque agressives, sur lesquelles soufflent en rafales des vents venus d'ailleurs. Brocéliande, ce n'est pas vraiment le pays de mes ancêtres, ce n'est pas non plus le lieu de ma naissance, mais c'est incontestablement la région du monde où j'ai appris très tôt - je n'avais pas trois mois d'existence - à respirer l'odeur forte des pins mêlée aux senteurs plus mouillées des hêtres et des chênes. Et puis, surtout, c'est Brocéliande qui m'a constitué, qui m'a *fait*, qui a modelé mon visage et mon âme, ouvrant, dans les entrailles de la terre, un chemin profond que depuis lors je n'ai cessé de suivre, persuadé qu'il me mènerait vers les éclatantes éclaboussures des derniers rayons du soleil rouge, celui qu'on voit disparaître, certains soirs, dans les vagues d'un océan qui passait autrefois pour les limites de l'univers.

Certes, ce chemin sinueux n'était pas sans danger, ni sans risque de perdition. Bien souvent, je me suis heurté à d'infranchissables barrières, ces touffes d'ajoncs qui font saigner les pieds et les mains quand on veut aller plus loin. Les chemins de Brocéliande s'interrompent brutalement et reprennent ailleurs sans qu'on sache pourquoi ni comment. Ce sont réellement des Routes de Nulle Part. Mais aussi des Routes de Partout. Et d'étranges silhouettes se dessinent à travers les épines, pour guider ou égarer, selon l'humeur, le voyageur qui se risque à vouloir pénétrer le cœur d'une forêt insolite, là où le soleil, le vent, la brume et les grandes ombres magnétiques de la terre s'élancent vers le ciel en un fantastique ballet dans lequel on risque d'être entraîné sans pouvoir jamais s'en retirer.

Il est un fait certain : contrairement à ce qui s'est passé à propos d'autres sites, d'autres sanctuaires, d'autres lieux habités par l'Esprit, ce n'est pas moi qui ai voulu pénétrer Brocéliande, mais Brocéliande qui m'a englouti dans son sein, même si cet engloutissement s'est déroulé lentement, d'errance en errance, par les multiples méandres du fleuve de l'Autre Monde. Je n'avais pas trois mois quand j'ai respiré l'air de Brocéliande, mais d'une part, je n'en étais pas conscient, et d'autre part, je n'étais qu'à l'orée de la Forêt : le centre même, avec ses zones d'ombres et de silences, échappait à mes regards, probablement parce que je n'avais pas l'idée de plonger plus avant dans le temps. Mais je comprends maintenant que si je n'avais pas conscience de cette réalité, je la sentais confusément. Je sais que je m'en suis nourri. Et cela explique ma longue quête vers un centre qui est évidemment partout et la circonférence nulle part. J'étais à l'extérieur d'une étonnante spirale dont le mouvement incessant me happait, et j'étais destiné à me plonger au cœur du tourbillon. Mais toute quête demande tâtonnements et efforts, voire de tragiques retours en arrière. On n'atteint pas la Fontaine de Barenton, dont l'eau bout bien qu'elle soit plus froide que le marbre, sans avoir auparavant erré sur ces fameuses Routes de Nulle Part.

Rien ne me prédisposait à me retrouver, dans mon enfance, à quelque sept kilomètres de la Fontaine de Barenton. Ma famille était certes originaire du Morbihan, mais du Morbihan *breton-*

nant, sur Les landes de Lanvaux, près de la forêt de Camors. Or Brocéliande se trouve dans la zone *gallo*, où l'on ne parle plus le breton depuis le XIIe siècle, dans un pays méprisé par les Bretonnants qui le considèrent, à tort, comme ne faisant déjà plus partie de la Bretagne. De part et d'autre de la frontière linguistique, qui va actuellement de Vannes à Paimpol en passant par le lac de Guerlédan, on échange quelques sarcasmes, on se traite volontiers et réciproquement de « demeurés ». Les partis-pris ont la vie dure. Et pourtant, ce genre de querelles est absurde quand on sait que la Bretagne est à la fois une et multiple. Bref, je me suis retrouvé à Mauron, modeste chef-lieu de canton du Morbihan *gallo*, tout simplement parce qu'une sœur de ma grand-mère était religieuse au monastère de l'Action de Grâces, et aussi parce qu'un frère de cette même grand-mère avait épousé une femme de Tréhorenteuc, à dix kilomètres au sud de Mauron, petit village qui avait alors fort mauvaise réputation, bien que ce fût la véritable entrée, par le Val sans Retour, de cette mystérieuse Brocéliande qu'on persistait encore à nommer Forêt de Paimpont.

Je n'ai évidemment aucun souvenir de ces premiers temps, seulement de vagues sensations inscrites dans mon corps, et qui me procurent parfois d'étranges réminiscences, un bien-être ineffable, quelque chose que je placerais volontiers à l'aube du monde. D'été en été, mes yeux s'ouvraient. Je me souviens d'un jardin enchanté où les roses anciennes répandaient un parfum lourd dans l'air du soir. J'ai retrouvé depuis ce jardin, entouré de hauts murs. C'est un jardin comme je les aime, secrets et protégés du va-et-vient, où il fallait se recueillir en méditant sur la beauté irréelle des choses de la vie. Il n'a pas changé depuis plus d'un demi-siècle. Et puis ce sont les arrivées à Mauron, par des petits matins frais, qui sillonnent ma mémoire comme autant de chemins profonds creusés à même la chair. Enfant de la ville, étouffant au milieu des immeubles que je considérais alors comme gigantesques (alors que j'ai vu pire, depuis), déjà hanté par l'appel de la forêt (mais n'ayant comme paysage familier que le bois de Vincennes ou celui de Boulogne, voire les fausses clairières des Buttes-Chaumont ou du parc Montsouris), rêvant tous les soirs à quelque hutte perdue qui me servirait d'abri pour la nuit, je m'étais fébrilement préparé à ces arrivées matinales. Car on voyageait la nuit, dans des wagons de troisième classe dont les banquettes, comme disait mon père, étaient rembourrées avec des noyaux de pêche. C'était long. C'était encore le temps du réseau de l'Ouest-État : l'itinéraire, passant par Rennes et par la petite gare de la Brohinière, aboutissait à Ploërmel, avec, dans ce dernier tronçon, un incroyable train dit « marchandises-voyageurs », qui s'arrêtait longtemps dans chaque gare ou bien y effectuait des manœuvres d'une complication extrême. Certes, il y avait un autre itinéraire, beaucoup plus long, mais finalement plus rapide, la ligne de Paris à Quimper par Orléans, Tours, Nantes et Questembert. Cette ligne, qui appartenait au réseau du P.O.Midi, desservait la Bretagne sud. Mais à Questembert, il fallait emprunter un train omnibus jusqu'à Ploërmel, et là, changer une fois de plus pour reprendre le « marchandises-voyageurs » vers la Brohinière. De toute façon, les souvenirs que j'ai de ces expéditions nocturnes conduisent toujours à des arrivées où je grelottais de froid et de sommeil. Et pourtant, quel n'était pas mon bonheur ! Je n'avais plus qu'à monter, avec ma grand-mère, dans le « taxi » (c'est beaucoup dire, c'était plutôt un véhicule du genre « marchandises-voyageurs » !) de M. Barthélémy et à débarquer enfin devant la maison où ma grand-mère avait loué un meublé.

Là aussi, ce sont des souvenirs gravés en moi. Je n'avais qu'une hâte, c'était de me précipiter dans le jardin pour respirer l'odeur du matin, avec quelques relents de roses fanées. Les parfums de l'enfance ont une importance considérable, à plus forte raison si l'on ne s'en aperçoit pas sur le moment. Il me semble que toute ma vie, je sentirai ces odeurs. Elles sont pour ainsi dire ma prise de contact direct et absolu avec cette vieille terre de Brocéliande, avec tout ce que cette terre me présentait en guise d'offrande de bienvenue, à moi, le petit garçon transi qui avait franchi des vallées, des rivières, des collines et des plaines, pour parvenir jusqu'à cet endroit protégé du bruit et de l'agitation des villes, quelque part dans une province oubliée, dans un pays qui était le mien et que je sentais confusément comme devant m'appartenir un jour. L'orgueil ou la naïveté d'un enfant n'a pas de limites, et c'est ce qui fait toute la puissance de son imaginaire, qui constitue tout le potentiel de sa vie d'adulte. Car, après tout, qu'ai-je fait d'autre, sinon de mettre en œuvre tous les rêves fous de mon enfance dans cette Brocéliande dont je ne savais pas encore le nom. Dans le jardin de mademoiselle Davoine (bénie soit sa mémoire !), j'entrevoyais à travers les haies de framboisiers la masse sombre d'une forêt, vers le sud, là-bas, très loin, et pourtant si près, sur laquelle j'avais cru entendre raconter des histoires assez surprenantes.

La maison de mademoiselle Davoine, rue du Bois-de-la-Roche, ou de Josselin, à Mauron, est la première où je puisse réellement localiser des souvenirs concrets. Ma grand-mère louait le premier étage. D'un côté, une fenêtre donnait sur la rue, et en face, il y avait une ferme. Devant les bâtiments de la ferme, le fumier s'éparpillait allègrement. L'odeur de ce fumier m'était devenu familière. Il m'arrivait de m'accouder sur le rebord de la fenêtre et de regarder « faire » les paysans, de m'amuser aux jeux des poules et des coqs qui cherchaient leur nourriture sur le fumier. Et des rumeurs résonnaient en moi : des bruits de charrette, des miaulements des scies, le choc des haches sur le bois, les cris des hommes, les voix acides des femmes, les aboiements des chiens. Et, le soir venu, un grand calme, une grande paix inattendue, quelque chose d'engourdissant qui m'incitait au sommeil.

De l'autre côté, c'était le jardin, en plein sud, avec cette forêt qui traçait l'horizon. Dans ce jardin, il y avait des légumes, mais aussi une haie de framboisiers qui faisait mes délices. Avec l'odeur de la terre, les effluves de la ferme, c'est le goût des framboises qui marque les moments les plus forts de ces arrivées à Mauron, en ces années d'entre-deux-guerres, quand la Bretagne vivait encore au rythme du XIXe siècle, l'électricité et l'eau courante en plus. Parfois, mademoiselle Davoine nous invitait à manger la soupe. Je m'étonnais toujours que l'on mangeât de la soupe au repas de midi. Ce n'est pas une coutume citadine. Ma grand-mère m'expliquait qu'autrefois, la soupe constituait l'essentiel des repas. Je ne me plaignais pas de cette soupe qui sentait bon les légumes frais et dans laquelle trempaient de grandes tranches de pain (des « soupes », quoi !), mais d'un pain qui sentait le levain et qui était très acide. On ne trouve plus ce pain-là dans nos campagnes : si l'on en veut, il faut aller en ville, chez certains boulangers qui travaillent encore à l'ancienne, ou encore dans certains magasins dits « de régime ». Signe des temps ! Dans mon enfance, ce pain acide était le pain commun, celui de tout le monde. Maintenant, c'est du pain de luxe, réservé à ceux qui peuvent le payer plus cher. Je ne m'y ferai jamais.

Ces impressions d'enfance ne sont pas de stériles évocations d'un passé révolu, mais bien le jalonnement d'un parcours que j'hésite toujours à qualifier d'initiatique, et qui l'est pourtant dans la mesure où le mot « initiation » signifie « commencement ». Je pense que rien ne serait arrivé de marquant et même d'exaltant dans ma vie sans cette paisible harmonisation de ma naïveté d'enfant avec une terre riche en souvenirs et en ce que certains appellent pompeusement des « égrégores ». On n'entre pas n'importe comment dans un sanctuaire, n'en déplaise à ceux qui prétendent que l'ésotérisme (je ne sais d'ailleurs pas ce que c'est) est à la portée de tout le monde. Il faut s'y préparer. Aux premiers temps du Christianisme, les « catéchumènes », c'est-à-dire les nouveaux convertis, n'avaient pas le droit d'assister à la partie *secrète* de la messe. Et, du côté d'Éleusis, il fallait parcourir une longue route semée d'embûches avant d'être un *myste* admis à la célébration des *mystères* de la Déesse. Je suis persuadé qu'il en est ainsi en Brocéliande, où rien n'existe *en apparence* si l'on ne prend pas soin de jalonner précieusement les Routes de Nulle Part qui y conduisent.

J'ai donc « commencé » à sentir Brocéliande par ce qu'elle m'offrait de plus instinctif, de plus biologique, de plus quotidien. Le reste viendrait après, si toutefois il venait, car il y a beaucoup d'appelés, mais peu d'élus. Dans ces conditions, les sensations recueillies dans cette maison et ce jardin de mademoiselle Davoine, à Mauron, ont été déterminantes sur ce qui allait suivre. Car, sans être encore un adulte, je mûrissais et me posais des questions . En 1937, avec ma grand-mère Jeanne Le Luëc, celle qui m'a tenu lieu de mère, avec encore plus d'amour et de dévouement que si elle avait été ma mère biologique, nous passâmes tout l'été à Mauron, dans une autre maison, l'ancienne demeure de l'aumônier de l'Action de Grâces. C'était une maison un peu mystérieuse, un peu secrète, où il faisait bon rêver. Le jardin, lui aussi, était secret, rempli de légumes et de fleurs, bordé de hauts murs. Et il donnait sur l'Ouest. Combien de fois, avec Jeanne Le Luëc, nous fûmes envoûtés par le soleil couchant, par ces foisonnements de flammes rouges qui brûlaient l'horizon et qui nous laissaient sans voix, sans réaction, comme si quelque chose de sacré nous emportait dans le vent afin de nous déposer en quelque rive de l'Autre Monde, là où il n'y a nul chagrin, nulle maladie, nul péché, mais un éternel printemps de bonheur et de beauté, là où la mort est inconnue parce qu'on a déjà franchi le seuil à partir duquel l'Ombre n'a plus de prise sur la Lumière. J'imaginais parfois l'île d'Avalon, dont on m'avait parlé, et l'étrange figure de Morgane, la Fée, veillant sur la dormition de son frère, le roi Arthur. Cette île ne pouvait se trouver qu'au-delà de ce jardin, dans les flammes rouges qui me brûlaient pour mieux me régénérer. Morgane demeurait pour moi bien énigmatique. Mais je la sentais présente. Et déjà, bien que je ne fusse point *averti*, elle m'attirait de son regard pénétrant.

Cette année 1937 fut certainement décisive. Nous allions, ma grand-mère et moi, rôder dans tous les chemins creux qui entouraient Mauron, chemins qui ont maintenant disparu du fait des remembrements. On ne comprendra jamais l'enchantement de ces chemins creux, enfoncés entre deux champs ou entre deux prairies, serpentant à travers la campagne. Certes, c'était l'été. J'imagine volontiers qu'en hiver, ce n'étaient que des bourbiers infranchissables. Tout compte fait, les chemins bitumés sont quand même plus agréables. Ne soyons pas aveuglément nostalgiques du passé, ce passé comportait bien des désagréments. L'essentiel réside dans les impressions que j'ai retirées de ces lentes reptations à travers le bocage de Brocéliande, mais toujours aux limites de la forêt proprement dite, dans laquelle, vu l'éloignement, je n'ai jamais alors pénétré. Ce qui m'étonnait le plus, c'était de m'apercevoir que, brutalement, ces chemins creux surgissaient en plein soleil, sur des landes harcelées de roches rougeâtres, presque violettes, le fameux schiste rouge de Brocéliande, au milieu desquelles apparaissaient des genêts et des ajoncs. Parfois, Jeanne Le Luëc, ayant trouvé des joncs, près d'un endroit humide, me tressait des paniers et des petits objets que je conservais précieusement. Parfois encore, nous rencontrions des paysans qui se rendaient à leurs champs. Ils nous saluaient avec une politesse teintée de respect. Nous étions des gens de la ville. Je posais des questions à ma grand-mère : « Nous ne les connaissons pas, pourquoi nous saluent-ils ? » Elle me répondait qu'à la campagne, on avait encore le sens des rapports humains, et qu'il fallait toujours se dire bonjour. Je ne comprenais pas, bien entendu, moi qui avais trop l'habitude de la promiscuité agressive des villes. Elle, elle savait. Elle se souvenait de son enfance dans les Landes de Lanvaux et à Auray, quand les cheminots du depôt d'Auray venaient se désaltérer au « Café des Ouvriers », la petite auberge que tenait son père, Mathurin Le Luëc, ce vieux chouan originaire de Camors, qui avait émigré parce que sa famille était « rouge » tandis que lui était « blanc ». Elle en profitait pour me raconter ce qui se passait *dans le temps*, et comment les bonnes sœurs de la Chartreuse d'Auray qui lui faisaient la classe la punissaient sévèrement quand elle prononçait un mot de breton. Oui « défense de cracher par terre et de parler breton », ce n'est pas une légende. Le témoignage de ma grand-mère est là, présent à ma mémoire. Elle était née bretonnante. On l'avait privée de sa langue maternelle. A cette époque, je ne pouvais avoir conscience de cette monstruosité. Mais depuis que je sais tout ce que cela représente, je ne peux m'empêcher de me révolter. Jeanne Le Luëc était une femme sensible, intelligente, d'une foi ardente. Des religieuses qui croyaient peut-être bien faire, mais qui étaient de parfaites imbéciles, l'avaient délibérément coupée de ses racines. Et, en plus, elles avaient fait de cette femme aux yeux intensément bleus, consciente d'être un être humain à part entière, parfaitement digne et lucide, une femme résignée, prête à accepter tous les coups du sort et les ordres de n'importe quelle autorité pourvu qu'elle vînt de ces messieurs les ecclésiastiques. Quand, à l'âge de dix-neuf ans, après avoir passé deux ans à Lorient, chez sa grand-mère maternelle, celle qui, au soir de sa vie, voyait les anges lui ouvrir les portes du paradis, Jeanne Le Luëc était arrivée à Paris, avec sa coiffe d'Auray et son français approximatif, elle faisait partie du lot quotidien d'émigrés qui débarquaient à Austerlitz ou à Montparnasse. Il y avait alors deux possibilités pour les filles, être pute ou bonne à tout faire. Ma grand-mère ne fut ni l'une ni l'autre : elle fut petite employée dans une maison de dentelles. Et on se moquait d'elle parce qu'elle avait une coiffe, signe évident de son appartenance à une race en voie de disparition.

Jeanne Le Luëc me racontait tout cela dans les chemins creux qui menaient à Brocéliande. Elle n'avait aucune amertume. Elle n'avait rien perdu de sa foi profonde, même si la vie lui avait prodigué les coups les plus rudes. Elle m'enseignait le respect de messieurs les ecclésiastiques. Je devais les saluer chaque fois que je me trouvais en présence de l'un d'eux. Certes, cela faisait le pendant avec ce qui se passait lorsque, dans la banlieue parisienne, je me promenais avec mon grand-père maternel : chaque fois que nous passions devant une église, il marmonnait entre ses dents : « hystérie collective ! » et chaque fois que nous rencontrions un ecclésiastique, il croassait. Pauvre grand-père ! Peu de jours avant sa mort, il m'avait dit des paroles étranges : « Toute ma vie, j'ai cru en certaines choses ; je sais que des forces mystérieuses dirigent le monde, mais je n'ai jamais voulu m'abaisser devant un dieu absurde ; j'ai été sincère ; que veux-tu, mon pauvre Jean, tant pis pour ceux qui se sont trompés ! »

Mon grand-père maternel a toujours été digne dans son agnosticisme. Ma grand-mère Jeanne Le Luëc a toujours été digne dans sa foi catholique. Je dois à l'une ma foi, à l'autre mon anticléricalisme. Je dois à l'une cette mystique bretonne qui me façonne, à l'autre cette attitude de défi permanent à l'égard de tout ce qui est le « ce qui va de soi ». Jeanne Le Luëc était rêveuse et mystique. Mon grand-père maternel, artiste et insolent. C'est ce double courant qui m'a conduit en Brocéliande.

Oui, en cette année 1937, j'ai senti le grand souffle qui venait de la forêt. Mais il était encore trop tôt pour que je l'intègre en moi. Je subissais sans comprendre. J'entendais dire que les pays aux abords de la forêt étaient des pays de « fin de monde », qu'ils étaient les pires de tous ceux qu'on pouvait imaginer. Tréhorenteuc, en particulier, où se trouvait mon oncle Le Luëc, était vraiment, selon une terminologie qu'on m'a beaucoup reprochée, mais qui était celle de l'époque, le « pot de chambre du diocèse » (celui de Vannes). Mon père, qui était venu nous rejoindre à Mauron, avait osé y mettre les pieds. Mais il ne m'y avait pas emmené. Pourtant, il en était revenu « enchanté » sans pouvoir exprimer pourquoi il avait subi cet enchantement. Mon père m'avait conduit dans des châteaux en ruine, tout autour de Mauron. Il y en avait, à l'époque, et qui ont disparu depuis. Je me souviens de ces explorations fantastiques au cœur du temps, le long des poutres à moitié pourries, sous des plafonds crevés, à travers un dédale de pièces dans lesquelles avaient soufflé tous les tourbillons de l'orage. Mon père, intellectuellement si rationnel, si prudent, perdait alors toute notion de prudence. Il avait raison : ces visites peu protocolaires m'ont donné une vision, à jamais gravée en moi, de ce que pouvait être le Château du Graal. Bizarre, tout cela… Comme si c'était un prélude obligatoire… Il en était de même pour mon éducation religieuse.

Elle était particulièrement soignée. Ma grand-tante religieuse, sœur Marie-Hélène du Saint-Sacrement, m'enseignait le catéchisme, par cœur bien entendu, et je me faisais réprimander dès que j'inversais ou changeais quelque chose. Le but était de me faire faire ma communion privée. Je l'ai donc faite dans la chapelle néo-romane du monastère de l'Action de Grâces, un jour du mois d'août 1937, et toutes les religieuses firent un vœu : que je devienne prêtre. Sœur Marie-Hélène chanta magnifiquement pour l'occasion. Elle avait une voix admirable. Le grégorien n'avait pas de secret pour elle. Il est vrai qu'elle avait fait des études musicales à la *Schola Cantorum*, où rôdait l'admirable présence de Vincent d'Indy. Et, à la fin de sa vie, ma chère grand-tante, grisée par les succès de Sœur Sourire et du Père Duval, composait des chansons d'amour pour Jésus-Christ, qu'elle me chantait en toute innocence. Mais l'érotisme de ses paroles me choquait littéralement. La mystique chrétienne s'exprime parfois par des voies (et des voix) bien curieuses. Pauvre tante, si naïve et si sincère dans sa foi et dans son *amour* pour Jésus-Dieu ! Elle n'a jamais su, heureusement, que Sœur Sourire, homosexuelle notoire, s'était suicidée.

Bref, je ne suis, quant à moi, jamais devenu prêtre. J'avais sans doute autre chose à faire, et, à la réflexion, peut-être plus conforme à l'idée de ce qu'elle se faisait d'un authentique sacerdoce. Les voies du Seigneur sont impénétrables. On me parlait de l'enchanteur Merlin à l'époque. Et, déjà, j'éprouvais un trouble étonnant à évoquer l'ombre de cet être à demi réel, qui rôdait à travers les halliers de Brocéliande. J'ignorais alors que ce serait, en tant que comédien, mon rôle favori. C'est probablement parce que je me sens très « Merlin », à la fois « blanc et noir ». Au fait, le blanc et le noir ne sont-ils pas des couleurs bretonnes ?

Après cet extraordinaire été de 1937, où de graves effluves marquèrent profondément ma chair et mon âme, la longue nuit de l'hiver dura longtemps. Ce fut une sorte d'exil, provoqué par différentes circonstances. Je ne revis plus la Bretagne, ni Brocéliande. La Seconde Guerre mondiale acheva de me couper de mes racines. Émigré *ailleurs*, je me sentais cependant tributaire de ce pays qui, dans mon imaginaire, avait tendance à devenir mythique. Pendant la sombre période de l'occupation nazie, une seule chose éclaira mon désarroi : les cours de français de mon professeur de français, Jean Hani. Il avait la passion des Romans de la Table Ronde, et du Moyen Age d'une façon générale. Quelle ne fut pas ma surprise, en cette année scolaire 1942-1943, d'entendre une voix autorisée - un professeur de français en classe de troisième est toujours une voix autorisée - commenter, textes à l'appui, des légendes dont j'avais entendu parler comme de douces rêveries destinées à des enfants attardés. C'était sérieux : c'était au *programme*. Et même en vieux français, que nous étions, mes camarades et moi, à l'époque, obligés de traduire. Ainsi surgissaient Merlin, Viviane, Morgane, Lancelot du Lac, Perceval, et l'image ensorcelante du Graal d'où émanait une lumière merveilleuse, avec, en contrechamp, la non moins exaltante histoire de Tristan et Yseult sur le roc de Tintagel, quelque part, au fond d'une Bretagne enfouie dans mes souvenirs les plus intimes et les plus obscurs. Ce qu'on m'avait raconté n'était pas seulement du domaine de la rêverie, c'était quelque chose de sérieux. Et, de plus, tout cela surgissait de textes rédigés, en des temps lointains, par des écrivains, des poètes, qui s'étaient nourris des souffles violents de la Brocéliande de mon enfance. Curieuse sensation !... Ce que je prenais pour fantaisie de l'imaginaire se révélait comme matière d'étude. Mes camarades me regardaient comme une bête curieuse : ils se demandaient bien pourquoi j'« accrochais » ainsi avec tant de ferveur à ce qui n'était, après tout, que contes de nourrices à l'usage de débiles attardés. Que de quolibets n'ai-je point entendus ! Mais je persistais dans mes fantasmes et je me réveillais prêt à prendre mon essor sur les ailes des goélands qui voudraient bien m'emmener vers des rivages qu'aucun être humain n'avait encore frôlés.

Peut-être croyais-je réellement aux légendes du Graal. Étais-je Tristan, perpétuellement *brûlé* par l'image d'Yseult, ou Lancelot, harcelé par la chevelure de Guénièvre, perdant tout à coup le chemin qui menait vers le Graal, ou encore Merlin, désirant intensément s'endormir du sommeil de la terre entre les bras de Viviane, l'ensorceleuse, dans ce château d'air ou de verre que la fée - son élève - a levé des profondeurs du monde pour servir de châsse à leur amour plus fort que la mort, plus puissant que l'éternité ? Oui, les vers d'Alfred de Vigny me hantaient : « Seigneur, laissez-moi m'endormir du sommeil de la terre... » Encore jeune et déjà blasé... Mais je savais que les brumes de Brocéliande se lèveraient pour me conduire au Château du Graal.

C'est immédiatement après la guerre, en 1945, que je repris dans mes mains le fil interrompu. Au mois de septembre, ma grand-mère et moi, nous nous retrouvâmes à Mauron, dans une étrange atmosphère de fin de monde. Apparemment, rien n'avait bougé dans ce bourg ignoré des grandes dates de l'histoire. Les routes qui y conduisaient ou qui en partaient étaient délabrées, à l'image d'une Europe meurtrie, mais laissée pour compte. Le train « marchandises-voyageurs » assurait toujours le trafic, mais, cette fois, il partait de Rennes pour gagner Ploërmel, s'arrêtant avec autant de langueur dans les moindres gares du parcours. Pour comble, c'étaient des wagons allemands - récupération , bien entendu - qui nous transportaient, avec leur lourdeur, leur inconfort, leur poêle au milieu, leurs banquettes en bois. Et par-dessus tout, les fumées d'une locomotive à bout de souffle. Il me sembla que la guerre avait épargné ce pays, frontière entre deux mondes, et que rien n'avait changé : même pesanteur du temps et de l'espace, même obstination à observer l'heure ancienne (la nouvelle heure, quelle horreur ! même les vaches ne s'y habituent pas !), mêmes chemins creux n'allant nulle part, mêmes sonneries de cloches pour l'Angélus. Et toujours, vers le sud, sur une hauteur dont mes yeux ne pouvaient juger l'amplitude, la forêt de Brocéliande, verte et sombre, inaccessible, lointaine et pourtant proche, comme un fruit mûr qu'un paralytique ne peut atteindre alors qu'il est à la portée de sa main. Mais, cette fois, j'étais décidé à aller jusqu'au bout de ma quête.

Les circonstances me furent favorables. A Mauron, le monastère de l'Action de Grâces était toujours aussi accueillant, et ma grand-tante y chantait toujours du grégorien. Les religieuses confectionnaient des hosties, et, avec les débris de pain azyme, elles me faisaient cadeau d'un somptueux « pain des anges » qui avait assurément un goût de sacré. Je ne m'en rassasiais jamais. Je le préférais aux pommes tombées que l'on mettait à cuire au four et qu'on servait comme un délice. J'ai toujours trouvé ces pommes atroces. Heureusement, il y avait parfois la « beurrée » avec un verre de cidre, une « bolée », mais d'un cidre pur, admirable, comme jamais depuis je n'en ai bu. Et il y avait les conversations, au parloir, avec ma grand-tante. On parlait de choses et d'autres. Et puis, un jour, il fut question de Brocéliande, et d'un homme originaire de Cherbourg, réfugié à Mauron. Il était parent d'une religieuse. Il savait beaucoup de choses, m'assura ma grand-tante. Je fis sa connaissance. En effet, il savait beaucoup de choses, y compris les séjours dans les cafés où, en cachette de sa femme, il me payait l'apéritif, histoire de s'en payer un lui-même. Brave monsieur Bonvalet ! Que ne lui dois-je point ? Il me racontait le pays mieux qu'un quelconque originaire du lieu. Et c'est lui qui, le premier, me parla d'un certain « recteur » de Tréhorenteuc. Chez nous, en effet, le curé d'une paroisse qui n'est pas un doyenné est un *recteur*, en breton *ann aotrou person*[1] (le monsieur Personne), par opposition à *ann aotrou kuré*(le monsieur vicaire). Bref, monsieur Bonvalet m'assura que M. le Recteur de Tréhorenteuc était un homme tout à fait exceptionnel, et que moi, qui m'intéressais tant aux légendes d'Arthur et de la Table Ronde, je devais absolument aller le voir. Il m'apprendrait tout ce que je voulais savoir, et, de plus, comme j'étais de la « parentèle » des bonnes sœurs de l'Action de Grâces, il n'y avait aucune raison pour qu'il ne m'accueillît point honorablement.

Tréhorenteuc... Le nom est une déformation gallèse de *Tregarantek*, c'est-à-dire « pays aimable ». On m'avait certes décrit Tréhorenteuc plutôt comme un endroit sinistre, une mare de boue, un « pot de chambre », quoi ! Mon grand-oncle, qui avait déshonoré la famille en y résidant, n'y était plus depuis quelques années déjà. Auguste Le Luëc avait un défaut : il courait le « guilledou », comme on dit en Bretagne[2].

Il avait divorcé et s'était lancé dans des aventures tragiques ou rocambolesques, selon les avis, avant de revêtir l'uniforme un peu trop voyant des F.T.P. pendant la Résistance, ce qui faisait frémir ma famille bien-pensante. Moi, personnellement, je n'avais rien contre Charles Tillon, ni contre Louis Aragon qui avait écrit un superbe poème qui commençait par ces mots : « Brocéliande, en ce pays lui-même... » Je doute fort qu'Aragon ait jamais mis les pieds en Forêt de Brocéliande, mais son

1. On peut croire que « qui n'est pas un doyenné » s'applique à « curé ».
2. L'expression « courir le guilledou» provient vraisemblablement d'un événement historique. Au cours du XVe siècle, un frère du duc de Bretagne, Gilles, pour des raisons assez obscures, fut emprisonné au château du Guildo, dans la vallée de l'Arguenon, actuellement dans les Côtes-du-Nord. Mais la captivité des grands de ce monde laissant quelques libertés mineures, il est acquis que Gilles de Bretagne, avant d'être assassiné dans des circonstances bien mystérieuses, avait l'habitude de se payer du bon temps avec les filles du Guildo, d'où l'expression actuelle passée dans le langage courant.

poème chantait en moi. Et, de toute façon, je trouvais piquant qu'un fils de chouan comme l'était Auguste Le Luëc se retrouvât dans les rang du Parti communiste. Ainsi va la vie, et les fils ne sont pas forcément obligés de suivre les enseignements paternels. Cela a été mon cas. Cependant, il faut le dire, j'avais une certaine appréhension à l'idée de me trouver à Tréhorenteuc.

J'y allai cependant, un jour de septembre. A l'époque, il n'était guère question d'emprunter un quelconque moyen de transport. Les voitures étaient rares, les bicyclettes également. Je partis à pied. J'avais dix-sept ans, et dix kilomètres (multipliés par deux) ne me faisaient pas peur. Je quittai donc Mauron par la grand-route, bifurquant sur la gauche, et m'engageant sur un chemin qui n'avait jamais connu de revêtement bitumé. Je crois que ce voyage a été l'un des plus beaux moments de ma vie.

Je savais que je m'enfonçais dans cette Brocéliande qui m'avait tourmenté depuis mon enfance. Je savais que j'allais dans un endroit perdu, en dehors des limites habituelles du monde et du bruit. La moitié du parcours fut accomplie dans un paysage que je connaissais bien, un paysage de bocage, avec des champs et des prés entourés de haies vives sur des talus, avec ces fameux « chênes têtards » caractéristiques de la campagne bretonne[1]. De vallonnements en vallonnements, je parvins à un hameau silencieux qui avait nom la Saudrais. Et, à partir de là, sur la route qui montait, je me trouvai d'un coup au milieu des landes. Je pénétrai enfin au cœur du mystère.

Je ne peux décrire la joie et l'enthousiasme qui me saisirent à ce moment-là. Oui, je débouchai réellement dans l'Autre Monde. Tout au moins étais-je sur les frontières de cet Autre Monde dont j'avais lu d'admirables descriptions aussi bien dans les *contes* d'Émile Souvestre (contes à vrai dire très suspects et peu authentiques à l'analyse) et dans un petit livre de Georges Dottin intitulé *l'Épopée irlandaise*, qui m'avait laissé une forte impression[2]. Je me sentais parfaitement à l'aise dans cet uni-

---

1. En Bretagne, on appelle « chênes têtards » les arbres qu'on élague, sinon tous les hivers, du moins très fréquemment. Cela donne à ces chênes un aspect étrange, volontiers fantastique, qui n'est pas sans rapport avec les multiples récits et légendes rapportés par la tradition populaire.

2. A tel point qu'en 1981, je me suis permis de rééditer ce livre, aux Presses d'Aujourd'hui, avec une préface et de nouvelles notes. Je devais bien cela à la mémoire de Dottin, l'un des meilleurs spécialistes de la civilisation celtique du début de ce siècle.

vers qui correspondait en tous points à ce que j'avais imaginé dans mes lectures. Étrange sensation : plus tard, lorsque j'ai accédé au roc de Tintagel, dans les Cornouailles britanniques, j'ai eu cette même impression de déjà vu : j'y ai retrouvé les grandes ombres de Tristan, d'Yseult, de Brengwain et du roi Mark. Mais là, en ce jour de septembre 1945, sur les landes qui entouraient la forêt de Brocéliande, j'ai eu le sentiment véridique et intime de me trouver en présence d'êtres féeriques qui me guettaient derrière les arbres. Et j'entendais Merlin qui m'appelait, me montrant dans quelle direction je devais aller pour découvrir ce que j'étais venu chercher. Le rire de Merlin ! Combien de fois, depuis, l'ai-je entendu dans les halliers de Brocéliande ! En fait, je sais très bien que c'est mon propre rire répercuté à travers les échos de la forêt. Mais je n'ai pas oublié en quelles occasions Merlin se met à rire : c'est lorsqu'on lui pose une question. Or chacun sait que lorsqu'on pose une question, c'est qu'on en connaît *inconsciemment* la réponse. Dire qu'il y a des gens pour prétendre que Merlin était fou ! Si telle est la folie, alors je réclame le droit d'être déclaré fou moi-même. Bref, je sais que, durant ce cheminement, c'est Merlin l'Enchanteur, Merlin le Prophète, Merlin le Fou, Merlin le Sage, qui m'a guidé.

Le paysage me plongeait dans le ravissement. Je savais que je frôlais des endroits chargés de légendes et d'histoire. Je savais que, vers le village de Folle-Pensée, se situait la Fontaine de Barenton, cette fontaine magique qui faisait pleuvoir. Je savais que je côtoyais la Butte aux Tombes, où se trouvait un mystérieux « Jardin des Moines ». Je savais que, vers l'ouest, plus à l'écart de la forêt, il y avait un village qui portait le nom de Néant. Et l'horizon fuyait devant moi, à travers des pins rabougris, à mesure que j'avançais vers le sud. C'est ainsi qu'à travers des monticules de roches rougeâtres, échancrées par l'or rouge des ajoncs, je découvris, blotti au fond d'une vallée, le tranquille village de Tréhonrenteuc.

Un habitant m'indiqua le presbytère, une solide maison dotée d'une cour sur le devant et d'un jardin bordé de fusains par derrière. Tout était si calme que je me demandai si ce que je voyais avait une quelconque réalité. Je pensai à certains épisodes des romans arthuriens où le héros pénètre dans une cité déserte, abandonnée apparemment, mais où des êtres fantastiques, cachés derrière les murs, observent les faits et gestes de l'intrus, prêts à lui faire subir les épreuves nécessaires au franchissement de la zone d'ombre. Ce fut pourtant un personnage bien réel qui m'accueillit dans le grande salle du presbytère, dont la table était recouverte de livres et de feuilles de papier en désordre : ainsi vis-je pour la première fois le recteur de Tréhorenteuc, l'abbé Henri Gillard.

Il avait quarante-quatre ans, le cheveu encore très brun, de fines lunettes filtrant son regard à la fois sérieux et ironique. Il m'offrit immédiatement du cidre que j'acceptai avec empressement, étant fort altéré par la marche que je venais d'accomplir. Et nous commençâmes à parler. Visiblement, il était ravi de pouvoir s'exprimer, même si je n'étais qu'un gamin, car j'avais précisé d'emblée que j'étais à la recherche de Merlin et du Graal. Que n'avais-je pas dit là ! En fait, notre conversation, commencée ce jour de septembre 1945, s'est prolongée pendant trente-quatre ans, jusqu'à la mort de l'abbé Gillard, en 1979. C'est dire toute l'importance de cette rencontre. Jamais je n'aurais emprunté ces Routes de Nulle Part en direction du Château du Graal si je n'avais pas été aidé, voire contredit, par le recteur de Tréhorenteuc. Il a été réellement un initiateur pour moi.

Consciemment ou non, il m'a guidé sur les landes de Brocéliande dont il m'a appris à décrypter les « semblances ». Incontestablement, il fut mon père spirituel, à tous les sens du terme. Avec mon professeur Jean Hani et avec André Breton, il a été l'un des trois hommes qui ont le plus influencé ma démarche intellectuelle et spirituelle. L'abbé Henri Gillard a été pour moi un vrai maître, un vrai *magister*, dans la mesure où il ne m'a jamais obligé à rien, se contentant de me *montrer*, de me suggérer, de me contredire parfois avec force. Et il m'a toujours écouté, prenant soin de mettre à profit ce que je pouvais lui apporter de mes propres reflexions. Il y a eu échange. Et j'ai souvent ressenti comme une injure personnelle les attaques directes ou sournoises dont cet homme, ce *prêtre*, fut l'objet, surtout de la part de ses confrères qu'il gênait par son indépendance d'esprit, sa culture étendue et sa profonde originalité. Ce sont des choses que l'on pardonne difficilement à un petit curé de campagne nommé là, dans cette paroisse misérable, parce qu'il avait eu déjà le malheur de déplaire.

En 1945, Henri Gillard n'avait pas encore élaboré complètement son système de pensée, à savoir la réalité d'une spiritualité universelle s'exprimant par des symboles, et dont le Christianisme était l'un des aspects les plus marquants, Jésus n'étant pas un *innovateur*, mais un *provocateur*, venu pour mettre l'accent sur des vérités essentielles. Ainsi s'explique l'intérêt d'Henri Gillard pour la tradition celtique et en particulier pour les légendes de la Table Ronde. On l'a accusé d'avoir été « hérétique » par rapport à une orthodoxie d'ailleurs bien somnolente. On l'a accusé de « syncrétisme », alors qu'il se contentait de montrer l'équivalence des données de la tradition spirituelle universelle. On l'a taxé d'imprudence à cause des rapprochements audacieux qu'il se permettait. On lui a reproché un certain laxisme, alors qu'il était d'une grande intégrité, et finalement d'une sévérité à toute épreuve. On lui en a voulu d'avoir engagé le dialogue avec des athées (André Breton en particulier), avec des Protestants, avec des Juifs, avec des Francs-Maçons, alors qu'il agissait dans un souci d'œcuménisme absolu. On l'a critiqué parce qu'il appliquait les résolutions du concile de Vatican II bien avant que ce concile ait été projeté. On l'a traité de fou parce qu'il avait son franc-parler et que personne ne l'aurait empêché de dire ce qu'il pensait, parce que personne n'aurait pu l'obliger à dire quelque chose qu'il ne pensait pas. Et il n'oubliait jamais qu'il était prêtre : le problème était pour lui qu'un prêtre avait des devoirs, en particulier donner l'exemple d'une vie intègre, être au service des autres et satisfaire une mission d'éducation. Vaste système de pensée... Mais s'il n'avait pas encore, au moment où je l'ai rencontré, réalisé cette synthèse, du moins pouvait-on discerner les grandes lignes directrices de sa démarche.

Je venais essentiellement pour m'imprégner des légendes arthuriennes, sachant que c'était l'endroit idéal pour les évoquer. Henri Gillard ne se fit pas prier. Il commença par m'emmener dans son église. Cette église n'avait pas le même aspect qu'aujourd'hui. Elle était pour le moins rustique, avec, au milieu du chœur, le tombeau - ou soi-disant tel - de la sainte du pays, sainte Onenne, fille ou sœur du saint roi Judikaël de Domnonée, établie, d'après l'hagiographie, à Tréhorenteuc pour mener une vie austère en gardant les oies. Je n'ai jamais cru une seule seconde à la réalité historique de cette sainte Onenne, dont le nom signifie « frêne » et qui est une christianisation maladroite d'un culte des arbres de la tradition celtique populaire. L'abbé Gillard n'y croyait pas non plus, et, quelques années plus tard, il se fit un devoir d'éliminer le tombeau, comme étant un objet de superstition. Il est vrai que ce soi-disant tombeau était assez ahurissant de laideur : la statue de la sainte, allongée, présentait un ventre disproportionné, aspect plutôt curieux que l'on prêtait à une vierge que des oies avaient empêchée d'être violée par des soldats. « Tu comprends, me dit un jour l'abbé Gillard, il n'y avait que les femmes et les filles à venir prier sainte Onenne, les femmes pour éviter l'hydropisie, parce qu'elles boivent trop, les filles pour ne pas avoir le gros ventre quand elles ont traîné un peu trop avec les garçons dans le champ de genêt ! » Et c'est vrai que j'ai vu des femmes mourir d'hydropisie à Tréhorenteuc et dans d'autres villages en Brocéliande. Je me souviens de l'une d'elles qui se plaignait parce que le médecin lui avait interdit le cidre, le vin et la petite goutte. A la question : « Alors, qu'est-ce que vous buvez ? », elle avait répondu : « Je bois des grogs ». Authentique. Quant à la maladie attrapée dans le « champ de genêt » (j'ai toujours trouvé l'expression magnifique), si mes souvenirs sont exacts, elle était assez fréquente, et la pauvre sainte Onenne n'y pouvait pas grand-chose.

Il y avait cependant dans cette petite église de Tréhorenteuc, en 1945, deux éléments qui s'y trouvent encore aujourd'hui, et qui donnent la clef de la signification de ce sanctuaire à l'intérieur duquel Henri Gillard repose de son dernier sommeil. Ces deux éléments, c'étaient deux vitraux dans les murs latéraux du chœur : au nord, la figuration de la Cène, avec Jésus et ses apôtres et l'institution de l'Eucharistie ; au sud, la table Ronde, avec les chevaliers autour d'Arthur et l'apparition du Saint-Graal porté par des anges. Ainsi la légende celtique était-elle mise en parallèle avec l'Évangile. Ces vitraux étaient récents ; ils avaient été composés d'après les indications de l'abbé Gillard et généreusement offerts par Antoine Harel, l'épicier-boucher-hôtelier de Tréhorenteuc, un brave homme qui avait comme seul défaut de demeurer un peu trop longtemps dans sa cave. Après tout, il y faisait bien frais, les jours de grandes chaleurs. Mais on imagine aisément l'effet que fit sur moi la vision de ces chevaliers du Graal autour de leur table, dans la contemplation de l'objet merveilleux qui cristallisait toutes les pulsions de leur quête intérieure. Et le Graal était vert. Cela me rappelait la version de la légende selon laquelle le Graal était une coupe taillée dans une émeraude, mais pas n'importe quelle émeraude : celle qui se trouvait sur le front de Lucifer, avant la Chute des Anges, et qui, détachée du front du Révolté, était tombée sur la terre avant d'être recueillie par Adam et Ève et transmise de génération en génération jusqu'à Joseph d'Arimathie. Et c'est dans ce vase d'émeraude que Joseph avait recueilli le sang de Jésus-Christ lors de la mise au tombeau de celui-ci.

Après m'avoir fait visiter son église, l'abbé Gillard m'emmena au Val sans Retour. Il marchait d'un pas rapide, et j'avais peine à le suivre. Nous passâmes par le chemin du bas, longeant le ruisseau du Rauco, jusqu'aux ruines d'un moulin. Quelques femmes lavaient du linge dans une sorte de bassin, sous la digue de terre aujourd'hui complètement restaurée, mais qui, à l'époque, laissait passer l'eau de l'étang par de multiples trouées. Parvenu sur cette digue, je pus enfin voir ce fameux Val sans Retour dont on m'avait tant parlé. Il y avait d'abord l'étang, envahi par les herbes et les nénuphars, le « Miroir aux Fées », et plus loin, au milieu d'une folle végétation, un sentier qui se perdait sous des escarpement rocheux. Le Val Périlleux... Le Val où la fée Morgane retenait prisonniers les chevaliers qui n'étaient pas fidèles à la Dame qu'ils avaient juré d'aimer plus que leur vie... Je n'avais certes pas conscience, ce jour-là, de l'importance de ce lieu : j'y ai d'abord rêvé, ce qui est déjà quelque chose ; j'y ai tourné plusieurs films pour la télévision, y compris, en 1972, un film sur l'abbé Gillard destiné à F.R.3., et, en 1977, avec la complicité d'Anne Sabouret, une sorte d'essai sur la « Femme Celte » destiné à Antenne 2, sans parler de mon téléfilm sur Merlin, dont Jean Kerchbron fut le remarquable maître d'œuvre. Mais je savais que je devais venir en cet endroit, parce que cet endroit était ce qu'il me fallait, comme si je le connaissais depuis toujours...

Tout en marchant, l'abbé Gillard me racontait à sa façon les légendes arthuriennes. Il en mesurait l'importance, mais il manquait de fidélité aux textes, ce dont je me suis vite aperçu. Mais peu m'importait. J'étais heureux. Il me fit suivre le bord de l'étang. Nous avancions dans une sorte de vase, sur un sol instable. Puis il me fit grimper les pentes du val à travers les ajoncs qui me griffaient abominablement les jambes. Nous atteignîmes ainsi un gros rocher qui domine toute l'étendue du site, ce rocher qui attire immanquablement tous les visiteurs. On y domine à la fois la forêt, avec ses trouées de lumière, les landes qui l'entourent, et le bocage, vers l'ouest, d'où vient le vent, masse de verdure que l'horizon engloutit dans ses mâchoires de brume. Le recteur me dit que là étaient venus Charles Le Goffic et surtout François-René de Chateaubriand. J'étais très fier d'être à l'endroit même d'où l'auteur *d'Atala* avait contemplé Brocéliande. Je me souvenais alors des paroles de Hugo : « Je veux être Chateaubriand ou rien ». Et, pour ne pas être en reste, je tins à inscrire mon nom sur le rocher.

Il n'y est plus. Les pluies et les vents ont fait disparaître de la pierre fragile cette prétention que j'avais eue de marquer mon passage en ce lieu. Je pense que j'ai imprégné le Val sans Retour autrement. A moins que ce ne soit le Val sans Retour qui ne m'ait imprégné...

Nous retournâmes ensuite au presbytère. Le recteur sortit de son buffet un étrange verre de cristal. « C'est le verre du pape Pie IX, me dit-il. Il a été donné à l'un de mes grands-oncles qui était chanoine. Tu vas boire dedans » J'ai donc bu dans le verre du pape, mais je n'en ai pas été plus sage pour autant. Quelques années après, André Breton, le grand initiateur du Surréalisme, vint en Brocéliande, sans doute à la recherche du Graal et de cette *Fata Morgana* dont il avait fait le titre de l'un de ses plus beaux poèmes. Il alla à Tréhorenteuc, visita l'église, dialogua avec l'abbé Gillard, le suivit au presbytère et, - chose incroyable pour un homme qui affirmait avec tant de force son athéisme et son anticléricalisme, - but dans le verre du pape. Quand on pense que si j'ai connu André Breton, ce fut par l'intermédiaire de l'abbé Gillard ! Les événements de la vie sont parfois bien surprenants. Cela dit, André Breton venait souvent en Brocéliande et résidait à Paimpont, à l'hôtel Allaire. Cet établissement de bon ton est devenu le « Relais de Brocéliande », et il est tenu par M. et Mme Beler, Gilbert et Mady pour les intimes, et c'est là que se retrouvent, non plus les Surréalistes, mais tous les quêteurs de Graal qui rôdent dans la forêt. Toujours cette *Fata Morgana* qui anime ce pays de légendes, où il fait bon vivre, et où le vent apporte très souvent les intonations rauques de Merlin l'Enchanteur, prisonnier quelque part, dans un château invisible...

Ayant ainsi bu dans le verre du pape, je pris congé de l'abbé Gillard. « Reviens quand tu veux », me dit-il. Certes, je suis revenu. Mais, ce soir-là, il me fallait repartir, car ma grand-mère devait s'inquiéter. Je repris le chemin de Mauron. Je montai la pente qui menait sur la lande. Me retournant, je regardai encore une fois ce village perdu que j'avais mis si longtemps à découvrir. J'avais des chants d'autrefois dans la tête, comme lorsqu'on surgit d'un long sommeil en des pays où la mémoire se nourrit des fleurs de la prairie :

« Le vieux corbeau du val s'est échappé ce soir sur la lande de Minuit. Il m'a dit : Prends garde aux hommes du matin. Ils ont les bras trop courts et le visage de ceux qui font mentir les pierres. Profondes sont les vallées qui mènent vers le nord, profondes et sinueuses comme les veines d'une main. Rouges les flancs du val, rouge le soleil comme au couchant de toutes nos misères, rouge le sol tant il a bu de sang, et là, quelques plis bleus qui surgissent d'un monde mort... Le corbeau du val est reparti vers l'ombre, son repaire. la lande gémit. Le vent triomphe. Rouges les bruyères, profondes les vallées, au vent mauvais du soir[1]... »

On raconte partout que la Bretagne, c'est du granit. Stendhal affirme même que de Brocéliande à Rennes, ce granit est noir. Il n'a sûrement rien vu du paysage, probablement plus préoccupé par la beauté des jeunes femmes qui se trouvaient dans la malle-poste qui l'emportait au vent mauvais sur des chemins bien poussiéreux et bien peu compatibles avec sa dignité de Méditerranéen endurci. En tout cas, en Brocéliande, le granit est inconnu. Le sol est en schiste rouge, d'un rouge sombre, comme le sang de tous ceux qui sont morts sur cette terre, depuis les temps obscurs où quelques hardis aventuriers tentaient d'apercevoir le Château du Graal à travers des halliers incertains.

Quand j'arrivais à Mauron, il faisait nuit noire. Ma grand-mère, inquiète, m'attendait en faisant les cent pas, devant le restaurant où nous dînions. Je lui recontai ce que j'avais vu et entendu. Elle souriait. Elle était heureuse. En cet automne qui sentait bon la feuille morte, j'avais entrouvert la porte du Château Aventureux. Les grands vents du passé surgissaient de la

1. J'ai écrit ce poème en prose après ce voyage à Tréhorenteuc.

mer, faisant éclater les cosses des genêts ou tomber les pommes de pin sur les landes. je sais que j'ai connu Brocéliande d'abord par les yeux de ma grand-mère et leur tristesse, mais aussi par la profondeur insoupçonnable qu'ils m'offraient, dans un lent vertige qui ne pouvait s'interrompre, et qui, à vrai dire, ne s'est jamais interrompu. Que serais-je devenu sans toi, Jeanne Le Luëc, toi la petite femme aux yeux de biche égarée sur cette planète, si discrète, si effacée mais si présente auprès de moi, si malheureuse aussi à cause des pluies, de tous les orages que tu as essuyés, toi qui as remplacé - ô combien ! - une mère que je n'ai jamais eue, que serais-je sans tes yeux qui m'ont fait découvrir les perles d'or enfouies quelque part en Brocéliande, entre le Val sans Retour et la Fontaine de Barenton ?

Quand j'étais enfant, c'est ma grand-mère qui m'emmenait et me guidait à travers les chemins creux, à la recherche d'une lande éclaboussée de soleil. Nous rôdions dans un monde étrange, ou plutôt sur les lisières d'un monde dans lequel je savais pouvoir accéder lorsque je posséderais la clef ouvrant les portes de la nuit. Ma grand-mère, elle, savait qu'elle n'avait pas le droit d'aller plus loin, et tout son soin était de me montrer par où je devais aller. Je ne comprenais pas toujours le sens de ses paroles. Je n'écoutais pas toujours ce qu'elle chantait parfois dans le vent. Je ne voyais pas encore le signe qu'elle déterrait entre les roches rouges. Je ne voyais que son sourire triste, et à travers ce sourire, à travers ses yeux bleus lavés par le chagrin, je sentais que sa tendresse envers moi était plus forte que la plus violente tempête, plus douce aussi que le suc parfumé d'une fraise des bois cueillie le long d'un talus.

Ma grand-mère est morte un matin de juillet 1959. Elle n'avait plus besoin de vivre, puisqu'elle m'avait tout donné. Mais, le soir, quand je rôde en Brocéliande, chaque fois que je frôle un arbuste, je sais que c'est la main de ma grand-mère qui effleure mon front, comme aux temps de mon enfance, quand elle effaçait mes mauvais rêves...

Je suis revenu tant de fois en Brocéliande que j'en ai fait le centre absolu de tous mes cheminements, à la fois ceux de la vie réelle, matérielle, palpable, et ceux de la vie *d'en dedans*, la plus secrète, la plus subtile, insaisissable comme des étoiles qu'on veut enfermer dans sa main pour mieux s'imprégner de leur éclat triomphal. Mais étais-je vraiment capable de me diriger moi-même dans les méandres de Brocéliande ?

C'est à travers les yeux d'un être aimé que l'on peut découvrir la réalité profonde d'un pays que l'on aime. C'est avec Claire que j'ai pénétré le mystère de Brocéliande, et c'est à travers ses yeux que j'ai tenté de découvrir jusqu'où aboutissaient ces Routes de Nulle Part que j'avais discernées autrefois. Dans le fond du Val sans Retour, nous avons rêvé, Claire et moi. Nous avons même déliré. Et par certains matins où la brume s'accroche aux griffes des ajoncs, des martins-pêcheurs sont venus nous dire des chants venus de pays lointains. Nous évoquions Morgane la Fée et ses suivantes qui dansaient derrière les arbres et qui parfois venaient se regarder sur la surface des eaux, dans ce qu'on appelle le Miroir aux Fées, lequel, à l'époque, était envahi par les herbes et de grands nénuphars cachant une grenouille. Nous suscitions l'ombre de Lancelot du Lac franchissant des murs de flammes et descendant jusqu'au fond du Val, devant le pavillon où Morgane, resplendissante dans sa robe de couleur rouge, se voyait obligée de libérer les chevaliers qu'elle avait emprisonnés dans les louches réjouissances d'une vallée illusoire. Au fond, en cette forêt de Brocéliande, tout n'est qu'illusion. J'ai su depuis que le Val sans Retour n'est pas le vrai ; mais qu'importe ! Il est le lieu que j'ai aimé parce qu'il était le merveilleux support de toute ma volonté d'aller jusqu'aux extrêmes limites du monde des réalités. Et Claire voyait le Val comme une grande échancrure au creux de la terre, une blessure qui saignait, la blessure du temps et de l'espace, quand le vent se fait silence, juste avant que la nuit ne prenne possession de la forêt.

Pendant des années, Claire et moi, nous avons rôdé dans tous les recoins de Brocéliande, à pied, en bicyclette, en Vélosolex, en voiture, la nuit, le jour, par temps de pluie, par temps de brume, par grand soleil, par nuages interposés, par les vals et les landes, par l'obscur des forêts et par l'aveuglante lumière des crépuscules. Nous avons vu le feu dévorer les pins et les faire exploser comme des torches. Nous avons vu la foudre fendre des arbres et le gel faire éclater les pierres. Nous avons rencontré, quelque part, un grand cerf qui était peut-être celui que décrit l'auteur anonyme du *Lancelot* en prose, le « cerf blanc au collier d'or », représenté dans les mosaïques de l'église de

Tréhorenteuc. Nous avons erré autour de Folle-Pensée et découvert la profondeur incroyable de la clairière sacrée, celle de Barenton, là où une fontaine qui fait pleuvoir coule silencieusement sans que personne ne puisse l'approcher si telle est la décision de Merlin. Oui, car l'enchanteur Merlin est là, présent partout, derrière chaque buisson, derrière chaque arbre, derrière chaque rocher. Il guette les imprudents qui se risquent parfois jusqu'à sa Fontaine, ou jusqu'à son Tombeau - l'un de ses nombreux tombeaux - pour lui demander la vision des choses à venir. Mais Merlin ne répond pas. Ou plutôt, il se contente de rire. Avez-vous déjà entendu le rire de Merlin à travers les frondaisons de Brocéliande ?

J'ai dû écrire quelque part que Merlin, c'était moi. C'est le comble de l'incongruité. Mais j'ai suffisamment interprété le rôle de Merlin, sur la scène d'un théatre ou sur des écrans, pour en avoir la texture interne. Merlin, c'est le mercure, le vif-argent, celui qui glisse entre les doigts et qu'on ne peut jamais saisir. Pourquoi les femmes m'ont-elles toujours reproché d'être insaisissable ? Pourquoi, en ces années de délire, ai-je construit un masque, entièrement fabriqué de feuilles, de tiges et de terre de Brocéliande, un masque, pour me protéger des tempêtes de ce monde ? Ce masque, aujourd'hui, me sépare du monde, et fait de moi un de ces ermites qui peuplent les romans arthuriens : ils accueillent peut-être les voyageurs égarés dans la tempête, ils les nourrissent, les abreuvent et les logent. Mais, le matin, au réveil, quand les oiseaux se préparent pour une nouvelle symphonie de psaumes, ils les égarent sournoisement en leur indiquant le chemin qu'il ne faut pas prendre. Attention, en cette forêt de Brocéliande, l'ombre de Merlin règne sur un royaume. Et il n'est pas prêt à donner son sceptre à celui qui s'engage imprudemment hors des limites du tolérable.

Avec Claire, nous avons joué dans les halliers de Brocéliande. Nous avons versé de l'eau sur le perron de la Fontaine de Barenton et déclenché des orages inexpiables. Nous avons suscité les fantômes, et les fantômes nous ont assaillis sans que nous puissions frapper leurs contours de brume. Nous avons vu la chasse du roi Arthur, cette poursuite infernale d'un sanglier qui traverse la forêt de fond en comble, les nuits où la lune est noire. Nous avons tracé des routes à travers des éboulis de rochers, à travers des frondaisons blêmes, toujours à la recherche du

Graal, même si nous ne savions pas ce qu'était le Graal. Assurément, Claire me prenait pour Merlin. Mais qui était-elle ? Morgane la Noire ou Viviane la Blanche ? Morgane, l'envoûteuse du Val sans Retour, celle qui se venge des hommes et qui est pourtant la mère de tous les hommes, ou Viviane, la timide jeune fille que rencontre Merlin, néanmoins redoutable envoûteuse elle aussi, celle qui endort Merlin dans un château d'air invisible ? Cela, je ne l'ai jamais su, et Claire demeure pour moi l'un des mystères de Brocéliande, encore plus obstinément clos dans ma mémoire parce qu'il est au cœur même de l'univers dans lequel je me débats.

Dans son film *Excalibur*, le cinéaste John Boorman a confondu délibérément et consciemment Viviane et Morgane. Il a eu ses raisons que je respecte. Mais c'est trop facile : Viviane et Morgane sont deux entités profondément différentes et opposées. Il arrive un temps où il faut choisir. Le problème, c'est lorsqu'on ne sait pas qui est Viviane et qui est Morgane.

Le grand écrivain britannique John Cowper Powys — qui se voulait gallois, mais qui ne l'était pas, et qui se prétendait la réincarnation du barde Taliesin — a écrit un magnifique roman sur les « Enchantements de Glastonbury ». On sait que l'abbaye clunisienne de Glastonbury, dans le Somerset, a passé, pendant une partie du Moyen-Age, pour être la mystérieuse île d'Avalon, et que les rois Plantagenêts ont tout fait pour y localiser les légendes arthuriennes. Ils ont fait de même pour Brocéliande. Mais jusqu'à ce jour, personne n'a écrit quelque chose qui vaille la peine d'être intitulée « les Enchantements de Brocéliande ». Il semble que Merlin, avec la complicité de Morgane et de Viviane, veille jalousement à préserver la forêt de toute perversion de la part de thuriféraires maladroits ou de soi-disant initiés à quelque tradition depuis longtemps perdue et, bien entendu, miraculeusement retrouvée par eux. Les « Enchantements de Brocéliande » resteront longtemps encore sous les broussailles qui encombrent les chemins lorsqu'on veut les suivre jusqu'au bout.

En ces années de délire, lorsque Claire et moi, nous nous heurtions à ces broussailles, la forêt était délaissée, abandonnée, comme si la torpeur dans laquelle se trouve plongé Merlin avait gagné le moindre repli de roche, la moindre pousse d'ajonc, la moindre mousse dans une ornière à peine effacée. En ces années

50, la terre de Brocéliande, rouge comme un crépuscule tombé, n'avait même pas ressenti le frôlement imperceptible de ce qu'on appelle la « modernité ». On y vivait à peu près comme avant la guerre. Les horloges y parlaient « à l'ancienne heure ». Le cul des vaches était aussi sale qu'au Moyen Age, et le cidre avait un goût de pourriture qui en augmentait le parfum délicat lorsqu'on en buvait une « bolée » pour faire passer une « beurrée », c'est-à-dire une grosse tranche de pain paysan recouvert d'une mince pellicule de beurre salé qui sentait le rance. Les routes dites carrossables étaient criblées de trous, et les herbes s'y égaraient. Nous y roulions parfois en vélo, la nuit, sans aucune lumière bien sûr, et sans trop savoir où nous allions. Mais le brouillard nous guidait à travers les landes de Gurwan, ou celles du Jardin aux Moines, parfois sur celles de Lambrun, mystérieusement éparpillées autour de la Fontaine de Barenton. Nous surgissions de l'ombre vers Pertuis-Nanti qu'on me disait être la « Porte du Ciel ». Et nous descendions vers ce havre de grâce et de paix qu'était le village de Tréhorenteuc. Là, je savais qu'il y avait le Graal, caché quelque part, sous une roche, et que mon ami, l'abbé Henri Gillard, en était le gardien. Mais il ne m'a jamais dit où se trouvait cet étrange vase. Il m'a seulement montré des chemins qui ne menaient nulle part : et c'est grâce à cette subtile et paradoxale initiation que je suis parvenu à la clairière, celle qu'on ne voit pas, mais qui existe. Le chemin passait à travers les yeux de Claire, et la grande ombre de la Vierge enveloppait la forêt dans son manteau d'étoiles.

C'était dans le temps. Je me suis souvent senti comme Lancelot égaré dans les tempêtes et demandant sa route à des fantômes qui lui indiquaient le gouffre froid où dorment les illusions du monde. Mais je n'avais rien d'un Lancelot, et Claire n'était pas ma Guénièvre. Nous bâtissions des villes merveilleuses auxquelles nous attribuions des noms de légendes. Mais, dans le matin, avec le premier chant des oiseaux, ces villes basculaient, et il ne restait plus que l'insaisissable Val sans Retour, avec ses eaux stagnantes et ses griffes d'arbres, avec la longue litanie de détresse des fées qui s'enfuyaient. C'était dans le temps.

Aujourd'hui, des incendies ont ravagé les landes où nous nous égarions avec tant d'amour et tant d'audace. Les chemins sont devenus des routes, et le bitume a recouvert les herbes folles. Cela n'empêche d'ailleurs nullement certains curieux de ne jamais découvrir la Fontaine de Barenton même s'ils tournent autour d'elle des heures durant : sans doute s'agit-il d'un autre tour de Merlin, que j'entends rire derrière chaque touffe d'ajoncs... Aux croisées des routes, il y a maintenant des panneaux qui ont pour mission d'indiquer des circuits touristiques, mais comme par hasard, ces panneaux disparaissent quelques jours après avoir été posés. Il y a des trottoirs à Tréhorenteuc, là où s'étalaient de splendides et odorants tas de fumier, et des caniveaux, là où la boue s'amoncelait superbement jusque devant la porte des maisons basses. La place de l'église est propre, nette, là où autrefois se vautraient les cochons de la ferme voisine. Mais au-dessus du porche de l'église subsiste toujours cette étrange inscription : « La porte est en dedans ».

Oui, en Brocéliande, la porte est toujours en dedans, même si rien n'est plus comme avant. A l'intérieur de l'église de Tréhorenteuc, il y a maintenant le tombeau de l'abbé Gillard. Et le silence. Derrière le maître-autel, au milieu d'un grand vitrail aux couleurs du temps, le Graal, telle une émeraude tombée du ciel, brille de tout son éclat lorsque la lune se lève, très loin là-bas, sur les hauteurs de la forêt. Et le silence. Mais ailleurs, il n'y a plus rien. Brocéliande s'est effondrée dans le vent, un soir de tempête, parce que les yeux de Claire ne m'en renvoyaient plus les vertiges. Désormais Merlin pouvait hurler son chant de solitude et d'amour à la sortie des nuits, personne n'était plus là pour entendre ses mots de lumière. Brocéliande était morte, et il n'y avait même plus de vent. Ce fut alors le temps de l'errance, comme le long désespoir de Perceval après qu'il a compris qu'il n'a pas posé de question au Roi-Pêcheur, Perceval dont la mémoire douloureuse saigne de la lumière un instant heurtée qui émane des mains de la jeune fille au regard de soleil. Le Graal, de nouveau, était enfoui dans les profondeurs de la terre.

Ce n'est que beaucoup plus tard, un soir d'automne de 1978, que Brocéliande surgit pour moi de l'ombre à travers les yeux de Môn. Son errance l'avait conduite sur le rivage d'un même fleuve que celui de mon enfance, dans les temps où j'imaginais les scintillements du couchant sur les flots, penché sur la balustrade de passerelles bien fragiles. Môn s'était déjà approchée de Brocéliande, elle en connaissait les lisières et savait confusément qu'elle devrait y pénétrer un jour. Le long des sentiers barrés par des arbres abattus, je l'avais menée jusqu'à la clairière de

Barenton, ou plutôt c'était elle qui avait fait semblant de me suivre : en réalité, j'en ai depuis pris conscience, elle m'entraînait sur des chemins qu'elle avait déjà foulés dans les espaces d'une autre vie. Et les trois lumières jaillirent du néant de l'ombre, quelque part au-delà du monde, mettant en mouvement le lent balancement des jours et des nuits sur les landes et les halliers que je croyais connaître et qui n'étaient pourtant que des fragments d'étoiles jetés sur la terre.

J'ai vécu ma vie entière en Brocéliande, mon enfance lorsque j'en parcourais les lisières, mon adolescence lorsque je l'imaginais dans les fièvres qui m'assaillaient, mon âge adulte lorsque j'y pénétrais avec Claire, y découvrant à chaque fois de merveilleuses histoires, mon âge mûr lorsque l'étrange épée de la Dame du Lac surgissait des eaux à travers les yeux de Môn. J'ai été l'enfant Merlin qui parle dès sa naissance et qui prophétise au roi Vortigern la chute de son empire. J'ai été Lancelot se jetant sauvagement sur la reine Guénièvre, sur un lit de mousses parfumées, et lui faisant crier le chant d'amour et de mort qui brûle la gorge des femmes de soleil. J'ai été Tristan mourant de froid sous les buissons dans l'attente du frôlement d'Yseult, le seul frôlement qui pût répandre dans ses veines la chaleur du sang frais. J'ai été Mark, le roi trompé passant des nuits d'angoisse à guetter le râle d'Yseult ployant sous l'étreinte de Tristan. Je suis la souffrance du roi Mark. Je ne connais rien de plus terrible pour un homme que d'entendre le halètement sourd de la femme aimée qui se donne à un autre, que d'entendre le hurlement de jouissance qui résonne sous les voûtes silencieuses d'un temple, quand on est seul, dévoré par un mal qui met la chair à vif, provoquant des blessures qui ne saignent même pas. Quand j'étais jeune, je me projetais en Tristan. Désormais, je revêts le masque de Mark, celui qu'une légende bretonne dit avoir des « oreilles de cheval », allusion évidente à son nom qui, en langue celtique, signifie précisément « cheval ». Qu'on y voie une parenté avec le nom de Markale, cela n'a rien d'étonnant : certaines nuits sans lune, j'aime rôder en Brocéliande, par des chemins que je suis seul à connaître ; je rôde et je m'égare, je vais dans le vent, comme un cheval qui cherche désespérément l'écurie. Dans tous les récits de mythologie celtique, le cheval emmène les humains de l'autre côté de la frontière du réel, et parfois, il ramène des ombres du côté de la lumière. Sortilège de Brocéliande : sait-on jamais qui est vraiment qui...

J'aurais très bien pu être Perceval, le niais qui ne sait pas poser de questions, mais qui finit pourtant par découvrir le Graal. Mais j'ai toujours trop posé de questions. Je me sens davantage Merlin, celui qui rit quand on l'interroge. Lorsqu'en 1980 on m'a donné la possibilité d'écrire un téléfilm sur « Brocéliande, ou le royaume de Merlin », je dois avouer que je me suis senti concerné au premier chef. Et le réalisateur Jean Kerchbron ne s'y est pas trompé, lui qui m'a, pour ainsi dire, obligé à interpréter le rôle de Merlin dont j'avais fait le personnage principal de l'action dramatique, un Merlin bizarre qui sortait de son tombeau en *jean* et en *kabig*, s'étirait longuement et faisait visiter la forêt à un groupe de touristes, ce qui ne l'empêchait pas de rencontrer Viviane, d'en tomber amoureux, de tenter de guider Lancelot dans sa quête du Graal. Ma Viviane était Annie Degroote, et je faisais jaillir autour d'elle, par ma magie, des châteaux féériques, qui n'étaient autres que Comper ou Trécesson. Je changeais d'aspect, apparaissais et disparaissais au gré de ma fantaisie. De plus, n'ayant pas de mémoire, je ne savais pas mon propre texte, et je brodais, à la grande fureur de Jean Kerchbron. Et je me moquais de Lancelot, le brillant chevalier : j'en avais fait un parfait ahuri, magnifiquement interprété par Guy Parigot, et je l'obligeais à grimper sur une énorme jument en guise de fringant coursier. Il est vrai que je ne traitais pas mieux mon personnage de Merlin : au lieu d'un mage qui se prend au sérieux, j'en avais fait un bavard farceur qui, à certains moments, revêtait le costume chamarré d'un jeune page ou la robe austère d'un inquisiteur tonitruant du haut de la chaire de l'église de Paimpont contre les ignominies d'Éon de l'Étoile. Cette dernière séquence était d'ailleurs très réussie. Et puis, à la fin du film, la jeune et timide Viviane venait franchement houspiller Merlin, lui disant qu'il était tard, qu'il s'était suffisamment amusé, et qu'il lui fallait rentrer à la maison. Merlin, la tête basse, comme un enfant grondé et battu, prenait la main de Viviane et la suivait, disparaissant ainsi dans le sentier du Val sans Retour.

C'était peut-être peu flatteur pour le redoutable enchanteur, mais je pense avoir respecté intégralement la structure du mythe :

l'image du retour de Merlin à la maison, comme un vulgaire mari extrait de l'auberge par son épouse, correspond parfaitement à l'*enserrement* de Merlin dans son château d'air invisible. Mais comme les crédits dont nous disposions pour ce film étaient plutôt insuffisants, j'avais dû, au dernier moment, supprimer le rôle de Morgane, que j'avais pourtant prévu : nous avions dû ruser. On ne voyait plus Morgane que sous l'apparence de la brume (des fumigènes) et on ne l'entendait que sous forme d'une voix *off*, comme on dit dans le jargon du métier. C'est cela l'enchantement du cinéma. Et Morgane sortait de cette épreuve plus mystérieuse que jamais, insaisissable à travers les ajoncs griffus qui n'arrivaient même pas à accrocher les plis de sa robe. Au fond, Morgane, c'était peut-être Môn, absente pendant le tournage, mais terriblement présente, puisque toute cette fantasmagorie n'était visible qu'à travers ses yeux...

Je pris ma revanche trois ans plus tard, avec la complicité réelle de Môn, cette fois-ci. J'avais imaginé de raconter la structure même de l'aventure arthurienne à travers six personnages : Arthur, Guénièvre, Lancelot, Morgane, Viviane et Merlin. Et je situais l'action au moment crucial du Val sans Retour, quand Arthur s'aperçoit que tous ses chevaliers, sauf Lancelot, sont prisonniers des sortilèges de sa sœur Morgane. A partir de ce thème, je fis une pièce de théâtre que j'intitulai *le Val sans Retour*, bien entendu. Elle fut créée en 1983 au Festival interceltique de Lorient, dans la mise en scène de Môn, et jouée un peu partout, sauf en Brocéliande même. Mais après tout, c'était agrandir Brocéliande que d'apporter ainsi le Val sans Retour dans des lieux où on ne l'aurait pas cherché, sur une scène de théâtre, dans une salle de sports, comme à Elven, dans une grange, même, dans une salle de bal ou même une église. Dans ce jeu dramatique, le personnage essentiel était Morgane, ce qui pour moi, constituait une éclatante revanche sur ce que je n'avais pu obtenir dans mon téléfilm. Enfin, une Morgane en chair et en os... Le rôle était tenu par Maryvonne Mazoyer dont la voix grave, qui parfois défiait les spectateurs par sa violence et son agressivité, contrastait singulièrement avec la blondeur des cheveux : il faut dire que j'ai toujours imaginé Morgane comme une femme brune, et Viviane comme une frêle jeune fille blonde. Mais, dans cette pièce du *Val sans Retour*, l'ambiguïté régnait. Et Môn, qui assurait la lourde tâche de la mise en scène, incarnait elle-même une Viviane femme-enfant, tandis que je jouais moi-même le rôle de Merlin, vêtu de blanc et de noir : c'est dire qu'à la fin de l'action, après la délivrance des chevaliers par le preux Lancelot, c'est la brune Viviane, incarnée par Môn, qui m'enfermait dans une prison d'air invisible. J'avais l'air fin, comme on dit. Pourquoi avais-je révélé à Viviane le secret, l'ultime secret de Merlin, celui par lequel la femme dévore celui qu'elle aime ?

Tout cela était bien, mais ne me satisfaisait pas. Je devais animer la forêt, ne fût-ce que pour suivre les conseils de l'abbé Gillard : « Quand je ne serai plus là, il faudra que tu continues.. » J'ai essayé de continuer, parfois dans les pires difficultés, mais toujours avec autant de foi et d'énergie. Et Môn m'a prodigieusement aidé dans cette entreprise. En 1983, pendant l'été, nous avions eu l'audace de monter un spectacle en plein air, dans le Val sans Retour même, au milieu de l'étang. La pièce que j'avais écrite pour la circonstance s'appelait évidemment *le Miroir aux Fées*. J'avais pris mon sujet dans la version archaïque de la légende de Lancelot du Lac : il s'agissait en fait des « enfances Lancelot », épisode qui montre comment, sous la surveillance attentive de Viviane, la Dame du Lac, sa mère adoptive, le jeune Lancelot mérite, par son courage et son intelligence, le droit de connaître son nom et de pénétrer dans le monde des chevaliers. Redoutable gageure, qui n'a pu être menée à bien que grâce à l'intérêt et à la ténacité de Paul Anselin, le maire de Ploërmel, qui ne fait pas précisément partie de mon univers politique, mais qui s'est révélé, en cette occasion, un authentique ami. Ce sont les employés municipaux de Ploërmel qui ont dressé les décors conçus par Môn sur une plate-forme au milieu de l'étang. Ce sont les jeunes de Ploërmel, groupés dans l'association théâtrale « l'Art de Lune », qui ont interprété la pièce. Ce sont les militaires de Coëtquidan qui ont prêté les gradins pour les spectateurs et un groupe électrogène pour assurer la lumière. Ce fut une belle manifestation d'amitié et de solidarité. Et quelques fausses notes, venues d'ailleurs, m'ont rappelé que nul n'est prophète en son pays. Sans doute avais-je encore une fois forcé la note en donnant à Merlin son aspect le plus rigolard, mais aussi le plus sérieux. Le jeune homme qui interprétait le rôle en rajoutait, et il avait raison. Pour moi, Merlin n'est jamais assez impertinent, ni assez cocasse. Le propre de la sagesse, c'est de ne jamais se prendre au sérieux.

De toute façon, Morgane et Viviane étaient là, silencieuses entre les branches. Elles ont chassé les sortilèges que me lançaient les enchanteurs noirs qui ne voulaient pas que Môn et moi, nous puissions éveiller les lumières englouties dans le Miroir aux Fées. Nous avons pourtant éveillé ces lumières. Et j'étais heureux, non pas tant parce que c'était mon texte qu'on entendait entre les flancs du val, mais parce qu'il se passait quelque chose, parce qu'un rituel oublié surgissait des profondeurs. Cela n'alla pas sans mal. Si Môn, qui avait pris en charge la mise en scène et l'ensemble de la réalisation, n'avait pas été aussi forte, aussi résolue à aller jusqu'au bout, je crois que j'aurais flanché. Môn fut la grande prêtresse d'un rite propitiatoire qui nous échappait en partie, mais qui se créait au fur et à mesure que le temps s'écoulait. Môn, c'est aussi le nom gallois de l'île d'Anglesey, l'antique île des druides dont Tacite nous raconte le destin tragique devant les légions romaines d'Agricola. Oui, en l'espace de dix-neuf représentations, à la tombée de la nuit, le sortilège s'est réveillé et la vieille terre de Brocéliande s'est mise à vibrer. Le spectacle s'ouvrait par le *Chant de la Terre* de Gustav Mahler, et s'achevait sur l'interminable finale de la *troisième symphonie* du même Mahler. Et le cortège triomphant de Lancelot du Lac entrait dans la nuit des commencements, comme autrefois, quand j'errais dans la solitude du Val, ivre de vent et de silence, et cherchant la parole qui me permettrait d'ouvrir les grandes portes ruisselantes du palais de Morgane la Fée...

Les pays que l'on aime sont nécessairement ceux que l'on voit à travers les yeux d'un être aimé, ce qui signifie qu'il n'y a pas de moment d'émerveillement possible sans la re-création du monde par l'amour. Les pays que l'on aime, sans qu'on sache vraiment pourquoi, sont rares, précieux, infaillibles, paysages qui défilent lentement dans la prunelle des chats, lorsque la nuit tombe et qu'il reste encore des parcelles d'or dans les flots mystérieux du sommeil. Les chats et les femmes ont quelque chose en commun : leurs yeux sont les portes de l'invisible, les portes d'un Autre Monde qui ne déçoit jamais car il est le seul dont la réalité ne soit pas soumise aux turbulences de la perversité humaine. Brocéliande, l'antique forêt des enchantements, aux contours aussi vagues que le ciel, aux mille visages toujours changeants, aux mille reflets de soleil couchant, aux multiples Routes de Nulle Part qui se perdent brusquement dans un déluge d'ajoncs dont les griffes étreignent les nuages... Brocéliande, l'antique forêt des druides et des enchanteurs, quelque part dans la Bretagne bleue... Brocéliande, ou le royaume de Merlin... C'est ici que j'ai égaré, contre les troncs rugueux des pins et des chênes, entre les bruyères et les ajoncs, sur les rocs qui défient le temps et l'espace, d'innombrables parcelles de ma mémoire. Et, parfois, le vent les réunit dans une grande nuit tourmentée.

Tout n'est qu'une sensation, en effet, dans cette Brocéliande aux frontières insaisissables. On y voit *rien* qui vaille la peine d'être décrit. Mais on y voit *tout*.

J'ai connu Brocéliande à travers les yeux de trois femmes, et sans leur regard intensément rivé aux flammes du soleil, cette forêt de Brocéliande n'eût été, pour moi, qu'un nom, qu'un simple support à l'imaginaire, comme on en trouve dans de vieux livres, lorsqu'il s'agit de féérie et de chevalerie. La première est ma grand-mère, Jeanne Le Luëc, née le 25 août 1873 à Pluvigner (Morbihan), sous le signe de la Vierge. La seconde est Claire, née le 19 septembre 1927 à Paris, sous le signe de la Vierge. La troisième est Môn, née le 31 août 1949 à Castelmoron-sur-Lot (Lot-et-Garonne), sous le signe de la Vierge. La grande ombre de la Vierge rôde sur mon front, mais de quelle Vierge s'agit-il ? Est-ce Marie, mère de Jésus, la *mater dolorosa* à laquelle s'identifiait volontiers ma grand-mère, évoquant l'indicible souffrance qui l'avait poignardée lorsqu'elle avait dû reconnaître le corps de son fils aîné tué dans une bataille imbécile opposant deux peuples chrétiens, à l'âge de dix-neuf ans ? Est-ce la Vierge d'Éphèse dont la couronne étincelante de Reine des Anges masque à peine la frange de la Déesse-Mère des Commencements, même si l'auréole du mystérieux saint Jean contribue à accroître son aspect historique ? Est-ce la *treizième* qui revient, selon le mage Gérard de Nerval, et qui est *encor la première* ? A moins que ce ne soit, sous ces frondaisons de Brocéliande, les silhouettes évanescentes de Morgane et de Viviane, celles que je rencontre à chaque détour de sentier... Mais laquelle des deux ? Morgane la Noire, ou Viviane la Blanche ? De toute façon, je sais qu'il s'agit de Notre-Dame de la Nuit.

Mais c'est là où l'expérience rejoint la mentalité collective. Brocéliande, si tant est que ce fut mon pays d'enfance, c'est bien autre chose : c'est un nom *magique* qui évoque dans la mémoire universelle une des quêtes fondamentales entreprises par l'esprit humain depuis qu'il est capable de réfléchir sur lui-même. La quête du Graal, quelles qu'en soient les modalités ou même les justifications, est une recherche quasi désespérée de l'être que chacun d'entre nous sent confusément au fond de lui-même. La forêt est une réalité, mais c'est aussi un mythe fondamental, un mythe *fondateur*. L'image du Graal est un mythe, assurément, mais c'est aussi une réalité inscrite dans la mémoire des peuples. Qu'est donc ce mystérieux Graal qui m'a toujours hanté ? En quel recoin obscur de la forêt des Merveilles fait-il jaillir cette lumière insensée dont nul ne sait l'origine ? La lumière du Graal, pour reprendre une image d'André Breton, n'est-elle pas *explosante-fixe* comme la beauté convulsive qui entrouvre les dernières limites de l'horizon ?

Il est nécessaire de parcourir les Routes de Nulle Part en cette forêt de Brocéliande, pour tenter de le savoir.

II

UN PAYS SANS LIMITES

Si l'on s'en tient uniquement aux versions classiques, c'est-à-dire des XIIe et XIIIe siècles, qu'elles soient françaises ou allemandes, les Romans de la Table Ronde ne mentionnent guère le nom de la forêt quelque peu magique où se perdent volontiers les chevaliers du roi Arthur. Ces mêmes versions ne donnent d'ailleurs aucune indication précise sur l'emplacement de cette forêt, à tel point qu'on peut se demander si, dans l'esprit des clercs qui mirent les légendes par écrit, et les adaptèrent au goût du jour, cette forêt ne pouvait pas se trouver aussi bien en Grande-Bretagne qu'en Bretagne armoricaine. Après tout, la légende d'Arthur est indubitablement originaire de Cornwall et du sud du Pays de Galles, et celle de Merlin des frontières de l'Écosse, autrement dit dans le pays des « Bretons du Nord » qui ont laissé leur nom à Dumbarton (=forteresse des Bretons), à l'embouchure de la Clyde. Et de plus, quand on sait que l'élaboration des romans arthuriens s'est produite dans la mouvance des Plantagenêts, souverains établis de chaque côté de la Manche, se prétendant les héritiers d'Arthur et visant à un empire à la fois insulaire et continental, la question est loin d'être absurde.

Quant au nom de Brocéliande, il n'apparaît guère qu'au cours du XIXe siècle. Il s'agit d'une forme savante - et néanmoins fort poétique - d'un ancien terme dont la graphie est changeante dans les textes du Moyen Age : *Bréchéliant, Brécilien, Bersillient* et même *Berceil.* Le second terme, *Brécilien*, a été fixé dans la toponymie et se retrouve dans le nom d'un canton actuel de la forêt de Paimpont, mais le premier terme, *Bréchéliant*, est le plus anciennement attesté, dès le milieu du XIXe siècle, par le chroniqueur normand Robert Wace. Ce terme avait encore cours à la fin du XVIIIe siècle, selon le témoignage de Chateaubriand qui écrit dans ses *Mémoires d'Outre-Tombe* (I, 6) : « Au XIIe siècle, les cantons de Fougères, Rennes, Bécherel, Dinan, Saint-Malo et Dol, étaient occupés par la forêt de Bréchéliant ; elle avait servi de champ de bataille aux Francs et aux peuples de la Domnonée. Wace raconte qu'on y voyait l'homme sauvage, la fontaine de *Bérenton* et un bassin d'or... » Et, dans son *Essai sur la Littérature anglaise*, il se fait plus précis : « Sincère Breton, je ne place pas Bréchéliant près Quintin comme le veut le *Roman du Rou* (Chronique de Robert Wace) ; je tiens Bréchéliant pour Bécherel[1], près de Combourg. Plus heureux que Wace, j'ai vu la fée *Morgen* et rencontré Tristan et Yseult ; j'ai puisé l'eau avec ma main dans la fontaine (le bassin d'or m'a toujours manqué), et, en jetant cette eau en l'air, j'ai rassemblé les orages... »

Certes, le vicomte de Chateaubriand ne rate jamais une occasion de ramener tout ce qui peut être intéressant au domaine de son enfance. Mais l'opinion qu'il donne sur l'emplacement supposé de Brocéliande, au nord de Rennes, entre la Vilaine, la Rance et la Sélune, était partagée par bon nombre d'intellectuels de son époque. On a vu récemment une thèse, d'ailleurs très argumentée, soutenue par des universitaires de Caen[2], tendant à prouver que Brocéliande se trouvait dans l'ouest du département de l'Orne, le sud du département de la Manche et une petite partie de la Mayenne, le tout appuyé sur les topony-

1. Il s'agit d'un lieu-dit à proximité de Combourg et non pas de la commune de Bécherel, actuellement à l'ouest du département d'Ille-et-Vilaine.

2. Notamment par feu J.-Ch. Payen dont le travail consciencieux ne manque pas d'intérêt. Il est certain que des lieux comme la « Fosse Arthous » ou Barenton, pour ne citer que les plus marquants, sont révélateurs d'une certaine sensibilisation à la légende arthurienne. De plus, des études assez poussées ont montré que le personnage de Lancelot du Lac pouvait avoir eu comme modèle un ermite de l'époque mérovingienne, ancien guerrier converti et qui évangélisa la région de Bagnoles-de-l'Orne, un nommé Frambourg ou Frambault, mort en odeur de sainteté, et honoré aussi bien à Senlis qu'à Saint-Frambault-de-Prières (Mayenne).

mes qui se trouvent à la fois sur le terrain et dans les textes des romans arthuriens. C'est oublier que la plupart de ces romans arthuriens ont été écrits - ou transcrits - par des auteurs normands, et qu'il est parfaitement normal d'y découvrir des références précises à des lieux qu'ils connaissaient bien. Le contraire serait étonnant. Quand Robert de Boron, l'un des premiers à lancer le thème du Graal, cite certains noms du Jura, il ne faut pas oublier que cet auteur était originaire de Montbéliard. Cela ne prouve rien quant à la localisation de la forêt de Brocéliande en Normandie ou dans le Jura. Ou bien la géographie mythique des romans arthuriens doit être prise comme telle, c'est-à-dire qu'il ne faut localiser aucun toponyme, ou bien les thèmes mythologiques se sont accrochés à des lieux qui, par eux-mêmes, prédisposaient à une telle localisation. Tel semble être le cas pour Brocéliande en Bretagne armoricaine, compte tenu du fait que, primitivement, cette forêt était beaucoup plus étendue que la forêt de Paimpont actuelle, dans laquelle, d'ailleurs, François-René de Chateaubriand, en visite chez sa sœur, Madame de Farcy, en résidence à Beauvais, près de Paimpont, s'est volontiers égarée et y a reconnu les ombres de Viviane et de Merlin.

Il est certain que pendant l'Antiquité et le haut Moyen Age, jusqu'aux défrichements monastiques des XIIe et XIIIe siècles, le centre de la péninsule armoricaine était recouvert d'une épaisse forêt où dominaient les chênes et les hêtres. Cette forêt était assez dense, plutôt impénétrable. Quelques voies dites romaines la parcouraient, notamment celle menant de Rennes à Carhaix et à la Pointe du Raz, et celle qui, venant d'Angers, passait par Rieux, sur la Vilaine, Castennec (Sulim), sur le Blavet, et Carhaix, pour aboutir à l'Aber-Vrac'h, avec en plus, la transversale de Vannes à Corseul par Mohon (Morbihan), où se trouve un étrange « Camp des Rouets », qui est en fait une résidence royale. D'après tout ce qu'on peut savoir des druides, du druidisme, de leurs rituels en pleine nature, le plus souvent au milieu des forêts, de leur enseignement prodigué dans des établissements situés dans les forêts, de l'interdiction qui leur a été faite par les autorités impériales romaines d'enseigner, de leur repli dans les zones forestières les plus inaccessibles, il n'est pas difficile de tenir cette forêt centrale armoricaine pour un refuge des croyances et des rituels de l'époque pré-chrétienne. C'est un élément intéressant, dans la mesure où ce « no man's land » a contribué à conserver une tradition orale issue du paganisme druidique : c'était l'endroit idéal pour y placer le domaine des fées et des enchanteurs, pour en faire le domaine des dieux. Les épisodes de la légende arthurienne, d'origine indubitablement païenne mais transposés à l'usage d'une société éminemment chrétienne, allaient tout naturellement y trouver leur place.

On peut tracer les contours de cette forêt primitive en tenant compte des massifs forestiers qui ont survécu aux défrichements. A l'est, elle commençait sur les rives du Meu, affluent de la Vilaine, à une vingtaine de kilomètres de Rennes. A l'ouest, elle allait jusqu'à la forêt de Huelgoat, et même la dépassait, puisqu'il est avéré que les Monts d'Arrée, actuellement dénudés, ont été autrefois un grand massif forestier. Les vestiges de l'éperon central sont cette forêt du Huelgoat, la forêt de Quénécan, la forêt de Lanouée et la forêt de Paimpont. Au nord, on en retrouve des traces dans les Côtes-du-Nord, non loin de Quintin, avec l'ensemble de la forêt de Lorges, avec les parcelles de la forêt de Loudéac et de celle de Merdrignac. Au sud, ce sont les Landes de Lanvaux qui en portent les marques, notamment à l'est avec la forêt de Molac, et à l'ouest avec le grand ensemble constitué par les forêts de Camors, de Floranges et de Lanvaux. Ces vénérables témoins de l'antique forêt centrale sont actuellement bien réduits, mais ils permettent cependant d'avoir une idée sur ce que pouvait être la péninsule armoricaine juste au moment où l'on a cru bon d'y localiser les exploits des chevaliers d'Arthur et d'y projeter l'image aveuglante - à tous les sens du terme - du Château du Graal, visible pour certains, invisible pour le plus grand nombre. Les dernières ombres des druides prenaient corps dans les personnages christianisés de la tradition arthurienne.

Cela dit, ce sont les parties occidentales et orientales de cette immense forêt qui semblent avoir gardé le plus de localisations arthuriennes. Dans la forêt de Huelgoat, on peut voir, à côté de gros blocs de rochers placés sous le patronage du vieux dieu gaulois Gargantua, une Grotte d'Artus, et surtout un impressionnant « Camp d'Artus ». Il s'agit d'un admirable témoignage archéologique de la fin de l'Age du Fer et des temps primitifs de la Bretagne indépendante dont il y a peu d'exemples aussi bien conservés et aussi caractéristiques, si l'on excepte le camp dit *Maiden Castle*, près de Dorchester, en Grande-Bretagne, celui dit Fort d'Œngus, dans l'une des îles d'Arran, Inismore, dans la baie de Galway, en Irlande, et enfin celui des Rouets en Mohon (Morbihan),près de la forêt de Lanouée.

Au sud de ce massif forestier primitif, dans ce qu'on appelle aujourd'hui la Cornouaille morbihannaise (partie de l'ancien diocèse de Quimper rattachée à l'évêché de Vannes), les souvenirs d'une tradition bretonne archaïque ne manquent d'ailleurs pas. Sur les flancs des Montagnes Noires, aux alentours de Langonnet, de Priziac et de Ploërdut, les églises et les chapelles ont conservé, dans leurs chapiteaux datant de l'époque romane, les motifs celtiques les plus flagrants, et la tradition populaire situe à Langonnet le lieu où se déroulera la dernière bataille du monde. L'eschatologie druidique refait surface à travers les légendes christianisées. Et au centre, sur la vallée du Blavet, le promontoire de Castennec, en Bieuzy-les-Eaux, est l'emplacement d'un ancien camp romain, lui-même bâti sur un ancien oppidum gaulois, sur le passage obligatoire des voies de communication entre le nord et le sud, entre l'est et l'ouest. C'est là que passent l'antique voie qui va d'Angers (et par conséquent de Lyon, capitale des Gaules) vers l'Aber-Vrac'h, et la voie venant de Condate (Rennes) vers Civitas Aquilonia (Locmaria-Quimper) et la Pointe du Raz. Dans cette région, les voies dites romaines (et qui ne sont que des voies préhistoriques, ou gauloises, aménagées par les Romains) sont appelées « Chemins d'Ahès » *(an hent Ahès)*, de l'un des noms de la fille de Gradlon, le fabuleux roi d'Is, celle-ci étant confondue avec un non moins fabuleux *Ohès le vieil barbé*, que la chanson de Geste du XIIIe siècle, la *Chanson d'Aquin*, donne pour fondateur de la grande voie qui traversait la forêt centrale de la péninsule. Il semble que toutes les traditions de l'Armorique primitive soient concentrées dans cet espace actuellement très déboisé, situé au centre de la Bretagne, et qui était, jusqu'aux défrichements monastiques, une immense forêt plus ou moins impénétrable et franchissable seulement par quelques routes stratégiques.

Au reste, la région comprise entre les forêts de Lanouée et de Paimpont est le Porhoët. Le terme est une évolution d'un ancien *Poutrecoët*, traduit dans les documents latins par *pagus trans sylvam*, c'est-à-dire « pays à travers la forêt ». C'est la reconnaissance du caractère éminemment forestier de cette région, actuellement d'aspect bocager, mais dont le sol pauvre et acide rend compte d'une forêt dense de feuillus entremêlés d'ajoncs gigantesques. Cela correspond d'ailleurs à la présence de schistes, rouges et violets dans la partie orientale, plus gris et même noirs dans la partie occidentale, ce qui contraste avec les sols granitiques de tout le pourtour, et notamment des terres avoisinant les côtes. En fait, si l'on voulait caractériser de façon simpliste la péninsule de Bretagne armoricaine, on pourrait dire que l'Armor (= la Mer), c'est-à-dire la partie maritime, se manifeste par la présence du granit, et que l'Arcoat (= la Forêt), terme désignant l'intérieur, se manifeste par la présence des roches schisteuses. Et c'est réellement l'Arcoat qui constitue le territoire de l'antique Brocéliande. Les données de la géobiologie rejoignent les apports de la légende. Ce n'est certainement pas un hasard si, au milieu de ce Porhoët, se trouve le camp gallo-breton des Rouets, appellation qui n'est qu'une déformation du breton *roué*, « roi », terme lui-même dérivé du gaulois *rix*, et qui réapparaît souvent dans l'onomastique des paroisses avoisinantes[1]. Le camp des Rouets demeure bien mystérieux, mais il semble qu'il ait joué un rôle très important dans le développement des légendes arthuriennes en Brocéliande.

Cependant, l'ensemble de ces légendes arthuriennes apparaît comme localisé dans ce qui est actuellement la forêt de Paimpont et ses alentours immédiats. A partir de la fin du XVIIIe siècle, l'identification entre la forêt de Paimpont et Brocéliande constitue comme une sorte de vérité historique, même si certains poètes ou écrivains, tel Chateaubriand, sont tentés parfois de la localiser ailleurs. Au XIXe siècle, apparaissent des lieux-dits « Val sans Retour » ou « Tombeau de Merlin ». Une solide tradition, qui n'est pas populaire mais qui s'appuie sur les travaux des intellectuels, s'installe dès lors, et la fin du XXe siècle voit l'apparition de nouveaux lieux-dits en conformité avec les textes des Romans de la Table Ronde[2].

---

1. Il est remarquable de constater dans la paroisse voisine de Guilliers (Morbihan) de nombreuses familles portant le nom de Rigole ou Rigolé. Ce nom n'a rien à voir avec les ruisseaux. Son équivalent en breton moderne est *Rio*, patronyme très répandu dans le Morbihan bretonnant. Mais dans la région de Mohon et de Guilliers, où la langue bretonne a cessé d'être parlée à partir du XIIe siècle, la forme du nom s'est fixée. Elle provient incontestablement d'un adjectif dérivé du *rix* gaulois, et signifiant « royal », désignant ainsi des personnes au service des rois résidant dans cette forteresse incontestablement gallo-bretonne.
2. Je ne saurais que recommander la prudence et la circonspection vis-à-vis de ces nouveaux lieux-dits. Dans ma jeunesse, ce qu'on appelle aujourd'hui *l'Hostié de Viviane* n'était que le « Puits sainte Catherine », vestige de monument mégalithique. D'autre part,

De toute façon, la forêt de Paimpont proprement dite, à elle seule, paraît insuffisante pour englober les limites d'une Brocéliande même légendaire. Il faut y ajouter les bois et les landes qui l'entourent, les espaces défrichés qui la parsèment, à l'intérieur d'un vaste quadrilatère dont les angles sont Plélan-le-Grand et Montfort-sur-Meu, dans le département de l'Ille-et-Vilaine, Mauron et Ploërmel, dans le département du Morbihan. Ce territoire est non seulement marqué par les traditions dites arthuriennes, mais aussi par une configuration générale qui lui donne une unité certaine.

Actuellement très altérée par suite des défrichements successifs opérés au cours des siècles, la forêt de Brocéliande apparaît cependant comme un important massif boisé coupé de clairières, de vallées et de dépressions, qui occupe une superficie de plus de sept mille hectares. Le sol est composé de roches primaires, de schistes en particulier, dont la couleur rouge, un peu violette, étonne toujours les voyageurs, et aussi de grès dits armoricains. Dans les endroits humides et surtout au fond des vallées, le chêne et le hêtre poussent abondamment, mais ils sont mêlés à d'autres essences comme les bouleaux et les aulnes. En revanche, sur les sommets, et dans les endroits moins irrigués par les eaux de ruissellement, sur la crête des landes notamment, la végétation est pauvre : c'est là que dominent les ajoncs, les bruyères et les genêts, premiers responsables de l'activité du sol. Là, la couche de terre est très réduite, se bornant à une fine couche d'humus et au produit de la désagrégation des schistes sous l'influence des intempéries. Depuis le milieu du XIXe siècle, on y a introduit une variété de pins maritimes qui s'acclimate très bien et qui étend ses racines horizontalement, mais qui fournit un bois de peu de valeur, ce qui a comme inconvénients de rendre le sol encore plus acide et de favoriser les incendies lors des périodes de sécheresse. L'objectif était de fixer les

---

j'ai délibérément et abusivement, usant de mon droit de poète, placé au cours de mes conférences et visites diverses le château sous le lac de Viviane où elle élève Lancelot du Lac dans le grand étang de Comper. Cela me paraissait plus facile pour mes explications de la légende. Mais je m'aperçois avec un certain effarement que des livres sérieux et de nombreux guides ont accepté cette identification sans sourciller. Je suis pourtant bien placé pour savoir que cette localisation, dont je suis responsable, reste purement arbitraire. Elle ne correspond à aucune donnée traditionnelle et constitue une simple hypothèse.

sols, surtout les terrains qui étaient autrefois cultivés (en particulier avec du blé noir, plante de sol pauvre), mais qui sont aujourd'hui abandonnés parce que éloignés de toute habitation et d'un rapport médiocre.

D'un point de vue général, la forêt de Brocéliande se divise en deux zones d'aspects assez différents. A l'est, c'est la Basse Forêt, avec de nombreux étangs occupant une superficie globale de trois cents hectares, avec la petite vallée de l'Aff, un affluent de l'Oust, lui-même affluent de la Vilaine. A l'ouest, c'est la Haute Forêt, qui culmine à 256 mètres d'altitude et qui s'échancre vers la vallée de l'Yvel, un autre affluent de l'Oust, par une série de vallons parfois très sinueux et pittoresques, tel le célèbre Val sans Retour. Cette forêt de Brocéliande proprement dite, quels qu'en soient son charme et son intérêt légendaire, est un pays extrêmement pauvre. Le massif forestier en tant que tel n'offre aucune unité, car il est entrecoupé de clairières où sont bâtis les villages et où les prairies dominent. De plus, n'ayant jamais fait partie du domaine royal, la forêt de Brocéliande appartient actuellement à une quinzaine de propriétaires qui l'exploitent chacun à sa manière. Une seule portion de quelque cinq cents hectares appartient à l'État, vers le nord-est, non loin de ce qu'on appelle le « Tombeau de Merlin ». Quant aux alentours de la forêt proprement dite, ce sont des landes aujourd'hui plantées de résineux, des prairies, quelques champs où l'on cultive les céréales ou le fourrage, de petits bois épars et de petites dépressions marécageuses.

Ce pays fut, pendant des siècles, celui de la petite exploitation familiale agricole. La polyculture y voisinait avec un élevage restreint, les troupeaux étant la plupart du temps mis à pâturer dans les landes, et la litière des animaux étant constituée par de la fougère et des ajoncs pilés. Quelques porcs et quelques oies complétaient le cheptel traditionnel des bovins, où dominait la vache pie-noire, dite « bretonne », très sobre et très résistante au climat. On n'y connaissait point le cheval, et les chars étaient tirés non par des bœufs, qui auraient été peu rentables, mais par les vaches elles-mêmes. Le morcellement de la propriété, la multiplicité des parcelles n'arrangeaient rien. Ce pays pauvre, un peu à l'écart des grandes routes, survivait plutôt qu'il ne vivait réellement, dans une étonnante dormition qui a duré jusque vers les années 60 de notre siècle.

Actuellement, la région de Brocéliande, divisée par une limite administrative départementale artificielle, a beaucoup de mal à s'adapter aux conditions nouvelles de l'économie. Pays de tradition agricole classique, Brocéliande est obligée de se spécialiser dans l'élevage des bovins et des porcs, surtout dans l'élevage qu'on appelle, par un délicat euphémisme, « hors-sol », pour ne pas dire camp de concentration pour animaux. La culture du blé noir, le « sarrasin », si typique des pays celtiques, est aujourd'hui presque abandonnée, sauf par quelques agriculteurs qui ont préféré la qualité du produit naturel à la quantité sans valeur. De nombreuses exploitations, encore exploitées au milieu du siècle, sont en friche, et les bâtiments sont soit en ruine, soit rachetés par des citadins qui en font des résidences secondaires. Quant aux anciens agriculteurs, que l'économie moderne condamne à la désertion, ils doivent se reconvertir : certains, qui ont refusé d'émigrer vers les villes et habitent toujours le pays, vont travailler dans les industries de Rennes, en particulier aux usines Citroën. Mais beaucoup de gens sont allés grossir les quartiers périphériques de la capitale bretonne. Au début du XXe siècle, il y avait eu une tentative d'industrialisation dans la région grâce à l'exploitation du minerai de fer à Paimpont, ce minerai étant exporté par la voie ferrée ou traité dans les anciennes Forges de Paimpont. Mais les gisements, qui étaient à ciel ouvert, se sont vite épuisés. Actuellement, l'activité industrielle ne se manifeste guère qu'à Mauron, en bordure nord-ouest de la forêt, notamment par le traitement des vieux métaux (récupération des vieilles voitures) et dans le secteur de l'agroalimentaire (abattage et minoteries), la vieille activité des scieries n'étant plus rentable.

Le véritable espoir de Brocéliande est le tourisme : les sites et les légendes qui la marquent en font une région connue dans le monde entier, fréquentée par des passionnés de traditions celtiques, venus des pays les plus lointains. Un effort particulier en faveur d'un « tourisme intelligent » a été entrepris, avec création de gîtes ruraux et de circuits pédestres à travers la forêt légendaire. Sur la commune de Paimpont, en plein cœur de la forêt, un laboratoire dépendant de la Faculté des Sciences de Rennes ainsi que du C.N.R.S. se livre à des études écologiques approfondies sur la faune et la flore pour tenter de conserver en ce pays privilégié une nature accueillante et spécifique digne de cette tradition séculaire. Brocéliande excite la curiosité, mais ceux qui parcourent les sentiers de la forêt savent ce qu'ils y cherchent.

Si l'on aborde Brocéliande par l'est, en venant de Rennes, on se trouve d'abord dans une zone intermédiaire que l'on classe généralement comme le pays de Montfort-sur-Meu. Ce petit pays est important dans la mesure où il appartient de droit à l'histoire et à la légende de la forêt. De plus, il constitue le fer de lance de la pénétration bretonne vers la Gaule franque, du VIIe au IXe siècle de notre ère, le Meu, paisible affluent de la Vilaine, formant la limite orientale du domaine breton primitif lors de l'immigration des insulaires en Armorique, avant les conquêtes du Xe siècle qui étendront la Bretagne jusqu'au Maine et à l'Anjou.

Le pays de Montfort-sur-Meu se situe dans la partie occidentale du département de l'Ille-et-Vilaine, touchant à l'est le district de Rennes, et bordant les Côtes-du-Nord. Il s'étend du massif de Paimpont au sud jusqu'aux collines de Bécherel au nord. Il est coupé par les vallées du Meu et du Carun qui séparent deux grandes zones de paysage, le nord étant surtout bocager, le sud, plus pauvre, consistant en landes et bois de pins. Ce paysage typé et contrasté est une conséquence de l'évolution géologique : on y trouve des roches schisteuses, parfois de couleur gris-verdâtre, et des roches rouge-violet dues aux schistes et aux grès paléozoïques dits de Pont-Réan, et même, dans la partie nord, du granit à Bécherel.

La ville de Montfort a pour origine une forteresse bâtie au XIe siècle par Raoul II de Gaël, compagnon de Guillaume de Normandie lors de la conquête de l'Angleterre, et qui fut le véritable introducteur des légendes arthuriennes dans le pays. Il ne reste rien de cette forteresse primitive. Le seul vestige du Moyen Age est la tour du Papegaut, datant de 1389, construite en schiste et en grès, qui appartenait à l'enceinte de la ville fortifiée du XIVe siècle. Cette tour de quatre étages constituait une habitation, avec un étage dit « noble » où l'on peut remarquer une belle cheminée sculptée, et, au-dessus de la porte, une archivolte au décor gothique. Le bâtiment, qui a servi de prison au XIXe siècle, abrite actuellement un écomusée consacré au pays de Montfort, tant du point de vue géologique que du point de vue des coutumes et des traditions locales, sans oublier les manifestations artistiques.

C'est aux environs immédiats de Montfort, sur la route de la Chapelle-Touarault, que se trouve l'abbaye Saint-Jacques, fondée au XIIe siècle. Les bâtiments anciens ont disparu ou ont été profondément remaniés au siècle dernier, mais on peut cependant y voir un beau cloître du XVIIe siècle. Sur la route de Monterfil, l'ancienne léproserie Saint-Lazare, devenue ensuite un prieuré, est actuellement un institut médico-éducatif. C'est là qu'au XVIIIe siècle se retira saint Louis-Marie Grignon, natif de Montfort, prédicateur de la Contre-Réforme, fondateur des ordres des Filles de la Sagesse, des Frères de Saint-Gabriel et des Pères Montfortains. Plus au sud-est, le bourg de Talensac domine le paysage avec ses maisons en schiste rouge. Sur le territoire de cette commune, à la lisière sud-ouest de la forêt de Montfort, se dresse un menhir qu'on appelle le Grès de saint Méen. Au village des Rochelles, qui dépend de la commune du Verger, les Rochers de Rohuel (ce nom typiquement breton signifie « Roche Haute ») passent, dans la tradition locale, pour être la demeure des fées. On ajoute également qu'au lieu-dit Chambre des Sorciers, le jour du Carnaval, tous les chats de la région se réunissent pour faire la fête.

Toujours vers le sud, le village de Monterfil présente un bel ensemble architectural de maisons en schistes. Au centre du bourg, des affleurements rocheux renforcent le caractère minéral du site. A quelque 700 mètres de là, près du village des Rochelles, une pierre dite la « Grosse Roche » donne lieu à une légende. On raconte en effet que la fée Viviane, transportant des menhirs vers Carnac, fut poursuivie par des ennemis. Elle s'enfuit en courant, mais comme elle portait des pierres dans son tablier, l'une des bretelles du tablier cassa et une énorme pierre chut : c'est cette Grosse Roche. La légende est une des multiples versions d'un même thème mythologique : au Mané-Gwenn en Guénin, c'est la Mère du Diable qui a laissé tomber des pierres. A Huelgoat, c'est Gargantua. L'imagination populaire, impressionnée par le volume de certains rochers, a toujours voulu donner une explication surnaturelle à leur présence.

Plus au sud-ouest, sur la route d'Iffendic à Plélan-le-Grand, le plateau schisteux devient plus aride au fur et à mesure qu'on se rapproche de la forêt de Paimpont proprement dite. On y voit un lac, l'étang de Trémelin, de 43 hectares, bordé de bois de pins et de landes pittoresques. Le site est aménagé pour les loisirs et le tourisme. Près du village du Vau-Savelin, bel ensemble d'architecture rurale en schiste rouge, se dresse le menhir de la Pierre Longue, haut de 5 mètres et large de 2,5 mètres. Le bourg même d'Iffendic comprend quelques belles maisons, dont un style Renaissance, et une église assez remarquable. A l'extérieur, le pignon occidental, en granit, est flanqué de deux contreforts d'angle très saillants, tandis que le reste du bâtiment est en schiste rouge. La façade méridionale comprend un porche du XVIIe siècle, avec un ossuaire et une tour carrée du XVIIIe siècle supportant le clocher. A l'intérieur, on peut remarquer deux gisants du XVe siècle dans la chapelle du sud et un très beau vitrail également du XVe siècle représentant les scènes de la Passion.

Si l'on aborde la forêt par le nord, l'impression est d'autant plus saisissante que le massif de Paimpont surgit au-dessus d'un paysage assez plat, bien que bocager, comme une sorte de tertre environné de brume lorsque le soleil se lève, auréolé de rouge lorsque le soleil disparaît à l'horizon. C'est peut-être de ce côté que Brocéliande apparaît la plus mystérieuse, la plus secrète, comme ramassée en elle-même et détentrice des grands secrets dont l'imagination la peuple.

L'histoire se mêle à la légende. Montauban-de-Bretagne est une place forte créée pour la branche cadette de la famille de Gaël-Montfort, propriétaire de la forêt. Cette seigneurie de Montauban devint autonome en 1157, lorsque fut bâti le premier château sur le territoire de la paroisse de Saint-Éloi. Par la suite, ce château fut constamment remanié et agrandi avant d'être partiellement démoli lors de la guerre franco-bretonne de 1487 qui marqua la fin de l'indépendance du duché face à la monarchie française. Mais il en subsiste d'importants vestiges, deux hautes tours construites en grand appareil, une porte centrale qui est un ancien pont-levis, et le donjon carré du XIIe siècle. Non loin de Montauban, en direction du hameau de la Brohinière, où se construisit une gare importante lors de l'apogée des chemins de fer, on peut découvrir, au lieu-dit Lannelou, une chapelle gothique bien méconnue. La sablière est soutenue par une frise de modillons sculptés représentant des figures grotesques. Son portail d'entrée est à voussures avec un décor de feuillages et de pinacles. Sur le toit, on remarque un petit mur-clocher. Et tout autour, le village est composé de maisons de torchis, ou plutôt de « bauge », sorte de béton de terre de couleur ocre caractéristique de cette région, intermédiaire entre le schiste et le granit.

Au sud de Montauban, voici le petit bourg de Muel, dont le nom provient du breton *muelc'h*, « humide ». Le Meu serpente à travers tout le territoire communal au milieu d'un paysage bocager malheureusement affadi par les remembrements qui ont fait disparaître de nombreux talus et de nombreuses haies vives qui donnaient à la région son cachet. Dans le bourg, l'ancien presbytère est un très bel édifice en schiste rouge. La Croix Rouge est un curieux calvaire qui porte sur ses faces les attributs frustes des évangélistes sous arcades. Près de la chapelle Saint-Jouan, déjà sur le territoire de Saint-Malon-sur-Mel, se dresse un menhir en pleine lande. C'est déjà le cœur de Brocéliande avec la proximité de ce dolmen ruiné qu'on appelle le Tombeau de Merlin. L'atmosphère, ici, est très étrange, très mélancolique, comme si, de tous temps, les fantômes des héros des antiques épopées se donnaient rendez-vous pour évoquer leurs aventures et leurs combats contre les êtres de l'Autre Monde. On sent qu'il s'agit d'une zone frontière, qu'on passe d'un univers rationnel, paisible, concret, à un univers de rêve et de brume, où les visions fantastiques surgissent à chaque détour de chemin. Les fées se cachent dans les buissons, et si l'on écoute bien, on entend déjà le « Brai » de Merlin, cette longue plainte déchirante que porte le vent d'ouest à travers les arbres de la forêt.

Pourtant, le bourg de Saint-Méen-le-Grand s'étale non loin de là, en pleine expansion, avec sa zone industrielle et ses hypermarchés. C'est le paradoxe de ces Marches de Brocéliande. Saint-Méen-le-Grand, c'est le pays où sont nés le Père Janvier, célèbre prédicateur du début de ce siècle (1860-1939) et le coureur cycliste, héros du Tour de France, Louison Bobet. C'est là qu'a vécu son enfance le chansonnier Théodore Botrel, dont les chansons débiles (du genre de *la Paimpolaise*) ont enthousiasmé les Bretons émigrés à Paris et maintenu malgré tout parmi eux le sentiment d'appartenir à une nation différente. Saint-Méen-le-Grand s'est développé autour d'une abbaye fondée par un ermite originaire de la Bretagne insulaire, un certain Mewen, au début du VIIe siècle. L'abbaye fut détruite par les Vikings au début du Xe siècle, puis réédifiée cinquante ans plus tard sur son emplacement actuel avant d'être aménagée à différentes époques, notamment en 1712 par les Lazaristes, congrégation fondée par saint Vincent de Paul, qui en firent un séminaire. Aujourd'hui, les bâtiments de l'abbaye ont été convertis en logements, mais restaurés et conservés avec grand soin. Quant à l'abbatiale, elle est devenue l'église paroissiale. C'est un édifice composite qui a été constamment remanié. La tour et le chœur sont du XIIe siècle, le transept du XIIIe siècle. La nef médiévale a été détruite en 1771. Elle est surmontée d'une tour carrée à base ogivale de la fin du XIIe siècle, couronnée d'un dôme moderne. A l'intérieur, le chœur et le transept sont de style gothique primitif. On y voit plusieurs dalles funéraires dont celle du fondateur présumé, Mewen, et celle de l'abbé Robert de Coëtlogon. La sacristie est une ancienne salle capitulaire aux chapiteaux romans remarquables. Elle renferme des reliquaires en cuivre doré du XVe siècle. Au nord-est du centre communal, la chapelle et la fontaine de Saint-Méen sont encore de nos jours un lieu de pélerinage.

Le paradoxe, c'est que Saint-Méen-le-Grand, actuellement chef-lieu de canton et bourg en voie d'expansion sur la route de Rennes vers Loudéac et le centre de la Bretagne, n'a été, à l'origine, que le lieu où s'est élevé le monastère primitif de Saint-Jean de Gaël fondé par Mewen. Gaël, modeste commune aux confins de l'Ille-et-Vilaine, du Morbihan et des Côtes-du-Nord, a été, au VIIe siècle, la véritable capitale d'un royaume double : celui de Domnonée, qui comprenait à la fois la moitié nord de la péninsule armoricaine et la péninsule britannique de Cronwall-Devon. D'ailleurs, le nom de Devon, comme celui de Domnonée, provient du nom du peuple gallo-britton des *Dumnoni*. On sait que Gaël a été la résidence principale du roi de Domnonée, Judikaël (Jézéquel ou Gicquel), au VIIe siècle, à l'époque où Brocéliande se trouvait aux frontières du pays breton, face aux comtés de Rennes et de Nantes, sous obédience gallo-franque. L'autre résidence de Judikaël était Talensac, à l'ouest de la forêt de Paimpont, position clé pour surveiller le bassin de Rennes. Mais il ne subsiste rien de la grandeur passée de Gaël, sinon des substructures de forteresses sur le territoire de la commune, vers le sud, en direction de Concoret.

On peut tout aussi bien accéder à la forêt de Brocéliande par sa lisière méridionale en partant de Rennes par la route nationale 24. Cette route actuellement rectifiée et modernisée pour les besoins du trafic suit à peu près le tracé d'un ancien chemin préhistorique et gaulois allant de Condate (Rennes) vers le sud de la péninsule. L'importance de cette route est attestée par le fait que tous les ducs de Bretagne, lorsqu'ils se faisaient introniser à Rennes, entraient dans la ville par la porte Mordelaise, autrement dit par l'itinéraire qui venait de Plélan en passant par Mordelles, sur les bords du Meu.

C'est précisément à Plélan-le-Grand qu'on pénètre, par ce parcours, sur le territoire de Brocéliande. A l'origine simple ermitage, ce qu'indique son nom (paroisse de la lande, ou de l'ermitage), le bourg actuel est devenu chef-lieu de canton et le siège de l'Office touristique de Brocéliande. Par lui-même, le bourg n'offre aucun intérêt, mais si on continue la R.N.24, on aboutit d'une part au lieu-dit « le Gué de Plélan », qui passe pour avoir été le lieu de résidence du roi Salaün de Bretagne au IXe siècle, d'autre part aux Forges de Paimpont. Dans un site très romantique, entre deux étangs entourés de grands arbres, le hameau est formé par les bâtiments des anciennes forges fondées en 1633. On y découvre une charmante petite chapelle en schiste rouge caractéristique du pays.

En allant davantage vers l'ouest, on passe la limite des deux départements de l'Ille-et-Vilaine et du Morbihan, un pont sur la rivière, l'Aff, qui porte le nom de « Pont du Secret ». Une tradition récente, donc suspecte, fait de ce Pont du Secret le lieu où Lancelot du Lac avoua pour la première fois son amour à la reine Guénièvre. Il est bien évident que cette histoire touchante n'a rien à voir ni avec la réalité, ni avec la légende, mais elle fournit un piment supplémentaire à tous ceux qui veulent retrouver le chemin du château du Graal. Précisément, non loin de là, sur une colline boisée dépendant du territoire de Paimpont, près du village du Canée, le Manoir du Tertre, fréquenté par des artistes et des intellectuels, garde le souvenir d'une prophétesse, Geneviève Zaepffel, qui y officia pour la renommée *fabuleuse* de la Brocéliande arthurienne[1]. Les lieux sont calmes,

1. J'ai connu Geneviève Zaepffel. Je me souviens avec une certaine émotion du jour où, dans son manoir, elle me montra avec enthousiasme le superbe escalier en bois du XVIIe siècle qui s'y trouve en me disant : « Monsieur, c'est sur cet escalier que Joseph d'Arimathie, venant de Palestine et se dirigeant vers la Bretagne, est passé en tenant le Saint-Graal entre ses mains ». C'était trop beau et trop naïf pour susciter la moindre réflexion critique de ma part.

paisibles, mystérieux : on sait que tout ici parle en faveur de la légende.

Mais après le Pont du Secret, le bourg de Beignon et celui de Saint-Malo-de-Beignon attirent l'attention, surtout Saint-Malo qui fut, comme son nom l'indique, une résidence des évêques de Saint-Malo-de-la-Mer dont le pays de Brocéliande faisait partie intégrante. Il subsiste des vestiges romans, en particulier des chapiteaux, dans l'église. Et de Beignon, on pénètre sur le terrain militaire, celui du célèbre Camp de Coëtquidan, établi sur une vaste zone de landes recouvertes par endroits de pins. Coëtquidan (« le Bois d'en dessous ») était autrefois un simple terrain de manœuvres et de casernement. Depuis la fin de la Seconde Guerre mondiale, l'École militaire interarmes de Saint-Cyr s'y est installée, ce qui a contribué à moderniser considérablement le camp et à développer les bourgs avoisinants de Beignon, de Saint-Malo de Beignon, et surtout de Guer.

Sur les limites nord du camp de Coëtquidan, au-delà de la route qui va de Paimpont à Campénéac, sur le territoire même de Campénéac, se trouve le très beau site de la Chapelle Saint-Jean, qu'on dit être un sanctuaire templier. En réalité, la chapelle a été bâtie par les Hospitaliers de Saint-Jean, qui, après le procès que l'on connaît, ont officiellement recueilli l'héritage des Templiers. Il n'empêche que cette chapelle très simple, bâtie en schiste rouge, qui s'élève à peine au-dessus d'un plateau rocheux de même nature et qu'on a visiblement râpé pour trouver les matériaux nécessaires au sanctuaire, est absolument admirable dans ce décor sauvage et désert, entourée de vestiges de murs et d'habitations agricoles à l'abandon. C'est probablement l'un des plus beaux sites des confins de Brocéliande, non loin de l'Hostié de Viviane et d'un débris de dolmen où la tradition place le combat d'un chevalier et d'un géant, celui-ci passant pour avoir été vaincu et enterré là. Le vent souffle constamment sur cette crête rocheuse, et l'imagination peut broder à loisir sur les aventures fantastiques des chevaliers du roi Arthur égarés et trompés par les enchanteurs et les fées qui sont les hôtes de Brocéliande.

Au bas de cette crête, devant un étang paisible, au milieu d'arbres majestueux, se dresse le château de Trécesson, dont le nom indique que le lieu a été habité aux premiers temps de l'immigration bretonne. Ce château est remarquable par son état de conservation et par la pureté de ses lignes. Il s'agit d'une construction du début du XVIe siècle, en schiste rouge bien sûr, qui prend sous la pluie des teintes plus nuancées et toujours étonnantes. En fait, à voir ce château de Trécesson, on a l'impression qu'il n'est pas *vrai*, et que c'est un décor tout exprès bâti pour le tournage d'un film de féérie[1]. C'est un véritable château de conte de fées, pour le plus grand plaisir de ceux qui aiment la beauté.

Toujours sur cette route qui draine la partie méridionale de Brocéliande, le bourg de Campénéac, dont le nom prouve l'origine gallo-romaine, ne contient rien d'intéressant, sinon la statue gigantesque du diable, souffrant et gémissant, qui soutient la chaire à prêcher. Simple curiosité, qui date du siècle dernier, mais qui témoigne cependant de la lutte sournoise que se livrent, depuis des millénaires, les forces de lumière et les forces de ténèbres dans la forêt magique de Brocéliande. On dit toujours que là où il y a un saint, le diable rôde, l'inverse doit être vrai : un peu au nord de Campénéac, dans un frais vallon isolé au milieu d'un paysage de landes assez farouche, se dressent les bâtiments tout neufs d'une abbaye de Trappistines, la Joie-Notre-Dame, rappelant également la coexistence, sinon la synthèse, des spiritualités druidique et chrétienne en un lieu qui a toujours été le creuset où se fondaient les traditions les plus diverses. De toutes façon, l'Esprit souffle sur le pays. Sur cette même R.N.24, au hameau de la Ville-Morhan, une ancienne chapelle bâtie en schiste rouge se trouvait dans un virage et occasionnait chaque année de nombreux accidents de la circulation. On ne l'a pas démolie. Avec des moyens techniques appropriés (on l'a mise sur des roulettes !), on a déplacé la chapelle d'une cinquantaine de mètres. Ainsi le virage est-il moins meurtrier et la chapelle est-elle préservée.

On atteint alors la ville de Ploërmel, la plus grande agglomération du pays de Brocéliande. Ploërmel doit son nom au pieux missionnaire Arthmaël, ou Armel (breton moderne *Arzel*), qui, venu de Grande-Bretagne vers l'an 525, reçut d'un seigneur du nom de Guy un territoire aux confins de la forêt pour y établir

---

1. Les cinéastes ne se privent d'ailleurs pas de l'utiliser comme décor et j'y ai placé moi-même certaines séquences de mon téléfilm *Brocéliande, ou le Royaume de Merlin* (FR3, 1980). L'effet produit est toujours saisissant.

un ermitage. C'est ainsi qu'est née la « Paroisse d'Armel », puisque telle est la signification de Ploërmel (à comparer avec *Plouarzel* dans le Finistère, en zone bretonnante). Ploërmel est une des plus anciennes villes bretonnes de l'intérieur, et elle conserve quelques vestiges de sa splendeur passée, en particulier deux maisons en bois dans la rue Beaumanoir, qui se font face, et dont l'une est dite « Maison des ducs de Bretagne », et l'autre « Maison des Marmousets ». Cette dernière est ornée de sculptures grotesques et fantastiques. Ces deux édifices sont de la fin du XVe siècle et ont été aménagés au XVIe siècle. L'ancien couvent des Carmes, fondé en 1270 par le duc Jean II, et dans lequel se réunirent souvent les États de Bretagne, actuellement fort bien restauré, contient un beau cloître, dont la colonnade date de 1604, et le tombeau du duc de Montauban. On peut également voir l'ancienne chapelle des Ursulines et, sur la place La Mennais, une maison du XVIIe siècle. Dans l'école des Frères de La Mennais, fondée par le frère du célèbre philosophe, se trouve une curieuse horloge astronomique construite au siècle dernier par le vénérable frère Bernardin. D'autres vestiges ont disparu malheureusement sous les bombardements de la Seconde Guerre mondiale.

Le monument le plus remarquable de Ploërmel est son église Saint-Armel. Reconstruite de 1511 à 1602 dans le style gothique flamboyant, sur l'emplacement d'un ancien édifice, elle présente un caractère exceptionnel. Sa façade méridionale, qui ne comporte aucun ornement et qui donne apparemment sur la place publique de la ville, était presque adossée aux murailles de l'ancienne ville médiévale : cette ancienne ville se trouvait au nord, ce qui explique la richesse prodigieuse de l'ornementation du portail nord. L'église est surmontée d'une grosse tour carrée qui se voit de très loin, couronnée, au XVIIIe siècle, d'un balcon à balustres. La façade sud possède des chapelles latérales à pignons aigus, avec des fenêtres à meneaux flamboyants. C'est donc la façade nord la plus remarquable. Au centre, se trouve une porte double en arc surbaissé, avec des ventaux de bois sculptés représentant les Apôtres. Au-dessus de l'encadrement de la porte, on voit de petits personnages en pierre. A droite de la porte, sur un contrefort massif, on distingue avec étonnement des scènes étranges et grotesques, datant de la Renaissance, des figures grimaçantes, des personnages se battant, un porc soufflant dans une « bousine ». Ce grotesque ne doit pas faire illusion : il s'agit bel et bien de symboles alchimiques décrivant les opérations de l'Adepte sur le point d'aboutir à la Pierre Philosophale. Au-dessus de la porte, s'élance une élégante double fenêtre gothique, avec des arcs brisés encadrés d'un arc en plein cintre surmonté d'un pignon aigu. Tout au long de celui-ci, on aperçoit des chimères qui tirent d'énormes langues. Au faîte, le Christ en croix est entouré des deux larrons. Sur la gauche, une curieuse gargouille figure une sorte de cochon surmontant (ou copulant avec) une incontestable femme nue. Le sujet, quelque peu scabreux, est en rapport avec le sens alchimique des bas-reliefs du contrefort.

L'intérieur de l'église a souffert des bombardements. Seule la verrière de l'Arbre de Jessé est intacte. Les sept autres sont très restaurées, et on a remplacé par des vitraux modernes ceux qui avaient été détruits. On trouve, dans une chapelle, le tombeau de Philippe de Montauban, chancelier de Bretagne, et de sa femme, ainsi que les gisants des ducs Jean II et Jean III. Le maître-autel est en marbre du XVIIIe siècle, et la chaire, moderne, est ornementée des épisodes de la vie légendaire de saint Armel. Cette église représente assez bien le style gothique flamboyant et tardif qui s'est prolongé en Bretagne bien après la période de la Renaissance, perdurant en certains endroits jusqu'au milieu du XVIIe siècle.

Ploërmel, ancienne résidence des ducs de Bretagne, ancienne sous-préfecture, est à présent une ville quelque peu déchue, mais qui, grâce à une certaine industrialisation, semble reprendre vie. Sa position près de Brocéliande et sur la route de Rennes à Lorient et à Vannes, en contact facile avec la côte septentrionale (Saint-Malo), en fait un pivot du tourisme culturel qui s'instaure peu à peu dans le pays de Brocéliande. L'Étang au Duc, au nord-ouest du bourg, vaste lac artificiel sur le cours de l'Yvel, présente de remarquables paysages et constitue une bonne base de loisirs nautiques et champêtres.

Au-delà de cet Étang au Duc, le paysage devient moins sauvage, plus riant, avec de petites vallées verdoyantes entrecoupées de collines qui portent des bois de pins. Ce n'est pas exactement Brocéliande, mais c'est le Prohoët, et il est lié d'une façon ou d'une autre à la forêt légendaire dont il constituait autrefois une importante portion. Non loin de l'étang, c'est d'abord le vieux bourg de Taupont, avec une église flamboyante, puis plus loin, le village de Saint-Maudé (ou Mandé) dont les maisons, toujours en schistes, se groupent autour d'une église construite en 1431 par Alain IX de Rohan sur le lieu où avaient été enterrées les victimes du célèbre Combat des Trente, pendant la guerre de Succession de Bretagne, en 1351, au milieu de la guerre de Cent Ans. L'emplacement de la bataille, qui vit s'affronter trente Bretons du parti français et trente Bretons du parti anglais, est exactement à mi-chemin entre Ploërmel et Josselin, sur le territoire de la Croix-Hélléan. L'endroit, signalé par une pyramide, se nomme d'ailleurs « la Lande de Mi-Voie ». On sait en effet que, pendant cette guerre, Ploërmel était traditionnellement du parti de Jean de Montfort, soutenu par les Anglais, tandis que Josselin était du parti de Charles de Blois, soutenu par les Français.

La ville de Josselin, sans doute l'une des plus belles de Bretagne, appartient davantage à l'histoire qu'à la légende. C'est le berceau de la célèbre famille des Rohan. Mais au XVIIe siècle, les Rohan, qui prétendaient que leur famille était plus ancienne que celle des rois de France, tentèrent de trouver leur origine dans le fabuleux Konan Meriadek (Cynan Merdiawg au Pays de Galles) qui aurait été, d'après diverses traditions, le premier chef breton insulaire à s'implanter sur le sol de la péninsule armoricaine, sous l'Empire romain. Le château actuel des Rohan, qui domine de toute sa majesté la vallée de l'Oust, est absolument remarquable par sa beauté, son étonnante conservation et son style à la fois de la fin du Moyen Age et du début de la Renaissance. Mais Josselin, c'est aussi la basilique Notre-Dame du Roncier, datant du début du XVIe siècle, en style flamboyant, mais regroupant divers éléments des constructions successives, en particulier les parties romanes du chœur. La fondation de cette église remonte au IXe siècle, quand on découvrit dans les ronces une statue de la Vierge, une Vierge Noire très vraisemblablement. On raconte que cette statue, placée dans un sanctuaire, revenait chaque nuit dans le roncier où elle avait été découverte. C'est un thème courant dans les traditions religieuses populaires. Quoi qu'il en soit, Notre-Dame du Roncier devint un important sanctuaire et les pélerinages se développèrent, d'autant plus qu'une fontaine miraculeuse passait pour guérir les femmes atteintes d'épilepsie (les femmes « aboyeuses » de

Josselin). Actuellement, le pélerinage du 8 septembre (parfois le dimanche qui précède ou qui suit cette date) reste encore très fréquenté, notamment par les habitants du Pays Gallo, c'est-à-dire ceux de la Haute Bretagne, où l'on ne parle pas la langue bretonne mais le « gallo » ou « langue gallèse », qui est un dialecte roman.

Au nord de Josselin, s'étend la forêt de Lanouée, la plus vaste du Morbihan, parcelle de la Brocéliande primitive, d'une superficie de quelque 4 000 hectares. Cette forêt présente de beaux paysages de sous-bois et elle est bordée, à l'est, par la vallée verdoyante du Ninian, une rivière de première catégorie où dominent les salmonidés. Le nom du Ninian pose un problème. C'est celui d'un saint évangélisateur de l'Angleterre du Nord, aux limites de l'Écosse. On a mis ce nom en rapport avec celui de la fée Viviane, dont la forme, selon les versions anglaises de la légende, en particulier dans le *Morte d'Arthur* de Thomas Malory (XVe siècle), est *Niniane*, d'autant plus que cette fée Viviane apparaît nettement comme l'image folklorique d'une antique divinité des eaux douces : ce qu'elle est en Irlande, sous le nom de Boann (de *Bovinda*, la « vache blanche »), autre nom de la déesse Brigit et qui est l'éponyme de la rivière Boyne. De toute façon, les rapports entre la Grande-Bretagne et la région du Porhoët, bien que fort obscurs, sont évidents. Le bourg d'Helléan, non loin de Josselin, rappelle celui d'un bourg anglais, Hellions, et l'église d'Helléan possède des vitraux sur saint Samson, évêque de Dol, originaire de l'île de Bretagne, et sur la bataille d'Hastings qui vit la victoire de Guillaume de Normandie sur les Saxons. De plus, au nord-est de la forêt, le bourg de la Trinité-Porhoët, établi autour d'un prieuré fondé par les moines de Saint-Jacut en 1050 (seize ans avant la bataille d'Hastings), préserve toujours l'église abbatiale dont le style, de l'avis de tous les spécialistes, dénote une influence précise de l'architecture anglaise, accueillant, en plein XIIIe siècle, des survivances romanes, comme l'arc en plein cintre et certains motifs décoratifs. Quand on sait que la localisation des légendes arthuriennes en Brocéliande a été provoquée par des Bretons ayant participé à la conquête de l'Angleterre par les Normands, ces remarques doivent donner à réfléchir.

Cela dit, le bourg de Lanouée, au sud de la forêt, forme une paroisse beaucoup plus ancienne que Josselin. Le nom de

Lanouée, en dépit de sa vague consonance bretonne, est plutôt français, mais d'origine gauloise. Il peut s'agir de La Nouée ou de La Noée, plutôt que du breton *Lann Houet* (la lande, ou l'ermitage de la forêt). Nouée ou Noée est un mot dialectal roman couramment utilisé en pays gallo et provenant du gaulois *nauda* ou *snauda*, signifiant « terrain marécageux ». Près du bourg, on peut encore voir un pont romain sur l'Oust, portant la voie qui allait de Corseul (Côtes-du-Nord) à Vannes, reliant le pays des Curiosolites à celui des Vénètes. Dans la forêt, non loin des Forges de Lanouée, se trouve également un camp romain dit du Bodiné, sur le passage de la voie romaine de Rennes à Carhaix par Castennec. Et à sept kilomètres au nord de Lanouée, de l'autre côté de la forêt, le bourg de Mohon est au croisement de trois voies romaines (Vannes-Corseul, Rennes-Carhaix et Nantes-Le Yaudet).

C'est d'ailleurs sur le territoire de Mohon que se trouve le Camp des Rouets, déformation de Camp des Roués ou des Rois, qui est un établissement gallo-breton du haut Moyen Age. Il s'agit d'une forteresse qui était construite en bois, mais avec des levées de terre caractéristiques, et où l'on peut voir nettement l'emplacement d'une double enceinte. Il est vraisemblable que ce Camp des Rouets a servi de résidence aux rois de la Domnonée (Nord de la Bretagne armoricaine), du VIIe au IXe siècle, notamment au célèbre « saint » Judikaël, fondateur de l'abbaye de Paimpont. Il est donc à peu près certain que ce Camp des Rouets a joué un rôle important dans l'histoire de la Brocéliande ancienne et qu'il a été l'un des lieux où s'est opérée cette implantation des légendes de la Table Ronde sur le sol armoricain.

De l'autre côté de cette vaste clairière qu'on nomme la Porhoët, entre la forêt de Lanouée et celle de Paimpont, le Pays, bien qu'appartenant à la zone « gallèse », a gardé plus que tout autre la marque bretonne, et certains villages assez récents portent encore des noms commençant par *ker*, la « ville » (provenant du bas-latin *castrum*, en gallois *caer*, en gaélique *caher* ou *cahir*). C'est notamment le cas de Kernéant, dont le nom est de formation récente, tandis que le village de Henlée présente au contraire une forme très archaïque bretonne (*Hen-Lez*, la vieille cour). Et, dans ce pays de bocage un peu secret, les traditions ont la vie dure.

Il en est ainsi à Loyat. Ce bourg, dont le territoire s'étend assez loin à l'est et se trouve limitrophe de la forêt de Paimpont par ses hameaux de Trégadoret, de Vieille-Ville et du Vieux-Quily, passe pour être un pays de sorcellerie active. A tort ou à raison, dans toute la région, on parle des « sorcières de Loyat », aussi bien des envoûteurs qui attirent le mauvais sort sur les étables que des « désenvoûteurs » et guérisseurs divers qui se livrent aux opérations inverses. Il faut dire que, logiquement, ce sont les mêmes personnes qui peuvent envoûter et désenvoûter. Certes, les habitants de Loyat rient volontiers quand on fait allusion à ces pratiques, mais la réputation est là, et les opérateurs, quelle que soit leur discrétion, sont facilement accessibles à ceux qui veulent les consulter. Après tout, ces « sorciers » de Loyat ne sont pas autre chose que les descendants lointains des druides gaulois et bretons qui officiaient dans la forêt de Brocéliande, pratiquant non seulement le culte religieux, mais aussi la prophétie, la médecine et les incantations magiques.

Le pays est incontestablement d'essence druidique. Le nom du bourg de Néant-sur-Yvel l'indique clairement. Néant, ce n'est pas le mot français, c'est la forme fixée au XIIe siècle (et qui se prononce *nian*) d'un terme breton dérivé du gaulois *nemeton*, lequel, en breton moderne, a évolué en *Nevet*, nom de la forêt sacrée qui entoure Locronan, dans le Finistère. *Nemeton*, c'est le temple gaulois par excellence, mais un temple en plein air, car les Celtes, avant la conquête romaine, ou l'influence grecque, ne bâtissaient jamais de sanctuaire en pierre ou en bois. Et le nom de Néant-sur-Yvel (comme celui du hameau et de la chapelle de Kernéant, visiblement situés sur un ancien *nemeton*) rend compte de cette antiquité, et aussi de cette continuité. Le territoire de Néant couvre une partie de la vallée de l'Yvel, mais aussi des collines et les premiers plateaux de Brocéliande, couverts de landes : on comprend fort bien ici ce contact intime entre le Ciel et la Terre.

Sur la commune de Néant, mais intégré dans le village du Bois-de-la-Roche qui appartient à la commune de Mauron, se trouvent un château et un parc dits du Bois-de-la-Roche (Koad-ar-Roc'h), actuellement centre de naturisme, mais dont les bâtiments et les communs, d'allure très romantique, sont tout à fait dans le ton du paysage. Ici rôde le souvenir d'une branche cadette de la célèbre famille malouine (nous sommes dans l'ancien diocèse de Saint-Malo) des Magon, les Magon de la Balue, qui serait apparentée au célèbre cardinal qui fut sinistrement mis en cage par le roi Louis XI. Mais la tradition locale ne va pas si loin. Elle préfère raconter l'histoire savoureuse d'un des Magon de la Balue qui, au XVIIIe siècle avait la réputation d'être un « farfelu ». Les paysans de son domaine avaient l'obligation de lui fournir les produits de leurs récoltes. Un jour, une jeune fille vint apporter une motte de beurre. Il n'eut de cesse de faire déshabiller la jeune fille et de lui enduire le corps du beurre qu'elle avait apporté, faisant d'elle une véritable « beurrée » comme on dit dans le pays, et de la renvoyer ainsi chez ses parents. Plaisanterie d'un goût douteux, mais qui a provoqué bien des crises d'hilarité... Il est vrai que cette histoire fait pendant à celle d'Anne Toussaint de Volvire, celle qu'on appelle la « sainte de Néant », qui défendit héroïquement - dit-on - sa vertu face au seigneur des lieux. On voit encore la fontaine qui aurait jailli sur le lieu de sa résistance, presque en plein milieu de la route menant de Néant au Bois-de-la-Roche.

Au-delà du Bois-de-la-Roche, le pays se ressent de son origine forestière. D'innombrables bois de pins et de feuillus parsèment les crêtes et le fond des vallées, depuis l'Yvel jusqu'au Ninian. C'est là que se dressent les bourgs de Guilliers, d'Évriguet, de Saint-Brieuc-de-Mauron, les vestiges d'une ancienne forteresse, le Château-Trô, et un peu plus au nord, l'agglomération de Ménéac, à la limite des Côtes-du-Nord.

La consonance du nom Ménéac fait penser tout de suite à *méné* qui, en dialecte breton haut-vannetais (et en dialecte gallo), signifie « colline » correspondant au *menez* des Cornouaillais et au *mané* des Vannetais proprement dits. Elle autorise également un rapprochement avec l'adjectif *menek*, « pierreux » (voir les alignements du Ménec à Carnac). L'évolution du mot aurait été *ménéec* puis *ménéac*. Cela peut être admis, d'autant plus que le bourg se situe sur une éminence pierreuse dominant un ensemble plutôt plat, bien que la terminaison en *-ac* soit généralement un suffixe gallo-romain accolé à un nom de personne, généralement le propriétaire du *fundus*, c'est-à-dire du territoire agricole dépendant d'une *villa*.

Les environs de Ménéac sont parsemés de monuments mégalithiques, ce qui prouve que cette région a toujours été un endroit sacré, depuis les temps les plus lointains. On peut remarquer, en particulier, quatre menhirs imposants qui constituent un alignement très net du levant au couchant. Le plus gros se trouve dans le hameau de Belouan dont le nom évoque irrésistiblement Bel ou Belenos, épithète de l'Apollon gaulois, et que l'on retrouve dans l'ancien nom de la fontaine de Barenton (Belenton) ; il s'agit d'une masse imposante de 25 tonnes. Le deuxième, planté au centre du bourg, sert de monument commémoratif au commandant marquis Jean du Plessis de Grenendan, mort en déportation pendant la Seconde Guerre mondiale. Le troisième, qui se trouve dans la ferme de Grimbalt, pèse 20 tonnes. Le quatrième menhir, plus original, est entouré de pierres arrondies, sur un monticule situé à quelque trois cents mètres du camp romain de Caler.

Ici, les traditions légendaires, sans rapport direct avec le cycle arthurien, ont cependant des liens étroits avec le monde féérique. Dans la petite vallée de Camblat, on raconte l'histoire de saint Maurice : un gros chêne passe pour être celui sous lequel le saint venait prier. Dans le tronc de l'arbre existe une ouverture dans laquelle on déposait autrefois des offrandes. On précise que ce chêne ne peut pas être élagué, et on cite comme exemple la mésaventure d'un homme qui, ayant voulu passer outre à l'interdit, parce qu'il était sous l'influence de l'alcool, décida de couper les branches de l'arbre : au premier coup de hache, il tomba, souffrant atrocement de violentes coliques. Au pied de ce chêne, une source jaillit et elle est considérée comme miraculeuse parce que son eau ne tarit jamais et qu'on ne voit jamais aucun ruisseau en sortir ou dépasser les racines de l'arbre. On raconte qu'un jour, on creusa un canal pour recueillir cette eau, mais ce fut peine perdue : le canal ne se remplit pas. Ailleurs, à Notre-Dame du Pas, on raconte que la Sainte Vierge, fuyant vers l'Égypte, a laissé l'empreinte de son pas. Dans le domaine plus profane, la tradition fait état d'un lièvre mystérieux qui apparaît parfois dans le bourg de Ménéac. Son apparition est toujours le présage d'un malheur imminent. On s'en aperçut en 1874, quelques jours avant un grand mariage : un homme mourut pendant la cérémonie alors que le lièvre était apparu quelques jours auparavant. Il existe aussi, à ce qu'on dit, une bête monstrueuse qui prend la forme d'un chat, d'une chèvre ou d'un chien. C'est *la Bête du Cast*, et on l'appelle familièrement *Jeannette*. Elle est inoffensive, sauf pour les descendants d'une famille qui, à la Révolution, s'était emparée d'une fortune qui ne lui appartenait pas. Chaque fois qu'un descendant de cette famille rencontrait la « Bête du Cast », il devenait boiteux.

C'est dans cette même région de bocage, malheureusement défigurée par des remembrements quelque peu exagérés, que se situe le bourg de Mauron, chef-lieu de canton du Morbihan, mais en contact avec les Côtes-du-Nord et l'Ille-et-Vilaine. En fait, Mauron constitue une étape importante à la fois sur la voie secondaire qui conduit de Rennes à Carhaix par le nord de la forêt de Brocéliande, la Trinité-Porhoët, Rohan et Pontivy, et sur la voie qui va de Saint-Malo et de Dinan vers le Golfe du Morbihan. Pays en marge, dépendant administrativement de Vannes, mais en fait plus proche de Rennes et traditionnellement relié à Saint-Brieuc, Mauron est l'exemple typique de ces petites villes du Centre-Bretagne qui gardent une certaine autonomie et un certain isolement dans un environnement artificiel qui ne leur convient pas vraiment. Autrefois simple marché agricole, Mauron, par la force des choses, devient une petite ville industrielle vouée à la récupération des vieux métaux et à l'exploitation du bois, tout en développant ce qu'on appelle l'agro-alimentaire.

Cela dit, Mauron est une bourgade chargée de légendes et d'histoire. Le nom lui-même prête à discussion. On fait parfois intervenir une reine bretonne, une certaine Moronoë, qui aurait eu là sa résidence. Mais on serait bien en peine d'appuyer cette étymologie sur un quelconque document historique de valeur. On a parlé d'un camp de légionnaires maures au temps de l'Empire romain : à ce compte, Mauron aurait la même origine que Maure-de-Bretagne (Ille-et-Vilaine), et que les différents Mortain ou Mortagne (*Mauritania*) qui jalonnent le territoire français, sans oublier non plus Mohon, à une vingtaine de kilomètres de Mauron, qui paraît bien être une évolution du même nom. A l'analyse, les Mortain et Mortagne peuvent réellement être des *Mauritania*, encore que la présence de Maures dans les légions romaines puisse être mise en doute, mais certainement pas Maure ou Mauron. La solution peut apparaître si l'on compare ces noms avec celui de Castelmoron-sur-Lot (Lot-et-Garonne) dans une Occitanie en vérité plus riche en souvenirs celtiques et wisigoths qu'en substrats d'origine romaine. Une forteresse très ancienne est attestée à Castelmoron, et le nom le révèle clairement. Il en est de même à Maure-de-Bretagne, à Mauron et à Mohon (où se trouve le fameux Camp des Rouets). Et là aussi, le nom le révèle clairement, mais en *langue celtique*. Il est facile de retrouver dans *maur* ou dans *mor* l'adjectif gaulois qui signifie « grand » et qui a donné le gaélique *mor*, le gallois *mawr* et le breton armoricain *meur*. L'adjectif est resté isolé dans Maure, mais il a pu entrer en composition avec le gaulois *bonna*, « forteresse » (l'exemple de Vienne, *Vindobonna*, forteresse blanche », est significatif), dans Mauron et Castelmoron (avec une traduction tautologique), et donc dans Mohon. A ce compte, Mauron serait une ancienne *Morbonna*, une « grande forteresse », étymologie qui n'est certes pas contredite par l'archéologie. Et le château de Mauron a joué un rôle important au cours des siècles, en particulier pendant la guerre de Cent Ans, sur l'antique voie de Rennes à Carhaix, même si, actuellement, il n'en subsiste que quelques substructures perdues dans les ronciers.

La ville elle-même a l'aspect de ces bourgs ruraux qui, jusqu'à la dernière guerre, s'enlisaient dans une sorte de torpeur désuète avant d'éclater, dans les années 60, et de devenir un centre à la fois d'éducation et de petite industrie. L'ancien bourg conserve deux maisons de style Renaissance avec de beaux encadrements de portes datant du XVIe siècle. La chapelle du monastère de l'Action de Grâces a été construite pendant les dernières années du XIXe siècle, mais contrairement aux édifices catholiques de cette période, qui sacrifient l'esthétique au triomphalisme et au syncrétisme, cette chapelle est une adaptation très pure du style roman archaïque, avec une belle coupole et des chapiteaux qui n'ont rien à envier à un monument authentique. il règne dans ce sanctuaire, voué à l'adoration perpétuelle de l'Eucharistie, une atmosphère mystique incontestable, que la simplicité du lieu rehausse et magnifie.

Comme beaucoup d'autres monuments de la région, l'église paroissiale de Mauron a été reconstruite et agrandie au XIXe siècle en un style néo-gothique quelque peu affligeant. Mais, de l'ancien sanctuaire, on a conservé deux panneaux de bois dont la beauté et l'intérêt méritent réellement un grand détour. Il s'agit d'un travail probablement de la fin du XIIIe siècle, représentant Adam et Ève tentés par le Serpent enroulé autour de l'Arbre de la Connaissance, puis les mêmes chassés du Paradis, tandis qu'une pierre tombe du ciel à côté d'eux. Ces panneaux se trouvaient autrefois sur la porte d'entrée de la façade méridionale. Comme ils risquaient d'être altérés par les intempéries, on les a déposés, restaurés et placés à l'intérieur de l'église. Ce qui fait leur intérêt, c'est leur lien avec le thème de Mélusine et avec la légende du Saint-Graal. En effet, le Serpent qui tente Ève a une tête féminine bien caractéristique : ce n'est pas le diable, comme dans d'autres représentations du même type, mais l'élément féminin aquatique et tellurique, image de la Fée qui détient les secrets de l'Autre Monde et qui les présente aux êtres humains. D'autre part, la pierre qui tombe du ciel au moment où Adam et Ève sont chassés de l'Éden, se réfère à l'Évangile apocryphe de Nicodème et se trouve à l'origine de la christianisation du thème du Graal, symbole d'abord païen, mais raccordé ensuite, notamment sous l'influence des Clunisiens et des Cisterciens, aux Écritures, fussent-elles considérées comme apocryphes. C'est en effet, d'après une des versions de la Quête du Saint-Graal, l'émeraude qui ornait le front de Lucifer, le « Porte-Lumière » le plus brillant des archanges, avant sa révolte et sa chute dans les ténèbres. Au moment de sa chute, cette émeraude, signe de sa pureté et de sa clarté, se détache et tombe sur la Terre. Elle est recueillie par Adam et Ève et transmise par eux à leurs descendants. Elle devient alors la possession de Joseph d'Arimathie, disciple *secret* de Jésus, qui la fait tailler en forme de coupe et recueille dans celle-ci le sang du Christ à la descente de croix : ainsi naît le « saint » Graal, coupe de lumière qui contient toutes les richesses du monde visible et du monde invisible, et que Joseph d'Arimathie, puis ses descendants, apporteront dans un château mystérieux en Bretagne, insulaire ou armoricaine, peut-être dans la forêt de Brocéliande, et que les chevaliers du roi Arthur auront pour mission de découvrir. La légende celtique et la tradition chrétienne s'harmonisent parfaitement sur ces deux panneaux de bois de l'église de Mauron. Ces représentations sont en effet très rares dans l'ornementation des sanctuaires officiels du Christianisme. Elles constituent un témoignage irréfutable de l'implantation de la légende du Graal à une époque très ancienne dans le pays de Brocéliande, et montrent l'importance de la tradition dite apocryphe dans les croyances chrétiennes des populations d'origine celtique.

Mauron se présente ainsi comme une porte essentielle qui, une fois ouverte, permet d'accéder au cœur même de Brocéliande.

En quittant le centre du bourg, on peut voir un curieux monument moderne rappelant la bataille de Mauron, en 1352, où les troupes des partisans de Jean de Montfort vainquirent les troupes de Charles de Blois, pendant la guerre de Succession de Bretagne. Et en allant vers l'est, après avoir passé la petite rivière de la Douef, on arrive dans le village typique de Saint-Léry, dont tous les bâtiments sont en schiste rouge usé par le temps. En face de l'église, se trouve un manoir du XVe siècle. Le village s'est développé autour d'un monastère fondé au VIIe siècle par un certain Léry, disciple de saint Méen. L'église actuelle est un petit joyau d'architecture. La tradition prétend qu'elle a été bâtie avec les pierres du prieuré de Moinet, près de la Fontaine de Barenton, prieuré dans lequel s'illustra le moine illuminé Éon de l'Étoile. On peut y voir le sarcophage dit de saint Léry, des bas-reliefs en bois du XVIe siècle, une horloge sans cadran et un vitrail de 1493. Sous le porche aux panneaux de style Renaissance bretonne, on peut admirer de pittoresques figurations, en particulier un homme dévoré par les vices, un saint Michel terrassant le dragon et un bel écu de Bretagne tenu par deux lions.

La forêt de Brocéliande est alors ouverte aux regards, avec ses deux parties bien distinctes, la basse forêt, brumeuse, vers l'est, la haute forêt, plus claire, se découpant nettement sur le ciel, avec sa « montagne » qui culmine à 250 mètres. Et pour mieux apprécier cette double forêt, et sans doute pour mieux en pénétrer les « mystères », il est préférable d'aller immédiatement au centre géographique, autrement dit à Paimpont, là où, sur les eaux d'un étang qui paraît lui-même double, se confondent les deux forêts.

Paimpont est incontestablement un nom breton (*Pennpont*) qui signifie « tête de pont », allusion au fait qu'à l'époque de l'immigration bretonne, le lieu a dû être une position avancée des Bretons en direction du pays des Gallo-Francs. Mais, au XVe siècle, la famille des Laval, héritière des Gaël-Montfort, probablement jalouse des Lusignan qui prétendaient remonter à la fée Mélusine, mit tout ses efforts pour accréditer la fondation de Paimpont par un mystérieux chevalier originaire de Galice, un certain Ponthus, qui en aurait fait sa capitale (*Penn Ponthi*). C'est le type même de ces légendes cléricales dont on se servait au Moyen Age pour donner plus de poids et d'importance à une famille riche et puissante.

Quand on vient de l'est, on pénètre dans le vieux bourg de Paimpont en passant sous un porche qui est l'un des restes des fortifications qui entouraient l'abbaye. C'est en effet à partir de l'abbaye, fondée au VIIe siècle par le saint roi Judikaël de Domnonée, et confiée aux moines celtes de Saint-Colomban, que le village s'est développé. Plusieurs fois détruits et reconstruits, les bâtiments actuels de l'ancienne abbaye ont gardé un charme très particulier et une majesté incomparable. Ils sont érigés sur un éperon rocher qui s'avance en saillie dans l'étang, partageant celui-ci en deux anses perpendiculaires. Ces bâtiments, fort bien restaurés, datent du XVIIe siècle et sont d'une grande sobriété : ils abritent actuellement le presbytère (avec de magnifiques salles), la mairie et une institution privée de réinsertion sociale d'enfants en difficulté.

L'ancienne église abbatiale, également restaurée avec soin, est assez remarquable. En grande partie du XIIIe siècle, très remaniée au XVe siècle, elle a gardé son caractère ogival. Au portail ouest, divisé en deux portes trilobées, on peut voir la statue d'une Vierge Mère entre deux anges. La nef unique, couverte d'un lambris, a été rétablie à sa hauteur normale. Le chœur, qui est carré, et le transept comportent des voûtes en pierre. Sous la troisième arcade de la nef, se trouve la statue de Notre-Dame de Paimpont, en bois polychrome du XVIIe siècle. On peut également remarquer des boiseries, des stalles, trois autels et une chaire du XVIIe siècle. Dans la sacristie, parmi les nombreux objets du trésor, il y a un beau reliquaire de saint Judikaël et un magnifique Christ en ivoire. On y a exposé des restes de fresques du XIIIe siècle, retrouvés lors des travaux de restauration du sanctuaire.

On serait bien en peine de découvrir à Paimpont même des souvenirs de la tradition arthurienne. Il faut se rappeler que cette tradition a été implantée au cours des siècles, mais qu'elle n'est pas originaire de Bretagne armoricaine. Cependant, Paimpont est au cœur d'un pays où les druides gaulois ont officié pendant longtemps dans le secret des clairières. Et, après l'introduction du christianisme, ce sont les ermites, les moines, qui ont illuminé les frondaisons de leurs chants et de leurs prières. Pas n'importe quels moines d'ailleurs, puisque la première abbaye de Paimpont avait été confiée à l'ordre fondé par saint Colomban, ce missionnaire irlandais passionné d'évangélisation, et qui accomplit un long périple, au VIIe siècle, sur le continent, essaimant des monastères un peu partout, notamment à Luxeuil et à Bobbio, dans la péninsule italienne. Un saint celtique assurément, ce Colomban, et l'héritier de la spiritualité druidique en même temps que de la filiation apostolique. N'oublions jamais que ce sont les moines irlandais et bretons qui nous ont transmis par écrit les vieilles légendes orales de la tradition celtique dite païenne. A cet égard, Paimpont ne pouvait pas ne pas être le meilleur creuset dans lequel allaient se fondre les récits les plus divers surgis de la nuit des temps.

Si l'on part de Paimpont pour accomplir un périple dans la forêt enchantée, périple en forme de spirale, bien entendu, puisque nous sommes en plein domaine celtique, il faut aller vers le nord-est, tout au bout de la Basse Forêt, en passant vers l'étang qui porte le si joli nom de Pas-du-Houx, qui a 86 hectares, et qui est bordé par deux châteaux modernes dont l'un s'appelle « Brocéliande ». De là, il faut remonter encore vers le nord et passer par le village de Telhouët, le « Front du Bois », où peuvent encore se voir quelques murailles ruinées d'un prieuré. Plus loin, vers Saint-Malon-sur-Mel, une petite vallée s'ouvre en direction du nord, la vallée de la Marette. C'est probablement là que les gens du Moyen Age ont situé le Val sans Retour. Cette vallée, aujourd'hui propriété privée, est discrète, secrète : on y sent une atmosphère propice à la localisation d'un Val d'où nul ne pouvait revenir s'il était infidèle à la Dame qu'il avait juré d'aimer. Mais après la vallée et son petit étang, le premier « Miroir aux Fées », la butte contient d'étranges lieux. C'est d'abord la Fontaine de Jouvence. Ce n'est qu'un trou d'eau boueuse. Mais après tout, il est possible qu'autrefois, les fées qui hantaient les halliers de Brocéliande se soient rassemblées en cet endroit pour se tremper le visage dans cette onde magique et reprendre ainsi les traits de leurs vingt ans.

Un peu au-dessus de la Fontaine de Jouvence, voici le Tombeau de Merlin. Il s'agit d'un dolmen ruiné qui se trouvait au milieu d'un tertre mégalithique aujourd'hui démantelé et plus ou moins rasé. Les dalles sont de schiste rouge. Un houx, symbole de vie éternelle, pousse au milieu de la ruine. Le lieu est émouvant. Il est vraiment magique. Bien sûr, il ne faut pas prendre à la lettre cette appellation : des tombeaux de Merlin, il y en a bien d'autres en Grande-Bretagne, notamment aux frontières de l'Angleterre et de l'Écosse, là où au VIe siècle de notre ère, résistaient ceux qu'on nommait les « Bretons du nord », et qui avaient gardé intacte la tradition celtique primitive. Il ne faut pas oublier que le Merlin historique, qui s'appelait Laïlo-ken, - et qui vécut d'ailleurs cinquante ans après l'Arthur historique, - était un petit roi de tribu des Bretons du nord, et qui, devenu fou au cours d'une bataille (il avait cru que le ciel lui tombait sur la tête !), s'était réfugié dans la forêt, habitait sur un arbre et prophétisait à qui voulait l'entendre[1]. Mais cela, c'est de l'histoire. Face au Tombeau de Merlin, il vaut mieux écouter la légende.

Mais, en l'occurrence, il y a deux versions d'une même légende. D'après la version continentale, répercutée par les récits classiques des romans de la Table Ronde, l'enchanteur Merlin, après avoir aidé le roi Uther Pendragon, puis son fils, le roi Arthur, à vaincre tous leurs ennemis, après avoir établi la « confrérie » de la Table Ronde, après avoir dévoilé des mystères du Graal et contribué à lancer les chevaliers d'Arthur à la quête de ce Graal, avait rencontré, dans la forêt de Brocéliande, une jeune fille très belle, Viviane, dont il était tombé amoureux. Pour se faire aimer de la jeune fille, le vieil enchanteur avait dû lui dévoiler tous ses secrets de magie et de prophétie, faisant d'elle la « fée » Viviane. Mais un des secrets manquait à la jeune fille : le sortilège qui permettait à une femme de retenir l'homme qu'elle aimait pour toute l'éternité dans un château d'air invisible. Bien entendu, Merlin savait à quoi s'en tenir sur les intentions de Viviane. Et, un jour, lassé du monde, et plus que jamais amoureux de son élève, il lui enseigna le sortilège. Et c'est ainsi que Viviane, un soir où Merlin s'était endormi au pied d'un arbre, fit neuf fois le tour de l'enchanteur en prononçant ses incantations. Merlin se réveilla dans une prison d'air invisible. Depuis lors, personne ne l'a jamais revu, mais on entend parfois sa voix dans la forêt, le « Brai de Merlin », et il raconte volontiers ce qui lui est arrivé, avouant qu'il est parfaitement heureux auprès de celle qu'il aime, et affirmant que pour rien au monde il ne voudrait revenir dans le monde des réalités.

1. Voir J. Markale, *Merlin l'Enchanteur*, Paris, Retz, 1981, 3e éd. 1987.

Telle est la version continentale, romantique à souhait, et qui peut faire rêver. La version britannique insulaire, notamment celle répercutée au XVe siècle par Thomas Malory[1], apparaît beaucoup plus *rugueuse*. Le début de l'histoire est à peu près identique, mais la jeune fille, qui se nomme Nimue ou Niniane, est une suivante de la mystérieuse Dame du Lac. Et, en proie aux assiduités du vieil enchanteur Merlin, elle n'a qu'une idée en tête : s'en débarrasser. Elle se fait enseigner le moyen d'enfermer à jamais un homme dans une grosse roche. Et c'est ainsi qu'un jour, elle *piège* Merlin. Le grand amour romantique laisse la place à la rouerie féminine ! Faut-il accuser les auteurs insulaires de misogynie ?

A chacun de choisir la version qu'il préfère... Mais qu'on sache bien que, de toute façon, Merlin, cet « enchanteur pourrissant » dont parlait Guillaume Apollinaire, a choisi son sort. Fils d'un diable et d'une pure jeune fille abusée, il a les pouvoirs surnaturels de son père et la liberté humaine de sa mère. Il connaît les choses de la nature, il connaît le passé, le présent et l'avenir, mais il en fait ce qu'il veut, au moment où il veut, et personne ne lui fera faire ce qu'il n'a pas envie de faire. C'est l'image du druide primordial de la tradition celtique primitive incarnée dans la légende arthurienne. Sur ce tertre ruiné qu'est le Tombeau de Merlin, c'est tout un système de pensée, c'est toute une métaphysique de l'être qui se révèle à nous, pourvu que nous voulions bien méditer, laissant aller notre imagination dans le vent qui sinue à travers les arbres.

A l'ouest du Tombeau de Merlin, après avoir franchi la partie domaniale de la forêt, on débouche dans un site mélancolique d'étangs bordés de pins sur lequel se dresse la silhouette ruinée d'un château fort : c'est Comper, nom breton (identique à celui de Quimper) qui signifie « confluent ». La forteresse médiévale a été démantelée par ordre du roi Henri IV en 1598, après les troubles de la Ligue en Bretagne et les tentatives du duc de Mercœur pour s'emparer du duché. A la Révolution, le reste du château fut détruit par un incendie, et il n'en subsiste que les murailles du côté nord, avec deux tours délabrées. Au XIXe siècle, on a construit dans la cour un manoir de style

1. C'est cette version qu'a utilisée le cinéaste John Boorman dans son très beau film, *Excalibur*.

Renaissance du plus heureux effet, qui domine, de ses lignes pures, un vaste étang où affleurent les roches de schiste rouge, et qui se perd en de multiples anses à travers la forêt.

C'est là que la légende place la demeure de Viviane. Celle-ci était fille d'un vavasseur, c'est-à-dire d'un petit seigneur de Comper. Il avait ainsi nommé sa fille, prétend un des récits du XIIIe siècle, parce qu'en « chaldéen », le nom de Viviane signifie « rien n'en ferai ». Autrement dit, Viviane était une « bonne à rien ». Capricieuse et rêveuse, elle passait son temps à se promener dans la forêt. Et c'est alors qu'elle rencontra Merlin, et que grâce aux secrets que l'enchanteur lui dévoila, elle devint la « fée » que l'on connaît. Après avoir enfermé Merlin dans une forteresse invisible, elle se construisit un château merveilleux de cristal et de pierres précieuses au fond d'un étang. Pourquoi pas dans l'étang qui s'étale devant le manoir de Comper ? En tout cas, elle fut désormais la « Dame du Lac » que les Romans de la Table Ronde nous décrivent comme une « fée des eaux », détentrice de l'épée de souveraineté, la fameuse Excalibur (*Caledfwlch* en gallois, c'est-à-dire « dure foudre ») qu'elle remet au roi Arthur, et quelle reprend dans son domaine enchanté lorsque le vieux roi est blessé mortellement à la bataille de Camlann. Et surtout, c'est cette Viviane, Dame du Lac, qui ravit un jeune enfant, fils de la reine de Bénoïc, l'élève et l'éduque dans son palais féérique avant de l'envoyer à la cour d'Arthur, où il deviendra le chevalier Lancelot du Lac. Lancelot, d'après tous les récits arthuriens, est réellement un Breton d'Armorique, à la différence des autres chevaliers de la Table Ronde, qui sont des insulaires. Sa légende a dû naître au haut Moyen Age dans le pays de Vannes, avant d'être ensuite intégrée dans le cycle arthurien, comme l'ont été les légendes de Tristan et de Merlin. Et si l'on tient compte des localisations savantes qui se sont opérées dans la forêt de Paimpont, on peut se dire que Comper est le berceau de ce chevalier hors pair et hors fonction comme l'était son prototype mythologique, le dieu Lug, celui qui a donné son nom aux villes de Lyon, de Loudun, de Laon et de Leyde, et dont les récits irlandais racontent les étranges aventures. De là l'importance de Comper en tant que symbole, même si l'on sait que l'implantation des Romans de la Table Ronde, qui est d'origine savante, a quelque chose d'artificiel. Quand une légende s'incorpore à un lieu, ce lieu n'est plus séparable de la tradition qui l'anime.

Comper est une enclave du Morbihan et dépend de la commune de Concoret. Ce village est célèbre grâce à un conte d'Émile Souvestre, dont l'authenticité reste douteuse, mais qui n'en est pas moins caractéristique : *le Diable devenu recteur* . L'histoire est simple : le diable reçoit de Jésus la permission d'être recteur (curé) de Concoret pendant un jour entier à condition de ne faire que du bien aux habitants. Effectivement, le diable fait des cadeaux en apparence bénéfiques à trois familles de Concoret, mais ce sont des cadeaux empoisonnés qui les conduisent à la damnation, et le diable peut se vanter d'avoir roulé le Seigneur, thème qui n'est guère fréquent dans les contes populaires et qui dénote une certaine fabrication savante autour du proverbe qui dit que l'Enfer est pavé de bonnes intentions. Il est vrai qu'autrefois, les habitants de Concoret, comme ceux de Loyat, avaient la réputation d'être des sorciers, tradition qui provient du sens breton *Konkorred*, littéralement le « coin des korrils », les korrils étant les fameux korrigans, ces petits êtres fantastiques qui dansent et qui chantent sur les landes, si communs dans les croyances populaires bretonnes.

Concoret se trouve au nord de la forêt. En allant vers l'ouest, on longe la lisière du massif qui porte la Haute Forêt. Au bas de la pente, se dresse le château du Rox, dont on dit qu'il a été bâti avec les pierres du prieuré de Moinet, près de Barenton. Le château actuel date du XVIIe siècle, en style classique très sobre. Mais il est à l'emplacement d'une ancienne forteresse qui a servi de résidence aux seigneurs de Gaël-Montfort lorsque ceux-ci ont abandonné une autre forteresse située sur la hauteur, là où se voient encore des débris de murailles en un lieu que l'on appelle parfois le Château de Ponthus. Le paysage est double : du côté du nord, c'est le bocage, altéré par les remembrements ; du côté du sud, avant la forêt proprement dite, ce sont des grandes landes échancrées par de petits ravins et recouvertes de résineux. On passe les hameaux de Haligan et de la Saudrais. Les deux noms sont identiques, le premier en breton, le second en français, indication qui prouve que la langue bretonne a été parlée autrefois, jusqu'au XIIe siècle, dans le pays. De la Saudrais, on monte sur la butte et on trouve l'étrange village de Folle-Pensée, hameau de Paimpont, avec son enfilade de maisons en schistes rouges, et dont l'appellation provient sans doute d'une déformation d'un ancien Fol-Pansit, « qui guérit la folie », allusion très nette aux vertus supposées des eaux de la Fontaine de Barenton.

Car Folle-Pensée est la porte d'accès au chemin qui conduit vers la très célèbre Fontaine de Barenton. Il s'agit d'une source qui jaillit entre les racines d'un chêne, source abondante qui ne tarit jamais, qui est toujours à une température de quatre degrés, d'où émanent souvent de nombreuses bulles. La fontaine est entourée d'un bâti en pierres sèches et surmontée d'une dalle en quartzite nommée le Perron de Merlin. Elle est décrite ainsi dans tous les récits du XIIe siècle, même chez les auteurs gallois.

Barenton est le haut lieu par excellence de la forêt de Brocéliande. C'est une clairière sacrée depuis la plus lointaine préhistoire. Ce fut un *nemeton* au sens gaulois du terme, un temple en plein air, et, contrairement à ce qui s'est passé partout, en Bretagne et ailleurs, la fontaine n'a jamais été christianisée : elle est demeurée *païenne*, bien que jusqu'au XVIIIe siècle, la paroisse de Concoret, clergé en tête, y vînt en procession, les années de sécheresse, pour demander la pluie.

Car Barenton est une *fontaine qui fait pleuvoir*. La tradition locale prétend que si l'on y puise de l'eau et qu'on répand cette eau sur le perron, on déclenche un violent orage. Dans le récit d'*Yvain* ou *le Chevalier au Lion*, Chrétien de Troyes décrit les aventures d'Yvain auprès de cette fontaine dont l'eau, « bien qu'elle soit plus froide que le marbre, bout comme de l'eau chaude ». C'est évidemment une allusion au fait que des dégagements de bulles se produisent très souvent, surtout par temps orageux. Yvain verse de l'eau sur le perron et, alors que le ciel était très bleu, un violent orage survient qui dévaste les arbres. Après quoi, le beau temps revient d'un seul coup et des oiseaux chantent à l'unisson sur un pin. Alors Yvain se voit attaqué par un chevalier noir qui lui reproche d'avoir dévasté son domaine. L'auteur normand Robert Wace avoue avoir visité la fontaine et essayé de provoquer l'orage. Hélas ! l'épreuve ne réussit pas, et comme il le dit : « fol y allai, fol en revins ». Le trouvère Huon de Méry, dans son *Tournoiement Antéchrist*, décrit cependant ce prodige merveilleux. Quant à l'anonyme gallois, auteur d'une version plus populaire d'*Yvain* sous le titre *la Dame de la Fontaine*, il se livre à une description détaillée : « Au milieu, tu verras un grand arbre ; l'extrémité de ses branches est plus verte que le plus vert des sapins ; sous l'arbre est une fontaine et sur le bord de la fontaine une dalle de marbre, et sur la dalle un bassin d'argent attaché à une chaîne d'argent de façon qu'on ne puisse les séparer. Prends le bassin et jettes-en plein d'eau sur la dalle. Aussitôt tu entendras un si grand coup de tonnerre qu'il te semblera que la terre et le ciel tremblent ; au bruit succédera une ondée très froide... Après l'ondée, il fera beau... Il viendra une volée d'oiseaux qui descendront sur l'arbre ; jamais dans ton pays tu n'as entendu une musique comparable à leur chant. Au moment où tu y prendras le plus plaisir, tu entendras venir vers toi le long de la vallée gémissements et plaintes, et aussitôt t'apparaîtra un chevalier monté sur un cheval tout noir[1]... ».

Cette réputation de la Fontaine de Barenton dans les textes du XIIe siècle est incontestable et prouve que le lieu était considéré depuis fort longtemps comme un sanctuaire, un enclos sacré. A cet égard, l'ancien nom de la fontaine et de la clairière, qui était *Belenton*, est révélateur. Il s'agit en effet d'une contraction de *Bel-Nemeton*, la « clairière sacrée de Bel », Bel étant la forme abrégée de *Belenos*, « brillant », l'une des épithètes de l'Apollon gaulois, qui n'est pas le dieu solaire de l'époque grecque classique mais un dieu guérisseur. Or l'eau de la Fontaine de Barenton passe pour guérir les maladies mentales et rendre *sages* les gens bien portant, c'est-à-dire leur donner une dimension spirituelle qu'ils n'avaient pas jusqu'alors. C'est le rôle du *nemeton*, lieu priviliégié où s'accomplissent les échanges les plus subtils entre le monde visible et le monde invisible, où se rencontrent idéalement et matériellement les courants telluriques issus du fond de la terre et les courants d'énergie cosmique parvenus de l'univers sidéral. La présence du Perron de Merlin, ce bloc de pierre dont on ne voit pas apparemment la signification ni l'utilité, qui n'est pas, comme on l'a cru parfois, une ancienne dalle de dolmen, est liée à cette idée fondamentale : le perron agit en fait comme un véritable condensateur des énergies. D'où la croyance que verser de l'eau sur lui déclenche les énergies célestes de l'orage. Et dans la légende, la souveraine des lieux est cette mystérieuse « Dame de la Fontaine », que Chrétien de Troyes appelle Laudine (mais que l'auteur gallois ne nomme pas) et qui, en épousant le chevalier Yvain, ne fera son

1. J. Markale, *l'Épopée celtique en Bretagne*, Paris, Payot, 3e éd. 1986, p. 168.

agent d'exécution et de protection. Ce qui est conforme à la pensée celtique, où la Femme-Soleil est détentrice de la souveraineté qu'elle confie à son guerrier-amant ou à son chevalier-mari, à charge pour lui de la mettre en œuvre.

Il faut d'ailleurs noter que, dans la légende racontée par Chrétien de Troyes et l'auteur anonyme gallois, cette Dame de la Fontaine est aidée, conseillée — et en fait régie — par une suivante nommée Luned, présentée comme une « fée », et qui, après de multiples aventures, est condamnée au bûcher et emprisonnée pour une nuit dans une chapelle « petite mais moult belle » située à proximité de la fontaine. C'est là que le chevalier Yvain la découvrira et la délivrera en assumant un duel judiciaire qui lavera la suivante de toute accusation. A l'analyse, la légende comporte des réminiscences d'un culte très ancien, fort antérieur aux Celtes, mais intégré par eux, concernant la Femme divine maîtresse des forces du soleil, c'est-à-dire de l'énergie vitale, image parmi tant d'autres de la Déesse des Commencements. Et ce n'est peut-être pas pour rien qu'une tradition place à Barenton le lieu de la rencontre de l'enchanteur Merlin et de la jeune Viviane, celle qui deviendra la fée, la Dame du Lac, image également de cette Déesse-Mère primitive.

Cela dit, la Fontaine de Barenton supporte bien d'autres traditions. L'une, d'essence populaire, prétend que les jeunes filles qui veulent savoir si elles se marieront dans l'année doivent jeter une épingle dans l'eau en disant : « Fontaine, souris-moi ». Si l'eau se met à sourire, c'est-à-dire à faire des bulles, la jeune fille est assurée de se marier. Elle a évidemment intérêt à venir un jour orageux, puisque ce phénomène, en réalité assez permanent, est davantage marqué au moment des basses pressions qui permettent aux bulles de gaz de se dégager de la couche de feuilles et d'humus qui recouvre le fond de la fontaine.

Une autre tradition, parfaitement historique, se prolonge évidemment dans la légende. Il s'agit de celle concernant le moine illuminé Éon de l'Étoile qui, au XIIe siècle, avant que Chrétien de Troyes n'écrivît son roman, entraîna ses frères du prieuré de Moinet, situé à proximité de Barenton, et dont il était le prieur, dans une fantastique aventure où la théologie hérétique, les théories libertaires, la magie et les survivances druidiques opèrent une curieuse synthèse. Si Éon de l'Étoile a fondé une véritable secte considérée comme hérétique, vers l'an 1148, au voisinage de la Fontaine de Barenton, ce ne peut être par un simple hasard.

La troisième tradition est celle du chevalier Ponthus, que la famille de Gaël-Montfort voulait annexer comme ancêtre mythique. Venu de Galice (un pays où le fonds celtique est important) et arrivé sur les terres du roi de Vannes, il entendit parler de l'orgueil de la princesse Sydoine qui ne voulait épouser qu'un homme ayant réussi à vaincre cinquante chevaliers de suite en combat singulier. Ponthus releva, dit-on, le défi, et rencontra ses adversaires les uns après les autres dans ce qu'on appelle aujourd'hui le « Camp du Tournoi », et qui est une sorte de camp circulaire entouré de douves, perdu dans la forêt non loin de Barenton, mais difficilement repérable sous la végétation. Une fois vainqueur, Ponthus épousa la belle Sydoine, devint roi de ce pays, établit sa capitale à Paimpont (Penn-Ponthi) et résida souvent dans une forteresse, sur la butte au-dessus de Barenton, non loin d'un magnifique hêtre que l'on dit aujourd'hui « le Hêtre de Ponthus ». Cette tradition a été entièrement fabriquée au XVe siècle, mais sur des données mythologiques facilement reconnaissables, et aussi sur certaines histoires locales qui font, en plusieurs endroits de la forêt, mention du combat d'un chevalier avec un géant qu'il aurait vaincu et enterré à l'emplacement même de sa victoire. Ces légendes sont dues à la présence de tertres mégalithiques ruinés sur l'ensemble du territoire de la forêt, et n'ont, à l'origine, aucun rapport avec le cycle arthurien : ce n'est que sous l'influence des clercs que la tradition arthurienne, d'origine insulaire, s'implanta en incorporant de vagues traditions locales. En tout cas, le thème de la « fontaine qui fait pleuvoir » est la preuve de cette intégration. Ainsi l'apport « savant » se trouvait-il en conformité avec les récits colportés par les habitants du pays.

La clairière de Barenton, avec sa fontaine et toute son atmosphère de légende, que les poètes et les universitaires du monde entier sont venus visiter, avec son « pin » toujours présent, sur lequel on peut imaginer les oiseaux se rassemblant pour chanter de merveilleuses mélodies, cette clairière a quelque chose d'exceptionnel. C'est tout auprès que, dit-on, Merlin fit jaillir un « Jardin de Joie » pour éblouir la jeune Viviane : on y voyait les espèces les plus rares de toutes les fleurs odoriférantes et aussi tous les fruits de la terre ; dans les frondaisons se dissimulait un manoir d'où sortaient des serviteurs vêtus de riches habits et qui portaient des coupes remplies d'un breuvage délicieux. Et pourquoi est-il question, en cet endroit, d'un *Breuil au Seigneur*, enclos qui, d'après les *Usements de la forêt de Brocéliande*, rédigés au XVe siècle sous l'autorité de Guy XIV de Laval, héritier des Gaël-Montfort, était réservé au propriétaire de la forêt, et qui ne contenait « ni mouches, ni bêtes venimeuses » ? Enclos préservé ? Enclos sacré où rôde encore l'image de l'Age d'Or, à l'aube des Temps, quand les animaux et les hommes parlaient le même langage ?

Les mystères de Barenton, la clairière sacrée de Bel, sont loin d'être éclaircis. Mais le reste de la forêt recèle encore bien des secrets. Lorsqu'on va de Folle-Pensée vers Tréhorenteuc, à l'intersection d'une route qui mène de Paimpont à Néant par le Pertuis-Néanti (« la Brèche du Sanctuaire »), on arrive sur un autre lieu sacré, qu'on appelle « la Butte aux Tombes ». Il existe en effet, perdus dans les broussailles et les vestiges de pins calcinés par des incendies successifs, trois *tumuli* de l'âge de fer, c'est-à-dire de l'époque gauloise, ainsi qu'un menhir actuellement tombé, sur l'ancien chemin charretier de Tréhorenteuc à Mauron. Un peu plus loin, au milieu d'une lande désolée et battue par tous les vents de la terre, se dresse le tombeau en granit du docteur Alphonse Guérin et de sa femme. Le docteur Guérin, natif de Ploërmel, inventeur du pansement ouaté et ennemi acharné de Louis Pasteur a été un bienfaiteur du pays qu'il a contribué à boiser par des pins maritimes. Aussi avait-il décidé de se faire enterrer au milieu de ce paysage qu'il aimait par-dessus tout. Ainsi, le XIXe siècle rejoint-il les époques celtiques et mégalithiques.

Mais le plus étrange vestige de cette Butte aux Tombes, c'est bien ce qu'on appelle « le Jardin des Moines ». Ce nom est inexplicable, car il n'y a eu nul établissement monastique aux environs immédiats. Et ce jardin consiste en trois enceintes carrées de pierres, en partie de quartzite, en partie de schiste, formant incontestablement un temple mégalithique dont on ignore absolument tout, sinon qu'il est un sanctuaire. Quelles étranges cérémonies se sont-elles déroulées ici ? Il est acquis que ce temple en plein air était encore utilisé aux époques druidiques. Les « moines » ne recouvrent-ils pas les anciens druides qui officiaient dans le secret de Brocéliande, sur ces landes sauvages où l'être humain, isolé de la rumeur du monde, se met en contact direct et intime avec la grande Divinité incommunicable, innommable et ineffable que nos ancêtres honoraient parfois sous des formes concrètes, les « dieux », et qui ne sont que des fonctions sociales attribuées à cette divinité suprême et absolue ?

En partant de la Butte aux Tombes, vers le sud, à travers les landes au relief tourmenté, on revient au fond d'une vallée qui fait penser, toutes proportions gardées, à un cirque de montagne. C'est là que s'étale le village de Tréhorenteuc, avec son église et son petit manoir Renaissance. Le nom de Tréhorenteuc est bien breton : il s'agit d'une évolution de *Tregarantek*, qui signifie « habitation aimable », et le préfixe *tré-* prouve l'ancienneté du bourg. D'ailleurs, dans un champ, sur la pente, on peut encore voir les vestiges d'une villa gallo-romaine que la tradition locale prétend avoir été la demeure de sainte Onenne, fille ou sœur du roi Judikaël.

L'église de Tréhorenteuc est un monument exceptionnel. Sans grande valeur architecturale, bâtie de schiste rouge, restaurée à plusieurs époques, cette église est en effet un véritable petit musée de la Table Ronde et du Saint-Graal. Le petit porche latéral sud est surmonté de cette étrange inscription : « la porte est en dedans ». C'est une invitation à ne pas se contenter des apparences et à aller toujours au plus profond des réalités essentielles. C'est dire le souci manifeste de donner à l'ornementation intérieure un sens symbolique. A cet égard, l'analogie est frappante entre cette église bretonne et celle de Rennes-le-Château, dans l'Aude, en plein pays du Razès[1], même si les motivations sont différentes, voire opposées. Car tout ce qu'il y a, dans l'église de Tréhorenteuc, a été conçu selon les plans de l'abbé Gillard (1901-1979), recteur de la paroisse de 1942 à 1962, et dont la tombe se trouve, fait exceptionnel, à l'intérieur même du sanctuaire.

Le fond de la nef est occupé par une grande mosaïque moderne (1954), de style vénitien, représentant un majestueux cerf blanc au collier d'or, entouré de quatre lions rouges, auprès d'une fontaine de Barenton très stylisée. Il s'agit d'un épisode des Romans de la Table Ronde, une étrange rencontre que fait Lancelot du

1. Voir à ce sujet, dans la même collection, chez le même éditeur, J. Markale, *Montségur et l'énigme cathare*.

Lac : le sens chrétien n'en est pas moins clair puisque le cerf symbolise Jésus, et les lions les Évangélistes. Au chevet, un vitrail également récent (1951) figure Joseph d'Arimathie aux pieds de Jésus : le vase du Saint-Graal, en vert émeraude, est au-dessus des deux personnages. Le vitrail du flanc sud du chœur est celui de la Table Ronde : le roi Arthur et ses chevaliers sont assis autour d'une table tandis que le Saint-Graal apparaît, tenu par des anges. D'autres vitraux représentent la vie légendaire de sainte Onenne, patronne de l'église, qui, selon la tradition, avait distribué tous ses biens aux pauvres et menait une simple existence de gardeuse d'oies. Un jour, des soldats voulurent la violenter, mais les oies mirent en fuite les agresseurs. On raconte une histoire analogue à Montfort-sur-Meu, à propos d'une jeune fille qui fut sauvée du même danger par des canes sauvages. Quoi qu'il en soit, le souvenir de cette « sainte » Onenne est resté très vivace à Tréhorenteuc.

Le chemin de croix est pour le moins original : la plupart des scènes, dues à un peintre allemand, prisonnier de guerre, Karl Rezabeck, sont en effet intégrées dans le paysage de Tréhorenteuc et du Val sans Retour. On peut y reconnaître la cour du presbytère, le manoir de Rue Neuve, le chemin qui conduit au Val sans Retour, les curieux rochers qui surplombent ce même val. On y voit également une petite fille qui garde les oies, image de sainte Onenne, et, ce qui a causé scandale à l'époque, la fée Morgane, maîtresse du Val sans Retour, dans une attitude orgueilleuse et avec une robe provocante, devant Jésus qui tombe pour la troisième fois. On retrouve cette fée Morgane dans un grand tableau, dû également à Karl Rezabeck, et qui orne la sacristie : il s'agit de l'illustration de la légende du Val sans Retour, quand Lancelot du Lac, ayant triomphé des sortilèges de Morgane, se présente triomphalement devant elle. Un autre tableau, divisé en quatre scènes par un vase stylisé, retrace les traditions attachées à la Fontaine de Barenton. Quant au petit vitrail à la sacristie, c'est un zodiaque, et c'est à partir de ce zodiaque, par une lecture très spéciale qu'il en faisait, que l'abbé Gillard avait mis au point une méthode d'interprétation du symbolisme religieux. Cette méthode apparaît un peu partout dans l'église, tant dans le choix des couleurs que dans l'importance des nombres. D'ailleurs, tout au fond du sanctuaire, sous le clocher, se trouve clairement exprimé le « nombre d'or »,

1,618, et l'on peut remarquer de chaque côté des fonts baptismaux, en mosaïque, une queue de poisson et une tête de bélier, premier et dernier signes du zodiaque, selon la lecture d'Henri Gillard, autrement dit l'Alpha, commencement de toutes choses, et l'Oméga, but suprême et éternel. On comprend pourquoi cette église, modeste en apparence, est devenue un lieu de pélerinage à la fois culturel et religieux, pout tous ceux que passionne le symbolisme arthurien.

Il y avait autrefois deux manoirs à Tréhorenteuc. Celui de Gautro, encastré dans les bâtiments d'une ferme, ne conserve qu'une tour carrée très endommagée. Celui de Rue-Neuve, à l'entrée du bourg, est un ravissant édifice du début du XVIe siècle, actuellement fort bien restauré par son propriétaire. Mais il s'agit en fait de la tour d'entrée d'un château beaucoup plus important, aujourd'hui disparu.

Tréhorenteuc, qui dépend du Morbihan, permet l'accès au Val sans Retour, qui dépend de la commune de Paimpont, donc de l'Ille-et-Vilaine. Qu'on y accède par le haut, en suivant le chemin qui traverse de belles landes, ou par le bas en suivant le cours du ruisseau, le paysage ne manque pas d'intérêt, même lorsque les landes et les bosquets sont, un peu trop souvent, hélas ! ravagés par des incendies, ce qui explique le grand nombre d'arbres morts ou à demi brûlés qui dressent vers le ciel leurs silhouettes fantastiques et font songer au *Gaste Pays*, cette terre stérile et désolée qui environne le château du Graal d'après les descriptions des romans arthuriens.

Le fond du val est occupé par un étang qui porte le nom de « Miroir aux Fées » et dont les eaux sont retenues par une digue récemment refaite, au-dessus des ruines d'un moulin en activité jusqu'à la Seconde Guerre mondiale. En fait, autrefois, il y avait trois autres étangs dans le Val sans Retour, dont les sinuosités s'étendent sur près de cinq kilomètres, jusqu'à la fontaine de Mouillecroute, non loin du village de Beauvais. Et à ce val, parcouru par le Rauco, viennent s'adjoindre plusieurs petits vallons plus ou moins impénétrables à cause de la végétation. Les flancs du val sont hérissés de rochers de schiste rouge qui prennent parfois des formes étranges, voire agressives : on n'est pas loin d'y distinguer des murailles, des créneaux, des mâchicoulis, ce qui justifie les légendes qu'on y a localisées, sans doute abusivement, puisqu'au Moyen Age, ce n'était pas là qu'on le voyait, mais non loin du Tombeau de Merlin. Il faut dire que cet actuel Val sans Retour est impressionnant par son atmosphère et son caractère secret, autant que par l'âpreté des pentes sur lesquelles ont du mal à s'accrocher les pins rabougris, mais où se plaisent les ajoncs, parfois si hauts qu'on dirait des arbustes.

Le Val sans Retour, c'est aussi le « Val Périlleux », ou encore le « Val des Faux Amants ». La légende qui l'anime est célèbre, et elle recouvre un mythe très ancien. Morgane, demi-sœur du roi Arthur, et qui a voué à son frère une haine profonde, a été la disciple de Merlin, comme Viviane. Elle a appris de lui magie et sorcellerie ; elle est devenue la « Fée » Morgane. Mais, comme le dit un texte du XIIe siècle, c'était « la femme la plus chaude et la plus luxurieuse de toute la Bretagne ». Trahie par son amant, un certain Guyomard, qui lui avait préféré une autre, elle avait décidé de se venger des hommes infidèles. Elle enchanta ainsi le Val sans Retour de telle sorte que tout chevalier coupable d'une faute envers la femme qu'il avait juré d'aimer ne pouvait plus ressortir du val, victime des hallucinations et des fantasmes qu'elle provoquait. Le chevalier imaginait le Val gardé par des géants, par des bêtes monstrueuses, par des remparts de flammes. Mais, à l'intérieur, il vivait une vie douillette, mangeant bien, buvant sec, prenant plaisir au jeux et à ce qu'on appelait les « caroles », c'est-à-dire les danses. Et Morgane résidait au milieu de cette brillante compagnie, et se réjouissait fort de voir arriver chaque jour un nouveau chevalier, ce qui privait d'autant l'armée du roi Arthur. Car ils étaient tous, ou presque tous, dans le Val sans Retour, les vaillants guerriers d'Arthur, victimes non pas innocentes du sortilège de Morgane.

Celle-ci avait établi que le sortilège cesserait le jour où un chevalier fidèle à sa Dame pénétrerait impunément dans le Val et en sortirait librement. Elle était sûre qu'une telle chose n'arriverait jamais. Ainsi s'accomplissaient à la fois sa vengeance envers les hommes et sa rancœur profonde contre Arthur, le fils de l'adultère de sa mère Ygerne et du roi Uther Pendragon.

Mais il y avait Lancelot du Lac. Il était fidèle à la reine Guénièvre, lui, quels que fussent les pièges tendus devant lui par les enchanteresses de Brocéliande. Amour adultère que le sien, mais fidèle quand même. Lancelot franchit les limites du Val, s'avance jusqu'au pavillon de la superbe Morgane. Aussitôt les yeux des chevaliers s'ouvrent : toutes les terreurs qui les empêchaient de franchir des barrières fantasmatiques s'évanouissent. Ils sont libres. Morgane, la rage au cœur, doit les laisser partir. Les enchantements malsains du Val sans Retour, si comparables à ceux décrits par Wagner dans le louche jardin de Klingsor, ne sont plus qu'un souvenir. Aujourd'hui, on peut entrer dans le Val et en ressortir, même si l'on n'a pas la conscience tranquille. La fée Morgane a émigré vers un autre Jardin des Délices, celui de l'île d'Avalon, quelque part dans l'océan, à l'ouest du monde. Et c'est là que, pour expier sans doute la faute qu'elle a commise contre son frère, elle veille sur la dormition d'Arthur, attendant le jour propice où celui-ci pourra revenir dans le monde des humains et réunifier le malheureux royaume de Bretagne.

La légende est belle. Le mythe l'est aussi, car il s'agit de l'Autre Monde celtique tel que l'imaginaient nos lointains ancêtres. Cet Autre Monde, il se trouvait soit dans la profondeur des tertres mégalithiques, où l'on pouvait accéder dans certaines circonstances, et toujours lors de la fête de *Samain*, le 1er novembre, soit dans une île perdue, là où règnent les fées, où les fruits sont mûrs toute l'année, là où il n'y a ni deuil, ni mensonge, ni maladie, ni mort. C'est l'*Insula Pomorum* de la *Vie de Merlin*, rédigée au XIIe siècle par le clerc gallois Geoffroy de Monmouth. C'est l'*Emain Ablach* des récits mythologiques irlandais, « où sont des femmes étranges ». C'est l'île d'Avalon de la tradition bretonne et du cycle arthurien. De toute façon, c'est l'*Ile des Pommiers*. Et c'est Morgane qui y règne en maîtresse absolue.

C'est dire l'importance exceptionnelle de Morgane et combien sa présence — mythique — en ce Val sans Retour nous plonge dans le plus lointain passé celtique. Morgane (*Morgain*, dans les textes médiévaux, au cas régime), ou Morgue (cas sujet de l'ancien français) ne figure jamais sous ce nom dans la tradition galloise, pourtant si intimement proche (pour ne pas dire identique) de la tradition bretonne armoricaine. Elle a pourtant un équivalent irlandais ; c'est l'une des déesses aux trois visages des fameux *Tuatha Dé Danann*, les « peuples de la déesse Dana », les anciennes divinités de l'Irlande pré-chrétienne. Et elle s'appelle Morrigane (ou *Morrigu*), qui signifie « grande reine ». Elle a le pouvoir de se changer en oiseau, en corneille précisément, comme la Morgane des romans arthuriens tardifs.

Et au pays de Galles, on la retouve sous le nom de Modron, autrement dit de *Matrona*, nom de la rivière Marne divinisée, ce qui signifie « maternelle ». Cette Modron, mère du jeune Mabon (le *Maponos* gaulois, épithète d'Apollon) qui est la figuration du soleil levant et symbole du dieu-fils régénérateur du monde, est donc un des aspects de la Déesse des Commencements, celle qu'en Asie on appelle Cybèle ou Artémis, ou encore Déméter chez les Grecs. Dans les romans de la Table Ronde, elle est parvenue à son aspect proprement littéraire, encore que folklorique, puisque repérable dans la toponymie française, au même titre que Mélusine ou Gargantua. Mais c'est toujours la Déesse-Mère, celle qui veille sur le sommeil de ses enfants, celle qu'honoraient les bâtisseurs de mégalithes lorsqu'ils gravaient, à l'intérieur des grands cairns, l'image stylisée d'une idole « en forme de marmite », ou « en forme d'écusson ». C'est elle encore qu'on reconnaît dans la tradition germanique, sous les traits de Valkyrie, « la chercheuse de guerriers », la « pourvoyeuse de la Valhöll » : celle que rencontre Sigurd-Siegfried, après avoir franchi le mur de flammes de la forteresse aventureuse, et qui est une divinité solaire dans son absolu, commence par réciter les *runes* au héros qui l'a réveillée. Et les *runes* , en dehors de toute connotation magique, ne sont que la description *du monde tel qu'il apparaît*, autrement dit d'un Val sans Retour où chaque chevalier présent doit vivre, pour ne pas dire survivre. Les grandes mythologies se concentrent dans la légende du Val sans Retour, faisant de celle-ci un récit exemplaire qu'on peut interpréter à divers niveaux.

Comment s'étonner, dans ces conditions, que Brocéliande ait une telle puissance d'envoûtement sur les être humains qui cherchent désespérément le Graal sous les frondaisons obscures et parfois rebelles d'une forêt hérissée de rochers rouges ? Ainsi est « Bréchéliant, dont vont souvent Bretons fablant », comme le dit, au XIIe siècle, le trouvère normand Robert Wace, au service des Plantagenêts, lesquels se prétendaient les héritiers d'Arthur. Des histoires merveilleuses ont été littéralement « accrochées » à cette forêt de Paimpont. Ce n'est sûrement pas sans raison. Et les sites parlent par eux-mêmes, dévoilant peu à peu les mystères du Graal.

III

LE MIROIR DE BROCÉLIANDE

L'histoire de la forêt de Brocéliande, à vrai dire inséparable de la légende qui l'anime, est liée à l'histoire de l'immigration bretonne en Armorique et à la constitution d'un royaume de Petite-Bretagne à partir de multiples royaumes éphémères construits par les immigrés en de nombreux points de la péninsule. Et parmi ces royaumes multiples, deux ont joué un rôle prépondérant dans l'élaboration du « mythe » de Brocéliande : le royaume de Vannes et celui de la Domnonée, surtout, dont Brocéliande a constitué à la fois un centre politique et religieux et une grande forteresse face à des domaines d'abord gallo-romains et ensuite gallo-francs.

A l'heure actuelle, une très grande partie de Brocéliande relève du diocèse de Vannes. Mais ce n'était pas le cas autrefois, et cela jusqu'à la Révolution : le territoire dépendait en effet du diocèse de Saint-Malo, ce qui peut paraître surprenant, mais s'explique par le processus de l'immigration des Bretons insulaires dans la péninsule armoricaine. Le diocèse de Saint-Malo — on devrait dire l'abbaye-évêché de Saint-Malo — s'étendait très loin vers le sud, occupant tout le cours supérieur de l'Oust, sur la rive gauche, et ne laissant à Vannes, sur cette rive gauche, que la région de Carentoir et de La Gacilly qui formait un important doyenné. Ainsi, à Josselin même, en plein cœur du

Porhoët, le château des Rohan, sur la rive gauche de l'Oust, relevait de Saint-Malo mais, de l'autre côté de la rivière, la paroisse Sainte-Croix dépendait de Vannes tout en appartenant au domaine des Rohan. On imagine la complexité des rapports de voisinage qui s'ensuivaient.

L'histoire du diocèse et du royaume de Vannes pose un certain nombre de problèmes qui n'apparaissent pas toujours clairement. Vannes n'a jamais été une abbaye-évêché à la mode celtique insulaire comme l'étaient Saint-Malo et les diocèses du nord de la Bretagne armoricaine, mais une création continentale ancienne reliée directement à la métropole de Tours, c'est-à-dire à la province ecclésiastique calquée sur les structures de l'Empire romain et connue sous le nom de Lyonnaise Troisième. Concrètement, cela veut dire que la région de Vannes a été christianisée à partir de foyers d'évangélisation *continentaux*, et nécessairement *urbains*, qui ont toujours gardé un contact étroit avec les centres politiques de Lyon et de Rome. Cette christianisation s'est donc présentée sur le modèle continental, avec constitution d'églises cathédrales dans tous les chefs-lieux de *pagi*, dépendant eux-mêmes d'une province et rattachés à l'évêque de Rome au moment où celui-ci, se prétendant l'héritier de Pierre, affirmait son pouvoir temporel et dogmatique et tentait de l'étendre à l'ensemble du monde chrétien.

L'église de Vannes, aussi ancienne que celles de Rennes et de Nantes, va constituer, jusqu'au VIIe siècle, une enclave gallo-franque en territoire breton. Ce n'est en effet qu'au cours du VIIe siècle que Vannes et ses alentours immédiats tomberont aux mains des Bretons. Ceux-ci, qui appartiennent à la dernière vague des immigrés, arrivent du Pays de Galles et s'installent d'abord sur l'embouchure du Blavet et celle de la Vilaine. De là, ils remontent vers l'intérieur, le long du Blavet et du Scorff, le long de la Rivière d'Auray, le long de la Vilaine et surtout de son affluent l'Oust. C'est par là qu'ils atteignent la région de Brocéliande. En tout cas, ils encerclent une zone comprenant Vannes et le Golfe du Morbihan aux mains des Gallo-Francs, fidèles à la hiérarchie de l'Église continentale.

Cette occupation tardive par les Bretons d'un territoire qui a eu le temps d'être marqué par la présence romaine et franque explique une certaine spécificité de tout le pays vannetais, notamment, en toponymie, la fréquence des noms en *ac*, caractéristiques des établissements gallo-romains[1], et en linguistique, les particularismes du dialecte vannetais de la langue bretonne, différent des trois autres dialectes armoricains[2], mais finalement, dans sa syntaxe, plus proche du gallois, dérivé lui aussi de l'ancien brittonique insulaire.

Mais, sur la rive gauche de l'Oust, les immigrants vannetais se sont trouvés en présence d'autres Bretons arrivés par le nord en suivant la vallée de la Rance et qui s'étaient établis là au moins un siècle auparavant, et dépendaient de l'abbaye-évêché d'Aleth, devenu Saint-Malo. Il y a eu fusion. Mais cette fusion ne s'est pas opérée sans heurts. Et c'est probablement de cette époque que date la légende de Lancelot du Lac, issue d'événements relatifs à la constitution du royaume vannetais[3]. De plus, à l'intérieur des terres, et nécessairement au centre de la péninsule, les immigrés étaient moins nombreux que sur les côtes et les éléments autochtones plus résistants, plus actifs. Ces éléments autochtones, d'origine gauloise, avaient été tenus quelque peu à l'écart des péripéties de la guerre des Gaules, notamment de la révolte et de l'écrasement des Vénètes de Vannes en 56 avant J.-C. Les Romains s'étaient contentés d'y établir des postes militaires de surveillance et d'y entretenir les grandes routes, évidemment stratégiques avant d'être économiques. Le reste du

1. Ces noms en *ac* ne se trouvent que dans les pays où dominaient des langues non françaises, en Occitanie, dans les Charentes (où l'occitan a été parlé autrefois) et en Bretagne armoricaine, du moins dans la partie de la péninsule où l'on a parlé la langue bretonne, à l'ouest d'une ligne qui va du Mont-Saint-Michel à Donges en passant par Montfort-sur-Meu (englobant donc Brocéliande). Entre cette ligne et la frontière linguistique actuelle, de Paimpol à Vannes par Mûr-de-Bretagne, le breton a cessé d'être parlé à partir du XIIe siècle, mais le fameux suffixe en *ac,* qui est devené *é, y* ou *ey* dans les domaines d'oïl, a été fixé et figé sous sa forme ancienne dans les domaines occitan et breton. D'où la présence de ce suffixe en Bretagne, avec une intensité accrue vers l'est, mais néanmoins à l'ouest de l'ancienne frontière linguistique Mont-Saint-Michel-Donges.

2. Les trois autres sont le trégorois des Côtes-du-Nord, le léonard du Finistère-nord et le Cornouaillais du Finistère-sud, avec des prolongements en Côtes-du-Nord et Morbihan. Le Vannetais recouvre la moitié occidentale de l'ancien diocèse de Vannes. Il est à remarquer que, dans la zone de Haute-Bretagne qui a parlé autrefois le breton, la toponymie dénote des formes vannetaises (par exemple, *koed,* le bois, au lieu de *koad*) plus proches de l'ancien brittonique (gallois *coed*).

3. On a peine à comprendre ce phénomène du royaume double, insulaire et continental. Il est cependant normal quand on sait que la plupart des immigrants qui se sont installés dans le nord de la péninsule étaient originaires du sud-ouest de la Grande-Bretagne. D'ailleurs, la Manche, au lieu de constituer un obstacle, a toujours été un lien facile à franchir : n'était-elle pas la *Mare Brittonum,* la «Mer des Bretons» ?

pays, couvert de cette immense forêt, était demeuré un refuge à la fois pour les proscrits et pour les derniers descendants des druides. Pays païen par excellence, la région de Brocéliande ne fut guère christianisée qu'à partir du VIIe siècle par les Bretons venus de Saint-Malo, ce qui explique le rattachement de ce territoire à ce siège épiscopal très éloigné, ce qui explique également son appartenance à la Domnonée, royaume qui couvrait la moitié septentrionale de la péninsule, et aussi, du moins au début, la péninsule britannique de Cornwall-Devon. Et enfin, comme la région de Brocéliande se trouvait à l'est de la primitive colonisation bretonne, face à la région de Rennes fortifiée par les Gallo-Francs, il est normal que son influence et son importance se soient ainsi affirmées, tant par la présence de rois résidant à Talensac ou à Gaël, que par la fondation d'abbayes dans les clairières de la forêt.

Les vestiges d'un lointain passé sont visibles : monuments mégalithiques, tertres tumulaires de l'Âge du Fer, fonds de cabanes gauloises, villas gallo-romaines. Les Bretons ont trouvé là non seulement des habitants, mais aussi des coutumes, des croyances, peut-être des cultes ancestraux. Ils y ont intégré eux-mêmes leurs propres structures sociales, leur langue bien sûr, leur mentalité, et, conséquence normale, leurs croyances, donc une tradition d'origine insulaire. Le fameux roi Arthur, qui n'était pas roi, mais simple chef de cavalerie au service des rois bretons insulaires[1], est un personnage historique dont la légende, comme celle de Charlemagne, s'est développée peu après sa mort, et l'on sait qu'au IXe siècle, en Cornwall, on racontait déjà qu'il n'était pas vraiment mort, qu'il se trouvait en dormition dans une île merveilleuse. Quoi de plus facile que d'intégrer cette croyance à celle d'un pays déjà riche en éléments merveilleux issus de la tradition celtique primitive ? De même qu'il y a eu fusion de populations d'origines légèrement différentes, il y a eu fusion d'apports traditionnels bâtis sur les mêmes mythes fondateurs.

L'histoire de Brocéliande commence vraiment au VIe siècle. Des documents assez tardifs, comme l'*Histoire de Bretagne* de Le Baud, historiographe d'Anne de Bretagne, mais qui utilisent des témoignages beaucoup plus anciens, mettent en effet

1. Voir J. Markale, *le Roi Arthur*, Paris, Payot, 4e éd. 1989.

en relief, à propos de saint Armel (ou Arthmaël), la fondation, avec l'autorisation du roi des Francs, de deux paroisses, l'une dans le Léon, *Plouarzel*, l'autre dans la forêt de Brocéliande, *Ploërmel.* De plus, il semble bien que les évêques et les rois aient voulu, en cette période, accumuler les fondations d'abbayes et de prieurés en Brocéliande afin de lutter contre les survivances du paganisme, très vivaces si l'on en croit les nombreux canons des conciles consacrés à l'anéantissement du culte des pierres (les mégalithes), des arbres et des fontaines. A cet égard, le monastère Saint-Jean de Gaël, en Saint-Méen, l'abbaye de Lehon, près de Dinan, dans le nord, et l'abbaye de Saint-Sauveur de Redon, dans le sud, furent les fers de lance de la christianisation à la mode celtique de la partie orientale de la péninsule.

Cette fondation de Saint-Jean de Gaël remonte à l'époque où les rapports étaient difficiles entre les Bretons du Vannetais et ceux de l'abbaye-évêché d'Aleth-Saint-Malo. Saint Samson, fondateur de Dol, a souvent joué les bons offices dans les querelles entre roitelets, ou même entre rois puissants. C'est ainsi que Samson envoya son disciple Mewen en ambassadeur auprès du roi de Vannes (en réalité, roi du pays *autour* de Vannes). Mewen était venu de Grande-Bretagne en compagnie de Samson. Il était originaire de la forêt d'Archenfield, à l'ouest de la forêt de Dean, sur la frontière du Pays de Galles. Étant parti pour rencontrer le roi de Vannes Warog (ou Érec, d'où l'ancien nom du pays de Vannes, *Broérec)*, il fit halte dans un lieu appelé Wadel (Gaël), chez un chef local au nom bien celtique de Kadvan. Ce Kadvan, pour mieux christianiser son domaine, offrit à Mewen une terre pour y bâtir un monastère lorsqu'il se serait acquitté de sa mission. Ce qui fut fait. Et l'on remarquera que l'abbaye Saint-Jean de Gaël est le seul établissement monastique breton des origines aussi éloigné de la mer. Cela explique sans doute pourquoi, dans les années et même les siècles qui suivirent, Gaël fut une importante résidence royale, à mi-chemin entre la Manche et l'Océan.

La tradition monastique affirme que le roi Judikaël de Domnonée, en butte aux intrigues de son frère qui voulait le déposséder, dut se réfugier dans la région de Brocéliande. C'est là qu'il aurait connu saint Méen (Mewen) à la fin de la vie de celui-ci, et qu'il aurait fait bâtir les deux premières forteresses royales du pays, l'une à Plélan (au Gué-de-Plélan très exactement) et l'autre à Paimpont (sur la butte de la Haute Forêt, au lieu-dit « Château de Ponthus »). Ayant récupéré tout son royaume, Judikaël s'établit définitivement dans la région, y construisant d'autres forteresses, notamment à Talensac, presque à la frontière avec les Francs, et vraisemblablement un château près de Plumieux, en forêt de Lanouée, et le fameux « Camp des Rouets » en Mohon. A la fin du VIe et au début du VIIe siècle, tout ce pays de Brocéliande a joué un rôle prépondérant, non seulement dans les rivalités qui opposaient Bretons du nord à ceux du sud, mais l'ensemble des Bretons aux Francs, toujours en alerte de l'autre côté du Meu et de la Vilaine. L'histoire de Judikaël en témoigne.

Curieux personnage d'ailleurs que ce Judikaël de Domnonée. Si les documents que nous possédons à son propos ne se recoupaient pas, nous serions tentés de le considérer comme un héros de légende. Mais il a réellement existé, au même titre que certains « saints » bretons dont la « sainteté » est douteuse, mais l'historicité certaine. Et, pour comble, Judikaël est lui-même considéré comme un « saint » par les Bretons, comme le sera son lointain successeur Salaün (Salomon de Bretagne), lui-même assassin assassiné.

Roi de Domnonée, Judikaël semble avoir résidé le plus souvent dans la partie méridionale de ses domaines, dans ce qu'on considère aujourd'hui comme le plus important fragment de l'ancienne Brocéliande, entre la forêt de Lanouée et Le Meu. Ses rapports personnels avec les Francs sont attestés. La *Chronique du Pseudo-Frédégaire* affirme qu'il serait allé chez le roi Dagobert à Clichy, près de Paris, où résidait le Mérovingien. Les Bretons faisaient en effet de fréquentes incursions dans le comté de Rennes et y établissaient des colonies de plus en plus nombreuses, ce que confirme la toponymie. « Dagobert, résidant à Clichy, envoya des députés en Bretagne[1], pour que les Bretons réparassent promptement le mal qu'ils avaient commis et se soumissent à sa domination, disant qu'autrement, l'armée burgonde qui avait fait une expédition en Vasconie[2] allait se

1. Non pas la Bretagne actuelle, mais la partie de la péninsule située à l'ouest d'une ligne allant du Mont-Saint-Michel à l'embouchure de la Vilaine, en passant par les cours du Couesnon, de l'Ille, du Meu et de la Vilaine après son confluent avec le Meu. Les Bretons n'avaient point encore occupé les comtés de Rennes et de Nantes.
2. Ce peut être aussi bien la Gascogne que le Pays Basque.

jeter sur la Bretagne. A cette nouvelle, Judikaël, roi des Bretons, se rendit rapidement à Clichy, avec beaucoup de présents, auprès du roi Dagobert à qui il demanda grâce, promettant de restituer tout ce que ses sujets avaient injustement enlevé aux leudes francs, assurant que lui et son royaume de Bretagne seraient toujours soumis à la domination de Dagobert et des rois francs. Mais il ne voulut pas prendre son repas avec Dagobert, car il était religieux et rempli de la crainte de Dieu. Lorsque Dagobert se fut mis à table, Judikaël, sortant du palais, alla dîner chez le référendaire Dadon[1], qu'il savait attaché à la sainte religion. Le lendemain, ayant pris congé de Dagobert, Judikaël s'en retourna en Bretagne, chargé des présents de Dagobert[2]. »

Ce texte d'un chroniqueur franc est doublé par le récit que fait Dadon (saint Ouen) de la vie de saint Éloi, et nous apprend même que l'ambassade de Dagobert auprès de Judikaël avait été confiée à ce saint patron des orfèvres. «Le texte précise aussi, point mineur, que l'entrevue eut lieu à Creil et non à Clichy. Surtout, si saint Ouen ne donne à Judikaël que le titre de prince, il n'est plus question là d'une quelconque soumission au roi franc, mais d'un véritable traité de paix et d'alliance *(pacifique confoederavit)* : voilà qui prouve qu'au milieu du VIIe siècle la principauté bretonne était une force avec laquelle il fallait compter[3]. Et surtout, si l'on compare ces deux documents avec la tradition monastique concernant « saint » Judikaël, on est en droit de penser que ce prince, qui fut sans doute un grand chef militaire avant d'être un pieux personnage, devait avoir réalisé quelques conquêtes importantes à l'intérieur même du pays franc, d'où la mission confiée à saint Éloi, personnalité considérable, et l'urgence d'un véritable traité de paix. Ce n'est sans doute pas pour rien que la *Vie de saint Malo* appelle Judikaël *dux Britanniae multarumque aliarum regionum,* c'est-à-dire « duc de Bretagne et de nombreuses autres régions ».

Il est vrai qu'au VIIe siècle, les saints politiques et guerriers sont assez communs. Le processus de canonisation officielle de l'Église romaine n'était point encore mis en place. Au reste, la tradition monastique prétend que, dans la vieillesse, Judikaël,

1. Il s'agit de Saint Ouen.

2. *Pseudo-Frédégaire,* IV, 78.

3. André Chedeville, *la Bretagne des Saints et des Rois,* Rennes, Ouest-France, 1984, p. 68.

lassé du pouvoir, vint se retirer dans l'abbaye fondée par saint Méen, et qu'il y fut même inhumé. La légende fait de sa famille une lignée de saints (dont la mystérieuse sainte Onenne de Tréhorenteux). Cela n'empêche pas cette même tradition de voir en lui un redoutable guerrier, comme en témoigne un curieux poème en latin qu'on trouve dans la *Vie de saint Judikaël*, écrite au XIe siècle[1] par Ingomar, moine de l'abbaye de Saint-Méen. Ce poème ne peut être, comme l'a démontré Léon Fleuriot, autre chose que la traduction en latin d'un original en breton ancien et qui se rapproche d'une étonnante façon de certains poèmes gallois du haut Moyen Age, les *gorchan*, à la gloire d'un chef de guerre. Tout y est : le style, les images, l'envolée lyrique, le rythme même des phrases, la disposition des strophes et certaines incorrections qui sont autant de *bretonnismes* égarés dans un texte latin. A lire cette louange de Judikaël, chef breton armoricain, on croirait lire le *gorchan* du roi insulaire Uryen, fils de Cynfarch, ou tout autre chant analogue dont sont remplis les plus vieux manuscrits du Pays de Galles. On verra ainsi que Judikaël, s'il fut un « bon saint », n'en fut pas moins un cruel guerrier :

« Les nombreuses troupes des ennemis qui l'entouraient, de ses mains agiles et robustes, il les abattait en tout lieu, cet homme puissant, par ses armes, en combattant avec ardeur.

« Ou bien, à la façon des paysans qui sèment dans la campagne, Judikaël jetait ses lances. Partout où il le voulait, son trait descendait.

« Et cependant, à la façon des guerriers robustes dans le combat, il allait à l'assaut de ses ennemis.

« Avec ses écuyers marchant joyeux derrière lui, il partageait de nombreux chevaux porteurs de phalères. Et nombreux étaient ceux qui portaient les lances derrière lui, ou les fantassins qui marchaient en ramenant les dépouilles, et qui revenaient cavaliers.

« Et des cadavres qui, après son passage, gisaient couchés sur la terre, les chiens, les corbeaux, les vautours, les pies et les merles se repaissaient.

« Et à travers les villages, hurlant dans leurs maisons, nombreuses demeuraient les veuves des guerriers.

---

1. Jusqu'au XIe siècle, le gallois, le conique et le breton armoricain n'étaient que trois dialectes d'une même langue : le brittonique insulaire.

« Car, ainsi qu'un taureau courageux parmi les bœufs indolents, ainsi qu'un verrat robuste parmi des porcs étrangers, comme l'aigle entre les oies, le faucon entre les grues, l'hirondelle parmi les abeilles, Judikaël, roi des Bretons armoricains, souple et agile, dur combattant dans la mêlée, se hâtait vers le champ de bataille, au milieu des ennemis qui se dressaient contre lui.

« Et il fit de grands carnages parmi les Francs, et il dévasta souvent leurs provinces, et cela parce que les Francs voulaient soumettre la Bretagne »[1].

On remarquera le ton sauvage employé par l'auteur anonyme[2] et l'indication assez précise des expéditions accomplies par Judikaël en territoire franc. La poésie, dans sa sincérité naïve, rejoint les documents historiques. Il est bien certain que, sous l'impulsion de ce roi hors du commun, le royaume breton du nord, c'est-à-dire la Domnonée, se fortifia au détriment des marches de l'empire franc, et que Brocéliande, avec ses places fortes et ses postes d'observation à l'avant-garde du dispositif guerrier breton, devint une région d'où rayonnaient à la fois la puissance guerrière, le pouvoir politique et la spiritualité chrétienne. Car ce fut Judikaël qui fonda les abbayes de Montfort et de Paimpont, ainsi que le prieuré de Moinet, non loin de la Fontaine de Barenton et très près de l'ancienne forteresse dite de Ponthus. Et comme l'abbaye de Paimpont fut confiée aux moines de Saint-Colomban, on peut en conclure que c'est du moins aux origines, une influence éminemment celtique qu'exerça Paimpont sur tout le pays environnant.

Après cette période de la première moitié du VIIe siècle, l'histoire de Brocéliande demeure bien obscure. Sans doute certains rois résidèrent-ils encore à Gaël, à Talensac ou même à Paimpont, mais quels rois ? Et surtout, sur quels territoires affirmaient-ils leur autorité ? Il n'y a jamais eu réellement de royaume breton unifié, même pas de Domnonée unifiée, chaque chef de « clan » prétendant — à la mode celtique, bien entendu — régir son domaine comme il l'entendait. D'où des

1. D'après le texte publié par Léon Fleuriot dans *Documents sur l'histoire de la Bretagne,* sous la direction de J. Delumeau, Toulouse, Privat, 1981, pp. 156-159.

2. On pourra comparer ce chant avec des poèmes gallois de même nature dans J. Markale, *les Grands Bardes gallois,* Paris, nouv. éd. Picollec, 1981.

luttes perpétuelles, des troubles, des changements d'influence continuels.

A vrai dire, de l'autre côté du Meu, la situation était comparable chez les Francs. Les Mérovingiens de la dernière période étaient eux-mêmes fort divisés et affaiblis. Leurs rapports avec les Bretons se bornaient à les empêcher de trop faire de dégâts dans les comtés de Rennes et de Nantes. Mais ils ne parvinrent pas à leur barrer le passage vers l'est : au VIIIe siècle, les Bretons ont réussi à s'implanter dans des établissements isolés, tant au voisinage immédiat de Rennes que de l'autre côté de la Vilaine et du Couesnon, établissements durables dont la toponymie rend compte encore aujourd'hui.

Tout allait changer en 752 lorsque Pépin le Bref procéda à la réorganisation de l'Empire franc et laissa entrevoir son désir d'hégémonie universelle. Si les Mérovingiens ont laissé peu de traces sur le sol armoricain, les Carolingiens, au contraire, ont contribué à le modeler. Ce sont d'ailleurs eux qui ont créé le seul royaume breton unifié qu'ait pu connaître la péninsule.

En 753, Pépin le Bref, soi-disant pour venir au secours de l'évêque gallo-franc de Vannes, entreprit une expédition dans le sud de la Bretagne et occupa Vannes. Il imposa aux Bretons un tribut que ceux-ci ne payèrent jamais, et créa, sur les frontières bretonnes, un gouvernement militaire permanent, la Marche de Bretagne. Plus que jamais, le rôle de Brocéliande, directement surveillée par les Francs de la Marche — et dont, plus tard, le responsable sera un certain comte Hrolan, soi-disant neveu de Charlemagne —, dut être important. On peut imaginer aisément les escarmouches, les tentatives d'infiltration, les expéditions punitives, les pillages divers qui durent secouer le pays. Mais les documents historiques manquent totalement pour cette période.

Au reste, Charlemagne lui-même dut intervenir ou faire intervenir ses troupes en Bretagne, plusieurs fois, notamment en 786, en 799 et en 811. Les raisons de ces interventions sont controversées : on ignore s'il s'agit d'opérations de représailles contre les raids bretons en territoire franc ou bien de véritables croisades contre le paganisme. A cette époque, en effet, il semble que tous les cultes païens des pierres, des arbres et des fontaines, se soient réveillés de façon surprenante à travers tout l'Empire, nécessitant des mesures de la part du gouvernement aussi bien que des autorités religieuses inquiètes de ces résurgences considérées comme diaboliques. Il n'est que de lire les canons des conciles de l'époque pour s'en rendre compte. Les avertissements et les condamnations à propos des diverses « superstitions » encore vivaces dans les campagnes sont innombrables. D'ailleurs, c'est de cette période carolingienne que datent les destructions systématiques de menhirs ou de piliers funéraires gaulois, ou bien leur enfouissement sous des chapelles, sans parler des récupérations diverses (retaillage des pierres ou ajout de motifs gravés chrétiens) lorsqu'il n'était pas possible de supprimer toute référence à d'antiques coutumes. A cet égard, Brocéliande, particulièrement riche en monuments pré-chrétiens, n'a pas dû être épargnée par les inconoclastes du IXe siècle.

Il faut dire que les Bretons n'avaient pas bonne réputation, si l'on prend à la lettre le discours prononcé par le comte de Nantes, Lambert, devant l'empereur Louis le Pieux, fils de Charlemagne, discours rapporté par le chroniqueur franc Ermold le Noir. On y apprend en effet que « cette nation perfide et insolente a toujours été rebelle et dénuée de bons sentiments. Traîtresse à sa foi, elle n'est chrétienne que de nom : car d'œuvres, de culte, de religion, plus aucune trace. Nul égard pour les enfants, ni pour les veuves, ni pour les églises. Le frère et la sœur partagent le même lit. Tous vivent dans l'inceste et dans le crime. Ils habitent les bois et installent leurs couches dans les fourrés ». Certes, le tableau semble noirci à loisir pour justifier, *a posteriori*, l'expédition entreprise par l'empereur contre le roi breton Murman (Morvan), lequel, après une lutte acharnée, sera vaincu et tué près de Langonnet, en Cornouaille morbihannaise ; mais cela signifie que les réminiscences païennes devaient être particulièrement fortes dans l'intérieur de la péninsule bretonne. Une chanson de Geste connue sous le titre de *Chanson d'Aquin*, dont le manuscrit est du XIIIe siècle, mais qui part d'un original plus ancien, insiste sur la présence de « païens » en Bretagne, païens qui, en l'occurrence, sont considérés — ce qui est normal à l'époque — comme des « Sarrasins ». Et dans cette aventure, qui se déroule à Saint-Malo (plus exactement à Aleth, dénommée *Guidalet*, c'est-à-dire *Civitas Aleti)*, ainsi que dans la forêt centrale, donc en Brocéliande, Charlemagne joue réellement le rôle d'un inquisiteur extirpant l'hérésie et la superstition là où elles se trouvent[1].

L'expédition guerrière entreprise par Louis le Pieux, en 818, à partir de Vannes, contre les Bretons de l'intérieur, groupés autour du chef Morvan, a eu des conséquences importantes à la fois sur l'ensemble de la Bretagne et sur la région de Brocéliande. D'abord, dans l'historiographie, c'est la première fois qu'on entend parler d'une tentative d'unification bretonne. Ermold le Noir, qui raconte l'expédition avec force détails, a beau présenter Morvan comme une brute et un ivrogne, il ne laisse pas moins entendre que le chef breton dispose d'un réel pouvoir. Certes, ce pouvoir est fragile parce que *provisoire :* en effet, le chroniqueur précise que les Bretons s'étaient engagés à servir Morvan pendant un an. Ce genre de « royauté » limitée dans le temps n'est pas exceptionnel chez les Celtes. Le cas de Vercingétorix, accepté bon gré mal gré par les Gaulois comme chef suprême pour la simple période de la guerre contre César, est un exemple typique de cette répugnance, pourrait-on dire viscérale, qu'ont toujours eue les peuples celtes à accepter une autorité centrale. Tout indique que l'accession de Morvan à la royauté suprême des Bretons ne s'est faite sans heurts ni sans réticences. Et, une fois vaincu et tué, le chef breton a été très vite oublié, la Bretagne retournant immédiatement à sa structure « libertaire ».

Mais c'est sur le plan religieux que la conséquence de la défaite de Morvan fut la plus radicale. Certes, « les enfants de Morvan et toute sa famille comparaissent. Louis reçoit le serment des Bretons et leur impose sa loi et le devoir de fidélité ». Mais il reçoit surtout la soumission de l'abbé de Landévennec, Matmonoc. On sait que l'abbaye de Landévennec, située à l'ouest de la péninsule, était l'âme de ce qu'on appelle parfois les « chrétientés celtiques ». Cela concerne à la fois l'organisation ecclésiale et surtout monastique (avec la coutume de l'abbaye-évêché, l'abbé étant également évêque), les pratiques rituelles, le calendrier religieux et certaines questions d'ordre théologique (problème du libre arbitre absolu hérité du druidisme et réactivé par Pélage). Ces chrétientés celtiques, à partir de l'Irlande (évangélisée de façon totalement différente de l'Empire romain), ont

1. Voir la *Chanson d'Aquin,* Paris, ed. Picollec, 1986.

essaimé non seulement en Grande-Bretagne et en Bretagne armoricaine, mais sur l'ensemble du continent, notamment au VIIe siècle avec saint Colomban, fondateur de Luxeuil et de Bobbio, et sont en grande partie responsables du développement du monarchisme occidental pendant la période mérovingienne. Mais elles se sont heurtées très tôt à l'Église romaine dont les structures, certaines pratiques et certaines conceptions étaient opposées : l'autorité pontificale a tout fait, à partir du VIe siècle, pour contrer le christianisme celtique, parfois par la violence, et pour le ramener dans les normes romaines. Les papes ont délibérément joué la carte des Saxons, nouvellement convertis et fidèles à Rome, contre les Bretons et les Irlandais[1]. Or, après la reprise en main de l'église bretonne insulaire grâce à saint Augustin de Canterbury et aux clercs saxons, seule l'église irlandaise gardait une certaine autonomie. Mais l'église bretonne armoricaine, bien qu'officiellement soumise à la métropole gallo-franque de Tours, avait été fondée et animée par des Bretons insulaires (en particulier par des Gallois) et par des Irlandais dont elle subissait toujours l'influence profonde. Au IXe siècle, plus qu'en Grande-Bretagne, les usages proprement celtiques étaient restés en honneur dans la péninsule armoricaine, et la politique de l'Église romaine consistait à tout faire, y compris par l'intervention des Carolingiens, mis sur le trône par le Pape et redevables envers lui, pour intégrer les chrétientés celtiques à l'orthodoxie romaine. En ce sens, l'expédition de Louis le Pieux, si elle avait des motifs profanes, n'en perdait pas pour autant sa signification de croisade religieuse. C'est pourquoi l'élément le plus important de l'affaire n'est-il peut-être pas la défaite de Morvan, mais la rencontre de l'empereur et de l'abbé de Landévennec.

Louis le Pieux avait installé son camp sur la rive de l'Ellé, près de Priziac, dans ce qu'on appelle la Cornouaille morbihannaise. C'est là qu'il reçut Matmonoc, l'abbé de Landévennec : « Il l'interrogea sur la façon dont vivaient les moines des abbayes établies dans cette région et sur leur tonsure, et l'abbé l'avait éclairé sur ces points ; sachant que ces usages avaient été reçus des Scots (= Irlandais) alors qu'il était connu que la pratique

1. Voir J. Markale, *le Christianisme celtique et ses survivances populaires*, Paris, Imago, 1984.

de l'Église sainte, apostolique et romaine était différente, il parut bon à Louis le Pieux que les moines se missent en accord avec l'Église universelle aussi bien en matière de vie religieuse que de tonsure ; c'est pourquoi l'empereur ordonna aux moines de suivre la règle instituée par saint Benoît. » En clair, cela veut dire que les monastères de Bretagne armoricaine suivaient la règle dite de saint Colomban, et que, du jour au lendemain, ils durent se résoudre à suivre la règle de saint Benoît de Nursie, revue et corrigée par saint Benoît d'Aniane, de se fondre dans l'ordre bénédictin. Et la mesure ne visait pas seulement Landévennec : « Le diplôme, dont l'exposé fournit le récit de l'entrevue de Louis le Pieux et de l'abbé Matmonoc, comporte une adresse, formule de notification énonçant les destinataires de l'acte, en l'occurrence tous les évêques et l'ensemble du clergé de Bretagne, ce qui est exceptionnel sous le règne de Louis le Pieux. Cette précision, loin de discréditer le précepte, prouve que la réforme concernait non seulement le monastère de Landévennec mais l'ensemble des abbayes bretonnes »[1].

Dans ces conditions, et même s'il n'en est pas fait mention dans les textes, on peut affirmer que l'abbaye de Paimpont et celle de Saint-Méen de Gaël, durent, en cette date de 818, abandonner les usages celtiques et s'intégrer à la règle bénédictine. Une page de l'histoire religieuse de Brocéliande était tournée. On verra d'ailleurs que ce coup de force n'empêcha nullement des résurgences ultérieures, ne serait-ce que l'étrange « hérésie » d'Éon de l'Étoile au XIIe siècle, ni certains aménagements à l'intérieur même de la règle bénédictine, par lesquels on doit reconnaître que les Bénédictins, avant les réformes clunisienne et cistercienne, sont, contre vents et marées, les héritiers directs du monachisme de type celtique[2]. Cela est vrai partout, mais particulièrement en Irlande et en Bretagne armoricaine.

De toute façon, l'intrusion des Carolingiens en Bretagne ne fut pas sans provoquer des réactions hostiles sous forme de véritables guérillas. Après plusieurs tentatives locales, une révolte

---

1. Hubert Guillotel, *la Bretagne des Saints et des Rois*, Rennes, Ouest-France, 1984, p. 222.

2. De nos jours, il en est de même. L'ordre de Saint-Benoît se présente comme détenteur de la plus ancienne tradition monastique occidentale, comme une synthèse réalisée très tôt entre le monachisme insulaire colombanien et le monachisme continental bénédictin de stricte obédience.

éclata en 824, dirigée par un chef probablement vannetais, Wiomarch (Guyomarc'h). Devant l'ampleur de ce mouvement, Louis le Pieux se décida à intervenir une nouvelle fois. Il divisa son armée en trois corps et pénétra ainsi à l'intérieur du territoire breton, par le nord, en Domnonée, par le sud, dans le Vannetais, et aussi par le centre, à travers la grande forêt. Ermold le Noir raconte, à propos de cette expédition, que les Francs firent de leur mieux pour ravager le pays. Au bout de quarante jours pendant lesquels il se battit héroïquement, Wiomarch fit sa soumission, voyant que les troupes franques étaient supérieures en nombre. Mais sa soumission n'était qu'une feinte : il reprit bientôt les armes avec de fidèles compagnons et se mit à harceler les garnisons franques, avec d'assez beaux succès, semble-t-il. Pourtant, attiré dans un piège par Lambert, le comte franc de Nantes, il fut fait prisonnier, et ensuite assassiné sur l'ordre du comte.

Mais le tragique destin de Wiomarch allait en fait tourner à l'avantage des Bretons. Car cette révolte eut le don de faire réfléchir Louis le Pieux et le comte de Nantes. Considérant que les Bretons étaient ingouvernables, ils préférèrent mettre à leur tête un Breton dont ils fussent sûrs, afin de les faire tenir tranquilles. Ils choisirent un obscur petit chef vannetais, un certain Nominoë (Nevenoë), à qui furent attribués les titres de *missus imperatoris* (envoyé de l'empereur) et de *dux in Britannia* (chef en Bretagne). Nominoë prêta serment de fidélité à l'empereur Louis et entra immédiatement dans ses fonctions. Homme remarquable et clairvoyant, doué d'une grande autorité, il réussit, en quelques années, à unifier complètement le territoire breton pourtant morcelé en d'innombrables « clans ». Doué d'un sens politique aigu, il se garda bien d'entreprendre quoi que ce soit contre l'empereur à qui il devait tout, mais se montra d'une fermeté exemplaire pour défendre l'identité bretonne au sein de l'Empire franc. Il fut aidé dans cette tâche par un homme non moins remarquable, l'abbé Conwoïon, fondateur de l'abbaye Saint-Sauveur de Redon et véritable conscience intellectuelle et spirituelle du nouveau prince. Redon, où résida souvent Nominoë, devint alors le centre même de la nouvelle politique bretonne, contre-balançant l'influence de la vieille abbaye de Landévennec, héritière des traditions celtiques insulaires.

Louis le Pieux mourut en 840. Pendant tout le règne de l'empereur, Nominoë n'entreprit rien qui pût mettre en cause la fidélité qu'il avait jurée. Mais le nouveau prince breton ne se sentait pas lié aux successeurs de Louis. Et précisément, la succession de Louis, on le sait, fut très difficile, puisque ses trois fils prétendaient chacun à la plus grande part de l'héritage. Après le fameux traité de Verdun, en 843, qui ouvre la porte aux pires guerres de l'époque moderne, le titulaire de la dignité impériale est Lothaire, dont les possessions sont étalées et surveillées entre les territoires de ses frères Louis le Germanique et Charles le Chauve. Très logiquement, Nominoë alla porter son hommage à l'empereur Lothaire. Cela ne l'engageait pas à grand-chose, puisque la Bretagne ne jouxtait nulle part les terres d'empire. C'était une façon comme une autre de se débarrasser de la tutelle franque tout en faisant semblant de l'accepter.

Charles le Chauve, à qui était échue la partie occidentale de la *Francie*, ne fut pas dupe du manège. Et les frictions, si communes au temps des Mérovingiens, entre les Bretons et les Francs recommencèrent de plus belle. Charles le Chauve se décida à agir. En novembre 845, à la tête d'une puissante armée, il se dirige vers le pays breton. Mais Nominoë, averti de ce qui se passe, convoque tous ses guerriers et, sachant qu'il est impossible de défendre le passage de la Vilaine, attend ses adversaires dans une zone marécageuse, sur la rive droite du fleuve, entre la Vilaine et l'Oust, là où, une centaine d'années auparavant, une troupe franque s'était déjà enlisée. Ainsi se déroula la bataille de Ballon, près de Bains-sur-Oust, qui se solda par la fuite de Charles le Chauve et une victoire éclatante des troupes bretonnes.

Charles le Chauve dut traiter, et concéder à Nominoë la souveraineté absolue sur la Bretagne. Mais celle-ci se situait uniquement à l'ouest de la ligne qui va du Mont-Saint-Michel à la Vilaine en passant par le Meu. Ni Rennes, ni Nantes ne faisaient partie du « royaume » breton, et la région de Brocéliande, au temps de Nominoë, était toujours le fer de lance du dispositif breton dressé contre les Francs.

C'est d'ailleurs un fait qu'on passe toujours sous silence, aussi bien du côté nationaliste breton que du côté français : au IXe siècle, l'expansionnisme breton était particulièrement virulent et efficace. L'époque de l'immigration était révolue, mais la partie bretonne de la péninsule était surpeuplée. Les Bretons voulaient de nouveaux territoires. Et comme la mer les entourait au nord, à l'ouest et au sud, le seul débouché pour leurs ambitions était l'est. La politique bretonne de Nominoë, véritable créateur du « royaume » breton, et de ses successeurs, fut de s'assurer le plus de territoires possibles à l'est de la ligne Mont-Saint-Michel/Vilaine. Expansionnisme, impérialisme ou colonialisme, cela ne modifie rien au fait : pour survivre, le royaume breton avait besoin de s'étendre.

Ajoutons que l'Église bretonne, issue d'un concours de circonstances particulières, marquée par des spécificités insulaires, irlandaises et britanniques, dépendait officiellement d'un siège archiépiscopal situé *à l'étranger*, à savoir la métropole de Tours, héritière de la Lyonnaise Troisième de l'Empire romain. Cette situation inconfortable (et qui ne fut réglée que par Napoléon III en 1859, du moins en partie !) n'échappait pas à Nominoë, lequel s'efforça de trouver une solution. Cela n'était pas aisé. La papauté considérait comme suspecte toute tentative d'autarcie bretonne, et le pouvoir carolingien (et plus tard capétien) ne pouvait qu'abonder dans ce sens. Nominoë, habilement secondé par l'abbé Conwoion, fit tenir un synode à Coet-Louh, près de Saint-Congard, en 848. En vérité, ce synode, très peu canonique et encore moins orthodoxe, était un coup de poker. Les évêques titulaires de Bretagne y furent accusés de simonie (d'ailleurs à juste titre), démis de leurs fonctions et remplacés par des hommes en qui Nominoë pouvait avoir toute confiance. Le pape, ne voulant pas trop envenimer les choses, fit semblant de ne rien comprendre à ce qui se passait. Et c'est ainsi que, pratiquement, mais non *pas officiellement*, les évêques bretons se reconnurent comme suffragants d'un nouvel archevêque, celui de Dol.

Dol était en effet le plus ancien des évêchés établis à la mode insulaire. C'était aussi le plus petit des évêchés bretons, mais aussi le plus *universel* parce qu'il possédait des enclaves non seulement en Bretagne, mais dans diverses régions, y compris l'embouchure de la Seine. Comme le fait remarquer Marcel Planiol, « l'église de Bretagne était considérée comme distincte de l'église de France. Elle n'était pas soumise aux assemblées du clergé français, ni convoquée aux États de France... Les papes étaient les premiers à faire la différence entre l'église de France et l'église de Bretagne. Cela est d'autant plus remarquable que tous les évêchés bretons faisaient partie d'une province ecclesiastique française »[1]. C'est pour échapper à cette obédience de Tours — doublée d'une ingérence gallo-franque évidente — que Nominoë et ses successeurs s'efforcèrent de tenir Dol comme métropole religieuse de toute la Bretagne[2]. Mais rien n'était net, et cette situation confuse se maintint jusqu'en 1201, date à laquelle le pape Innocent III ordonna à l'église bretonne l'obéissance au métropolitain de Tours.

En tout cas, vers 850, les évêques bretons avaient été remplacés par des fidèles de Nominoë, et le siège épiscopal de Dol était considéré comme la métropole des Bretons. Cela permettait à Nominoë d'asseoir davantage son autorité sur les différents chefs locaux toujours prêts à se révolter contre lui. Pour donner satisfaction aux appétits de pouvoir de ceux-ci, le *dux* avait également la ressource de les envoyer faire de nouvelles conquêtes en pays franc. Et Nominoë trouva un allié inattendu mais efficace dans le comte de Nantes, Lambert II, successeur de celui qui avait contribué à lui donner le pouvoir. En effet, ce comte franc avait des ambitions personnelles que le roi Charles le Chauve ne pouvait que contrecarrer, mais que Nominoë pouvait parfaitement comprendre. En réalité, il y eut authentique trahison du comte Lambert à l'égard du roi carolingien. D'après les *Annales de Fontenelle,* « le comte Lambert et son frère Garnier, visant à la tyrannie, manquèrent à la foi jurée et s'allièrent à Nominoë, tyran[3] des Bretons. Mais peu après, Garnier fut pris par le comte Gauzbert le Jeune et conduit devant le roi. Le roi Charles avec l'armée parvint jusqu'à la ville forte de Rennes et y mit garnison : mais lorsqu'il s'en éloigna, Nominoë et Lambert avec une troupe de fidèles entreprirent le siège de cette ville. Effrayés par la troupe, nos défenseurs se résolurent à capituler et furent relégués en Bretagne ». Si l'on comprend bien, il s'agit

1. M. Planiol, *Histoire des Institutions de la Bretagne,* Rennes, 1949, III, p. 128.

2. L'influence carolingienne puis capétienne en Bretagne contrecarra cette volonté unanime, semble-t-il, du clergé breton. De plus, lors de la mainmise des Plantagenêts sur la Bretagne, à la fin du XIIe siècle, la situation ne s'arrangea guère : les Plantagenêts bien qu'opposés aux Capétiens, obligèrent les Bretons à revenir vers Tours pour ne pas mécontenter la papauté dont ils avaient besoin. Cette querelle de la « métropole » de Dol a empoisonné les rapports de l'Église de France et de ce qu'il faut bien appeler l'Église bretonne, pendant tout l'Ancien Régime. La solution actuelle est boiteuse puisque le diocèse de Nantes est toujours rattaché à Tours, échappant ainsi à l'archevêque de Rennes, Dol et Saint-Malo.

3. Le terme *tyran* n'a pas, au Moyen Age, le sens actuel. Il désigne avant tout un roi, mais avec une nuance d'usurpation de pouvoir.

de la prise de Rennes par les troupes bretonnes : la marche des Bretons vers l'est est commencée.

Elle les conduira assez loin. Nantes et Rennes une fois prises, Nominoë et Lambert s'en vont jusqu'au Mans. C'est là qu'en 851, meurt Nominoë, alors qu'il avait le projet de pénétrer plus avant dans le territoire franc. Lambert ramène les troupes bretonnes à l'ouest, tandis que Charles le Chauve rassemble en hâte une armée avec l'espoir de surprendre les Bretons privés de chef. Au mois d'août de la même année, cette armée se trouve sur les bords de la Vilaine.

Mais les Bretons se sont donné un nouveau chef, le propre fils de Nominoë, Érispoé. Celui-ci, après avoir rendu les honneurs funèbres à son père et manifesté une grande piété filiale, ne perd pas son temps. Il regroupe ses Bretons, et toujours avec l'appui de Lambert, se prépare à contenir les troupes royales. La rencontre a lieu sur les rives de la Vilaine, à Jangland, près de Beslé, là où passait la voie romaine de Nantes à Corseul. Après une bataille meurtrière, Charles le Chauve s'enfuit nuitamment, à l'insu de son armée, abandonnant son pavillon, ses tentes et même son vestiaire royal. L'épisode est peu glorieux pour le roi des Francs de Neustrie, futur empereur. Il est étrange qu'on ne parle jamais de cette bataille de Beslé dans les manuels d'histoire. Quoi qu'il en soit, la victoire bretonne est accablante.

Contrairement à la victoire de Ballon, tant célébrée par les Bretons atteints de nationalisme aigu, la victoire de Beslé est en effet décisive et, comme on dit, incontournable. Ce n'est pas de Ballon que date la reconnaissance d'un royaume breton, mais de Beslé-Jengland. Car Charles le Chauve, après sa cuisante défaite, dut traiter et reconnaître l'indépendance d'une Bretagne étendue à des territoires beaucoup plus vastes que ceux de l'émigration primitive. En novembre 851, le roi des Francs rencontra le *dux Britonnum* et en fit un authentique *roi des Bretons*. D'après les *Annales de Saint-Bertin*, « Érispoé, fils de Nominoë, venant auprès de Charles, dans la ville d'Angers, par la datation des mains[1] est accueilli et lui sont donnés tant les insignes royaux que la puissance jadis dévolue à son père, étant ajouté outre le Rennais, le Nantais et le Retz ». Le comte Lambert,

1. Geste rituel de vassalité par lequel était concédé un pouvoir légal.

lui, se voyait reconnaître les comtés de Nantes et de Rennes, avec la voirie de Retz, mais sous l'autorité d'Érispoé.

Érispoé était donc un *roi* à part entière, mais, étant donné qu'il était *reconnu* par Charles le Chauve, un lien de vassalité existait cependant qui faisait du roi breton *un roi associé* à l'Empire carolingien. Les nuances juridiques sont subtiles, et elles ne seront point absentes à la fin du Moyen Age lorsqu'il s'agira de trouver le moyen le plus légal de faire passer le duché de Bretagne dans l'orbite de la monarchie capétienne. Car même avec ce lien de vassalité requis par Charles le Chauve, la souveraineté d'Érispoé est reconnue comme absolue sur les territoires qu'il administre. A partir de cette date, le chef breton s'intitule, dans les actes, « moi, au nom de Dieu Érispoé », ce qui équivaut à la formule bien connue de « Untel, par la grâce de Dieu, roi de tel pays ». D'autres actes mentionnent « Érispoé par la grâce de Dieu, prince de la province de Bretagne ». Et si le terme « province » se réfère au sens étymologique traditionnel exprimant une sorte de dépendance vis-à-vis d'un pouvoir extérieur, il n'est plus fait mention d'une allégeance quelconque envers le roi carolingien.

Ainsi, donc était créé le royaume de Bretagne, à peu près dans les limites actuelles de la Bretagne historique, c'est-à-dire les cinq départements, les quatre de la région officielle, plus la Loire-Atlantique. Les acquisitions des comtés de Rennes, de Nantes et de Retz marquaient l'expansion du domaine primitif, mais en même temps déplaçaient la Bretagne vers l'est, dans un pays dont les habitants *ignoraient la langue bretonne*, ce qui ne sera pas sans conséquences sur la « débretonnisation » progressive de la péninsule, les éléments romans devenant de plus en plus envahissants et contraignants. Mais, si le centre de gravité politique avait tendance à se déplacer vers l'est, vers Nantes et Brest, le cœur de l'administration bretonne se trouvait encore en Brocéliande, décidément bien placée pour être en contact à la fois avec le sud et le nord et pour servir de lien entre la zone purement bretonne et la zone gallo-franque.

Érispoé voyageait beaucoup à travers ses territoires qu'il s'efforça d'organiser et de mettre en valeur, mais ses lieux de résidence les plus fréquents étaient l'abbaye de Redon et celle de Saint-Méen de Gaël. On sait également qu'il passait beaucoup de temps dans le domaine de Talensac, domaine qui paraît avoir appartenu au fisc, donc domaine royal. Mais la politique autoritaire menée par Érispoé n'était pas du goût de tout le monde chez les Bretons. Certains chefs, mécontents de ses innovations, formèrent une conjuration contre lui, le plus acharné étant son propre cousin Salomon (Salaün), lequel se répandait partout en critiques contre le roi, prétendant qu'il avait trahi la cause bretonne en s'arrangeant trop bien avec Charles le Chauve. Salomon attira Érispoé dans un piège et, racontent les *Annales de Saint-Bertin*, « l'an 857, Érispoé fut tué par Salaün et Alcmar, Bretons comme lui et avec qui il était en désaccord. Ils l'attaquèrent lâchement et, usant de ruse, ils le tuèrent sur l'autel tandis qu'il invoquait la protection de Dieu. Alors Salaün, saisissant la couronne, objet de son ambition criminelle, la plaça sur sa propre tête ».

Les Bretons acceptèrent facilement le coup de force et reconnurent Salomon comme leur roi. Charles le Chauve voulut évidemment profiter de la situation : il envoya des troupes en direction de la péninsule. Mais Salomon se montra un remarquable diplomate. Au lieu d'entrer directement en lutte avec le roi carolingien, il préféra temporiser par devant, ce qui ne l'empêcha pas de soutenir par derrière tous les ennemis et concurrents de Charles le Chauve. Il alla même jusqu'à s'allier avec les pirates normands, au grand scandale de la Chrétienté. Il finit par conclure avec Charles le traité d'Entrammes en 863. En échange du paiement d'un tribut, Salomon obtenait le pays « entre deux eaux », c'est-à-dire une partie du Maine et de l'Anjou, entre la Mayenne et la Sarthe. En 867, au traité de Compiègne, Charles le Chauve renonça même à ce tribut. Jamais la Bretagne ne fut si étendue, ni si puissante, et l'on peut considérer Salomon comme le plus grand chef que la péninsule ait connu.

Le roi de Bretagne résidait la plupart du temps en Brocéliande, notamment à Plélan dans la forteresse de ce qu'on appelle aujourd'hui le « Gué de Plélan ». Il dota richement les abbayes de Paimpont et de Saint-Méen, et, durant sa vieillesse, il décida de se retirer dans ce monastère. Peut-être avait-il des remords pour le crime qu'il avait commis en assassinant son cousin Érispoé ? Mais son pouvoir autoritaire, ses tendances centralisatrices, la surveillance constante qu'il exerçait sur les chefs bretons, lui avaient attiré des ennemis. Un complot se monta contre lui, à la tête duquel se trouvaient son propre gendre Paskweten, et le gendre d'Érispoé, Gurwan. Quelques chefs francs entrèrent même dans la conjuration. Salomon tenta de résister par les armes, mais ses ennemis finirent par s'emparer de lui et le livrèrent aux Francs qui le tuèrent après lui avoir crevé les yeux. Cette mort tragique, présentée comme un juste châtiment du crime qu'il avait lui-même commis, ajouta cependant à sa réputation, et Salomon de Bretagne fut considéré comme un saint, et honoré comme tel dans de nombreuses églises, notamment en Brocéliande.

Salomon de Bretagne mourut le 28 juin 874. Il laissait un royaume en pleine division. Les deux chefs du complot, Paskweten et Gurwan se disputèrent la première place. Gurwan, comte de Rennes, se réserva la partie nord du pays, tandis que Paskweten, comte de Vannes, s'accrochait à la partie méridionale. Paskweten s'allia aux Normands contre Gurwan, et il mit le siège devant Rennes. Mais Gurwan, dont l'intrépidité demeura légendaire, le repoussa aux portes de l'abbaye de Saint-Mélaine, en 875. Les deux adversaires multiplièrent les combats, et la tradition locale prétend qu'ils se rencontrèrent en combat singulier sur les landes de Brocéliande, entre Tréhorenteuc et Campénéac. Cette rivalité ne conduisit à aucune victoire : Gurwan et Paskweten moururent à quelques jours d'intervalle. Et comme le raconte le chroniqueur Régimon, « après ces deux morts successives, Judikaël, né de la fille du roi Érispoé, et Alain, frère du susdit Paskweten, se partagèrent la Bretagne. Entre eux, d'ailleurs, il y eut beaucoup de contestations et de guerres. Mais Judikaël ayant perdu la vie dans un combat mené contre les Normands avec plus de fougue que de prudence, toute la Bretagne tomba sous le pouvoir d'Alain, qui jusqu'ici la gouverne avec vigueur ».

Cet Alain, que l'histoire connaît sous le nom d'Alain le Grand, fut vainqueur des Normands qui commençaient à inquiéter sérieusement les Bretons et s'étaient installés un peu partout, créant de véritables colonies qui fusionnèrent bientôt avec les habitants. Cette période est assez sombre pour la Bretagne, car les abbayes subirent de nombreux pillages et des destructions systématiques. Beaucoup de moines durent émigrer, emportant avec eux leurs précieux manuscrits, et allèrent trouver refuge dans le pays des Francs. La Bretagne se vida de ses élites intellectuelles. La région de Brocéliande n'échappa guère au sort commun : elle fut ravagée, et ne retrouva jamais par la suite l'importance qu'elle avait eue aux temps de la Domnonée et du royaume breton.

C'est au XIe siècle que Brocéliande réapparaît dans l'histoire, mais d'une manière bien différente, et sans rapport direct avec les grands événements qui concernent ce qui va devenir, à partir d'Alain Barbetorte, le « duché de Bretagne », territoire réduit à l'ancien domaine breton, plus les comtés de Rennes, de Nantes et de Retz.

Brocéliande n'est plus la capitale politique, mais elle va jouer un rôle déterminant sur le plan pour lequel elle est connue, celui de la tradition celtique.

La date de 1066 sert de point de repère. C'est la date de la bataille d'Hastings, grâce à laquelle Guillaume le Bâtard, duc de Normandie, va devenir maître de l'Angleterre, avec l'aide, il faut y insister, de nombreux seigneurs bretons qui faisaient partie de l'armée normande. Ces seigneurs bretons n'oubliaient pas que leurs ancêtres avaient été plus ou moins chassés de leurs terres d'origine, sur l'île de Bretagne, par les « Saxons rouges », et ils espéraient ainsi prendre leur revanche et se tailler des domaines dans une Angleterre vaincue et livrée à leurs convoitises. Et parmi ces seigneurs bretons, il y avait Raoul de Gaël.

Ce personnage revêt une importance considérable, car c'est autour de lui que s'est opérée l'implantation des légendes arthuriennes insulaires dans la forêt de Brocéliande, *Brécilien* ou *Bréchéliant*, comme on disait à l'époque. On ne sait rien de l'origine exacte de sa famille, sinon que celle-ci possédait, au XIe siècle, le vaste espace forestier, défriché en partie, qui compose ce qu'on appelait le Poutrecoët, autrement dit le Porhoët. On peut affirmer que tout ce territoire était faiblement peuplé et que de nombreux bois enserraient encore les communautés rurales. Alors que les plus importantes forêts étaient aux mains du duc de Bretagne, le massif forestier de Paimpont et les bois d'alentour n'appartenaient point au prince breton, mais à de riches seigneurs. Le domaine ducal se réduisait à la minuscule seigneurie de Ploërmel, qui ne couvrait que dix paroisses. Il en subsiste quelque chose de nos jours, puisque la partie domaniale de la forêt de Paimpont ne couvre guère qu'un huitième de la superficie totale du massif.

Au XIe siècle, la seigneurie de Gaël comprenait quarante paroisses, et appartenait à un certain Ralf l'Écuyer, qui s'était établi en Angleterre, du temps du roi saxon Édouard le Confesseur, dont il fut un fidèle conseiller. Ralf l'Écuyer faisait partie de ces seigneurs bretons descendants de ceux qui, au moment des invasions normandes, avaient trouvé refuge auprès des rois saxons et avaient préparé, autour d'Alain Barbetorte et de l'abbé Jean de Landévennec, la restauration de l'État breton : ils avaient gardé des liens étroits avec la hiérarchie saxonne, ce qui ne les empêchait pas d'espérer un jour récupérer des terres ancestrales au détriment des mêmes Saxons. C'est ce qui se produisit en 1066 pour Ralf l'Écuyer, qui se rallia, sans hésiter, à Guillaume le Conquérant. Et il entraîna dans ce ralliement son fils et héritier Raoul (Ranulf).

Raoul de Gaël fut donc un fidèle de Guillaume de Normandie et le servit avec beaucoup de zèle, à tel point que le conquérant n'hésita pas, à la mort de son père, à lui confier le comté de Norfolk, c'est-à-dire l'East Anglie, région fort riche et d'une grande importance stratégique à proximité de Londres et de la mer du Nord.

Mais Raoul supportait mal l'autorité parfois exigeante de Guillaume. En 1075, en l'absence du nouveau roi, il prépara un complot contre le pouvoir royal avec la complicité de son beau-frère Roger de Breteuil qui avait la charge du comté d'Hereford et de Shrewsbury, sur la frontière du Pays de Galles. Le complot visait à couper l'Angleterre en deux pour contraindre Guillaume à attribuer davantage de terres aux Bretons. Mais l'archevêque de Canterbury, Lanfranc, averti de la mobilisation des hommes de Raoul, réagit immédiatement en tant qu'administrateur du royaume en l'absence du roi. Il s'en vint mettre le siège devant Norfolk et s'arrangea pour séparer les troupes des deux beaux-frères. Voyant la partie perdue, du moins en Angleterre, Raoul n'insista pas. Avec de nombreux chevaliers et ses propres fidèles, il quitta l'île et vint retrouver ses terres ancestrales de Gaël.

Là, il espérait lutter plus efficacement contre le duc de Normandie, roi d'Angleterre. Il obtint le soutien de nombreux seigneurs bretons dont ceux de Combourg et d'Ancenis, et même du puissant Eudon de Porhoët. Les coalisés entreprirent de faire le siège de Dol, qui était alors aux mains des partisans de Guillaume. Dol tomba au pouvoir de Raoul qui, au même moment, bénéficia de l'alliance inattendue du comte d'Anjou, Foulques le Réchin. L'affaire traîna en longueur, et il n'y eut ni vainqueur, ni vaincu. Guillaume le Conquérant finit par se désintéresser de la question, et Raoul de Gaël, conscient d'avoir accru son prestige, se contenta d'organiser ses territoires de Brocéliande. Il fit reconstruire la forteresse de Gaël et fit édifier le premier château de Montfort-sur-Meu vers 1091. Il s'agissait là d'un point stratégique essentiel sur la voie romaine, c'est-à-dire le chemin traditionnel préhistorique, qui allait de Rennes à Carhaix. Raoul s'était assagi depuis la mort de Guillaume le Conquérant, et, en Bretagne même, il avait accepté l'autorité du duc Alain Fergent. Cela ne l'empêchait pas d'avoir les dents longues et d'organiser son domaine de telle façon qu'il pût constituer une force redoutable à l'intérieur même du duché. Brocéliande, autrement dit la seigneurie de Gaël-Montfort, n'était peut-être plus ce qu'elle était aux temps des rois, mais elle demeurait une forteresse sur laquelle on devait compter, au cœur même d'une Bretagne qui était sur le point de se structurer.

D'ailleurs, d'où vient le nom de Brocéliande (ou de Brécilien, ou de Bréchéliant) ? La question se pose. Le premier terme, qui n'est pas *bro*, « pays », mais « *bré* », « hauteur », dérivé du gaulois *briga*, « colline », puis « colline fortifiée », « forteresse », est incontestablement breton. Mais le second terme, *cilien* ou *chéliant*, est inexplicable par une langue celtique. Certes, on peut mettre en parallèle le nom de la paroisse d'Helléan, en plein cœur du Porhoërt, non loin de Josselin, ainsi que le nom du village britannique d'Hellions, dans le Sud-Est de l'Angleterre, mais la solution n'apparaît pas pour autant. On a proposé d'y voir la racine qui a donné le gallois *celli*, « caché », et le bas-latin *cella*, « ermitage », « retraite ». Brocéliande serait donc, dans ce cas, la « forteresse cachée ». Pourquoi pas ? Mais l'étymologie reste on ne peut plus douteuse. Il est possible d'y voir un dérivé de la racine qui a donné l'anglais *hell*, « enfer », et qui est en fait le nom de la déesse germano-scandinave de l'Autre Monde. Dans ce cas, Brocéliande serait la « Forteresse de l'Autre Monde », ce qui serait conforme à la tradition légendaire qu'on y a localisée. Ne serait-ce pas Raoul de Gaël, revenant d'un pays saxon, *mais fondamentalement celtique à l'origine*, qui aurait imposé ce nom de Brécilien ou de Bréchéliant ? L'hypothèse peut tenir, mais il est difficile de savoir à quelle date précise la dénomination Brécilien-Bréchéliant est apparue pour la première fois. Cependant, Raoul de Gaël, si l'on en croit son nom originel de Ranulf, n'était point un pur Breton : il devait avoir une ascendance saxonne ou scandinave, ce qui justifierait peut-être le terme *hell* dans le nom de Brécilien.

Quoiqu'il en soit de cette étymologie contestée et contestable du nom de Brocéliande, il s'avère que Raoul de Gaël a voulu faire de cette région un endroit privilégié. Il n'en fallait pas plus pour rehausser le prestige du lieu par l'implantation de légendes, en particulier de mythes fondateurs. Le Moyen Age a vu bien des familles agir de cette manière : il fallait absolument ou se trouver des ancêtres mythiques, ou accueillir *mythiquement* des exploits héroïques ou féeriques sur ses terres. Il est bon de rappeler que la famille de Godefroy de Bouillon, grande figure de la première Croisade, prétendait remonter à Lohengrin, lequel, dans la tradition germano-celtique, était le fils de Parzival, le héros du Graal. Et cette prétention a été émise par la famille de Bouillon exactement à la même époque que celle où Raoul de Gaël faisait répandre à son de trompe que la forêt de Brocéliande avait été le théâtre des exploits des chevaliers du roi Arthur.

Raoul de Gaël revenait de Grande-Bretagne, où il était né. Il avait été nécessairement en contact avec des poètes errants, descendants des bardes bretons, qui maintenaient, même dans les régions germanisées — et peut-être même encore davantage là qu'ailleurs —, les éléments de l'antique tradition celtique centrés autour du fabuleux personnage d'Arthur. Cet Arthur, historiquement chef de cavalerie au service des rois bretons, aux alentours de l'an 500, et probablement beaucoup plus romano-breton que pur breton, était devenu le symbole même de la résistance bretonne. On sait, par des documents dignes de foi, qu'en ce XIe siècle, dans toute la Grande-Bretagne, la croyance était répandue qu'Arthur n'était pas mort et qu'il allait revenir un jour pour rénover le royaume de Bretagne. De chef historique, il était devenu un personnage de légende, une figure mythologique incarnant l'âme de la tradition héritée du plus lointain paganisme. Et, à son personnage, s'étaient accrochées d'autres figures mythologiques, Merlin d'abord, Lancelot du Lac ensuite, puis Tristan et Yseult et bien d'autres personnages issus du « panthéon » primitif. Quoi de plus tentant pour un seigneur de

Bretagne armoricaine, « éjecté » de l'île de Bretagne et dévoré d'ambitions, d'intégrer une telle tradition en ses domaines ancestraux ? De là proviennent les premières localisations d'événements arthuriens en forêt de Brocéliande. Le processus ne faisait que commencer, mais c'était le point de départ. Et il faut bien avouer que la forêt de Brocéliande, avec ses souvenirs mégalithiques, avec sa mystérieuse atmosphère, son éloignement de la côte, son aspect secret et retiré, avec la présence parfois inquiétante de sorciers, lointains héritiers — bien dégénérés — des druides de l'âge celtique, se prêtait magnifiquement à cette implantation. A cet égard, la famille de Gaël-Montfort a joué un rôle essentiel dans l'évolution culturelle de l'Europe occidentale, sans d'ailleurs en avoir conscience, et surtout pour des motifs politiques.

Raoul de Gaël mourut au cours de la première Croisade. Après lui, la seigneurie revint à son fils Guillaume, qui vécut jusqu'en 1143, puis à son petit-fils, également appelé Guillaume, lequel choisit comme résidence le château de Montfort et fonda l'abbaye de Saint-Jacques de Montfort. Partagée ensuite entre les deux fils de ce Guillaume, la seigneurie se trouva dorénavant aux mains des seigneurs de Lohéac avant d'être complètement réunifiée au XVe siècle par la famille de Laval. Mais c'est essentiellement au XIIe siècle que la seigneurie de Brécilien quitte l'histoire de la Bretagne pour entrer définitivement dans l'histoire universelle.

Il semble en effet que les Plantagenêts se soient intéressés de très près à cette forêt parce qu'elle leur permettait de situer des exploits héroïques d'un passé breton dont ils voulaient s'emparer. Lorsque Henry II Plantagenêt épousa Aliénor d'Aquitaine et hérita, par sa mère, du royaume d'Angleterre, il avait le sentiment d'être un étranger à la fois parmi les habitants de l'île de Bretagne, parmi les Normands, parmi les Aquitains et parmi les Bretons armoricains dont il revendiquait, par l'intermédiaire de son fils Geoffroy, gendre du duc Konan IV, la souveraineté. Henri II était avant tout un Angevin. Sa famille avait bien prétendu descendre d'une mystérieuse fée, qui n'était certes pas Mélusine, mais qui offrait quelques points communs avec elle. Ce n'était pas suffisant. L'empire que voulait légaliser le Plantagenêt s'étendait sur toute l'Europe extrême occidentale. C'était un empire de fait, sinon de droit. Et il aurait bien voulu lui donner une assise *morale,* donc une assise mythologique qui pût faire remonter dans le temps ses prétentions à dominer une série de peuples divers parmi lesquels les Bretons, insulaires et continentaux, constituaient une part importante. Quoi de plus évident et de plus logique à se prétendre l'héritier, ou tout au moins le successeur de ce mystérieux roi Arthur, dont on disait grandes merveilles, et quoi de plus normal que de chercher à l'implanter en des territoires soumis à sa juridiction ?

C'est pourquoi Henry II, aidé en cela par Aliénor d'Aquitaine, fit tout ce qu'il put pour encourager les écrivains normands, anglo-normands, poitevins et champenois (Chrétien de Troyes, qui lui était vraisemblablement apparenté) à mettre par écrit les aventures d'Arthur, de ses chevaliers et des héros qui gravitaient autour de lui. C'est l'origine de l'abondante littérature dite arthurienne. Au Pays de Galles, sous influence angevine, ce fut le clerc Geoffroy de Monmouth qui écrivit, en latin, la *Vie de Merlin* et l'*Histoire des Rois de Bretagne.* Sur le continent, ce fut un autre clerc, le Normand Robert Wace, qui écrivit son *Roman de Brut* et son *Roman de Rou.* D'autres suivirent, dont Chrétien de Troyes, féal de Marie de Champagne, fille d'Aliénor d'Aquitaine, Robert de Boron, le Jurassien, introducteur de la légende de Merlin et de celle du Graal, le Normand Béroul et l'Anglais Thomas, rédacteurs de l'histoire de Tristan, Wolfram von Eschenbach, lui-même allemand, mais inféodé, de son propre aveu, aux Plantagenêts, auteur d'un *Parzival* dont l'importance n'est plus à démontrer. Et combien d'autres, dans toute l'Europe, suivirent cette voie...

Développer le thème des légendes arthuriennes et les localiser dans les territoires soumis aux Plantagenêts était une excellente opération politique et psychologique (la propagande n'est pas une invention du XXe siècle !) qui permettait de contrebalancer l'influence capétienne centrée autour du cycle littéraire des Chansons de Geste, dont Charlemagne, authentique empereur devenu personnage de légende, était le héros incontestable. A chacun son thème de propagande. Henry II avait choisi Arthur, et il n'hésita pas, lorsqu'il eut obligé Constance, fille du duc Konan IV de Bretagne, à épouser son fils Geoffroy, à faire nommer le fils — posthume en ce qui concerne Geoffroy — du jeune couple *Arthur.* Et si cet Arthur a eu un destin tragique, c'est par suite de la folie sanguinaire et maladroite du dernier fils d'Henry II, Jean sans Terre. Car, en réalité, cet

Arthur de Bretagne était l'héritier légitime de tous les domaines Plantagenêt, et, sans la folie de son oncle, il eût mené à son terme le plan, quelque peu machiavélique, qu'avait élaboré son grand-père[1].

Il n'est donc pas étonnant de découvrir dans les littératures des XIIe et XIIIe siècles de nombreuses références soi-disant historiques au roi Arthur, aux prophéties de Merlin, à la forêt de Brocéliande et particulièrement à la Fontaine de Barenton, site unique, d'origine préhistorique, qui semble avoir été connu de toute l'Europe de cette époque. Le troubadour occitan Bertrand de Born (un féal d'Aliénor d'Aquitaine) n'affirme-t-il pas : « Le comte Geoffroy (le fils d'Henry II) à qui est Brocéliande, je voudrais qu'il fût le premier d'âge, car il est courtois, et que fussent en sa commande royaumes et duchés ». C'est annoncer clairement la couleur : tout le monde savait que l'héritier direct d'Henry II, Richard Cœur de Lion, était un homosexuel absolu et qu'il n'aurait jamais d'enfant, même en se mariant, et que, par conséquent, l'héritage Plantagenêt devait revenir au deuxième fils vivant, c'est-à-dire Geoffroy, et à la lignée de celui-ci, *à l'exclusion de Jean sans Terre le bien nommé.* Ce n'est pas non plus une surprise de découvrir dans le *Roman de Rou* de Robert Wace une nomenclature détaillée des chevaliers bretons qui accompagnèrent Guillaume le Conquérant à la bataille d'Hastings : il fallait bien que les Bretons aient contribué d'une façon ou d'une autre à la victoire de l'ancêtre d'Henry II et qu'ils aient ainsi choisi la dynastie à même de satisfaire leurs légitimes prétentions sur *les* Bretagne, l'insulaire et la continentale, sous la protection éclairée des Anglo-Normando-Angevins. Voici d'ailleurs ce que dit Robert Wace : « Et là Raoul vint de Gaël, et maints Bretons de maints châteaux… Lui-même était breton et Bretons menait… » Wace ajoute d'ailleurs que Raoul était accompagné de Judaël, seigneur de Lohéac, c'est-à-dire de la partie sud de la forêt, qui fut intégrée ensuite aux domaines des Gaël-Montfort. Le *Roman de Rou* a beau se présenter comme un poème épique sur les origines de la Normandie, l'auteur n'oublie jamais de rappeler la participation active des Bretons à l'œuvre normande, ni de signaler le rôle tenu par la région de Brocé-

1. Voir, à ce sujet, J. Markale, *le Roi Arthur*, Paris, Payot, 1976, et *Aliénor d'Aquitaine*, Paris, Payot, 1979.

liande dans cette affaire. Car Robert Wace ne se contente pas de raconter des histoires du passé. En bon journaliste qu'il est, il a fait le voyage de Brocéliande, à la recherche des merveilles « dont les Bretons vont souvent fablant ». Comme je l'ai déjà dit, il est allé à la Fontaine de Barenton et en a laissé une description, même s'il avoue avoir été déçu : « Fol y allai, fol en revins ». Car, en dépit de ses efforts, notamment de répandre de l'eau sur le perron, il ne parvint pas, comme le héros Yvain, fils d'Uryen, à déclencher un orage. Il est vrai qu'en Bretagne, une croyance bien ancrée fait dire que les Normands sont des sceptiques !

Ce qui est intéressant dans le texte de Wace, c'est l'importance donnée aux seigneurs et chevaliers originaires de cette région de Brocéliande. Cette importance est corroborée par d'autres sources, insulaires celles-là, et qui n'ont rien à voir avec l'épopée littéraire. De plus, selon Wace, la forêt de Brocéliande occupe davantage de place que l'actuelle forêt de Paimpont : elle est « large et longue, très renommée à travers la Bretagne », ce qui suppose qu'elle s'étendait, du moins au XIIe siècle, jusqu'à la forêt de Lanouée, voire à Quénécan. Quant à la Fontaine de Barenton, elle est le rendez-vous des chasseurs qui s'y désaltèrent. Lorsqu'ils puisent de l'eau dans leurs cornes et qu'ils la répandent sur le perron qui se trouve sur la fontaine, un orage éclate et ravage la forêt. De plus, « si ce que les Bretons racontent est vrai », on y voit des fées, et il y survient d'étonnantes aventures. Toujours d'après Wace, le terrain est accidenté, très fréquenté par les daims et les cerfs, mais « les vilains l'ont déserté ». Ainsi se trouve lancé le fameux thème de la *Gaste Forêt* qui entoure le château où est conservé le Saint-Graal.

Robert Wace a écrit son poème épique vers les années 1155-1160. Dix ans plus tard, Chrétien de Troyes, dans son *Yvain, ou le Chevalier au Lion*, reprend la description de Brocéliande et de la Fontaine de Barenton. Il enjolive cette description en parlant d'un « perron de marbre », mais précise que l'eau de la fontaine *bout*. Les aventures de Calogrenant et d'Yvain à Barenton se retrouvent également dans la version galloise du même récit, *Owein, ou la Dame de la Fontaine*, ce qui prouve que le thème de la « fontaine qui fait pleuvoir » était bien connu de tous ceux qui rédigeaient des textes arthuriens. Du reste, à l'est de la forêt de Paimpont proprement dite, sur la commune de Baulon (Ille-et-Vilaine), il existe une fontaine que la tradition populaire locale a douée des mêmes vertus et privilèges. La Fontaine de Barenton semble inséparable de la forêt de Brocéliande, dont elle constitue la part la plus authentique et la plus ancienne, à tel point que dans certains textes, on la nomme fontaine de « Bersiliant » ou de « Brécilien ». Il n'y a aucune fontaine analogue au Pays de Galles et dans la péninsule de Cornwall-Devon, qui sont pourtant les pays d'origine de la légende : cela suppose la célébrité du lieu à cette époque, et prouve l'importance qu'on lui donnait à travers le labyrinthe des multiples traditions qui se sont agglomérées au thème primitif d'Arthur. Giraud de Cambrie (ou de Barry), voyageur, chroniqueur et géographe, qui vécut de 1146 à 1220, qui parcourut tout l'empire Plantagenêt, y compris l'Irlande, en observant et en notant toutes les anciennes coutumes, tous les anciens monuments, et dont le témoignage est essentiel pour toutes les recherches de nature celtique, ne manque pas de signaler l'existence de cette fontaine : « Il y a en Bretagne armoricaine une fontaine... Si vous y puisez de l'eau dans une corne et si vous en répandez sur le perron qui se trouve à côté, une tornade de pluie tombera sur vous immédiatement, quand bien même le ciel serait clair et dégagé ». A l'appui de Giraud de Cambrie, un bénédictin de Chester, Ralph Higden, dit à peu près la même chose, comme d'ailleurs le savant Alexandre Neckam, prêtre né à Saint-Albans en 1157, qui devint professeur à Paris aux environs de 1180 et qui mourut en 1217. Dans son *De Natura Rerum,* il se livre à une description précise de la fontaine : « On assure qu'il y a une fontaine dont l'eau, lorsqu'on l'a puisée et qu'on la projette sur une pierre voisine de cette fontaine, fait survenir une tempête de cette pierre même. Il est certain qu'il survient de la pluie avec de la grêle et un vent violent. Mais la cause de cette tempête, qui se chargerait de la déterminer ?[1] ».

Au début du XIIIe siècle, le poète et chroniqueur du Léon, Guillaume le Breton (1165-1226), chapelain du roi Philippe Auguste et auteur d'un récit épique, *la Philippide,* fournit d'abondants détails sur Brocéliande et « le prodige merveilleux de la fontaine de Bréceil. Que de son eau on vienne à répandre, tant soit peu, sur la pierre qui gît à côté, incontinent l'air se

---

1. A. Neckam, *De Natura Rerum,* II, chap. 7.

condense en épais nuages chargés de grêle, il est contraint de mugir des éclats soudains de tonnerre et de s'épaissir en d'obscures ténèbres. Ceux qui sont présents et qui tout à l'heure demandaient à être témoins du phénomène, aimeraient mieux déjà qu'il leur restât inconnu comme auparavant, tant leur âme est saisie de stupeur, tant l'extase paralyse leurs membres. Chose étonnante, assurément, vraie pourtant et constatée par bien des gens » (VI, 534 et suiv.). Il semblerait qu'à l'époque, personne ne doutait de la réalité du prodige, et que celui-ci était connu de tous les lettrés. La forme Bréceil est une abréviation de Brécilien, et cette Brécilien est nettement placée en Bretagne armoricaine. C'est ce qu'affirme, au milieu du XIIIe siècle, Vincent de Beauvais, dominicain qui fut professeur de théologie à l'Université de Paris : « Dans la Petite-Bretagne, on assure qu'il y a une fontaine telle que si l'eau en a été puisée et projetée sur la pierre qui est proche de cette fontaine, on voit la pluie se produire aussitôt en même temps que la grêle et un vent violent » (*Speculum Naturale*, V, 30).

On trouve bien d'autres références à Brocéliande et à la fontaine « qui fait pleuvoir » dans les textes littéraires ou encyclopédiques de cette période. Au milieu du XIIIe siècle, c'était une chose connue de toute l'Europe. Ainsi, dans une longue encyclopédie en vers, l'*Imago Mundi*, probablement de 1245, et dont l'auteur est peut-être le poète Gautier de Metz, on signale qu'« en Bretagne, se trouve une fontaine avec son perron, qui vente et tonne et pleut aussi quand on jette l'eau dessus ». Et la rédaction en prose de ce texte, qui date des mêmes années, ajoute un curieux détail : « En Bretagne, à ce qu'on dit, il y a une fontaine et un perron : quand on jette l'eau de cette fontaine sur le perron, il commence à pleuvoir, à venter et à tourner, avant de cesser d'un coup. A cet endroit, *il y avait une sorte de gens qui avaient queues par derrière* »[1]. Il est évident qu'on retrouve là le mythe de la forêt préhistorique peuplée d'êtres fantastiques. Il n'y a pas que le légendaire populaire oral breton à se nourrir de la forêt centrale d'Armorique : l'imaginaire de l'Europe médiévale y a cherché ses retraites les plus secrètes. Dans les romans de la Table Ronde, ces êtres fantastiques, mi-

1. *l'Image du Monde de maître Gossouin*, Lausanne-Paris, A.-O. Prior, 1913, VI, p. 134.

démons, mi-dieux, mais de toute façon d'allure diabolique, sont devenus des fées, et aussi des « hommes sauvages », des êtres en apparence frustes et gigantesques, mais qui ont le redoutable pouvoir de commander aux animaux sauvages. Dans son *Yvain*, Chrétien de Troyes nous en décrit un, qui se trouve non loin de la fontaine de Barenton. Certes, le prototype immédiat — et littéraire — est le *Merlinus Silvester*, le Merlin fou réfugié dans les bois, présenté par le clerc Geoffroy de Monmouth dans sa *Vie de Merlin*, mais l'archétype réel est à chercher dans la mythologie celtique la plus ancienne : les récits épiques et mythologiques de l'Irlande gaélique fourmillant de personnages de ce genre[1].

Un autre texte, qui appartient à l'abondante littérature arthurienne, et pourtant moins connu, *le Tournoiement Antéchrist*, du trouvère Huon de Méry, moine de Saint-Germain-des-Prés à Paris, apporte des éléments intéressants à cette idée de forêt « maudite » qui imprègne l'image de Brocéliande au XIIIe siècle. Ce long récit épique, qui fait souvent référence à Chrétien de Troyes, est en fait une vision tout à fait nouvelle du rôle que pouvait jouer Brocéliande non seulement dans l'imaginaire du moment, mais dans son exploitation religieuse, métaphysique et morale. De même que le thème païen du Graal est devenu le Calice rempli du « Précieux Sang », Brocéliande apparaît comme « forteresse infernale » où va se jouer le sort de l'univers en une bataille eschatologique du meilleur ton.

L'auteur prétend que, comme Robert Wace, il est allé lui-même en forêt de Brocéliande pour vérifier l'exactitude des faits merveilleux que l'on rapporte à propos de la fontaine magique. Il tombe bientôt sous le charme de la forêt, découvre lui-même la fontaine, le pin qui la surplombe, le perron de marbre et la coupe attachée à une chaîne. Il n'a pas plus tôt versé l'eau sur le perron que l'orage éclate. Dans le calme qui succède, arrive un chevalier « maure » qui le provoque en combat singulier, le bat et lui déclare qu'il est « Bras-de-Fer, chambellan de l'Antéchrist ». Il conduit alors le trouvère dans une vaste plaine où celui-ci est témoin d'un formidable « tournoiement » (tournoi), en réalité une bataille inexpiable, entre les fidèles de Satan et les puissances célestes. La bataille a lieu sur les Landes de

---

1. Voir J. Markale, l'*Épopée celtique d'Irlande*, Paris, Payot, 2e éd. 1978.

Concoret, près des ruines de Folle-Pensée, à peu de distance de la fontaine, dans ce qu'on appelle aujourd'hui les Landes de Lambrun[1]. Le trouvère signale, parmi les puissances qui combattent pour le Ciel, tous les chevaliers de la Table Ronde, conduits par le roi Arthur. Et ces chevaliers sont venus d'Irlande et de Cornwall en Brocéliande, nettement située en Armorique. L'origine irlandaise prêtée à certains chevaliers arthuriens n'est pas très courante, mais elle existe dans quelques textes tardifs dans leur rédaction mais reprenant des schémas archaïques : cela prouve en tout cas que Huon de Méry, comme beaucoup d'autres poètes de ce temps, avait parfaitement conscience du caractère *pan-celtique* des légendes intégrées dans le cycle arthurien.

Après cette riche période des XIIe et XIIIe siècles, la littérature arthurienne s'affaiblit. On se contente souvent d'adaptations et de transpositions. Mais certains textes présentent cependant des particularités. Ainsi en est-il d'une « chanson de geste », celle de *Brun de la Montagne*. Le manuscrit qui a transmis ce récit est incomplet, mais on apprend que Brun est le fils du brave prince Butor de la Montagne, dont le château est précisément sur les Landes de Lambrun. Il conduit son fils tout jeune à la fontaine des fées, au milieu de la forêt de « Bersillant ». Là, il est *voué* par trois Dames Blanches, autrement dit des fées. Des deux premières, il a beauté et vaillance, mais de la troisième malchance et amour malheureux. Cependant l'une des fées lui place au doigt un anneau de protection et l'élève comme son fils jusqu'à l'âge de quinze ans. Ici, on sent que l'auteur s'est fortement inspiré de la version primitive de la légende de Lancelot du Lac, telle qu'elle a été présentée par l'Allemand Ulrich von Zatzikhoven, et non pas dans le récit français de ce qu'on appelle la «Vulgate Lancelot-Graal ». Tout y est, moins l'enlèvement systématique de l'enfant par la « fée des eaux », mais la protectrice féerique de Brun ressemble cependant à s'y méprendre à Viviane, la « Dame du Lac », et elle agit avec Brun comme Viviane agissait avec Lancelot[2]. Donc, à l'âge de quinze ans, elle envoie

1. L'une des versions du très beau conte populaire *le Taureau bleu*, version que j'ai moi-même entendue et reproduite *(Contes populaires de toutes les Bretagne*, Rennes, Ouest-France, 1977), localise dans ces mêmes Landes de Lambrun un combat fantastique entre le Taureau bleu (symbole des forces positives) et d'affreux animaux diaboliques qui jaillissent d'un bois dont la traversée est dangereuse parce qu'initiatique.

2. J. Markale, *la Tradition celtique en Bretagne armoricaine*, pp. 109-132.

Brun à la recherche des aventures. Il arrive auprès de la Fontaine de Barenton et rencontre le « roi des fées » (qui a toutes les caractéristiques de Merlin), lequel l'adjure de se conduire comme un loyal chevalier. Mêlé aux aventures des chevaliers d'Arthur, et appelant à son aide le roi des fées, il parvient à une mystérieuse forteresse, une demeure magique qui porte le nom de *Tour Ferrée*, qui est qualifiée de « muable manoir », ou de « fol manoir » (thème bien connu du château tournoyant ou du château invisible, comme celui où Viviane retient Merlin). On apprend aussi que cette Tour Ferrée est le domaine de Morgue, autrement dit la fée Morgane, la « cousine » du roi Arthur. on voit tout de suite que cet épisode s'inspire du thème du Val sans Retour. En tout cas, c'est là que Brun rencontre celle dont il tombe amoureux : malheureusement, le récit s'achève sur cette rencontre.

Il est également question de Brocéliande, toujours nettement située en Petite-Bretagne, dans le roman de *Claris et Laris*, écrit aux environs de 1268 par un poète anonyme probablement originaire des bords de la Moselle. Les personnages sont presque tous empruntés au cycle arthurien. On y apprend que la « haute forêt » de Brocéliande est « belle et vaste, très large et merveilleuse ». Elle est aussi « fière, épaisse, remplie de merveilles, de périls et d'aventures : pas une autre ne lui ressemble ». Et puis, elle est « fréquentée par les fées, c'est une forêt qui fait peur ». De fait, les aventures racontées dans le texte sont innombrables et souvent fantastiques, et l'enchanteur Merlin y participe largement.

Mais c'est le dernier — ou l'un des derniers — texte arthurien, le *Roman de Ponthus*, qui est certainement le plus intéressant. A vrai dire, on ignore l'origine exacte du récit, même si celui-ci a été mis en relief, à partir du début du XVᵉ siècle, par la famille de Laval, héritière des domaines des Gaël-Montfort. Il est vraisemblable que la structure de l'aventure existait auparavant et constituait un de ces mutliples épisodes ajoutés après coups au corpus des légendes arthuriennes. Comme il existe un Ponthus de la Tour Landri, on a pu prétendre que ce récit avait été fabriqué pour le compte de la famille de la Tour Landri, désireuse d'asseoir sa renommée sur des origines héroïques, épiques et mythologiques. Mais le nom de Ponthus étant tellement proche de celui de Paimpont, il vaut mieux croire que le roman dit de Ponthus a été écrit pour mettre en valeur une des possessions de la famille propriétaire de la forêt. Quoi qu'il en soit, les aventures du chevalier Ponthus et de la belle Sydoine ont été célèbres en Europe pendant toute la fin du Moyen Age. François Villon la cite dans *Ballade des Dames du temps jadis :* « Dame Sydoine, blanche, tendre, polie et atteintée ». Quant à la famille angevine de la Tour-Landri, elle fit faire à un auteur (qui est peut-être le même que celui du *Roman de Ponthus)* un livre d'instruction rempli d'histoires et d'*exempla*, à l'usage de ses enfants. On a même dit que l'auteur de ce *Livre du Chevalier de la Tour-Landri*, et du *Roman de Ponthus*, était un des membres de la famille, Geoffroy de la Tour-Landri, qui mourut en 1390. Mais ce ne sont là qu'hypothèses.

L'histoire commence avec la conquête de la Galice, en Espagne, par Brodas, frère du roi de Babylone, et la fuite de Ponthus, avec treize compagnons, vers la France. Mais le bateau qui transporte Ponthus et les siens sombre sur les côtes de Petite-Bretagne, vers le golfe du Morbihan. Ils sont accueillis par Huguell (Hoël ou Howel), roi de Vannes, et combattent victorieusement une armée de Sarrasins qui tentaient d'envahir le pays. Cependant, Ponthus est amoureux de la belle Sydoine, fille du roi, et il est sur le point de l'épouser, quand il est calomnié par un rival et obligé de quitter la cour. Il se réfugie dans la forêt de *Berthelien* ou *Brucellien*, en un château autrefois appelé *Bellanton* ou *Beranton*, mais maintenant *Ponthus*. Ayant fait savoir que, chaque jeudi, il se battrait en combat singulier, contre tous ceux qui accepteraient son défi, au lieu dit *Champ clos des Tournois*, il réussit à vaincre cinquante chevaliers qu'il envoie les uns après les autres se constituer prisonniers auprès de la belle Sydoine. Celle-ci finit par se laisser convaincre de l'honnêteté de Ponthus et elle l'épouse. Après la mort du roi de Vannes, Ponthus — qui a fait de Paimpont sa capitale, bien entendu ! — et Sydoine règnent à la fois sur la Petite-Bretagne et la Galice. Voilà l'équivalent du royaume double de Domnonée au nord, et l'introduction de la Galice, pays où l'influence bretonne est incontestable, dans l'univers légendaire celtique.

Ce qui est intéressant, dans ce *Roman de Ponthus,* ce sont les références précises à des lieux. Si l'on regarde une carte actuelle détaillée de la forêt, on peut reconnaître certains noms, même orthographiés différemment. Il y a bien le « Camp du Tournoi », près de Barenton, d'ailleurs bien visible sous la végétation. Il y a des ruines près du hêtre dit de Ponthus, là où devait s'élever la forteresse primitive des seigneurs de Gaël-Montfort avant d'être transférée au bas du versant nord de la forêt, au Rox. Non loin de Barenton, toujours, apparaissent les restes d'un ancien jardin, et l'endroit s'appelle « Jardin de Joie », « Jardin d'Amour », ou encore « Jardin de Ponthus », et la tradition y associe aussi bien Ponthus que Viviane et Merlin. Plus près de la fontaine elle-même, on retrouve des traces de constructions, et le lieu est connu comme « le Couvent de Moinet ». Plus loin, c'est le « Paradis », appellation de plusieurs champs, dont certains autres se nomment « Enfer », « Purgatoire », « Champ des Moines ». Tout cela fait référence à la fois à la légende de Ponthus, à celle racontée dans le *Tournoiement Antéchrist,* et à l'histoire bien réelle d'Éon de l'Étoile, au XIIe siècle. Dans le *Roman de Ponthus,* il est bien question de la fontaine de *Bellacion,* qui est aussi la « fontaine des merveilles ». Et, dans la forêt, se trouve « un prieuré qui est presque à côté ». C'est celui où résida Éon de l'Étoile.

Car Éon de l'Étoile est un personnage parfaitement historique, même si un brouillard légendaire recouvre sa réalité profonde. C'est le milieu du XIIe siècle. Et c'est aussi un moment essentiel pour expliquer l'histoire de Brocéliande, car les retombées « radioactives » émanant de ce personnage sont loin d'avoir été et d'être encore sans effets. Peut-être l'*aura* de Brocéliande s'explique-t-elle tout entière à travers ce moine qu'on classe parfois comme hérésiarque, parfois comme dément, parfois comme prophète inspiré.

Les documents concernant Éon de l'Étoile sont nombreux, mais ils se réfèrent tous à la même source originelle, deux contemporains certes, mais qui, malheureusement, étant des ecclésiastiques bon teint, ont tendance à le minimiser ou à le ridiculiser, de toute façon en éliminant les véritables données du problème qu'il soulève. Ces deux contemporains, ce sont Otto, évêque de Freising (1114-1158) et Guillaume de Neubourg (William of Newburgh), célèbre chroniqueur de l'époque, originaire du Yorkshire. Guillaume de Neubourg s'était attaché à collecter tous les faits, surtout les plus étranges, qui s'étaient produits à l'époque dans les territoires soumis à l'influence des Plantagenêts. Grâce à lui, nous disposons d'une abondante source d'informations sur tous les sujets, et qui se révèlent particulièrement importantes. Quant à Otto de Freising, avant de devenir évêque, il avait été moine cistercien à l'abbaye de Morimuna, près de Langres, notamment en 1148, date du procès d'Éon de l'Étoile devant le concile de Reims : il a été très bien informé des détails de l'affaire, même s'il ne les révèle pas dans leur totalité.

Éon de l'Étoile se nommait Eudon d'Argentré. Il appartenait à une noble famille de Loudéac, aux limites de Brocéliande. Selon Otto de Freising, c'était un homme de petite éducation (*paene laicus*), un clerc mineur, fréquentant les églises, mais *rusticanus et illiteratus*, c'est-à-dire « rustre et illettré ». On lui reproche d'avoir fondé une secte hérétique alors qu'il était prieur du couvent de Moinet, près de Barenton, prieuré dépendant de l'abbaye de Paimpont, et d'avoir entraîné ses disciples non seulement dans des divagations théologiques et liturgiques, mais dans un véritable banditisme : avec ses hommes, il pillait les églises, les monastères et les châteaux regorgeant de richesses, mais (même de l'avis de ses ennemis) distribuait une grande partie de celles-ci aux pauvres. Et surtout, on l'accusait de pratiquer la magie. La cause, selon ces témoignages contemporains, en était sa folie. Otto de Freising et Guillaume de Neubourg affirment tous deux que l'hérésie d'Éon (diminutif d'Eudon) résultait d'une phrase liturgique en latin trop entendue par lui et qui l'avait littéralement obsédé. Cette phrase, que certains auteurs s'obstinent à affirmer comme faisant partie du rituel de la messe, est en fait une formule prononcée au moment des exorcismes, et tout particulièrement pendant la veillée pascale, lors de la bénédiction du feu et de l'eau. La voici : « Per Eum qui venturus est judicare vivos et mortuos et saeculum per ignem (Par Celui qui viendra juger les vivants et les morts et le siècle par le feu). »

Or, au Moyen Age, *eum* se prononçait *éon.* La phrase aurait donc revêtu pour Éon le sens : « Par Éon qui viendra juger les vivants et les morts... » D'où cet esprit faible et malade aurait conclu qu'il était lui-même Dieu, descendu sur terre pour être le grand juge des hommes. Étant fort bon orateur, et quelque peu hypnotiseur, il aurait ainsi persuadé ses compagnons qu'il était le Christ réincarné pour accomplir les Écritures, mais jusqu'à l'eschatologie.

Il est évident que cette explication, inventée de toutes pièces par les prêtres de l'époque, et destinée à effacer toute retombée possible d'un *fou* sur le comportement religieux des masses, ne tient pas un seul instant debout quand on regarde les faits eux-mêmes. La folie douce d'Éon aurait-elle été suffisante pour entraîner des disciples aussi convaincus que l'étaient les siens, et qui, pour la presque totalité, se sont laissés brûler sur le bûcher plutôt que de renier leur prophète ? L'appât du gain obtenu par les pillages répétés accomplis par Éon et ses compagnons aurait-il justifié cette obstination avec laquelle lui-même au concile de Reims, ses disciples devant les inquisiteurs, ont défendu des idées *métaphysiques et cosmogoniques ?* De la même façon qu'on a cherché à déconsidérer les Cathares en insistant sur leur soi-disant laxisme moral et en les traitant *abusivement* de « manichéens » et de « dualistes », on a cherché à étouffer l'éonisme en en faisant un incident de parcours au milieu des diverses hérésies de l'époque. *Mais curieusement, aucun commentateur, même actuel, n'a osé mettre en parallèle le nom d'Éon et les fameux EONS des Gnostiques.* Il semble pourtant que c'est dans cette direction qu'il faudrait orienter les recherches si l'on veut comprendre que cette soi-disant « hérésie », en fait simple « courant de pensée », fait partie d'un ensemble et qu'elle est liée à d'autres systèmes dits hérétiques, comme celui prêché par le mystérieux Henri du Mans, et surtout celui d'Arno de Brescia, pour ne pas parler du catharisme lui-même...[1].

Il faut donc reprendre l'histoire d'Éon de l'Étoile dans ses grandes lignes, d'après l'*Histoire de Bretagne* de Bertrand d'Argentré qui condense les différentes sources d'information. « En ce même temps de l'an mil cent quarante-huit,... fut un nommé Éon,... noble de bonne maison et de bons parents, surnommé de l'Étoile[2], lequel était natif des environs de la forêt de Loudéac et se tenait ermite en la forêt de Brocéliande. Il fut pris du cerveau et se disait être le fils de Dieu, et celui même par l'invocation duquel se finissent toutes les périodes et oraisons que fait l'Église et les exorcismes quand on dit : *Per Eum*

1. On peut trouver des détails et une bibliographie sur ce sujet des hérésies contemporaines d'Éon de l'Étoile dans Arno Borst, *les Cathares*, Paris, Payot, 1974, pp. 65-86. Voir également Norman Cohn, *the Pursuit of Millenium*, Londres, 1962, chap. 2.

2. L'an 1148, une comète — celle de Halley — apparut dans le ciel et impressionna durablement les contemporains. Il est vraisemblable de penser que c'est à cela qu'Éon dut son surnom.

qui venturus est judicare vivos et mortuos, ou *per Eum qui vivit et regnat.* Son propre nom était Eudon, que les Bretons par contraction disent « éon ». Et il prétendait qu'il était cet Éon (Eum)-là. C'était certes un homme illettré puisqu'il ne comprenait pas la différence de l'écriture de Éon et de Eum. Cela lui donna l'occasion de chercher parmi les saintes paroles » (Bertrand d'Argentré, *Histoire de Bretagne,* chap. LI).

D'autres textes précisent bien qu'Éon se trouvait au prieuré de Moinet, à proximité immédiate de la Fontaine de Barenton, lorsqu'il fut pris de cette « folie », nous dirions aujourd'hui de cette « paranoïa ». Il est quand même étrange de constater que la Fontaine de Barenton a une eau qui passe pour guérir les maladies mentales, et aussi qu'à ce lieu est attaché le mythe de Merlin, le « fou du bois », mais aussi le prophète inspiré, le magicien manipulateur, l'enchanteur au sens noble du terme, et par conséquent image du démiurge, comme pouvaient l'être les Éons du gnosticisme, dont Jésus était le plus brillant représentant. La volonté délibérée de faire passer Éon de l'Étoile pour un illettré parce qu'il ne fait pas la différence entre l'écrit et le parlé ne tient pas, d'ailleurs : les magiciens ont toujours joué sur les mots, et, pour les Druides notamment, le mot n'a aucune valeur s'il n'est pas prononcé. Encore faut-il savoir le prononcer d'une certaine façon, en émettant *certaines* vibrations, puisque tout réside dans le *Verbum,* parole primordiale qui crée l'univers et tous ceux qui s'y trouvent par la vibration sonore émise. C'est le principe même de la magie opératoire, de quelque obédience qu'elle soit, à quelque tradition qu'elle se rattache, et quel que soit le but (polarité positive ou négative) recherché par l'opérateur. Le moindre sorcier de village le sait.

« Il était purement forcené et surpris du mauvais esprit. Il s'était étonné de lui-même, disant que ce serait lui qui viendrait juger les vivants et les morts. Ainsi faisait-il, par la communication du mauvais esprit trompeur, beaucoup de choses admirables et en avait tant perverti d'hommes qui le suivaient qu'il en était devenu redoutable et malaisé à mettre à la raison... »

Le Moyen Age a vu le Diable partout où il n'y avait pas d'explication rationnelle. Cela dit, les témoignages contemporains sur Éon font état d'une certaine admiration qu'on n'ose pas affirmer mais qui dénote que le personnage a dû passablement intriguer, envoûter même ceux qui l'ont connu. Or ceux qui l'ont connu sont très nombreux, et, pendant longtemps, on l'a laissé agir à sa guise. Était-il donc aussi redoutable qu'on veut le laisser croire ? Lorsqu'il fut arrêté, après avoir bénéficié auparavant d'une grande tolérance, semble-t-il, il n'a opposé aucune résistance et s'est contenté d'affirmer solennellement ses croyances. Pourtant, les témoignages sont accablants quant à sa « magie » :

« Il se transportait de place en autre si soudainement qu'il était aisé à voir que le Diable le portait, et se montrait en divers lieux inhabités parmi des fosses de terre : et alors, ses parents ou les hommes de marque le venaient voir. Il montrait une circonstance[1] autour de lui d'une clarté extraordinaire et inaccoutumée, tellement que ceux qui l'approchaient, voyant cette fantastique gloire, s'en éprenaient et venaient à sa suite, gagnés de cette apparence. Ses suivants vivaient sans souci, bien en ordre, bien habillés, toujours banquetant, avec tous les plaisirs qu'on pouvait souhaiter. Ceux qui le visitaient, assis à sa table, étaient servis en un instant, comme à la table du Soleil, en Afrique, de viandes exquises et délicates au possible, et en prenaient avec goût, mais à la moindre haleine, ils se sentaient si creux et affamés que jamais, ce qui est une magie très ancienne... Mais qui avait goûté du pain et du calice d'Éon, il était incontinent sien et gagné. »

Tous les chroniqueurs sont d'accord sur le fait que la plupart de ceux qui assistaient aux « miracles » (*miracula*, « choses merveilleuses et impossibles à expliquer ») d'Éon étaient littéralement *envoûtés* et devenaient ses compagnons. Il y a quelques voix discordantes, d'après ce que dit Dom Lobineau *(Histoire de Bretagne*, 1, 150) : « Mais on n'ajoute pas beaucoup de foi maintenant (vers 1750) aux accusations de sortilège et de magie, et s'il est vrai que rien ne manquait à l'ambitieux Éon et à ceux de sa secte, c'est qu'ils vivaient de brigandage, qu'il pillait avec eux les églises, les monastères, et puis se retirait dans les forêts où il prenait plaisir à se parer des dépouilles du sanctuaire aux yeux des siens et des étrangers ». Cette réflexion bien digne du Siècle des Lumières, et qui, somme toute, est très voltairienne, apparaît cependant en contradiction avec tous les témoignages : lorsqu'ils sortaient de table, les invités d'Éon se sentaient le ventre creux. C'est donc qu'ils *avaient cru* manger, et non pas mangé

1. Sorte de halo lumineux. Il semble bien que ce récit de Bertrand d'Argentré fasse état de la vision qu'ont pu avoir certaines personnes de l'*aura* de ce personnage assez exceptionnel.

réellement des mets matériels. Là réside le problème d'Éon lorsqu'on essaie de considérer objectivement le personnage. On serait tenté de dire qu'Éon était un illusionniste d'un talent remarquable. Car, enfin, il n'y a pas de fumée sans feu : il est certain qu'Éon se livrait à des tours[1], que ceux-ci fussent de magie ou d'hypnotisme, comme il est certain qu'il avait acquis de grandes richesses, lesquelles d'ailleurs il partageait avec ses compagnons et avec les pauvres des environs.

Mais il y a quelque chose de plus curieux encore dans ce témoignage : le don d'ubiquité qui est attribué à Éon de l'Étoile, ce qui le fait évidemment mettre en parallèle avec le Merlin tel qu'il est décrit dans les romans de la Table Ronde. Et quelles sont ces « fosses » en terre ? A quoi correspondent-elles réellement ? Peut-être faut-il y voir une résurgence de techniques sacrificielles druidiques consistant en des séances d'initiation par fumigation dans des fosses creusées dans la terre, et que l'on a sottement prises pour des sacrifices humains[2]. Mais alors, Éon est-il un « druide », tout au moins un héritier lointain des druides, ou bien un moine chrétien hérétique ? Autant de questions auxquelles il est difficile de répondre : encore une fois, il est nécessaire d'insister sur le caractère tendancieux de tous les témoignages concernant Éon de l'Étoile, puisqu'ils ont tous été rédigés par ses ennemis.

De plus, la description des festins donnés par Éon de l'Étoile offre quelque chose de remarquable. En effet, elle ressemble étonnamment à la description du Festin du Graal, tel que nous le lirons plus tard, non pas tant chez Chrétien de Troyes que chez ses continuateurs. Là aussi, les convives trouvant à leur place les mets les plus choisis et les plus délicats qu'ils puissent désirer, et ceux-ci apparaissent comme par enchantement. On nous dit bien que c'est le Graal qui fournit cette nourriture, mais cela n'explique rien. Quant à la lumière surnaturelle qui entoure Éon, elle a bien des points communs avec la lumière qui entoure le Graal à sa première apparition littéraire, dans le *Perceval* de Chrétien de Troyes cette fois-ci. Ce ne sont peut-être que des coïncidences, mais comment se fait-il que quelques années seu-

1. Dans les campagnes bretonnes, on dit encore fréquemment que les prêtres — qui ont la « connaissance », qui savent « lire » — pratiquent souvent des *tours de physique*, c'est-à-dire de magie opératoire.

2. Voir J. Markale, *le Druidisme*, Paris, Payot, 2e éd. 1988, pp. 187-193.

lement séparent l'histoire d'Éon de l'Étoile et les romans qui traitent du « saint » Graal ? Et surtout, comment se fait-il qu'on ait précisément placé — même si c'est d'une manière savante et artificielle — le cadre de cette recherche du Graal par les chevaliers d'Arthur dans cette forêt de Brocéliande, non loin de la Fontaine de Barenton ? Il n'y a pas de réponses satisfaisantes à ces questions. Il faut également se souvenir que la Fontaine de Barenton est sous le vocable d'une entité divine de nature solaire, ou tout au moins lumineuse, puisque c'est la « clairière sacrée de Belenos, le « Brillant » ». Alors, que peut-on penser de cette appréciation de Bertrand d'Argentré, lequel ne fait que citer des chroniqueurs plus anciens : « comme à la table du Soleil en Afrique » ? Les souvenirs de la tradition druidique ne semblent pas étrangers à la fabuleuse mais authentique histoire d'Éon de l'Étoile. Mais la liste des merveilles qui lui sont attribuées n'est pas close :

« Un jour, un des siens vint le voir pour essayer de le ramener à la vraie religion, mais il lui montra des richesses et de l'argent monnayé plus que deux rois n'en eussent fourni, lui offrant de prendre ce qu'il voudrait. Mais c'était illusion diabolique. Un gentilhomme de la suite de l'autre fut présent, lequel voyant un bel épervier à l'un des suivants de ce prophète, le demanda ; et celui-ci le lui ayant donné, comme il suivait son maître, cet épervier lui serra si fort la main que son maître lui commanda de le jeter bas. Mais il ne le put, et l'épervier s'envola, tenant son homme pendu par le poing, et jamais personne le revit. »

Il faut, dans ces textes, faire la part de l'imagination et celle de la propagande cléricale anti-éoniste. Mais, au XIIe siècle, de telles manifestations, avant d'être analysées et classées comme illusions de l'esprit, sont nécessairement dues à une intervention de nature diabolique. L'image de l'Antéchrist n'est d'ailleurs pas loin, ce qui n'est pas sans faire penser au *Tournoiement Antéchrist*, ce poème qu'écrivit à la même époque le trouvère Huon de Méry. Il y a là encore plus qu'une simple coïncidence. « Il avait des serviteurs qu'il disait être ses anges et apôtres, et il leur donnait des noms, à l'un Sapience, à l'autre Science, à l'autre Jugement... Et il les avait si bien confirmés en son erreur que, même devant le feu, pas un ne le reniait, mais au contraire, ils le glorifiaient... Il en fut pris un prisonnier qui était celui qui s'appelait Jugement ; lequel étant condamné au feu, comme on le menait exécuter, menaçait de la colère et vengeance de Dieu ceux qui le tenaient, et plusieurs en le menant, il disait : « ô Terre, fends-toi ! » comme si la terre eût dû s'ouvrir au commandement de ce monstre et engloutir ceux qui le tenaient, tant étaient profondément surpris et persuadés des mauvais esprits, qui les laissaient toutefois au besoin, les ayant menés au dernier pas. »

On comprend la description de Huon de Méry qui place la bataille eschatologique entre les puissance des Ténèbres et celles de la Lumière sur les Landes de Lambrun, tout près de la Fontaine de Barenton et du prieuré de Moinet. On comprend également l'appellation « Enfer » donnée à des champs situés à proximité immédiate. Mais on ne peut pas prétendre que les compagnons d'Éon de l'Étoile n'aient suivi celui-ci que pour des raisons matérielles. S'il leur prodiguait en abondance des richesses et une vie facile, et seulement cela, ils n'auraient pas manqué de se repentir et de le renier au moment de mourir, ne fût-ce que pour échapper à un sort tragique. Or, tout au contraire, les disciples d'Éon lui sont restés fidèles jusqu'à la mort. Il devait donc y avoir des raisons profondes, mystérieuses et incontestablement d'ordre mystique, pour que ces gens-là fussent si déterminés et fanatiques dans leurs convictions. Ce fait seulement témoigne contre la « folie » alléguée comme cause de l'hérésie d'Éon de l'Étoile.

De plus, les fidèles d'Éon étaient extrêmement nombreux, et il semble bien que les idées éonistes se soient répandues au-delà de la forêt de Brocéliande. Certains chroniqueurs prétendent qu'elles envahirent tout le diocèse de Saint-Malo et qu'elles atteignirent même la Gascogne où de zélés disciples créèrent des communautés éonistes. Mais Éon lui-même résidait à Brocéliande. On prétend que, lorsqu'il était « moine de Saint-Augustin » (c'était l'ordre religieux de l'abbaye de Paimpont, au XIIe siècle), il avait été déplacé par ses supérieurs et qu'il en avait conçu un profond dépit. C'est pour cette raison qu'il « renonça à sa profession et se mit à dogmatiser ». Tout cela est bien confus. Il apparaît que ce sont les propres moines dont il était le prieur, à Moinet, qu'Éon entraîna dans son « hérésie ». De toute façon, les cibles favorites d'Éon et de ses compagnons, lorsqu'il entreprenait des expéditions, étaient les églises et les monastères. Il avait rassemblé autour de lui des gens de toutes les origines sociales, mais surtout des paysans, et ceux-ci devaient s'en donner à cœur joie en pillant les riches monastères et les opulentes demeures ecclésiastiques qui regorgeaient de tout ce que le clergé escroquait au bas peuple. Il y a là l'indice d'un soulèvement paysan fortement teinté d'anticléricalisme, et ce n'était pas nouveau au XIe siècle, puisque la plupart des mouvement dits hérétiques commençaient leur action soit en rossant les prêtres, soit en s'en débarrassant, physiquement ou symboliquement. Ces tentatives visaient toutes plus ou moins à nier l'importance du prêtre dans la relation entre l'Homme et Dieu, et c'est une tendance nettement héritée du pélagianisme, lui-même hérité des conceptions druidiques sur le Libre Arbitre absolu. Les Cathares eux non plus n'avaient pas de prêtres, puisque les « revêtus » n'étaient que des fidèles parvenus au stade de « parfaits » et capables, à ce titre, d'aider les autres. Il est évident que l'Église catholique romaine, si bien structurée et si bien organisée dans sa hiérarchie de prêtres, ne pouvait pas supporter bien longtemps des doctrines ou des sectes qui risquaient de faire trébucher l'ordre établi et les moyens d'existence des clercs. Éon de l'Étoile, après une période où il ne semble pas avoir été inquiété, va payer comme ont payé tous les fondateurs de sectes, au Moyen Age, qu'ils soient hérétiques ou non, sincères ou charlatans. On ne s'attaque pas impunément à l'ordre ecclésiastique.

« Par de tels moyens, cet Éon ne devint pas peu puissant, combattant, contredisant et répugnant tant qu'il pouvait le clergé, évêques et prélats, et il causait des ennuis même aux ducs. Finalement, comme le pape Eugène était venu en France, au concile de Reims où il présida, le bruit lui en parvint, la réputation d'Éon n'étant pas petite. Alors le pape commanda qu'il fût donné ordre par l'archevêque de Reims, lequel, au moyen du duc, le fit surprendre en Bretagne. Il fut amené au concile et en pleine compagnie interrogé, où l'on connut qu'il était fort ignorant des lettres mais qu'il avait de vraies communications avec les malins esprits qui l'abusaient ainsi que ses disciples, faisant apparaître toutes belles choses. Interrogé qui il était, il répondit : *Ego sum ille qui venturus est judicare vivos et mortuos et saeculum per ignem*. Le pape, l'interrogeant, lui aperçut un bâton à la main, qui lui sembla en la personne de cet homme avoir quelque signification[1] : il était fourchu sur le haut et avait quelques singularités. Il lui demanda ce que signifiait ce bâton. Il répondit que c'était une chose de grand mystère, que, quand il tenait le bâton la fourche en l'air, alors Dieu ne tenait plus que les deux parts du monde et lui tenait la troisième que Dieu lui abandonnait ; mais que s'il mettait la fourche vers la terre, alors il tenait les deux parts du monde et laissait la troisième à Dieu. Écoutant cette forcènerie, toute l'assemblée se mit à rire, et il ne fut jugé autrement que pris du cerveau. Mais de peur qu'il ne retournât comme auparavant séduire le peuple, il fut envoyé en une étroite prison... et depuis, ne vécut guère, mourant avec son sens. Aussi y eut-il de la peine à exterminer en Bretagne nombre infini de tels ermites venus de sa secte, qui s'étaient établis en la forêt de Brocéliande, Loudéac et autres. Il s'y tinrent si opiniâtrement qu'on eut du mal à les prendre, brûler, bannir et défaire... »

Cette relation de Bertrand d'Argentré, qui se contente d'ailleurs ici de reproduire des chroniques plus anciennes, pose de nombreuses questions. Il est surprenant de constater que les activités d'Éon n'ont été arrêtées que sur l'ordre du pape lui-même. Cet ordre semble exécuté immédiatement, ce qui prouve qu'on aurait pu procéder à la capture d'Éon auparavant si on l'avait voulu. Ensuite, Guillaume de Neubourg insiste sur le fait que la réputation d'Éon n'était « pas petite ». Comment se fait-il donc que l'on n'en ait guère parlé ailleurs que dans les chroniques de deux auteurs contemporains, et que l'on n'ait point ameuté l'opinion publique contre cette « abominable hérésie », comme on l'a fait pour beaucoup d'autres de la même espèce ? Il est tout aussi étonnant de voir qu'on amène en plein concile — tenu pour discuter de graves problèmes théologiques — un personnage que l'on tient pour un dément. C'est un honneur qu'on lui fait de l'entendre ainsi, au plus haut niveau de l'Église romaine. Beaucoup d'autres hérétiques se sont retrouvés devant de simples juges ecclésiastiques après être passés entre les mains des « questionneurs », le tout dans la plus grande discrétion. Et puis, pourquoi l'a-t-on seulement condamné à la prison ? Est-ce parce qu'on le considérait comme fou et qu'il avait eu la chance

1. De toute façon, il est prouvé que, du moins en Bretagne, les chanoines de Saint-Augustin, auxquels avait appartenu Éon de l'Étoile, étaient astreints à tenir un bâton à la main lorsqu'ils quittaient le monastère.

de faire rire l'assemblée ? Mais d'autres personnages, classés comme hérétiques et qui étaient d'authentiques aliénés, n'ont pas bénéficié de ces circonstances atténuantes. A moins de prétendre qu'Éon de l'Étoile a complétement mystifié la docte assemblée avec son histoire de bâton fourchu qui a tant fait rire les prélats[1].

Ce bâton fourchu est-il un objet magique, analogue à la baguette des fées et des enchanteurs, ou un instrument symbolique exprimant la puissance ? D'après la réponse d'Éon, ce serait plutôt un symbole de puissance. On doit signaler que le mot breton qui signifie « prêtre» , *beleg*, provient d'un latin *baculum*, « qui porte un bâton ». C'est une référence au bâton des augures romains, et la crosse des évêques et des abbés provient de la même fonction symbolique attribuée au bâton. De même un chef militaire a-t-il un bâton de commandement, et tous les saints légendaires de Bretagne font jaillir une source en frappant le sol de leur bâton : l'aspect phallique de l'objet est plus qu'évident, mais le fait que celui d'Éon soit fourchu lui donne une connotation quelque peu diabolique. On pourrait ainsi penser à l'ambiguïté des rapports entre la créature et le Créateur, sur la possibilité de partager la puissance temporelle et spirituelle avec un Dieu qui *n'est pas*, mais qui *devient*, comme c'est le cas dans la pensée druidique. Cela rappelle vaguement quelques positions doctrinales hérétiques ou jugées dangereuses par l'Église, comme celles de Jean Scot Érigène, un autre Celte qui professait le retour final des créatures en Dieu, quelle que soit leur vie et quels que soient leurs agissements, bons ou mauvais, thèse qui n'est certes pas contradictoire avec celle des Cathares qui croyaient à la réintégration des âmes dans le Royaume de Lumière. A moins qu'il ne s'agisse tout simplement du souvenir d'une divinité celtique que les Irlandais appelaient Dagda, représentée dans les récits gaéliques avec une massue : si le dieu frappait avec un bout de cette massue, il tuait ; s'il frappait avec l'autre bout, il ressuscitait. L'image est ici celle de la divinité

---

1. Il faut savoir qu'en Bretagne, le bâton fourchu est un objet magique de protection contre les esprits malins. Quand on passe la nuit sur des landes qu'on sait fréquentées par les korrigans, ces petits êtres de la nuit, il est bon de se munir d'un bâton fourchu : de cette façon, les korrigans ne peuvent rien entreprendre de maléfique contre l'intrus, et au contraire, ils peuvent le combler de cadeaux. Il faut également penser à la baguette de coudrier utilisée par les sourciers, mais qui semble avoir joué un rôle considérable dans le rituel druidique.

qui donne la vie et la prend. Cependant, la réponse d'Éon aux prélats du concile insiste sur l'aspect ternaire du bâton, ce qui est également conforme à la tradition celtique de la « triade » si communément incarnée dans le motif du *triskel*.

L'historienne anglaise Nora Chadwick résume ainsi l'histoire d'Éon de l'Étoile : « Une prétention à être le fils de Dieu ; une lutte de fait contre l'Église, sa hiérarchie, ses sanctuaires et monastères ; une sorte de communisme[1] ». Et elle ajoute : « Nous pouvons supposer que c'est cette dernière raison qui incita l'Église à agir contre lui avec sévérité ». Nous y voici : en plus d'une doctrine hérétique, l'expérience d'Éon était d'ordre social. Comme le dit Prosper Levot[2] : « Éon n'était rien moins que l'apôtre du communisme au Moyen Age ». En effet, la troupe qu'il avait constituée, la fidélité de ses compagnons, leur importance numérique, tout porte à croire qu'il s'agissait d'établir une sorte de société communautaire au sein de laquelle on se partageait les fruits de ce que l'on récupérait dans les monastères et chez les riches seigneurs. Les textes contemporains qui dénoncent les richesses accumulées par les ordres monastiques ne manquent pas, pas plus que la condamnation sans équivoque d'un manquement de ces ordres à l'esprit évangélique de pauvreté et d'égalitarisme.

D'ailleurs, le contexte de l'époque explique assez bien cela. On a trop tendance à présenter les XIIe et XIIIe siècles comme des moments d'équilibre et d'harmonie entre les préoccupations matérielles et les spéculations intellectuelles ou spirituelles. En fait, c'était une période de trouble à la fois psychologique et politique, déchirée par les rivalités d'une féodalité déjà en décadence, ébranlée par les premières croisades, marquée par l'essor ambigu de la caste des chevaliers, lesquels n'étaient pas, quoi qu'on en pense, membres d'une société de charité ou de philanthropie. Ces chevaliers étaient en effet bien plus occupés à tirer parti de leur situation privilégiée qu'à défendre l'Église, la veuve et les orphelins. Ils étaient trop souvent les principaux brigands des royaumes, duchés et comtés dans lesquels ils sévissaient. Vols, rapines, meurtres, ils pouvaient les accomplir en parfaite impunité puisqu'ils appartenaient à une caste sinon supérieure, du

1. Nora Chadwick, *Early Britanny*, Cardiff, 1969, p. 343.
2. Prosper Levot, *Biographie bretonne*, 1852, I, col. 676.

moins marginale, qui n'avait de comptes à rendre à aucune autorité réelle. Il n'est que de lire des romans de la Table Ronde pour se persuader de la muflerie, de l'égoïsme et du peu de scrupules des chevaliers qui traitent les paysans comme les esclaves et qui, au besoin, les tuent comme s'il s'agissait d'une engeance dont il est nécessaire de débarrasser le monde. Certains « exploits » de Lancelot du Lac sont très révélateurs de cet état d'esprit, mais il est vrai que nous avons une vision quelque peu romantique de la chevalerie et que nous nous cachons cet aspect négatif d'une institution qui, en théorie, devait apporter une solution aux problèmes de la société chrétienne médiévale. Dans ces conditions, quoi de plus normal que de voir les faibles s'organiser en bandes plus ou moins secrètes, se réfugier dans des forêts inaccessibles, de faire ce travail de récupération sur les profiteurs du moment, parmi lesquels les gens d'Église figuraient en bonne place ?

Étant donné son succès et sa réputation, et aussi les moyens mis en œuvre pour la faire disparaître, la secte d'Éon de l'Étoile était plus qu'une société secrète d'illuminés ou de naïfs. Même si Éon était lui-même un « magicien », cela ne suffisait pas à nourrir les membres de la communauté. Il fallait bien agir, et les accusations de brigandages apparaissent comme pleinement justifiées. Mais on remarquera que ces brigandages s'exerçaient exclusivement contre les riches et non contre les pauvres, ce qui n'était pas le cas pour les chevaliers qui pillaient les fermes quand bon leur semblait, et pour les gens d'Église qui pressuraient d'impôts ou de corvées les paysans les plus démunis. Il s'agit bien, dès lors, d'une sorte de communisme égalitaire, de société récupératrice et distributrice de richesse, à une période de foi intense, de cette foi qui permettait à ceux qui s'en prétendaient les dépositaires d'organiser le monde selon leurs désirs. Ainsi replacée dans son contexte social, l'aventure d'Éon de l'Étoile ne manque pas de s'éclairer d'un jour nouveau. Bien loin d'être un fou, ce qu'on s'est ingénié à faire croire, c'était plutôt un philosophe à la manière de Babeuf, de Proudhon et de Fourier, un de ces théoriciens de l'utopie qui, en dernier ressort, et plusieurs siècles après, métamorphosent les sociétés humaines.

D'autres questions se posent quant à la « magie » d'Éon de l'Étoile. Les témoignages sont trop concordants pour qu'on puisse croire à un simple prétexte pour le condamner. Il n'a d'ailleurs pas été condamné, mais *écarté*, *isolé*, parce qu'il était dangereux. Il a pratiqué une certaine forme de magie, mais laquelle ? On est bien obligé de recourir à des hypothèses.

Le point de départ est évidemment le druidisme. On sait que Brocéliande a été une terre d'asile pour les druides gaulois pourchassés par les autorités romaines, puis par les prêtres chrétiens. Officiellement, les druides, interdits d'enseignement, ont disparu lentement, faute de pouvoir transmettre leur doctrine et leurs rituels à des disciples compétents. Mais tout n'a peut-être pas été perdu de leur science ou de leurs pratiques, Prêtres, philosophes, diplomates, médecins, enseignants, les druides avaient *aussi* la réputation d'être des magiciens (*magi*), comparables à ces « hommes-médecine », ces chamans qui excercent encore aujourd'hui leur art dans certaines contrées restées fidèles aux cultes dits naturistes. Ce que nous savons des pratiques druidiques est peu de chose (ils n'écrivaient pas, refusant systématiquement l'écriture), mais si on compare les faits rapportés dans les vieilles épopées galloises et irlandaises à leur sujet, et ce que sont capables de réaliser les chamans contemporains, on ne peut manquer d'être surpris par de frappantes analogies. Selon toute vraisemblance, les druides possédaient le secret des plantes dites médicinales, qui sont la plupart du temps des poisons, et en particulier des plantes hallucinogènes dont ils se servaient abondamment. Ils pouvaient ainsi, comme les chamans, provoquer des rêves, endormir des sujets à volonté, réaliser de véritables tours d'illusionnisme et se servir de leurs pouvoirs hypnotiques pour susciter la mise en images des fantasmes les plus fous. Sinon, comment comprendre les épopées irlandaises (recueillies et transcrites par les premiers moines chrétiens) où l'on voit des druides se battant entre eux non pas *réellement* mais *fantastiquement*, à l'aide de prouesses impossibles, d'apparitions d'armées qui n'existent pas, de mises en mouvement de forêts entières, de métamorphoses d'aspect, avec un pouvoir contrôlé sur les éléments, l'eau, le feu, le vent, les orages ? Les batailles inexpiables décrites dans les anciens récits sont bien souvent des « combats magiques » provoqués par un état *d'extase*. Le tout est de réaliser cet état d'extase. Or il est impossible de croire que tous ces secrets ne soient perdus à jamais pour tout le monde. A quoi donc se réfèrent les sorciers de villages et autres guérisseurs qui pullulent à notre époque et que de plus en plus de gens viennent consulter, même s'ils n'y croient pas trop ?

Au XIIe siècle, le nombre de ces sorciers de villages devait être impressionnant. Et c'est aussi le siècle où l'on va commencer la rédaction des romans de la Table Ronde, plaçant les exploits des chevaliers arthuriens dans cette forêt de Brocéliande où magie, sorcellerie et féérie n'ont jamais été oubliées, et où se déroulent les événements étranges dont il est question dans l'histoire d'Éon de l'Étoile. Les chevaliers en quête du Saint-Graal rencontrent de surprenantes créatures, aussi bien des monstres, des animaux fantastiques que des « hommes du bois » ou des fées, dernières incarnations des déesses ou des prophétesses des temps du paganisme. Ces fées disposent de pouvoirs surnaturels et prodiguent à ceux qu'elles protègent le succès, à ceux qu'elles détestent, l'échec et même la mort. L'ambiguïté du destin se fait sentir. Et c'est aussi l'époque où va se constituer, à partir de thèmes d'origines différentes (l'enfant né sans père, l'enfant (*in-fans*) qui parle, l'Homme du bois, le maître des animaux sauvages, le fou inspiré, le démiurge, etc.), le personnage littéraire de Merlin l'Enchanteur, celui qui, pour l'amour de Viviane, non loin de la Fontaine de Barenton, fait apparaître un château merveilleux peuplé d'êtres fantastiques et doté de richesses inconnues jusqu'alors. Il y a quelque chose de commun entre l'aventure historique d'Éon de l'Étoile, avant 1148, et les prouesses magiques de l'enchanteur Merlin, après cette date, dans les récits des poètes, des conteurs et des romanciers, tous connaissant parfaitement Brocéliande et y situant avec précision les lieux où s'accomplissent les exploits et les prodiges.

Il est hors de propos de prétendre qu'Éon de l'Étoile était un druide, peut-être le dernier druide de Bretagne. Il ne pouvait pas l'être. Mais peut-être a-t-il eu accès à certains secrets gardés jalousement par une tradition orale transmise de génération en génération. Peut-être s'en est-il servi pour assurer sa réputation, pour appuyer son action, et pour finalement jouer les prophètes d'une nouvelle religion, une religion dont le but était d'obliger Dieu à partager le monde avec ses créatures. C'est en tout cas le sens profond de sa réponse au pape à propos de son bâton. Et cela n'est aucunement contradictoire avec les « paris contre Dieu » dont l'hagiographie irlandaise gratifie saint Patrick, le grand évangélisateur de l'Ile Verte, lequel avait été l'esclave d'un druide avant de devenir prêtre et évêque [1]. La différence essentielle entre la magie et la religion est que, dans le cas de la religion, on demande à Dieu d'exaucer les prières qu'on lui adresse, le dernier mot, restant à la divinité, libre d'accepter ou de refuser, et que, dans le cas de la magie, on oblige Dieu (ou toute autre puissance surnaturelle) à obéir aux ordres de la créature. La différence est loin d'être nette pour saint Patrick qui, pour obliger Dieu à l'exaucer, pratique une véritable grève de la faim, rejetant sur Dieu la responsabilité de sa mort éventuelle. Par contre, elle est nette pour Éon de l'Étoile.

Celui-ci, s'il est vrai qu'il a pratiqué certaines formes de magie — et tout porte à le croire —, a été un sorcier, un chaman, un homme doué de pouvoirs extraordinaires et incompréhensibles. En utilisant un langage (pour ne pas dire un jargon) pseudo-ésotérique, on pourrait prétendre qu'Éon de l'Étoile commandait aux *élémentaux*, ces entités spirituelles intermédiaires, bénéfiques ou maléfiques, qui servent, selon certaines théories, à relier le monde humain au monde divin, et que, dans la terminologie médiévale, on désigne sous les termes d'anges et de démons. Après tout, les magiciens de toutes catégories ne font que susciter l'intervention de ces esprits élémentaux. C'est bien ce que fait l'enchanteur Merlin dans les versions françaises et anglaises de sa légende.

Mais c'est alors qu'on retrouve la vieille notion gnostique des *éons*. On sait que la tendance qui s'affirme dans les diverses doctrines gnostiques, est celle du refus d'attribuer à Dieu la création du monde matériel, cause première de l'existence du Mal : d'où les rapports constants des conceptions gnostiques et de la métaphysique manichéenne, conduisant au catharisme. Sans aller jusque-là, il faut souligner que pour les Gnostiques, un monde intermédiaire devait obligatoirement exister entre le monde immatériel, séjour du Dieu bon — séjour qui ressemblait au monde des archétypes de Platon —, et le monde matériel, sensible, *relatif*, œuvre imparfaite de Satan, lequel, étant imparfait, ne pouvait produire que de l'imparfait, tandis que Dieu, parfait, ne pouvait créer que le parfait. Et, pour les Gnostiques,ce monde intermédiaire était peuplé *d'éons*, c'est-à-dire d'entités qui participaient à la fois de la nature divine et de la nature

1. A ce sujet, voir J. Markale, *le Christianisme celtique,* déjà cité.

humaine, des demi-dieux en quelque sorte. Et les Gnostiques prétendaient que Jésus-Christ était lui-même un de ces éons, ce qui évidemment constituait une proposition hérétique, mais remettait en honneur l'antique concept de *démiurge*, c'est-à-dire d'opérateur de la volonté divine absolue dans le monde des relativités. Au XIIe siècle, les doctrines gnostiques étaient largement répandues et commentées, au sein même de la société intellectuelle chrétienne. Le catharisme en reste la preuve. Et *il n'est pas pensable que, vu son nom, Éon de l'Étoile n'ait pas eu la volonté ou simplement l'idée d'être un éon de type gnostique*. Ainsi s'expliquerait son insistance à se prétendre le « seigneur », le « juge », le « modérateur » qui a puissance sur les êtres humains et qui, dans une certaine mesure, partage avec Dieu le pouvoir que celui-ci peut lui déléguer.

Il est malheureusement impossible de conclure sur le problème posé par Éon de l'Étoile. Nous ne connaissons rien de sa doctrine. Sans doute contenait-elle des éléments empruntés au druidisme, ou à ce qu'il en restait. Mais on peut être sûr que son « hérésie » s'incrit dans le courant gnostique si vivace à cette époque, et qui tendait à réapparaître sous des formes multiples. Il n'est donc pas interdit de penser qu'Éon de l'Étoile s'est pris pour un de ces *éons* de la pensée gnostique et qu'il a agi en *éon*. Cela justifierait son attitude, celle de ses disciples, et aussi la réaction de ceux qui l'ont éliminé.

Ainsi, le XIIe siècle a été, pour Brocéliande, la période essentielle pour son renom à travers l'Europe : la littérature s'est nourrie de ses sites et des légendes qu'on y avait implantées. L'histoire assez exceptionnelle d'Éon de l'Étoile a pu servir de détonateur et réveiller le fonds inconscient qui perdurait sous la christianisation apparente. Brocéliande était devenue cette forêt mystérieuse, féerique et magique où l'on risquait à chaque fois de se trouver en présence d'êtres surnaturels, ou tout au moins doués de pouvoirs surnaturels.

Mais l'histoire de la forêt proprement dite continuait, même si la région n'avait plus le rôle essentiel qu'elle avait joué au temps de la Domnonée et de la fondation du royaume de Bretagne. Les Plantagenêts avaient beau insister sur le fait que Brocéliande était le lieu privilégié des rencontres entre le passé (Arthur) et la dynastie régnante, le pays s'endormait doucement dans une Europe féodale qui cherchait sa voie à travers de multiples soubressauts. Le fondateur de la seigneurie de Gaël-Montfort et premier introducteur des légendes arthuriennes, Raoul (Ranulf), était mort en Terre Sainte, en 1099, au siège de Nicée. Dans son aventure anglaise, Raoul de Gaël avait été accompagné par Hervé de Lohéac, qui possédait certains territoires à travers la forêt, et qui bâtit la forteresse de Comper sur l'emplacement d'un *castellum* pré-romain, et pour qui fut démembrée une partie de la vicomté de Rennes. La famille de Lohéac fut unie à celle de Gaël-Montfort en 1351, et plus tard, l'ensemble des domaines de Brocéliande passa à la famille de Laval, à partir de 1406. Et il est bien précisé dans les actes que la seigneurie de *Brescilien* leur appartient de droit. Pendant la guerre de succession de Bretagne, on ne sait pas très bien à quel parti cette famille se rattacha. Cependant, Brocéliande a joué un rôle prépondérant en 1352, aux pires moments de la lutte entre les partisans de Jean de Montfort et ceux de Charles de Blois pour s'assurer la suprématie sur la péninsule. Il s'agit en effet de la bataille de Mauron, le 14 août 1352, bataille dont les manuels français ne parlent guère puisqu'elle s'est terminée par une écrasante défaite de l'armée soutenue par les Français de Charles V.

Les troupes de Charles de Blois, dirigées par Guy de Nesle d'Offémont, maréchal de France, envoyé spécial du roi, avec comme chefs principaux Beaumanoir, l'un des héros du combat des Trente, Tinténiac, lui aussi rescapé des Trente, et les seigneurs de Rieux et de Rohan, occupent la place de Mauron qui est une position statégique importante en plein cœur de la Bretagne. C'est en effet un relais-carrefour sur la route de Rennes à Carhaix, à la rencontre de celle de Vannes à Dinan, et un poste avancé du système de défense de Rennes, du côté de l'ouest. Cela suppose d'ailleurs que les Gaël-Montfort, dont il n'est pas question dans cette affaire, étaient sinon les alliés de Charles de Blois, du moins des sympathisants. Bien entendu, les partisans de Jean de Montfort, qui tenaient solidement Ploërmel, brûlaient du désir de s'emparer du château de Mauron, mais ils étaient moins nombreux que les partisans de Charles de Blois. Leurs chefs étaient Tanguy du Châtel, Garnier de Cadoudal, Yves de Tréziguidy et l'Anglais Gautier de Bentley.

En une première attaque, ceux de Montfort s'emparent du château de Mauron, dont l'emplacement n'est pas bien connu. Peut-être est-ce le site de Branbily, entre Mauron et Saint-Léry, sur les rives de la Doueff. Guy de Nesle veut reprendre la forteresse, mais Tanguy du Châtel ne lui en laisse pas le temps. Après une nuit passée dans le château, Tanguy s'avance franchement contre les troupes du maréchal d'Offémont, avec trois cents hommes d'armes et trois cents archers, c'est-à-dire deux fois moins que ses adversaires. La mêlée est rude, mais les Montfort ont l'avantage de la surprise, car les autres s'attendaient à une défense de la forteresse plutôt qu'à une attaque offensive. Les troupes de Blois perdent cent quarante chevaliers et un grand nombre de fantassins. Guy de Nesle et Tinténiac sont tués. Les autres s'enfuient à la débandade. La victoire de Mauron fut pour le parti de Montfort un moment essentiel de la guerre. Mauron leur resta jusqu'à la fin des hostilités, et pendant onze ans, les troupes de Charles de Blois ne pourront jamais lancer d'offensive générale contre leurs ennemis.

Cela n'empêcha pas Bertrand du Guesclin de multiplier les coups de force autour de Rennes et dans la région de Brocéliande qui avait été le théâtre de ses premiers exploits. Curieux personnage que ce Bertrand, né au château de la Mothe, en 1320, au nord de Brocéliande, près de Broons, d'une famille de petite noblesse mi-bretonne, mi-normande. Il était d'une laideur incroyable, ce qui lui valut d'être méprisé par sa mère et ses frères. En plus de sa laideur, il se distinguait par son caractère bouillant et emporté, et par son manque total de scrupules. Toujours prêt à se quereller à propos de n'importe quoi, il savait mieux se servir de ses poings qu'il avait prodigieusement développés, disent les témoins contemporains, que de sa cervelle : il ne put jamais réussir à apprendre à lire, et s'il fit une carrière hors du commun, c'est bien à sa force et à son tempérament qu'il le dut.

Tout jeune, il s'était mis en tête d'une bande de vauriens qui passaient leur temps à se battre. Il ravagea et écuma ainsi de nombreux villages de la bordure de Brocéliande. Cela lui valut d'être enfermé plusieurs mois dans le château paternel afin d'y méditer sur la violence et ses inconvénients. Mais il s'échappa et vint se réfugier chez une tante qu'il avait à Rennes. C'est à Rennes qu'il participa à un tournoi, à l'âge de dix-sept ans, et qu'il en sortit blessé, mais vainqueur. Réconcilié avec son père, il se remit à organiser une bande armée, dans l'espoir de participer à quelque bataille d'où il retirerait gloire et profit (l'un n'allait pas sans l'autre). En attendant, il recommença à écumer la région avant d'offrir, en 1350, ses services au parti de Charles de Blois, et de s'emparer par la ruse du château du Grand-Fougeray : il s'agit de l'épisode bien connu où Bertrand et ses compagnons se déguisent en bûcherons pour pénétrer dans la place et y massacrer tous ceux qui s'y trouvent. On connaît la suite, sauf peut-être sa peu glorieuse défaite à la bataile d'Auray, le 29 septembre 1364, devant Olivier de Clisson et les troupes de Jean de Montfort.

Après cette victoire décisive qui fit de Jean de Montfort le duc de Jean IV de Bretagne, Brocéliande demeura en paix pour plus d'un siècle. L'ensemble du domaine passe en 1406 à la famille de Laval. En 1414, le titulaire, Guy XIII de Laval, meurt à Rhodes au retour d'un pélerinage en Terre Sainte et la seigneurie revient à son fils Guy XIV. Ce personnage, qui vécut très longtemps, épousa en 1451 une fille de la famille de Rohan, laquelle famille se prétendait issue du mythique Konan Mériadek, premier chef breton à avoir émigré en Armorique. Cela ne fit que renforcer sa volonté de faire de ses domaines un pays priviliégié, au centre même de la tradition ancestrale des Bretons. Il reprit à son compte les localisations de lieux arthuriens dans la forêt et fit écrire une nouvelle version du *Roman de Ponthus* en hommage à sa nouvelle épouse. Et surtout, vers 1467, il fit rédiger une étonnante charte que l'on connaît sous le titre d'*Usements, coutumes, droits, privilèges et décorations de la forêt de Brécilien*. La rédaction de cette charte est due au chapelain de Guy XIV, un certain Olérance, et le manuscrit a été composé, semble-t-il, au château de Comper.

Il y a de tout dans ces *Usements* : la définition des droits respectifs du seigneur et de ses vassaux, les règlements concernant le droit de pâture, le droit de fouage, les redevances et corvées, les fermages et locations diverses. Mais le merveilleux n'y est pas absent, et il se présente comme du quotidien. Ainsi en est-il à l'article 2, intitulé : « De la décoration de la forêt de Brécilien et des merveilles qui y sont contenues ». Il est en effet question d'un étrange *Breuil au Seigneur*, où ne vivent et ne peuvent vivre bêtes venimeuses, ni mouches. Une quelconque bête venimeuse qui y est portée meurt immédiatement. Près de ce *Breuil au Seigneur*, est un autre *Breuil* appelé le *Breuil de Bellanton*, et tout près encore est une fontaine appelée Fontaine de Bellanton, près de laquelle fontaine le bon chevalier Ponthus fit ses armes, comme nous pouvons le voir dans le livre qui a été composé à ce sujet. Joignant la dite fontaine, il y a une grosse pierre qu'on nomme le *Perron de Bellanton* et toutes les fois que le seigneur de Montfort vient à ladite fontaine et de l'eau d'icelle arrose et mouille le perron, quelle que soit la chaleur, et le temps assuré contre la pluie, de quelque part que soit le vent, et alors que chacun pourrait dire que le temps ne serait aucunement disposé à la pluie, tôt et en peu d'espace de temps, aucune fois plus tôt que le dit seigneur aura pu regagner son château de Comper, autrefois plus tard, mais avant la fin du jour, il pleut au pays si abondamment que la terre et les lieux étant en icelle en sont arrosés et beaucoup leur profite. »

On comprend alors que Robert Wace ait tenté l'expérience de la fontaine et n'ait point réussi à faire pleuvoir. Cet acte *magique* est réservé au seigneur de Gaël-Montfort, possesseur de la terre sur laquelle la pluie va tomber. Et ce que le seigneur accomplit là est un geste magique de fécondité dont le symbolisme sexuel n'est pas douteux : en répandant de l'eau sur la pierre, il répand symboliquement son sperme dans le ventre de la Terre-Mère. Ainsi s'éclaire d'ailleurs le sens profond de l'épreuve de Barenton, telle qu'elle est décrite chez Chrétien de Troyes et dans d'autres textes voisins : si, après la tempête, le Chevalier Noir vient provoquer l'intrus en combat singulier, c'est que l'intrus (le chevalier Yvain ou n'importe quel autre) vient d'usurper une fonction qu'il n'a pas, fonction qui est en fait réservée au mari de la Dame de la Fontaine. Voilà pourquoi, dans le récit de Chrétien de Troyes, Yvain accomplit un véritable adultère. Et, allant jusqu'au bout de sa faute, il tue le Chevalier Noir, époux de celle qu'il épousera plus tard. En fait, il usurpe le privilège de Barenton. On s'aperçoit que les *Usements* font état d'une tradition dont l'origine remonte à la plus haute antiquité, tradition d'ailleurs conforme à de nombreux rituels de fécondité accomplis par un individu mâle sur la Terre ou sur les Eaux-Mères. Ici, le seigneur de Gaël-Montfort se hausse au rang de Dieu-Père pour féconder la Terre-Mère. Car, dans le système de pensée des Celtes, un royaume dont le roi est devenu impuissant ou stérile devient stérile, devient un *Gaste Pays*. C'est ce qui arrive au royaume du Graal depuis que le Roi-Pêcheur, blessé et impuissant, se languit, et ne peut plus assumer sa fonction.

On attend alors l'arrivée du nouveau roi, le jeune roi, qui prendra la place de l'ancien et redonnera la fécondité au royaume. Le lien entre la légende de Barenton et la légende du Graal n'apparaît pas toujours au premier abord, mais il est indéniable.

Le geste de répandre l'eau de la fontaine sur le perron est un acte sacré que seuls peuvent accomplir les prédestinés, ou les titulaires d'une fonction précise. C'est ainsi qu'on peut lire dans le registre de la paroisse de Concoret, près de Barenton, registre dû à l'abbé Guillotin, recteur de la paroisse sous la Révolution, que cet acte sacré était encore vécu comme tel sous l'Ancien Régime : « Dans les périodes d'extrême sécheresse, le clergé de la paroisse de Concoret avait coutume d'aller en procession, avec croix et bannières, jusqu'à la fontaine de Bellanton pour demander la pluie. Et bien que Bellanton fût située sur la paroisse de Paimpont, les religieux et curés de Paimpont ne s'y opposaient pas, sans doute à cause d'une coutume immémoriale. » Des témoins précisent même qu'en 1835, année de grande sécheresse, le recteur de Concoret remit la coutume à l'honneur, parmi une foule nombreuse de fidèles. Il avait à peine béni la fontaine en l'aspergeant d'eau qu'un violent orage éclata, dispersant la foule. La dernière procession officielle de la paroisse de Concoret à la Fontaine de Barenton se place en 1925, mais en 1976, année de terrible sécheresse, nombreuses ont été les processions privées et les cérémonies bizarres qui se sont déroulées près de cette fontaine dont l'eau ne tarit jamais. Hélas ! Il n'y a plus de seigneur de Gaël-Montfort pour assumer le poids du privilège...

On se souvient que le couvent de Moinet avait été érigé non loin de la Fontaine de Barenton. Après l'affaire d'Éon de l'Étoile, il avait été démoli, mais il demeurait une petite chapelle, « petite mais moult belle », d'après le *Tournoiement Antéchrist*, et vraisemblablement dédiée à saint Mathurin. Elle existait encore du temps d'Anne de Bretagne, et ses pierres servirent à la construction de l'église de Saint-Léry,près de Mauron. Dans le même temps, le château de Comper, qui avait été très endommagé par Bertrand du Guesclin, fut restauré et considérablement fortifié. Ce château, qui paraît avoir été la résidence des derniers seigneurs de Gaël-Montfort, joua un rôle non négligeable au moment des guerres de Religion, puis pendant les troubles de la Ligue. Les Rohan, auxquels se sont alliés les Laval, épouseront en effet les idées protestantes avant de revenir, par intérêt, dans le sein du catholicisme. En 1598, la forteresse de Comper est démantelée par ordre du roi Henri IV, après le ralliement du duc de Mercœur. Mais la forteresse brûlera presque entièrement pendant la Révolution.

Entre-temps, Anne de Bretagne était devenue reine de France, et en 1532, le duché de Bretagne, État indépendant, était réuni à la couronne de France. En 1516, on avait rebâti entièrement la vieille église de Tréhorenteuc, et en 1525, il s'était passé un curieux événement au sud de la forêt. En effet, un seigneur de Rieux, propriétaire d'un domaine aux environs de Plélan, avait été fait prisonnier à Pavie. Or, ses paysans et ses vassaux nobles avaient d'eux-mêmes payé sa rançon. En reconnaissance, le seigneur de Rieux leur avait accordé en toute propriété la Lande de Thélin, qui fut transformée en authentique république et administrée par deux préfets élus chaque année. Le système dura jusqu'à la Révolution.

En 1633, se créent les Forges de Paimpont qui produisent de l'acier en quantité non négligeable pour l'époque. Mais, comme on utilise le bois comme combustible, cela contribue à l'amenuisement de la forêt. En 1639, on construit la remarquable chapelle Saint-Anne-de-Beuves, sur le territoire de Néant-sur-Yvel. En ce même XVIIe siècle la marquise de Sévigné, qui avait marié son fils Charles à l'héritière des Plessis-Mauron, qui résidaient dans leur château du Plessis, entre Mauron et le Bois-de-la-Roche, fit de fréquents séjours dans la région de Brocéliande, ce qui nous vaut quelques descriptions des lieux et des gens qui l'habitent. En 1649, l'abbaye de Paimpont, à l'origine fondation colombanienne devenue bénédictine, puis rattachée aux Chanoines de Saint-Augustin, passe aux mains des Chanoines réguliers de Sainte-Geneviève. Ce sont eux qui reconstruisent l'abbaye et l'agrandissent, lui donnant ainsi son aspect actuel.

L'histoire de Brocéliande se confond alors avec l'histoire de France, sans événements particuliers qui eût pu défrayer la chronique. La Révolution s'y déroula comme partout, avec des destructions systématiques et des pillages. La forêt fut partagée entre deux départements en 1792, mais, pendant l'Empire et la période de conscription obligatoire, elle servit de refuge à de très nombreux réfractaires. Appartenant à de multiples propriétaires, la forêt fut démembrée et exploitée maladroitement. On commença à remplacer les feuillus par des résineux et l'on planta des pins sur les landes autrefois désertiques, ce qui métamorphosa complètement le paysage. En 1843, on fonde le camp militaire de Coëtquidan, sur les landes du sud de la forêt, entre Guer, Plélan et Ploërmel. Les Forges de Paimpont cessent alors leur activité, mais le hameau de la Ville-Danet, en Paimpont, s'attache aux traditions : on continue à y fabriquer des clous. Vers 1900, une entreprise rennaisc exploite le minerai de fer dans un terrain assez riche, ce qui va devenir bientôt l'Étang Bleu, au nord de Paimpont, en direction de l'ancien château d'Isaugouët. C'est une mine à ciel ouvert qui produit peu, et dont le minerai est transporté par un petit chemin de fer à voie étroite — qu'on appelait le « tram » dans le pays — jusqu'à la gare de Mauron, où il était expédié en Allemagne. Mais l'activité de cette mine cesse vers 1910 à cause des revendications des habitants qui se plaignent — déjà ! — de la pollution des ruisseaux et rivières, pollution provoquée par le lavage du minerai. Cette mine a été la dernière grande activité industrielle de Brocéliande.

Actuellement, en dehors de quelques essais d'implantation à Mauron et à Ploërmel l'activité de Brocéliande est seulement agricole et touristique. La forêt semble quelque peu endormie sous ses frondaisons, avec ses villages qui la parsèment, dont les toits gris contrastent avec la pierre rouge de schiste qui constitue ici le matériau traditionnel. Beaucoup de maisons sont vides la plupart du temps, car ce sont des résidences secondaires. Mais Brocéliande demeure plus que jamais un lieu où se rencontrent les lettrés du monde entier et les amateurs d'insolite. Quoi qu'il en soit de l'origine exacte des légendes arthuriennes, l'ombre de Merlin plane sur Brocéliande, et avec elle, les ombres de Viviane, de Morgane et de tous ceux qui, à un moment ou l'autre de leur vie, se sont décidés à savoir ce qu'était l'énigmatique objet que Chrétien de Troyes appelle un Graal, et duquel émane une lumière mystérieuse, surprenante, incompréhensible. L'histoire de Brocéliande, c'est *aussi* l'histoire du Graal.

DEUXIÈME PARTIE

La Forêt aventureuse

I

MERLIN, LE FOU DU BOIS

« Merlin le Breton était célèbre dans le monde. Il était roi et prophète. Il tenait sous ses lois le fier peuple des Démètes [1] et chantait l'avenir pour les chefs. Il arriva cependant que plusieurs d'entre eux se disputèrent à cause du royaume, et il y eut une guerre impitoyable pendant laquelle de nombreuses villes furent détruites. Le chef des Vénédotiens [2] Peredur, fit la guerre contre Guennolus [3] qui régnait en Scotie [4].Merlin vint au combat avec Peredur, et aussi Rodarcus [5], roi de Cumbrie [6], l'un et l'autre cruels. Trois frères du chef tombèrent et périrent... Merlin, ayant vu cela, dolent et triste, abandonna la troupe guerrière. » Tel est le début d'un récit latin dû au clerc gallois Geoffroy de Monmouth, vers 1135, récit construit sur des données traditionnelles et qui représente la version la plus ancienne

1. Peuple breton qui a donné son nom au *Dyved*, sud-ouest du Pays de Galles.
2. Peuple breton qui a donné son nom au *Gwynedd*, nord-ouest du Pays de Galles.
3. La forme galloise du nom est Gwendoleu, roi historique des Bretons du Nord. Dans les poèmes gallois attribués à Merlin (Myrddin), celui-ci se présente comme un vassal de Gwendoleu dont il déplore le triste sort.
4. Le pays des Scots. A l'origine, c'est le nom générique des irlandais. Par la suite, le nom désigne la *Calédonie*, autrement dit l'Écosse, conquise et christianisée par les Gaëls d'Irlande. Mais, dans ce texte, « Scotie » désigne les territoires situés au sud de la Clyde, chez les Bretons du Nord.
5. Rydderch Haël, roi historique des Bretons du Nord.
6. Peut aussi bien désigner le Pays de Galles que la région des Lacs, autour de Lancaster.

que l'on connaisse sur Merlin l'Enchanteur, personnage mystérieux mais probablement historique, qui, selon toute vraisemblance, vécut dans la seconde moitié du VIe siècle (c'est-à-dire cinquante ans *après* le « roi » Arthur historique) chez ceux que l'on appelait les « Bretons du Nord », établis aux frontières actuelles de l'Angleterre et de l'Écosse.

C'est donc après une bataille meurtrière — et fratricide, puisqu'elle concerne les Bretons divisés en multiples factions — que Merlin devient « triste et dolent », euphémisme pour dire qu'il perd la raison. Les *Annales de Cambrie*, rédigées en latin, nous apprennent que cette bataille se déroula à Arderyd en 573 : le roi Gwendoleu y fut tué et Merlin devint fou. Comme le dit un des poèmes qui lui sont attribués, Merlin (Myrddin) fuit le monde et déplore les événements tragiques dont il a été le témoin : « Pendant dix et quarante ans, j'ai tant souffert que maintenant la joie me fait mal... Depuis la bataille d'Arderyd, plus rien ne me touche, même si le ciel tombait ou la mer débordait... J'ai bu du vin dans un hanap brillant avec les chefs de la guerre cruelle... Mon nom est Myrddin, fils de Morvryn... »

L'origine de cette tradition d'un Merlin fou qui vit dans les bois se situe encore une fois dans le pays des Bretons du Nord, là où le Christianisme, sous sa formulation la plus celtique — et irlandaise — a été véritablement conquérant pendant que le reste de l'Europe s'enlisait dans l'arianisme des temps mérovingiens. Une tradition bretonne conservée dans deux manuscrits en latin, et qui concerne saint Kentigern, évangélisateur de la région de la Clyde, fait état de la rencontre entre Kentigern et un certain Laïloken, homme sauvage à demi fou, qui expiait dans la solitude et le dénuement les fautes dont il s'était rendu coupable. Il avait, au cours d'une bataille, vu le ciel s'ouvrir sur sa tête, et entendu une voix lui dire qu'il vivrait jusqu'à sa mort au milieu des bêtes des bois. Et la légende de Laïloken (Llalogan en gallois) semble bien avoir été le noyau autour duquel s'est constituée la légende de Merlin, mais d'un *premier Merlin*, celui dont le clerc Geoffroy de Monmouth a raconté l'histoire dans la *Vita Merlini* : il ne s'agit pas là d'un homme surnaturel ou d'un magicien, mais simplement d'un « Fou du Bois » doué du don de prophétie, à la fois ermite et poète, sauvage et philosophe, que l'on venait consulter parce que, dans toute société archaïque, le Fou, tout au moins le schizophrène, est considéré par la collectivité comme celui qui est « inspiré par Dieu ».

Le thème du « Fou du Bois », du rustre qui vit dans la forêt comme un ermite et qui parle aux animaux sauvages, qui en est même le maître et seigneur, n'est pas nouveau : on le découvre dans toutes les mythologies. Mais tel qu'il s'organise dans la *Vie de Merlin*, composée par Geoffroy de Monmouth, ce thème devient proprement littéraire et surgit brutalement dans la tradition occidentale d'une façon définitive, faisant de Merlin l'un des personnages les plus importants et les plus caractéristiques de ce qu'on appelle la légende arthurienne, l'un des être les plus mystérieux parmi tous ceux qui hantent la forêt de Brocéliande.

Ainsi donc, après cette bataille d'Arderyd où il a vu littéralement « le ciel lui tomber sur la tête » (c'est ce que craignaient, paraît-il, les Gaulois !), Merlin, petit roi d'une tribu bretonne, s'est enfui dans la forêt et s'est mis à vivre la vie des bêtes sauvages, n'ayant pour compagnons que des sangliers à qui il adresse des lamentations, ou les oiseaux de nuit à qui il lance des imprécations. Merlin s'abrite dans le creux d'un arbre. A quoi bon construire une cabane ? La nature fournit tout, aussi bien l'abri de feuillage que la nourriture. Merlin vit sur une branche d'arbre, à l'abri des bêtes féroces, et il se nourrit de fruits et de racines. Il n'est pas autre chose qu'un ermite, si ce n'est qu'au lieu de louer Dieu dans les clairières solitaires, il s'apitoie sur son propre sort, se met à délirer et à prophétiser les malheurs qui pourront survenir. Et comme il n'est pas habitué à mener cette existence, il se lamente aussi sur son dénouement et les rigueurs de l'hiver.

Cependant, les proches de Merlin s'inquiétent de sa disparition. Sa femme Gwendolyn et sa sœur Gwendydd, laquelle a épousé le roi Rydderch, interrogent tous les voyageurs susceptibles de l'avoir rencontré. Mais personne ne peut fournir le moindre renseignement. Un jour, un voyageur arrive à la cour de Rydderch et parle d'un pauvre fou qu'il a vu au pied d'un arbre : « C'était peut-être lui, dit-il, mais il était si étrange et si sauvage que je n'ai vraiment pas pu le reconnaître. » Pleine d'espoir, Gwendydd envoie alors un de ses serviteurs muni d'une cithare dans la forêt avec mission de jouer de son instrument : ainsi, pense-t-elle, si le pauvre vagabond est vraiment Merlin, il ne pourra pas résister à la musique et engagera conversation.

Le serviteur s'en va donc dans la forêt et découvre le fou auprès d'une fontaine, en train de se lamenter sur son sort. Aussitôt, le serviteur joue de la cithare et improvise un chant dans lequel il décrit les angoisses et les tourments de Gwendydd et de Gwendolyn. En entendant cette évocation, Merlin se radoucit et semble oublier sa folie. Il demande au serviteur de continuer à chanter et de le mener à la cour du roi Rydderch.

Voici donc Merlin dans la ville où règne son beau-frère le roi Rydderch. Tous les nobles se pressent autour de lui, manifestant leur joie de le revoir parmi eux. Mais au milieu de ce tumulte, l'esprit de Merlin chavire. il ne répond rien et s'enferme dans un mutisme absolu. Puis, profitant d'un moment d'inattention, il s'enfuit hors du palais et se précipite dans la forêt. Rydderch se lance alors à sa poursuite. Il finit par le rejoindre et le supplie de revenir avec lui, promettant qu'il sera libre de faire tout ce qui lui passera par la tête à condition de résider chez lui, auprès de sa femme Gwendolyn et de sa sœur Gwendydd. Merlin refuse avec obstination : il dit qu'il ne sera jamais bien qu'au milieu des bois, dormant sur la branche d'un arbre et conversant avec les animaux sauvages, les sangliers et même les loups, qui sont ses amis et qui lui obéissent quand il leur demande quelque chose. Rydderch comprend que son beau-frère est retombé dans sa folie. Il ordonne à ses serviteurs de se saisir de Merlin, de l'enchaîner et de le ramener au palais.

Ainsi est fait. Merlin, toujours sous surveillance, participe aux festins et à la vie de la cour. Mais il conserve son mutisme et ne rit jamais, comme s'il vivait dans un autre monde. Merlin rêve, et personne ne sait exactement ce qu'il rêve. Parfois, il regarde ceux qui l'entourent de ses yeux froids et perçants, de telle sorte que chacun frémit quand il se sent accroché par le regard du Fou du Bois. Or, un jour, devant lui, la reine Gwendydd s'approche de son mari et esquisse un geste de tendresse. Le roi se penche vers Gwendydd pour la prendre dans ses bras, et, ce faisant, il remarque une feuille sur la chevelure de Gwendydd. Délicatement, il l'enlève et la jette sur le sol. Merlin, qui observait attentivement la scène, se met alors à rire, ce qui provoque l'étonnement de tous. Rydderch demande à son beau-frère pourquoi il a ainsi éclaté de rire avec tant de violence. Merlin se tait. Le roi lui répète sa question avec insistance, plusieurs fois de suite, mais Merlin est retombé dans sa muette indifférence, comme s'il n'entendait pas les paroles de Rydderch. En désespoir de cause, le roi lui dit qu'il le remettra en liberté s'il consent à lui expliquer vraiment la cause de son rire. Merlin tressaille et regarde le roi dans les yeux : « Jure-le ! » demande-t-il. Rydderch fait, devant tout le monde, le serment de remettre son beau-frère en liberté dès qu'il aura expliqué la cause de son rire. Satisfait, Merlin entraîne Rydderch et Gwendydd à l'écart. « Roi, dit-il, puisque tu veux savoir la vérité, apprends que la feuille que tu as retirée de la chevelure de Gwendydd est celle d'un arbre sous lequel Gwendydd venait de rencontrer son amant.»

On imagine la réaction de Rydderch : le doute le saisit. Regardant sa femme et son beau-frère, il ne peut se persuader qu'une telle accusation soit fondée.Quant à Gwendydd, elle éclate en imprécations contre son frère : « Voilà une belle récompense pour moi que cette calomnie, après tout ce que j'ai fait pour toi après toutes les angoisses que j'ai pu avoir à ton sujet. » Puis elle exige de Rydderch qu'il soumette Merlin à une épreuve afin de vérifier son soi-disant don de voyance. Le roi ne peut qu'accepter. On présente alors à Merlin un jeune enfant trois fois de suite, mais sous des déguisements différents, et on lui demande de prédire de quelle façon cet enfant connaîtra la mort. Or Merlin, la première fois, déclare que l'enfant mourra en tombant d'un rocher. La deuxième fois, il affirme que l'enfant mourra dans un arbre. Et la troisième fois qu'il mourra noyé dans l'eau d'un fleuve. Voilà Rydderch pleinement rassuré : ces trois réponses différentes prouvent la folie de Merlin[1]. Quant à Gwendydd, qui, apparemment, n'était pas très sûre d'elle, elle semble reprendre confiance.

Cependant, Rydderch a promis la liberté à Merlin. Il ordonne qu'on le relâche et qu'on le laisser aller où il veut. Gwendydd et Gwendolyn essaient de le retenir, mais rien n'y fait : Merlin

1. L'origine de cette anecdote se trouve dans le récit latin de la *Vie de saint Kerntigern*, à propos de Laïloken, le «Fou du Bois ». Laïloken est prisonnier du roi Meldred. Un jour, il voit la reine avec une feuille dans les cheveux et le roi qui la lui ôte. Il éclate de rire. Le roi lui demande pourquoi. Laïloken refuse de répondre et Meldred finit par lui promettre la liberté s'il consent à s'expliquer. Le fou répond par des énigmes avant de lui dévoiler que sa femme vient de le tromper avec un amant auquel elle avait donné rendez-vous sous un arbre. Puis il s'enfuit dans la forêt. La reine cherche à rassurer le roi en affirmant que toutes les prophéties de Laïloken sont des folies, mais ces prophéties se réalisent.

veut retourner dans la forêt. Il consent même à ce que Gwendolyn se remarie avec qui elle voudra, mais son consentement est assorti de certaines conditions très curieuses, lesquelles ressemblent fort à ces interdits magiques si fréquents dans la tradition irlandaise. Merlin dit en effet : « Que celui qui te prendra pour femme évite à jamais de me rencontrer, qu'il évite de se tenir à ma portée, qu'il s'écarte de peur que, si, en me rencontrant, l'occasion se présente, il ne sente la vibration de l'épée. Et quand viendra le jour des noces, quand les mets les plus délicats seront distribués aux convives, j'arriverai moi-même, porteur d'offrandes, et j'enrichirai somptueusement Gwendolyn. » Voilà qui est net et précis. En quelque sorte, Merlin répudie solennellement sa femme et l'autorise à contracter un nouveau mariage auquel il donnera lui-même sa bénédiction pourvu que certaines conditions soient respectées. Il y a là quelque chose qui ressemble davantage à des formulations « magiques » qu'à des délires de fou. Merlin est-il vraiment aussi fou qu'il le paraît ?

Il est nécessaire ici de replacer l'histoire légendaire de Merlin dans son contexte celtique originel. Si Merlin se réfugie dans la forêt et vit au milieu des arbres, c'est pour une raison profonde. Quittant le monde de l'activité — et de l'agitation —, il prend possession d'un « autre monde », celui du silence et du contact intime avec la nature. Merlin, sur son arbre, devient un *druide*, un prêtre celte qui officie au milieu des bois, dans le *nemeton*, c'est-à-dire la clairière sacrée, projection idéale du Ciel sur la Terre, temple en plein air (le seul temple qu'aient jamais connu les Celtes avant la romanisation), là où se trouve, comme à Barenton, la source, communication avec les profondeurs, et l'Arbre cosmique, par lequel s'opère l'échange avec le monde supérieur, le monde divin. L'attitude de Merlin revenant sans cesse dans la clairière est une attitude sacrée. Mais ce faisant, il dérange, il est *fou* par rapport à une société incapable — ce n'est d'ailleurs pas son rôle — d'apprécier les rapports entre le divin et l'humain.

En fait, le Fou agit de façon anachronique, de façon *diabolique*, au sens étymologique du terme: il se « jette en travers » de ce qui est considéré comme normal ; il tourne en dérision le fameux « ce qui va de soi » qui s'installe dans les sociétés humaines. Le Fou dérange l'ordonnance apparente du monde, et c'est paradoxalement par cela qu'il a une action positive, car il oblige les hommes à repenser le monde, à le remettre en question et à trouver de nouvelles solutions aux problèmes qui se posent. Diogène est fou lorsqu'il se promène en plein soleil avec une lanterne allumée, en disant : Je cherche un homme. Mais cette attitude est probablement la plus juste et la plus raisonnable qui soit : car le Fou sait ce que les autres ne savent pas.

Cela explique d'ailleurs les nombreuses représentations du Fou, pendu à un arbre, la tête en bas, comme dans le Tarot. Le Fou est l'inversion incarnée. Il a la tête à l'envers. Mais comme ce qui est en haut est identique à ce qui est en bas, tout dépend de la façon dont on regarde les choses. Où est la réalité et où est l'illusion ? Quand on regarde l'image des arbres se reflétant sur les eaux paisibles d'un étang, on est en droit de se demander où est la réalité : au-dessus de la surface des eaux, ou en dessous ? Le Fou a choisi le dessous. Parvenu au sommet de l'Arbre Cosmique, Merlin, qui est alors druide et chaman, voit le monde d'une manière totalement inversée. Et lorsqu'il vaticine, il décrit ce monde inversé que les autres ne reconnaissent pas. Il ne faut pas oublier l'étymologie du mot *druide* : il signifie le « très voyant », ou le « très savant », et en plus, dans toutes les langues celtiques, on observe un lien très étroit entre les termes qui désignent la connaissance et les termes qui désignent l'arbre, le végétal[1].

Ainsi, Merlin, en revenant sans cesse à l'intérieur du bois, incorpore en quelque sorte l'environnement végétal dans lequel il trouve la plénitude de ses fonctions sacerdotales. Merlin, le Fou du Bois, est druide, est chaman, et reconstitue de façon symbolique la situation paradisiaque de l'aube des Temps, quand l'être humain n'était pas encore séparé des énergies vitales qui l'avaient constitué. Comment expliquer autrement ce que dit Merlin lorsqu'il promet à Gwendolyn de l'enrichir somptueusement ? Un pauvre vagabond est-il capable d'apporter des offrandes, lui qui vit dans le dénuement le plus complet ? il faut qu'il y ait intervention sinon surnaturelle du moins « magique ». Et, insensiblement, le personnage de Merlin, de simple poète et prophète fou, devient *enchanteur*, possesseur des grands secrets de la nature qui lui permettent de faire agir à son profit et au

---

1. Ainsi, en breton, *gwiziek*, « savant », a la même racine que *koad* et *koed*, « bois ».Pendant très longtemps, on a cru que le nom du druide provenait du nom celtique du chêne. C'est faux, mais la relation entre le druide et le chêne est cependant assurée.

profit des autres les prodigieuses énergies invisibles dont il a acquis, par son ascèse individuelle, la maîtrise en même temps que la connaissance. C'est alors que se pose le problème de ces énergies mystérieuses : il semble en effet que le cas de Merlin ne soit pas le seul dans la tradition celtique. La référence est druidique, incontestablement, et cette histoire légendaire de Merlin, rédigée au début du XIIe siècle par un clerc gallois fort érudit, ne fait que reprendre un schéma très ancien, beaucoup plus surprenant qu'on peut le penser au premier abord.

Le lien étroit constaté dans les langues celtiques entre le mot qui signifie « connaissance » et celui qui signifie « arbre », la réalité du *nemeton*, sanctuaire isolé au milieu des bois, la terreur sacrée inspirée aux Celtes par les forêts profondes, tout cela n'est pas dû au hasard et peut s'expliquer par un mythe fondamental de la tradition celtique. Ce mythe, c'est celui du « Combat des Arbres ». Il apparaît de façon systématique dans un poème gallois attribué au barde du VIe siècle Taliesin, dont la légende s'est développée au cours du Moyen Age jusqu'à en faire un personnage surnaturel. Ce poème, qui s'intitule *Cad Goddeu* (« Combat des arbrisseaux ») et qui figure dans un manuscrit du XIIIe siècle, est en réalité une sorte de *patchwork* comprenant plusieurs débris de poèmes plus anciens, ayant tous trait à la magie végétale. Le plus important est celui qui raconte une gigantesque bataille entre les Bretons (ceux de Grande-Bretagne) et des ennemis inconnus. Les Bretons sont menacés de déroute, mais comme le dit le poème, « une résurrection des Bretons fut faite par Gwyddyon[1], lequel est un héros de l'épopée galloise, image d'un ancien dieu-magicien. Grâce à la puissance de Gwyddyon, les Bretons revêtent en effet les formes des arbres et se battent résolument contre leurs ennemis qu'ils parviennent à vaincre définitivement. Le combat est décrit minutieusement, et chaque arbre ou végétal joue un rôle. L'effet produit par ce poème, bien qu'il demeure pour nous fort obscur, est assez saisissant : c'est probablement l'un des textes les plus étranges de toute la littérature celtique.

Le thème n'est cependant pas isolé. On le retrouve dans le récit irlandais de la *Mort de Cûchulainn*, où l'on voit trois sor-

1. L'ensemble du poème se trouve dans J. Markale, *les Grands Bardes gallois*, Paris, nouv. éd. Picollec, 1981, pp.74-81.

cières affreuses, les filles de Calatin (équivalent de l'Hydre de Lerne), susciter « fantasmagoriquement une grande bataille entre deux armées, entre de magnifiques arbres mouvants, de beaux chênes feuillus[1] ». On reconnaît le même détail dans le récit de la *Bataille de Mag-Tured*, quand deux sorcières disent : « Nous enchanterons les arbres et les pierres, et les mottes de terre, si bien qu'ils deviendront une troupe en armes luttant contre eux et qu'ils les mettront en fuite avec horreur et tourment[2]. » On comprend alors dans quelle tradition Shakespeare a puisé quand il écrivait l'épisode des sorcières et de la *forêt qui marche* dans son *Macbeth*.

Le mythe a même été historicisé et récupéré par Tite-Live dans son *Histoire romaine*, mais sous une forme évidemment rationalisée. Le consul Postumius, avec vingt-cinq mille soldats, s'engage dans une forêt de la Gaule cisalpine, en territoire infesté d'ennemis. « Comme les Gaulois se trouvaient à l'extrême limite de la forêt et autour de celle-ci, aussitôt que l'armée fut entrée, ils poussèrent les plus éloignés des arbres, qu'ils avaient coupés au pied. Les premiers tombèrent sur les plus proches, et ceux-ci étaient eux-mêmes si instables et si faciles à renverser que tout fut écrasé dans leur chute confuse, hommes, chevaux et armes. Dix hommes à peine purent s'en échapper » (Tite-Live, XXIII, 24). Il faut signaler qu'après cela, les Gaulois coupèrent la tête du consul Postumius et en firent, grâce à des onguents, une « tête coupée », c'est-à-dire un objet de culte en même temps qu'un trophée, qu'ils exposèrent dans un de leurs temples. Quant à la forêt qui s'écroule sur les soldats romains, elle est nommée *Litana* par Tite-Live. Or *Litana* ou *Litava* sont les noms de l'Armorique (*Llydaw*) chez les Gallois, mais désignent le plus souvent symboliquement l'Autre Monde. Nous sommes donc, dans ce passage de l'historien Tite-Live, en plein mythe celtique. Il est probable que de nombreuses légendes de ce type circulaient encore en Gaule cisalpine au premier siècle de notre ère, ce qui explique que Tite-Live, lui-même d'origine cisalpine, en ait eu connaissance[3].

---

1. Trad. Guyonvarc'h, *Ogam*, XIII, pp. 512-513.
2. C-J. Guyonvarc'h, *Textes mythologiques irlandais*, I, p. 74.
3. D'ailleurs, les premiers livres de l'*Histoire romaine* de Tite-Live sont bâtis sur des légendes romaines, étrusques et gauloises, notamment tout ce qui concerne la prise de Rome par les Gaulois en 387 av. J.-C. Voir à ce sujet le chapitre « Rome et l'épopée celtique » dans J. Markale, *les Celtes*, Paris, Payot, 10e éd., 1987, pp. 65-90.

Mais en dehors de cette bataille fantastique d'arbres, le *Cad Goddeu* contient des fragments d'un autre texte, lequel ne reste pas moins énigmatique. Il s'agit en tout cas d'une autre forme de magie végétale :

«Quand je vins à la vie,
mon créateur me forma
par le fruit des fruits,
par les primeroses et les fleurs de la colline,
par les fleurs des arbres et des buissons...
par les fleurs de l'ortie...
J'ai été marqué par Math...
J'ai été marqué par Gwyddyon...
par les savants enfants de Math...»

Ces détails n'ont rien à voir avec le sujet principal, sinon par la référence au végétal, et ils ne sont compréhensibles que grâce au récit composant la quatrième branche du *Mabinogi* gallois. Arianrod, fille de Dôn, n'ayant pas voulu reconnaître le fils qu'elle a eu de façon mystérieuse, mais à la suite de relations incestueuses avec son frère Gwyddyon, le magicien a jeté sur lui une malédiction : il n'aura jamais une femme de la race qui peuple cette terre en ce moment. Pour transgresser l'interdit constitué par cette malédiction, Gwyddyon, qui élève le jeune homme, va trouver son oncle Math, « maître de la baguette de magie », et image d'un ancien dieu-magicien. Math lui dit : « Cherchons, au moyen de notre magie, à lui faire sortir une femme de fleurs. » Aussitôt dit, aussitôt fait. « Ils réunirent alors les fleurs du chêne, celles du genêt et de la reine-des-prés, et, par leurs charmes, ils en formèrent la pucelle la plus belle et la plus parfaite du monde[1]. » Ainsi naît Blodeuwedd, la « fille-fleur », dont la destinée finira tragiquement : pour la punir de l'adultère qu'elle commettra, et de l'assassinat de son fils, Gwyddyon la transformera en hibou. Il est vrai que Gwyddyon n'en était pas à son coup d'essai. Un autre poème attribué à Taliesin affirme en effet :

1. J. Loth, *les Mabinogion*, Paris, édition 1980, p. 73.

« Le plus habile homme dont j'ai entendu parler,
ce fut Gwyddyon, fils de Dôn, aux forces terribles,
qui tira par magie une femme des fleurs...
Du sol de la cour,
avec des chaînes courbées et tressées,
il forma des coursiers
et des selles remarquables[1]. »

Là encore, l'explication se trouve dans la quatrième branche du *Mabinogi*. Voulant s'emparer des cochons de Pryderi, qui sont les équivalents des porcs merveilleux du dieu irlandais Manannann, nourriture d'immortalité, Gwyddyon propose de les échanger en donnant à Pryderi des cadeaux somptueux. Il ne s'embarrasse pas de scrupules :

« Il eut alors recours à ses artifices et commença à montrer sa puissance magique. Il fit disparaître douze étalons, douze chiens de chasse noirs..., douze boucliers dorés. Ces écus, c'étaient des champignons qu'il avait transformés[2]. » On ne peut que penser à Merlin l'Enchanteur, surtout dans les épisodes qui racontent comment, pour séduire la jeune Viviane, il fait apparaître des bâtiments, des vergers merveilleux et même des êtres humains qui ne sont en réalité que des touffes d'herbe et des branches d'arbres. En tout cas, lorsque Pryderi s'aperçoit de la fraude, sa déception est grande, et il déclenche une guerre inexpiable contre le royaume de Math, dont Gwyddyon est le fidèle neveu et héritier.

Ce serait donc de la magie, une magie végétale. A moins qu'il ne faille comprendre une illusion d'optique. Après tout, au XIIe siècle, près de Barenton, Éon de l'Étoile ne faisait pas autre chose lorsqu'il invitait à sa table de grands seigneurs qu'il régalait d'illusions. Mais cela se réfère à un mythe fondamental dont on remarque les traces en Irlande, au Pays de Galles et en Gaule cisalpine, sans parler des nombreux contes populaires bretons ou français qui abordent ce même thème, parfois dans des versions très altérées, mais où la structure se reconnaît facilement. Le « Combat des Arbres », la « fabrication de Blodeuwedd », la « supercherie de Gwyddyon », la médecine végétale druidique, le soin

1. J. Markale, *les Grandes Bardes gallois*, pp. 90-91.
2. J. Loth, *les Mabinogion*, pp. 62-63.

que les druides apportent à la cueillette du gui et de certaines plantes médicinales ou magiques, le rapport certain entre le « bois » et la « connaissance », la familiarité des druides avec la nature, la *magie végétale*, tout cela est trop bien établi dans la tradition celtique pour être le résultat de quelque superstition imbécile. Il faut bien qu'il y ait quelque chose à la base de telles pratiques et de telles spéculations.

Le philosophe Rudolf Steiner écrivait en 1918 : « A l'époque de l'Atlantide, les plantes n'étaient pas seulement cultivées pour être utilisées comme nourriture, mais aussi pour faire servir l'énergie qui sommeillait en elles, aux transports et à l'industrie[1]. » « Passons sur la formulation : ce n'est qu'une hypothèse, bien que Steiner la présente comme une affirmation solennelle. Mais cette hypothèse vaut la peine d'être examinée soigneusement, et en rapport avec la « magie végétale » des druides. Il faut d'abord signaler que Rudolf Steiner, tout imprégné de Goethe, notamment du Goethe philosophe et mystique que les Français ne connaissaient guère, s'est longuement intéressé aux problèmes des végétaux et a contribué à l'élaboration d'une méthode naturelle de culture dite « biodynamie ». Il s'agit essentiellement d'utiliser, pour revivifier les sols et améliorer les espèces végétales, sans recourir aux engrais, l'énergie contenue dans les végétaux eux-mêmes. C'est donc une méthode en cycle fermé. Le tout est de savoir ne pas perdre cette énergie et la réinfuser au moment opportun[2].

Le principe de la biodynamie n'est pas récent. L'Alchimie traditionnelle ne s'est pas seulement intéressée au règne minéral : dans de nombreux traités, il est question d'une *pierre végétale* parallèle à la Pierre Philosophale, issue de la transformation de la Matière Première minérale. Et pour fabriquer cette « pierre végétale », de même qu'il était nécessaire de concentrer les énergies contenues dans le minerai, il est indispensable de faire surgir l'énergie vitale des plantes, de la débarasser de tout ce qui l'entoure et l'affaiblit, pour la concentrer. Au fond, l'énergie nucléaire n'est pas autre chose que la maîtrise d'un procédé permettant à la matière de libérer des forces mystérieuses

1. R. Steiner, *Unsere atlantischen Vorfahren*, Berlin, 1918, p. 14.

2. De nombreuses recherches pratiques sont menées actuellement en Suisse, en Allemagne, en Belgique et en France, et les résultats obtenus semblent donner raison à Steiner. Voir les *Fondements de la méthode biodynamique*, éd. Anthroposophiques romandes.

La Fontaine de Barenton où selon la légende Merlin rencontra Viviane.

Le Tombeau de Merlin pour ceux qui se refusent à le croire éternellement prisonnier dans le château invisible de Viviane.

Si vous êtes un peu fou, baignez-vous, à l'aube, dans l'étang de Comper... (gravure sur bois, 1863, Gustave Doré).

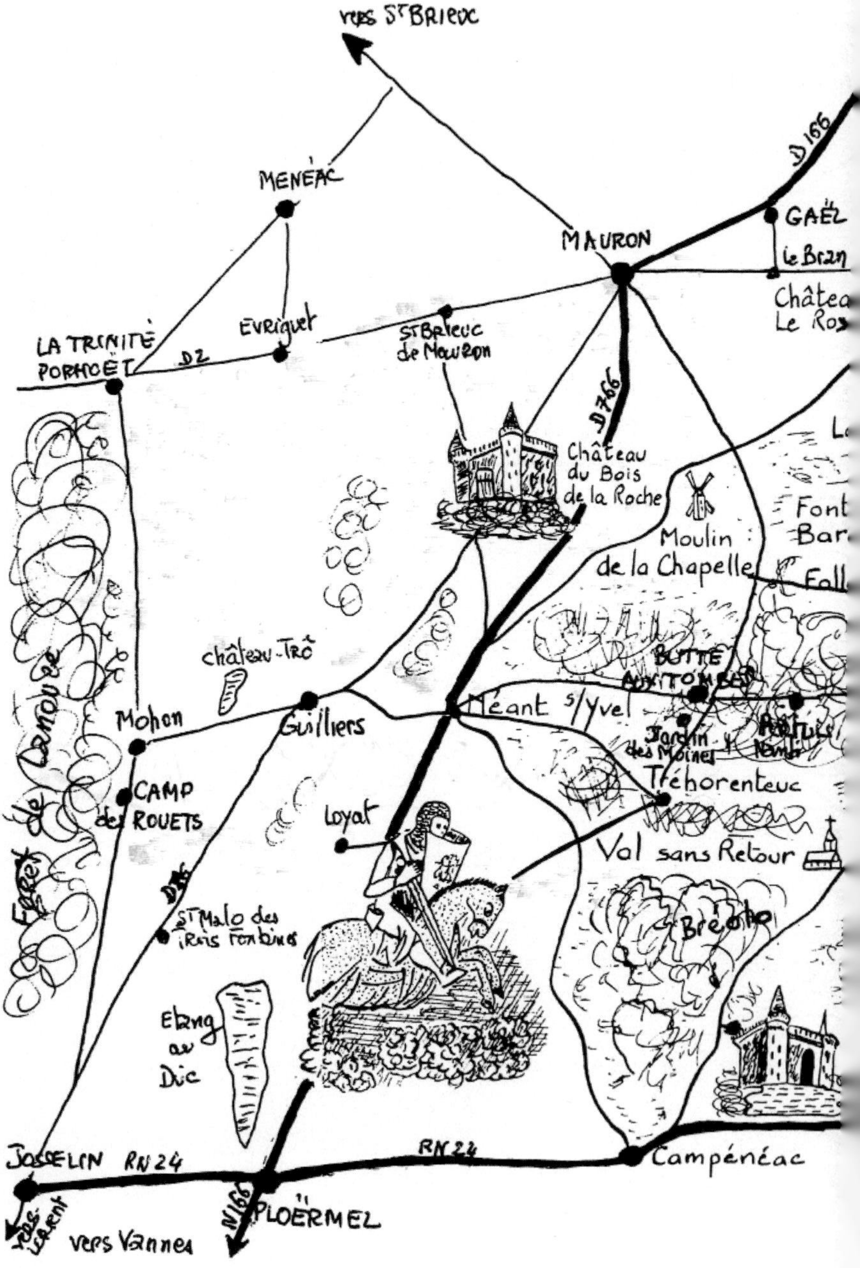

vers St BRIEUC
MENEAC
MAURON
D166
GAËL
Le Bran
LA TRINITÉ PORHOËT
D2
Evriguet
St Brieuc de Mauron
D766
Château du Bois de la Roche
Moulin de la Chapelle
Château-Trô
Forêt de Lanouée
Mohon
Guilliers
Méant s/Yvel
BUTTE AUX TOMBES
Jardin des Moines
Tréhorenteuc
CAMP des ROUETS
Loyat
Val sans Retour
St Malo des Trois Fontaines
Etang au Duc
JOSSELIN
RN24
RN24
Campénéac
PLOËRMEL
N166
vers Vannes

BROCÉLIANDE
Forêt de Paimpont
Porhoët
vers Rennes
Château de Comper
Etang de Vivane
Concoret
D2
vers Montfort
Tombeau de Merlin
Fontaine de Jouvence
Thélouët
St Malon sur Mel
Isaugouët
Lambrun.
basse forêt
Etang du Pas du Houx
St Péran
Etang bleu
Forêt
Paimpont
Basse Forêt
BROCÉLIANDE
vers RENNES
RN 24
Etang du Perray
LE CANÉE
PLELAN LE GRAND
Les Forges
PONT DU SECRET
Beignon
St Malo de Beignon
camp de Coëtquidan

Quatre héros de la légende arthurienne affrontant la mort pour leur dame. En haut : à gauche, Galaad, à droite, Yvain. En bas : à gauche, Guenièvre et Lancelot, à droite : Tristan. (Manuscrits des XIII, XIV et XVe siècles.)

Arthur et ses chevaliers de la Table Ronde. (Manuscrit du XVe siècle.)

Le roi Arthur et ses chevaliers partent en quête du Graal. (Manuscrit du XVe siècle.)

qui ne sont pas forcément contenues en elles, mais qui la constituent réellement et lui procurant, par un enchevêtrement particulier, sa spécificité. En un mot, et pour rester dans le cadre de Brocéliande, il faut lever les enchantements maléfiques qui semblent peser sur le végétal, comme ils pèsent souvent sur l'animal et sur l'humain. L'énergie qui constitue le végétal est endormie, ou déviée ; de toute façon elle est invisible, insoupçonnable. Prendre conscience de son existence, de sa présence, est une première étape du « Magistère ». Le reste doit suivre, c'est-à-dire la découverte de méthodes appropriées grâce auxquelles on restitue à cette énergie sa valeur intrinsèque et on la dirige sur le but qu'on s'est fixé. Ce n'est pas un rêve relevant de l'utopie la plus folle, mais une réalité, tout au moins au niveau des laboratoires de recherche.

Et si nous reprenons l'exemple celtique, nous parviendrons à d'étranges conclusions. Les arbres qui marchent et qui combattent, n'est-ce pas la représentation symbolique, imagée, d'un processus d'utilisation de l'énergie végétale, laquelle, en dernière analyse, n'est autre, si l'on en croit la doctrine, que l'énergie divine *manifestée* ? La naissance de Blodeuwedd, à partir de plantes, et grâce aux incantations (c'est-à-dire des procédés) de Math et de Gwyddyon, n'est-ce-pas la représentation imagée de l'utilisation de cette énergie végétale, capable, une fois *exprimée* et *dirigée*, de donner naissance à un autre être vivant n'appartenant pas à la même espèce que celui d'origine ! Là s'opère une authentique transmutation. Après tout, il n'est pas besoin de répéter que nous sommes ce que nous mangeons : nous ne vivons que parce que nous empruntons constamment au végétal (et à l'animal, ce qui est une solution de facilité), un retour en arrière que met en evidence le mythe de l'Age d'Or ses forces vitales par l'ingestion et la digestion. Pourquoi n'y aurait-il pas d'autres méthodes que le phénomène de la digestion ?

La question est posée. On dit toujours que celui qui pose la question en connaît nécessairement la réponse, du moins dans son inconscient. Cette réponse, une fois surgie des ténèbres de l'inconscient, pourrait peut-être expliquer certains phénomènes, inexplicables actuellement par une science encore trop aristotélicienne, des guérisons dites miraculeuses, en particulier. Le surnaturel est-il vraiment « au-dessus du naturel » ? Ou bien n'est-ce pas plutôt l'incapacité que nous avons de dépasser les limites fixées arbitrairement à notre entendement ? A ce compte, la magie peut être définie comme un ensemble de techniques permettant, grâce à une compréhension de ce qui n'est pas évident, de maîtriser les forces obscures qui innervent la nature — et nous-mêmes — sans que nous le sachions vraiment. La tradition alchimique prétend que la Pierre Philosophale, qui, dans la réalité, ne sert que très accessoirement à transmuter le plomb en or, contrairement à l'opinion courante, est une panacée universelle. Or, cette panacée universelle existe dans la tradition druidique, au témoignage de Pline l'Ancien lui-même : c'est le gui.

Pline écrit en effet que « les Gaulois croient que le gui, pris en boisson, donne la fécondité aux animaux stériles et constitue un remède contre tous les poisons » *(Histoire Naturelle,* XVI, 249). Nous ne connaissons pas le nom gaulois du gui, mais en irlandais, le mot est *uile-iceadh,* c'est-à-dire littéralement « guérit tout », « panacée », et le mot gallois *oll-iach,* très proche, a exactement le même sens. Le terme breton armoricain le plus commun pour le gui est *uhelvarr* (« haute branche »), mais au XVIIIe siècle, en dialecte vannetais, on utilisait la périphrase *deur derhue,* c'est-à-dire « eau de chêne », et actuellement l'expression *remed-oll,* « remède à tout », qui se retrouve dans le nom du bourg haut-vannetais de Remungol (Morbihan). Panacée universelle, haute branche et eau de chêne, voilà le gui, ce curieux végétal qui semble surgir des époques antédiluviennes.

C'est en effet une plante extraordinaire. C'est un parasite, en quelque sorte une plante-vampire qui se nourrit de la sève d'un arbre. Or il y a équivalence absolue entre la Sève et le Sang (et aussi le Sperme). Il est certain que le gui que l'on trouve sur les chênes (c'est très rare, mais cela existe), ne survit que parce qu'il suce le *sang* du chêne, c'est-à-dire son énergie vitale, son âme aussi, car il y a également certaines traditions, un rapport étroit entre le sang et l'âme humaine ou même animale. On comprend alors l'importance qu'a pu revêtir la cueillette du gui par les druides, sur un chêne, « ou tout autre arbre considéré symboliquement comme un chêne ». De plus, nous savons que le gui est une des plantes les plus archaïques de la planète, peut-être l'une des plantes rescapées du déluge, c'est-à-dire d'une époque où les conditions de vie sur terre n'étaient pas du tout les mêmes que de nos jours. il faudrait conclure que le gui a survécu à différentes phases de l'évolution formelle de la vie, et qu'il s'est adapté à des circonstances qui n'étaient pas celles des origines. D'où son *parasitisme*. Ne pouvant plus puiser son énergie vitale dans là terre, comme les autres plantes, il s'est fixé sur des végétaux dont il fait sienne la sève. En ce sens, on peut dire que le gui libère l'énergie du chêne, qu'il la *manifeste*, et qu'il l'utilise à sa propre survie. Voici un excellent exemple d'utilisation de l'énergie végétale, et il apparaît comme certain que les druides ont mis à profit cette particularité.

Cela ne signifie pas que les druides aient été en possession des technologies capables d'intégrer cette énergie végétale dans le quotidien pratique, même si les applications du principe ont pu se faire sentir dans des domaines précis, médecine et magie par exemple, ces deux disciplines n'en faisant d'ailleurs qu'une dans les sociétés anciennes qu'on s'obstine à qualifier de primitives. Pline affirme qu'avec le gui, les druides fabriquaient une sorte de « potion magique ». La médecine actuelle a mis en évidence la valeur thérapeutique du gui, et l'utilise. La phytothérapie, qui connaît une certaine vogue, s'inscrit dans la stricte lignée de la médecine végétale antique. Dans toutes les campagnes, pendant des siècles, on s'est soigné — sinon guéri — par des plantes. La médecine populaire a hérité des druides, même si la sagesse druidique, transmise maladroitement à travers une société qui n'était plus authentiquement celtique, est devenue une suite de recettes plus ou moins bien comprises. Il ne faut pas oublier que le mot « druide » en français, *druid* en anglais, *derwydd* en gallois et *drouiz* en breton armoricain, sont des reconstitutions savantes modernes guères antérieures à la fin du XVIIIe siècle. Le mot s'était perdu, tout au moins dans son acception première. Le mot populaire, résultant de l'évolution logique de la langue est *draoi* en gaélique actuel, ce qui signifie « sorcier » et *dryw*, ce qui veut dire « roitelet » en gallois contemporain[1]. » C'est assez révélateur.

---

1. En breton armoricain, le mot s'était complètement perdu. Lorsque Hersart de la Villemarqué, dans le premier chant de son *Barzaz-Breiz,* fait des « Séries » un poème « druidique », il s'arrange pour introduire un néologisme de formation savante, ce qui prouve d'ailleurs, sinon l'inauthenticité du chant, mais la « trituration » dont il a été l'objet. Le *Barzaz-Breiz* n'est pas, surtout en ce qui concerne la première partie, un recueil de chants populaires traditionnels, mais une reconstitution savante d'une littérature orale traditionnelle, avec tout son lot de conjectures et d'hypothèses.

Ce qui est intéressant ici, et qui montre d'ailleurs l'intérêt de Brocéliande en tant que «forêt druidique», c'est de constater la permanence du mythe végétal (combat des Arbres, naissance végétale, médecine végétale universelle). Il doit correspondre à quelque chose de très fort dans la structure mentale des Celtes. Et le rituel du gui semble résumer à lui seul cette «magie végétale». Le chêne représente la force divine, l'énergie cosmique, même quand il est remplacé symboliquement par un autre arbre. Donc, le gui, *eau de chêne,* est le support idéal de l'influx divin, de l'âme divine. Le soin avec lequel on cueille le gui (avec une faucille d'or), le soin avec lequel on le recueille (sur un linge blanc) prouvent le respect dans lequel les druides tenaient cette plante. On comprend alors qu'il s'agissait pour eux de capter l'énergie divine. La démarche druidique, tant spirituelle que pragmatique, a été d'intégrer la divinité dans l'humain, en définitive d'incarner la divinité dans le monde des réalités qui est l'existence.

Cependant, après avoir ainsi posé ses conditions, Merlin prend congé de Rydderch, de Gwenndydd et de Gwendolyn. Il retourne dans la forêt. Mais quelques jours plus tard, on apprend que l'enfant dont il a prédit la mort de trois façons différentes est tombé sur un rocher, dans un précipice, en poursuivant un cerf, s'est noyé dans l'eau d'un fleuve tout en restant accroché par le pied à la branche d'un arbre[1]. Le fou avait vu juste, et il est inutile de dire que la nouvelle de cet accident jette un certain froid dans les relations de Gwendydd avec son mari, le roi étant maintenant porté à croire que les accusations de Merlin contre son épouse étaient justifiées.

Merlin est donc de nouveau dans la forêt. Il lit dans les astres que le roi Conan va bientôt succéder au roi Constantin, et que sa propre femme est sur le point de se remarier. Le lendemain, monté sur le cerf, et poussant devant lui un grand troupeau de cerfs et de daims, il se présente devant la maison où doit se dérouler le festin des noces. Il appelle Gwendolyn, qui apparaît à une

1. La encore, l'origine de cet épisode se trouve dans la vie latine de saint Kentigern. Le pauvre fou Laïloken vient un jour trouver le saint pour lui demander la communion. Il prétend qu'il mourra le jour même, à coups de pierres et de bâton, percé par une broche de bois et noyé dans l'eau. Kentigern juge ces paroles incohérentes, mais donne la communion à Laïloken, lequel, poursuivi par les pâtres du roi Meldred, est frappé de coups de pierres et de bâton, tombe dans une rivière et meurt dans l'eau, transpercé par un pieu que des pêcheurs avaient placé à cet endroit.

fenêtre et qui s'amuse prodigieusement du spectacle de Merlin monté sur son cerf. Mais le fiancé apparaît lui aussi à la fenêtre : alors Merlin arrache une des cornes du cerf sur lequel il se trouve et la lance contre le fiancé, lui brisant ainsi le crâne. Puis, toujours sur son étrange monture, il regagne la forêt.

Mais, au passage d'un torrent, Merlin perd l'équilibre et tombe dans l'eau. Les serviteurs de Rydderch, qui le suivaient, n'ont aucun mal à s'emparer de lui et à le ramener à Gwendydd. Celle-ci, qui a décidé de s'occuper personnellement de son frère, le fait garder jour et nuit. Or Merlin, toujours hanté par son idée fixe de retourner dans la forêt, devient mélancolique et en perd le boire et le manger. Pour le distraire, Rydderch le fait promener à travers la ville. Un jour, devant la porte du palais, Merlin aperçoit un mendiant assis, et il éclate de rire. Plus loin, c'est en voyant un jeune homme acheter des chaussures neuves et des pièces pour les raccommoder qu'il se met à rire. De nouveau, Rydderch lui propose la liberté s'il consent à expliquer pourquoi il a ri. Merlin déclare alors que le mendiant ignorait qu'il était assis sur un trésor, et que le jeune homme ne savait pas qu'il devait mourir quelques instants plus tard. On vérifie les dires de Merlin, et il s'avère qu'il a dit exactement la vérité. Rydderch, conformément à sa promesse, le fait libérer.

Néanmoins, si Merlin retourne dans la forêt, Gwendydd obtient de lui qu'il consente à plus de confort. Elle fait construire un groupe de maisons où elle-même pourra venir résider avec ses serviteurs. Non loin de là, un peu à l'écart, se trouvera la maison de Merlin, avec soixante-dix portes et soixante-dix fenêtres, afin de permettre l'observation des astres. C'est là que vivra Merlin pendant les longs mois d'hiver. L'été, il s'en ira par les bois en compagnie d'un loup gris[1]. Et soixante-dix scribes recueilleront ses prophéties sur l'avenir de la Bretagne.

Merlin chante donc, en présence de sa soeur, les événements futurs qui surviendront, puis il annonce la mort de Rydderch. Il ordonne à Gwendydd d'aller faire l'éloge funèbre de son mari, puis de revenir en lui amenant Taliesin[2], le barde, qui doit être

1. Dans une version de la Quête du Graal, version appelée *Didot-Perceval,* Merlin se trouve en compagnie de l'ermite Blaise, lequel écrit, sous sa dictée, les aventures des chevaliers d'Arthur. Or *Blaise* est la transcription française du breton *bleiz* (et du gallois *bleidd*) qui signifie « loup ». C'est loin d'être une simple coïncidence.

2. Barde célèbre de la tradition galloise dont les poèmes se trouvent dans un manus-

de retour d'Armorique où il a étudié la sagesse à l'ermitage de Gildas[1]. Gwendydd obéit. Elle chante le chant de mort de Rydderch Haël et fait graver sur la tombe de celui-ci : « Rydderch le Généreux (=*hael*), qui n'eut pas d'égal en générosité dans le monde, ce grand roi repose ici dans ce modeste tombeau. »

C'est alors que Gwendydd décide de se retirer définitivement auprès de son frère. Elle revient en compagnie de Taliesin. On apprend que le barde était allé en Armorique pour s'instruire sur les phénomènes du vent et des nuages. Il peut ainsi faire un très long rapport à Merlin, vaste compilation de croyances plus ou moins magiques sur la création du monde, le ciel, la mer, les poissons et les îles, et où apparaissent tous les thèmes favoris des poèmes en langue galloise attribués à Taliesin. Mais cet étalage de spéculations ésotériques permet aussi à Taliesin de décrire la fameuse île d'Avalon :

« L'île des Pommiers (*Insula Pomorum*) est aussi appelée Ile Fortunée parce que toute végétation y est naturelle. Il n'est point nécessaire que les habitants la cultivent. Toute culture est absente, sauf celle que fait la nature elle-même. Les moissons y sont riches et les forêts y sont couvertes de pommes et de raisins. Le sol produit tout comme si c'était de l'herbe. On y vit cent années et plus. Neuf sœurs y gouvernent par une douce loi et font connaître cette loi à ceux qui viennent de nos régions vers elles. De ces neuf sœurs, il en est une qui dépasse toutes les autres par sa beauté et par sa puissance. Morgane est son nom, et elle enseigne à quoi servent les plantes, comment guérir les maladies. Elle connaît l'art de changer l'aspect d'un visage, de voler à travers les airs, comme Dédale, à l'aide de plumes.

---

crit, le *Livre de Taliesin,* datant du XIIIe siècle. Certains de ces poèmes sont authentiquement du VIe siècle et probablement dus au barde historique Taliesin, qui vécut auprès du roi Uryen Rheged, parmi les Bretons du Nord. Mais la légende de Taliesin s'est développée autour du thème du barde détenteur de toute la connaissance druidique, doué du don de prophétie, et *né deux fois* après avoir absorbé les trois gouttes magiques du chaudron de la déesse Keridwen. Personnification de la science bardique, héritière de la connaissance druidique, Taliesin est l'un des héros les plus étranges de la tradition galloise.

1. Saint d'origine galloise venu s'établir en Bretagne armoricaine, notamment à Bieuzy-les-Eaux, sur les bords du Blavet, et sur la presqu'île de Rhuys où il passe pour avoir fondé l'abbaye qui porte son nom. On lui attribue un texte latin, le *De excidio Britanniae,* dans lequel il déplore la ruine morale de la Bretagne insulaire, cause de l'invasion des Saxons et de l'émigration des Bretons en Armorique. C'est un des saints les plus honorés (Gweltaz) en péninsule armoricaine.

On dit que ses sœurs étudient cette science... C'est là qu'après la bataille de Camlann, nous conduisîmes Arthur blessé, sur le navire Prytwen[1], que les flots et les astres du ciel dirigeaient. Conduits par lui, nous arrivâmes en ce lieu où Morgane nous reçut avec les honneurs qui convenaient. Elle fit porter le roi dans sa chambre, sur une couche d'or, et elle découvrit la blessure de sa main prudente. Elle le veilla longtemps et, enfin, elle lui dit qu'il pourrait retrouver la santé si, avec elle, il restait dans cette île et voulait accepter ses remèdes. Donc, tout en nous réjouissant, nous lui confiâmes le roi et nous mîmes les voiles en position favorable pour que les vents assurassent notre retour[2]. »

Voilà donc lancée dans la littérature européenne l'idée d'un roi Arthur qui n'est pas mort, et qui reviendra un jour. On sait, d'après des témoignages, que cette tradition remontait très loin et qu'elle était très connue en Grande-Bretagne dès le Xe siècle. Geoffroy de Monmouth ne fait que reprendre une légende mise en doute à l'époque dans certaines régions où l'influence celtique demeurait encore très vive. Et voilà également lancée l'image lancinante des *Dames d'Avalon*, ces mystérieuses fées groupées autour de Morgane, la «Grande Reine», celle que les Irlandais appelaient Morrigane, les Gallois Modron, et les Gaulois Matrona. Morgane, la maîtresse d'Avalon, l'île des Pommiers (que les Irlandais appellent *Emain Ablach*). La fée Morgane des romans de la Table Ronde, la fée Morgue des contes populaires, déchire ainsi l'écran de brume qui la sépare de nous et fait irruption dans l'imaginaire de l'Occident, rejoignant la fée Viviane, la Dame du Lac, bien reconnaissable sous les traits de Gwendydd»[3].

1. Dans la tradition galloise, c'est le bouclier magique d'Arthur.

2. On remarquera que l'histoire légendaire de Merlin se situe nettement *après* l'aventure arthurienne. Rappelons que si Merlin a eu une existence historique, ce qui n'est pas douteux, ce ne peut être que cinquante ans après l'Arthur historique, simple chef de guerre de Cornwall et du sud du Pays de Galles. Quand la légende de Merlin s'est fondue dans celle d'Arthur, Merlin a été présenté comme bien plus âgé qu'Arthur, alors qu'historiquement, c'est le contraire.

3. Le nom de Gwendydd, en gallois, signifie « Blanche Journée ». Geoffroy de Monmouth lui donne la forme latine de *Ganieda.* On remarquera que chez Geoffroy, comme dans la tradition galloise, il s'agit de la sœur de Merlin, alors que dans la tradition arthurienne, Viviane n'offre aucun lien de parenté avec l'enchanteur. Il semble y avoir ici le souvenir d'un antique hiérogame incestueux entre frère et sœur, la relation entre

Cependant, après son récit sur les derniers moments du roi Arthur, Taliesin se lamente avec Merlin sur le sort de la Bretagne livrée aux envahisseurs saxons. Taliesin suggère d'envoyer un messager à l'île d'Avalon afin de savoir si Arthur est guéri et s'il est possible de le ramener. Merlin lui répond que les temps ne sont pas encore venus : les Saxons se rendront d'abord maîtres de toute l'île en dépit d'une résistance acharnée de trois rois bretons. Ce n'est que plus tard que sera réalisée la résurrection bretonne. Lorsque Konan d'Armorique et Kadwalladr de Cambrie (*Cymru*, «Pays de Galles») auront réuni en un même empire les Gaëls d'Irlande, les *Cymry* (Gallois, les Cornouaillais et les Armoricains. C'est le rêve panceltique par excellence, ce rêve qui animera pendant de longs siècles les populations bretonnes et irlandaises sous le joug de rois étrangers, et que reprendra d'ailleurs à son compte Henry II Plantagenêt : de l'union de tous les peuples celtes naîtra une nouvelle génération ; alors, le roi Arthur pourra revenir de l'île d'Avalon.

La vie suit pourtant son cours. Merlin observe les astres, et Taliesin compose des poèmes. On vient un jour annoncer à Merlin qu'une source nouvelle vient de jaillir non loin de là. Merlin se dirige vers la source et goûte de son eau. Instantanément, il recouvre la raison[1]. Il rend grâce au Créateur de sa guérison et demande à Taliesin de lui expliquer comment cette source a pu apparaître et d'où lui vient son pouvoir magique. Le barde se lance alors dans une longue et filandreuse dissertation sur les sources, dissertation conforme en tous points à certains poèmes gallois qui lui sont attribués, toujours au bord du délire, toujours imprégnés de vague ésotérisme et de ce néo-druidisme qui commençait à devenir florissant à l'époque en Grande-Bretagne.

Mais la nouvelle de la guérison de Merlin se répand par tout le pays. On l'invite à reprendre sa place dans la société et être à nouveau roi. Merlin refuse, prétextant qu'il est trop vieux et lassé du monde : il préfère rester dans la forêt, là où sont ses

---

le frère et la sœur constituant l'inceste absolu (comme c'était le cas dans l'Égypte ancienne, où le Pharaon épousait automatiquement et rituellement sa sœur). Viviane-Gwendydd représente une divinité maternelle protectrice, et s'oppose ainsi à Morgane, elle-même divinité maternelle, mais *provocatrice*. Viviane et Morgane sont les deux personnages clés féminins de la légende arthurienne, les deux aspects en apparence contradictoires de la même entité divine.

1. Il semble bien que cet épisode soit en rapport avec la tradition concernant la Fontaine de Barenton elle-même, dont les eaux passent pour guérir la folie.

vrais amis, les animaux sauvages. Un jour, un fou furieux se présente à lui : il le reconnaît comme étant un de ses anciens compagnons, un nommé Maeldin. Autrefois, il chassait avec lui dans les forêts et les montagnes du Pays de Galles. Or, au cours d'une chasse, sur la montagne d'Arwylli, comme ils venaient tous deux de se désaltérer à l'eau d'une fontaine, ils avaient aperçu, dans le ruisseau qui s'écoulait de la fontaine, des fruits d'allure appétissante. Merlin avait pris ces fruits et les avait distribués à tous ses compagnons, de telle sorte qu'il n'en était plus resté pour lui. Or, tous ses compagnons avaient été frappés de folie après avoir mangé les fruits, et Merlin avait alors compris que ces fruits avaient été empoisonnés à son intention par une femme qu'il avait aimée jadis et qui avait ainsi voulu se venger de son abandon.

Merlin se sent donc responsable du sort du malheureux Maeldin. Il le conduit à la fontaine bénéfique et lui fait boire de l'eau. Maeldin recouvre instantanément la raison, manifestant une joie intense et aussi sa reconnaissance envers Merlin. Maeldin, ainsi que Taliesin, décident de renoncer définitivement au monde et de demeurer auprès de Merlin. Ainsi, tout le monde rentre en ville, sauf Merlin, Taliesin, Maeldin et Gwendydd, qui s'enfoncent dans la forêt. C'est alors que Gwendydd est saisie tout à coup d'une « fureur » sacrée : elle se met à délirer et à prophétiser longuement sans que personne ne puisse l'en empêcher. Merlin déclare que désormais, lui-même ne fera plus aucune prophétie : c'est maintenant sa soeur qui est en possession du don de prédire l'avenir, et son don est plus puissant que le sien propre.

Ainsi se termine le récit de la *Vie de Merlin,* d'après Geoffroy de Monmouth. Mais il est bien certain que le rôle dévolu à Gwendydd, la *sœur* de Merlin dans cette version archaïque de la légende, va devenir, dans les versions ultérieures, le rôle de *l'amante* de Merlin, la fée Viviane, image d'une antique déesse des eaux et des forêts[1], celle qui enferma Merlin dans un château invisible après avoir appris de lui tous ses secrets, et qui deviendra plus tard la célèbre et mystérieuse *Dame du Lac.*

1. Viviane porte un nom qui provient, après de multiples transformations, du nom d'une déesse de la mythologie irlandaise, Boarn ou Boyn (c'est le nom de la rivière Boyne), autre aspect de la triple Brigit, la Minerve gauloise. Certaines versions donnent à Viviane le nom de *Nimue,* où l'on peut retrouver la racine *nem,* « sacré », reconnaissable dans le *nemeton,* le temple druidique.

II

MERLIN L'ENCHANTEUR

A partir du XIIe siècle, la légende de Merlin va évoluer considérablement et intégrer de nombreux éléments recueillis aussi bien dans les traditions proprement bretonnes que dans le fonds mythologique universel. Dans sa *Vita Merlini*, Geoffroy de Monmouth présentait un Merlin parfaitement humain, qui devait ses dons de «voyance» à des circonstances extérieures, et en cela, il restait fidèle au modèle celtique du personnage. Mais, dans son autre ouvrage, *l'Histoire des Rois de Bretagne (Historia Regum Britanniae)*, source littéraire de toute la légende arthurienne ultérieure, Geoffroy de Monmouth est allé plus loin : non seulement, il a introduit dans le public lettré de l'époque le personnage du roi Arthur, mais, en puisant dans des données cléricales ou orales, il a contribué à constituer le personnage définitif de Merlin l'Enchanteur, notamment en opérant la synthèse entre le thème du Fou du Bois (qui est celui du druide) et le thème de *l'Enfant qui parle*[1]. Ainsi apparaît un autre Merlin, toujours druide, et qui tiendra ce rôle auprès des rois Uther Pendragon et Arthur, mais également être surnaturel, né dans des circonstances mystérieuses et doué de pouvoirs innés.

---

1. Étymologiquement, l'Enfant (latin *in-fans*) est « celui qui ne parle pas ». Donc, si l'Enfant parle, c'est qu'il est surnaturel.

Geoffroy a longtemps passé pour être l'auteur de cette métamorphose, ou plutôt de cette synthèse. Ce n'est pas certain : le personnage de l'Enfant qui parle apparaît dès le Xe siècle dans un curieux texte latin rédigé au Pays de Galles, mais dont le manuscrit le plus complet a été retrouvé à Chartres, *l'Historia Britonnum*, à vrai dire l'un des premiers documents fiables concernant la légende arthurienne. Dans ce texte, Merlin, qui n'est d'ailleurs pas nommé ainsi (mais « Ambroise, le chef, de la race des Consuls romains »), apparaît à la fois comme un « enfant sans père », un « enfant qui parle », un « homme sauvage », et un « prophète magicien ». De plus, d'autres écrivains du XIIe siècle ont brodé sur le même thème, en particulier le normand Robert Wace, adaptateur de Geoffroy et témoin des « enchantements » de Brocéliande, et Robert de Boron, un Franc-Comtois qui est peut-être le véritable introducteur de la légende du « Saint » Graal. Toutes ces convergences ont donné corps à un Merlin nouveau, tel qu'il apparaît dans l'ensemble des récits classés comme « Romans de la Table Ronde », récits centrés autour du roi Arthur, et faisant en quelque sorte la synthèse de toutes les traditions celtiques orales de l'époque.

Toute l'histoire de Merlin débute en Enfer, où il y a une grande assemblée des diables. Furieux de voir que Jésus est venu sauver des âmes qui se trouvaient en son pouvoir, Satan décide de réagir : on enverra sur terre un *antéchrist* qui naîtra d'un diable et d'une femme et qui sèmera le trouble et le péché parmi les humains. Un diable est délégué à cet effet. Il jette son dévolu sur la fille du roi des Démètes (Dyved), laquelle est très pieuse et très pure, et vient rôder près d'elle toutes les nuits, lui inspirant des rêveries langoureuses. La jeune fille, inquiète et tourmentée, ne voit pas d'autre solution que d'en appeler à son confesseur. Celui-ci lui recommande de ne jamais s'endormir sans laisser de la lumière près de son lit, car « le diable ne vient pas volontiers où il y a de la clarté ». Mais un soir, la jeune fille, sans doute fatiguée, s'endort sans avoir allumé de lampe. « Le diable fut bien content. Il revêtit sa forme humaine, et, tandis qu'elle dormait, il s'approcha d'elle et la connut charnellement. A son réveil, la jeune fille se rend parfaitement compte de ce qui s'est passé. Elle va trouver une nouvelle fois son confesseur. Le prêtre lui accorde l'absolution à condition qu'elle « ne mange qu'une seule fois le vendredi et qu'elle s'abstienne désormais de toute luxure, hors celle qui vient en dormant et dont nul ne peut se garder. Et elle promit. Le diable comprit alors qu'il l'avait perdue et il en fut très courroucé. »

Cependant, on s'aperçoit bientôt que la jeune fille est enceinte. Selon l'usage du temps, elle doit être jugée et condamnée, puisqu'elle ne connaît pas le père de son enfant, à moins qu'elle ne devienne prostituée. Elle refuse avec horreur toute idée de prostitution et on l'enferme alors dans une tour. C'est là qu'elle accouche d'un garçon « plus velu qu'aucun nouveau-né n'a été », et qu'elle fait baptiser sous le nom de son aïeul maternel, c'est-à-dire Merlin. Un jour qu'elle se lamente, l'enfant se met à lui parler et à la consoler. Mais le procès de la jeune fille doit se dérouler. On l'emmène, avec son enfant, devant le juge qui s'apprête à lui infliger une lourde condamnation. C'est alors que l'enfant Merlin prend la parole et s'adresse au juge : « Je connais mieux mon père que vous le vôtre ! » Étonnement général. Le juge, quelque peu troublé, fait venir sa propre mère et demande à l'enfant Merlin de s'expliquer. Merlin ne dit rien et se contente de regarder la mère du juge. Alors celle-ci, en proie au remords et au désespoir, finit par avouer que le juge est le fils d'un prêtre. Le juge pardonne solennellement à sa mère et fait relâcher celle de Merlin qui s'en ira dans un couvent. Mais, auparavant, Merlin a expliqué de qui il était le fils : « Sache que je suis le fils d'un Ennemi qui a trompé ma mère. Et sache que ces ennemis ont nom incubes et habitent dans l'air. Dieu a permis que j'eusse leur science infuse et leur mémoire, et je sais comme eux les choses faites et dites, et passées. Mais de plus, à cause de la bonté de ma mère, de son repentir et de sa pénitence, Notre-Seigneur a permis que je connusse aussi les choses de l'avenir. »

L'île de Bretagne est alors dans une situation délicate. Après la mort du roi Constantin le Béni, un chef breton du nom de Vortigern a usurpé le pouvoir et s'est fait reconnaître comme roi, alors que les deux héritiers, Aurélius Ambrosius et Uther Pendragon, ont été obligés de se réfugier en Armorique. Pour affermir son pouvoir, Vortigern[1], a fait alliance avec les Saxons

1. C'est effectivement le Vortigern historique (Gwrtheyrn en gallois) qui semble avoir fait venir les Saxons dans l'île de Bretagne pour l'aider dans ses luttes contre les autres chefs bretons. Le nom de Vortigern signifie « grand roi ». C'est évidemment un surnom.

et est même devenu le gendre d'Hengist, le plus redoutable des chefs saxons. D'ailleurs, les Saxons, profitant de la situation, se montrent chaque jour de plus en plus exigeants et réclament des terres et des richesses. Vortigern est obligé de satisfaire leurs exigences et échappe même à un complot monté par les Saxons[1], au cours duquel périssent un grand nombre de chefs bretons.

Hengist avait en effet invité Vortigern et les chefs bretons à un grand festin dans la plaine de Salisbury, non loin du fameux monument mégalithique de Stonehenge. Il avait ordonné aux Saxons de dissimuler chacun un long couteau dans sa chaussure, et d'égorger son voisin lorsqu'il crierait : « nimed our saxes (tirez vos couteaux) ». Seul, le roi devait être épargné. C'est ainsi que quatre cent soixante chefs bretons furent égorgés dans ce qu'on appelle le « Complot des Longs Couteaux ». En dehors du roi, il y eut pourtant un rescapé, Eidol, comte de Gloucester, qui, ayant saisi un pieu, tua soixante-dix Saxons avant de s'enfuir.

Vortigern, menacé à la fois par les Saxons et par les partisans d'Aurelius et d'Uther, se réfugie au Pays de Galles. Il veut s'y faire construire une forteresse imprenable. Il choisit comme emplacement le Mont Eryri (Showdon) et réunit là tous les ouvriers disponibles. Mais, chaque jour, l'ouvrage de la veille s'effondre régulièrement. Il y a là un prodige inexplicable. Vortigern fait venir ses druides et ses sages et leur demande leur avis sur ce qu'il convient de faire. Ils répondent qu'il faut aller chercher un enfant sans père, le tuer et mélanger son sang au mortier : de cette façon, les fondations seront solides[2]. Vortigern envoie donc des messagers à la recherche d'un enfant sans père, et c'est ainsi qu'ils découvrent Merlin et la fille du roi des Démètes. Ils ramènent l'enfant et sa mère auprès de Vortigern.

Vortigern est plein d'égards pour la fille du roi des Démètes. Il l'interroge avec douceur et lui demande des preuves quant à la bâtardise de Merlin. Voici ce qu'elle répond : « Sur ton âme et sur la mienne, seigneur roi, je n'ai point connu d'homme qui ait engendré en moi. Je ne sais qu'une chose : comme j'étais avec mes compagnes, dans ma chambre, pour me reposer, alors

1. La base de cette anecdote est historique, les Saxons ayant attiré, sous prétexte de discussions, les principaux chefs bretons dans un piège.

2. Croyance répandue pendant toute l'Antiquité.

souvent m'apparaissait un jeune homme de très bel aspect. Il m'entourait de ses bras et me baisait la bouche. Et au bout de quelques instants, il disparaissait et je ne voyais plus rien de lui. Souvent aussi, lorsque je me trouvais à l'écart, il venait me parler, mais je ne le voyais jamais. Et quand il m'eut fréquentée longtemps de cette façon, il fit l'amour avec moi, sous l'aspect d'un homme, de telle sorte qu'il me laissa enceinte. » Vortigern fait alors venir un sage et lui demande si une telle chose est possible. Le sage répond : « J'ai lu dans les livres de nos philosophes, et dans de nombreuses histoires, que beaucoup d'hommes ont été conçus de la sorte. Ainsi que le soutient Apulée à propos du dieu Socrate, il y a, entre la terre et la lune, certains esprits que nous appelons incubes. Ceux-ci participent à la fois de la nature humaine et de la nature angélique, et, quand il leur plaît, ils prennent figure humaine et ont des rapports avec des femmes. »

De plus en plus intrigué, Vortigern n'a de cesse d'interroger lui-même l'enfant Merlin. Celui-ci, mis en présence du roi et de ses druides, accuse ceux-ci de mensonge et d'incapacité. Il révèle qu'à l'emplacement où l'on veut construire la forteresse, se trouve un étang souterrain, et que, dans cet étang, deux dragons se battent toutes les nuits, renversant du même coup les fondations qu'on tente d'installer. Vortigern ordonne qu'on creuse profondément la terre : on découvre l'étang et les deux dragons, l'un blanc, l'autre rouge. Les deux dragons se battent. Le dragon blanc est blessé, mais de son haleine flamboyante, il brûle le rouge avant de mourir à son tour. Vortigern presse l'enfant Merlin de lui dire la signification de cette étrange scène. Et Merlin fond en larmes avant de se lancer dans de longues vaticinations. Puis il dit au roi : « Vortigern, le dragon rouge te représente, et le dragon blanc représente le fils du roi Constantin, c'est-à-dire Aurélius Ambrosius à qui tu as volé son héritage. Si les deux dragons se battent ainsi depuis longtemps, c'est parce que tu tiens le royaume depuis longtemps déjà. Si le blanc à brûlé le rouge, c'est qu'Aurélius te fera brûler toi-même. » Et Merlin continue en prophétisant tous les malheurs qui arriveront en Bretagne.

Vortigern se contente de renvoyer l'enfant Merlin et sa mère où on les a trouvés. Il fait rapidement construire sa forteresse, et celle-ci tient debout, puisque les deux dragons ne la bouleversent plus. Mais, quelques jours plus tard, on apprend qu'Aurélius Ambrosius et son frère Uther Pendragon ont débarqué, à la tête d'une puissante armée. Tous les Bretons se rallient aux fils de Constantin. Aurélius pourchasse les Saxons et assiège la forteresse dans laquelle s'est réfugié Vortigern, et à laquelle on met le feu. L'usurpateur périt avec toute sa famille. Voici Aurélius Ambrosius désormais roi. Il rétablit partout la paix et veut construire un monument à la mémoire des chefs bretons massacrés par les Saxons dans la plaine de Salisbury, monument qu'il veut grandiose et défiant le temps. Pour ce faire, il convoque de nombreux ouvriers, mais ceux-ci refusent d'effectuer un travail qui les dépasse. Trémorin, l'archevêque de Carlion-sur-Usk, déclare au nouveau roi que seul Merlin pourrait faire quelque chose. Aurélius Ambrosius envoie donc les messagers à la recherche de Merlin, et ils le découvrent près de la fontaine de Galabes où il a coutume de résider.

Conduit devant le roi qui lui demande de prophétiser l'avenir, Merlin refuse de répondre, car, à son avis, le moment n'est pas venu de révéler des choses de cette sorte. Par contre, il donne son avis sur le monument projeté par Ambrosius : « Si tu veux honorer tes morts par une sépulture perpétuelle, envoie des messagers au Cercle des Géants qui se trouve sur la montagne de Killara en Irlande. Là en effet se trouvent des pierres que personne, de ce temps, ne pourrait assembler, sinon par art ingénieux. Grandes sont ces pierres et elles n'ont pas leurs pareilles en vertus. Qu'on les range en cercle en cet endroit, et elles tiendront perpétuellement. » Le roi s'étonne qu'il faille aller chercher si loin des pierres, alors qu'il y en a tant dans l'île de Bretagne. Merlin ajoute alors : « Ce sont des pierres mystiques et douées de différentes vertus curatives. Autrefois, les Géants les ont apportées du fond de l'Afrique et ils les ont placées en Irlande, alors qu'ils l'habitaient. A cause de cela, ils les mettaient dans leurs bains et guérissaient ainsi leurs maladies. Ils les mélangeaient aussi avec des emplâtres d'herbes pour soigner leurs blessures. »

Ambrosius envoie Merlin en Irlande avec une armée conduite par son frère Uther Pendragon. Après avoir vaincu le roi d'Irlande qui s'opposait à ce que les Bretons s'emparassent des pierres, ils essaient de déplacer les blocs sous l'œil quelque peu goguenard de Merlin. Personne ne parvient à bouger le moindre bloc. Alors Merlin finit par utiliser sa magie pour enlever les pierres et les entasser dans les navires avant de les conduire en Bretagne. Là, toujours grâce à ses sortilèges, il les met en place à l'endroit voulu, et le roi Ambrosius fait célébrer de grandes fêtes pour honorer l'événement[1].

Cependant, les Saxons ont repris leurs attaques contre les Bretons, recevant l'appui de Pascen, l'un des fils de Vortigern. Sur les conseils de Merlin, Uther Pendragon se prépare à livrer un assaut contre Pascen, mais pendant ce temps, un Saxon a réussi à faire boire à Aurélius Ambrosius un breuvage empoisonné. Ambrosius meurt. « Tandis que ces choses se passaient, apparut dans le ciel une étoile prodigieuse par la taille et par l'éclat, mais avec un unique rayon auquel était attachée une masse de feu en forme de dragon. De la bouche de ce dragon sortaient deux rayons... A cette apparition, tous furent frappés de stupeur et Uther s'adressa à tous les sages. Merlin fut lui aussi interrogé. Il se mit à pleurer, puis, se ressaisissant, il s'écria : « O malheur irréparable ! ô peuple endeuillé de la Bretagne ! ô perte du plus noble des rois ! Aurélius Ambrosius est mort. Hâte-toi, Uther, livre bataille à l'ennemi. Tu seras vainqueur et tu deviendras roi. Cet astre, ce dragon de feu, c'est toi qu'il représente[2]. » Effectivement, Pascen et les Saxons sont mis en déroute. Devenu roi, Uther Pendragon fait enterrer dignement son frère et place un dragon d'or dans son tombeau puis il reprend la lutte contre les Saxons et leurs alliés.

Une fois la paix complètement rétablie, Uther Pendragon organise le royaume et rassemble tous les chefs bretons à Carduel. Au cours de ces fêtes, il remarque la belle Ygerne, l'épouse du

---

1. Il s'agit du monument de Stonehenge, datant de l'époque mégalithique et complété à l'Age du Bronze, monument également appelé « Chorea Gigantum », c'est-à-dire « Danse des Géants ». On sait que les pierres bleues incluses dans le monument proviennent du Pays de Galles, à quelque trois cents kilomètres de là.

2. *Pendragron* signifie « tête de dragon ». A l'analyse, il semble bien que le personnage d'Uther Pendragon soit une invention du XIIe siècle à partir de la mauvaise lecture d'un passage de l'*Historia Britonnum*, texte du Xe siècle. Le passage est le suivant : *Arturus mab utr, id est filius horribilis*, ce qui signifie : « Arthur *mab utr*, c'est-à-dire fils horrible », allusion probable à la laideur d'Arthur, comparé d'ailleurs à un ours dont son nom contient la racine celtique *(art-)*, lorsqu'il était enfant. Arthur, à l'origine, n'est donc pas « fils d'Uther Pendragon », mais simplement un « fils horrible » (en gallois, *mab utr*), mais on a pris *utr* pour un nom de personne. Quant à Pendragon, c'est un titre honorifique reposant sur une tautologie, le mot *draco* signifiant également « tête » ou « chef », exactement comme *penn*.

duc Gorlois de Tintagel, et il en tombe même éperdument amoureux. Il lui envoie des messagers discrets pour la prier d'amour et lui promettre de nombreux présents. Mais Ygerne refuse tout net les avances du roi, lequel se montre tellement entreprenant que Gorlois finit par s'apercevoir du manège. Il s'arrange pour faire un affront public à Uther et se retire dignement avec les siens sur ses terres. Uther ne peut faire autre chose que de venger l'affront qu'il a subi et il s'en va entreprendre le siège de Tintagel, espérant que le duc sera tué dans un combat et qu'il pourra alors épouser de force la belle Ygerne.

Mais les défenseurs de Tintagel tiennent bon, et la forteresse, juchée sur un promontoire qui domine la mer, est imprenable. Et Uther Pendragon, au fur et à mesure que les semaines passent, est de plus en plus ravagé par la passion amoureuse. Il comprend qu'il n'obtiendra rien sans l'aide de Merlin, et il envoie des hommes sûrs à la recherche du jeune enchanteur-prophète. Ceux-ci, dans une forêt, rencontrent un étrange bûcheron à la longue barbe qui leur dit, soi-disant au nom de Merlin, que son maître ne rencontrera le roi que si celui-ci vient en personne le chercher. On rapporte ces paroles à Uther qui, laissant son armée autour de Tintagel, va lui-même dans la forêt, à la recherche de Merlin. Ce dernier lui apparaît sous l'aspect d'un berger contrefait. Il se fait d'abord prier pour conduire le roi auprès de Merlin, mais peu après, il reprend son aspect de jeune garçon, au grand ébahissement d'Uther, et consent à l'écouter. En entendant les paroles passionnées du roi à l'égard de la belle Ygerne, Merlin ne peut s'empêcher de rire. Uther le supplie de faire quelque chose, d'utiliser sa magie en sa faveur et il octroiera à Merlin tout ce que celui-ci pourra lui demander. « Vraiment, dit Merlin, je vois qu'il faut passer par ta volonté. Mais, je te prends au mot : jure-moi de m'accorder un don au moment où je te le demanderai, quelle que soit la nature de ce don, et quelque peine dût-il t'en coûter. » Uther Pendragon jure solennellement d'accorder ce don à Merlin. « Ce n'est pas tout, dit celui-ci, il faut que tu t'engages également à ne jamais révéler à quiconque le don que te demanderai. » Bien entendu, Uther Pendragon, au comble du désir amoureux, jure tout ce que demande Merlin, moyennant quoi le jeune enchanteur consent à le suivre à Tintagel.

Uther rejoint donc ses troupes et il apprend que le duc Gorlois a fait une sortie avec quelques compagnons et qu'il est allé rameuter certains de ses vassaux pour constituer une nouvelle troupe et prendre l'armée d'Uther à revers. Uther se réjouit, car ainsi, la belle Ygerne se trouve dans la forteresse, sans la présence de son mari. Encore faut-il pénétrer dans la forteresse, ce qui n'est pas évident. Mais Merlin a un sourire ironique : « Roi, dit-il, puisque j'ai ton serment, je vais accomplir pour toi des prodiges que je n'accomplirai pour personne d'autre. Mais sache bien que si j'accepte de t'aider, ce n'est pas pour toi-même, mais pour le royaume de Bretagne. Mes paroles peuvent te paraître étranges, mais je connais les choses de l'avenir et je sais que si j'accomplis en ta faveur une action qu'on pourrait me reprocher et qu'on te reprochera sûrement, à toi, c'est parce que tout est écrit dans le grand livre des Destinées, et que toi et moi, sommes les instruments de Dieu. »

Et Merlin, par ses sortilèges, transforme l'aspect d'Uther Pendragon : il lui donne le visage de Gorlois, duc de Cornouailles. Quant à lui-même, il revêt l'aspect de Bretel, un des fidèles compagnons de Gorlois. Et dès que la nuit tombe, ainsi métamorphosés, les deux hommes franchissent les fossés sans encombre et se font reconnaître des gardes de Tintagel. On les laisse entrer avec joie, mais avec un certain étonnement, puisqu'on croyait le duc très loin. Uther n'a de cesse de rejoindre Ygerne. Celle-ci, fort surprise de ce retour inattendu, se trouve dans sa chambre, en compagnie de Morgane, la fille qu'elle a eue de Gorlois. Uther ne s'embarasse pas de préliminaires. Il entraîne Ygerne vers le lit, sous le regard étrange de la petite Morgane. Ainsi, « cette nuit-là, fut conçu Arthur, le plus fameux des hommes, qui, par la suite, gagna grand renom par sa bravoure ».

Le matin venu, Uther ne s'attarde guère. En cachette, et toujours guidé par le faux Bretel, ils sortent de la forteresse. Merlin, toujours par la magie, a recouvert le pays d'un épais brouillar grâce auquel ils passent inaperçus. Les voilà de nouveau parmi les troupes royales et ils reprennent leur aspect réel. On vient alors annoncer à Uther que le duc Gorlois est tombé dans une embuscade et qu'il a été tué au cours de la bataille. Ainsi Uther, lorsque la guerre sera terminée, pourra-t-il épouser la veuve de son ennemi, fait très fréquent dans ces siècles où il ne faisait pas bon, pour une femme, de rester sans époux lorsqu'elle avait la charge de terres et de vassaux. Les noces sont effectivement célébrées quelques semaines plus tard, et neuf mois après, Ygerne donne naissance à un fils.

Le roi Uther manifeste bruyamment sa joie : il a enfin un héritier qui pourra poursuivre l'oeuvre qu'il a commencé d'accomplir. Mais, à ce moment, un vieillard demande à lui parler, une sorte de vieux vagabond hirsute, portant une longue barbe et vêtu de noir. Le vieillard l'entraîne à l'écart et lui dit : « Roi, souviens-toi que tu m'as promis un don. Voici le moment de te le réclamer. » Uther reconnaît Merlin sous l'aspect du vieillard. « J'ai juré, dit-il. Quel est ce don ? » Merlin se met à rire : « C'est l'enfant qui vient de naître. Tu dois me le confier. Et personne ne devra jamais savoir que moi, Merlin, j'ai emporté avec moi le fils du roi Uther Pendragon. »

Le roi sait qu'il n'y a aucune discussion possible. La mort dans l'âme, il remet le nouveau-né à Merlin, et celui-ci disparaît dans la nuit avec sa proie. Il va trouver un preux chevalier du nom d'Antor et lui confie son précieux fardeau, se gardant bien de révéler l'origine de l'enfant, qui sera élevé en même temps que le propre fils d'Antor, le jeune Kaï. Et ayant accompli ainsi sa mission, Merlin retourne dans la forêt.

Seize ans plus tard, après un règne sans histoire, Uther Pendragon tombe malade. Il a l'habitude, pour se soigner, d'aller boire l'eau d'une certaine fontaine aux vertus curatives. Mais les Saxons, toujours présents, même s'ils sont vaincus, et désireux de se venger, empoisonnent l'eau de la fontaine, de telle sorte que le roi meurt. Comme il n'a pas d'héritier mâle, les chefs bretons se réunissent pour essayer de lui trouver un successeur. Merlin sort de sa forêt et harangue les barons, leur demandant de se rassembler une nouvelle fois le jour de Noël. En sortant de la messe, ils aperçoivent une grande pierre taillée portant une enclume de fer dans laquelle est fichée une épée jusqu'à la garde. Au-dessous, sont écrits ces mots : « Celui qui ôtera cette épée sera le roi choisi par Jésus-Christ. » Bien entendu, les barons se disputent pour être le premier à tenter l'épreuve, et Merlin a bien du mal à éviter la violence. Mais les chefs bretons ont beau s'efforcer de retirer l'épée de l'enclume, aucun n'y parvient. Merlin, toujours aussi goguenard, contemple les plus valeureux de ces chefs en train de s'échiner en vain. Il fait savoir à tous que celui qui a été choisi par Dieu n'est pas encore là, et qu'il n'y a qu'à attendre. Cette attente semble interminable.

C'est alors qu'arrive le chevalier Antor, en compagnie des jeunes Kaï et Arthur. Tous trois se mêlent aux groupes qui se sont déjà installés, dans l'espoir de voir un jour le vainqueur de l'épreuve du perron être couronné roi. Et le lendemain, passant devant le perron, Arthur, comme pour s'amuser, saisit l'épée et la retire sans aucune difficulté. Il en est le premier ébahi, et aussi le seul, car la scène s'est déroulée sans nul témoin. Survient Kaï, lequel s'empare de l'épée et va la porter à son père en affirmant que c'est lui-même qui a réussi l'épreuve. Antor, qui est sage et avisé, connaît très bien les fanfaronnades de son fils : il lui fait avouer la vérité et oblige Arthur à remettre l'épée en place. Mais le soir, quant tous les chefs se rassemblent autour du perron, Antor demande aux assistants de permettre à son fils adoptif Arthur de tenter lui aussi l'épreuve.

Bien entendu, les assistants éclatent de rire en voyant ce timide adolescent se diriger vers le perron : les plus forts — et aussi les plus présomptueux — ont tenté en vain d'arracher l'épée à sa gangue de pierre. C'est donc pour s'amuser qu'ils acceptent la demande d'Antor. Quelle n'est pas leur surprise — mêlée de féroce jalousie — lorsqu'ils sont témoins du prodige : le jeune homme le plus obscur de toute la Bretagne, celui dont on ne connaît pas le vrai père, semble ainsi désigné par Dieu pour être le roi de ce pays qui a pourtant connu autrefois des souverains redoutables ! Le vent de la révolte gronde, et certains vont jusqu'à affirmer qu'ils ne reconnaîtront jamais en Arthur leur chef et leur guide. Aussi Merlin intervient. Devant tous, il révèle qu'Arthur est le fils d'Uther Pendragon et de la reine Ygerne. Il donne également le nom de l'épée : *Excalibur,* ce qui veut dire en hébreu « *tranche fer et acier*[1]. »

Arthur est donc couronné roi en présence de tout ce que la Bretagne compte de chefs valeureux et chevronnés. Mais cette unanimité de façade ne résiste guère aux ambitions personnelles. La tâche est rude pour le jeune Arthur, tout à fait inexpérimenté en « politique », même si au cours de quelques batailles,

1. Le mot celtique (gallois) est *Caledfwlch,* c'est-à-dire « dure foudre », identique à l'épée légendaire du dieu irlandais Dagda, *Caladbolg,* cette arme redoutable que seul son propriétaire pouvait brandir à moins que d'être brûlé. Il s'agit bien sûr de l'épée de souveraineté sans laquelle le roi ne peut ni régner, ni gagner de bataille. C'est cette épée qu'Arthur, à la fin de sa vie, fera jeter dans un étang et qui sera saisie par une main mystérieuse surgie des eaux, la main de la « Dame du Lac ».

il se révèle un courageux guerrier. De nombreux vassaux se retirent sur leurs terres. D'autres choisissent délibérément la rébellion armée. Merlin a lui-même fort à faire, à la fois pour calmer les esprits surchauffés et pour guider utilement le jeune roi dont la fougue naturelle est en l'occurrence plus un défaut qu'une qualité. Ainsi se trouve reconstitué sur un plan chevaleresque, et dans l'optique idéale d'une société qui se cherche, le fameux couple « druide-roi » caractéristique des sociétés celtiques préchrétiennes. Ce couple symbolique constituait en effet le pivot de la vie sociale des Celtes, le roi n'étant que l'organisateur et le législateur, le metteur en œuvre des plans divins révélés par le druide, le seul à pouvoir être en contact avec le monde supérieur. On reconnaît là d'ailleurs une vieille notion indo-européenne incarnée dans la mythologie indienne par le « couple » Mithra-Varuna, alliance idéale et absolue de la royauté législative et guerrière et de la royauté magique et sacrée. Arthur représente bien ici l'aspect juridique et actif de la souveraineté. Quant à Merlin, il est réellement le Druide, l'Inspiré, le Sacré, sans lequel toute action du roi serait vouée à l'échec.

Merlin fait tant et si bien que les vassaux rebelles finissent par faire amende honorable. Ce qui permet à Arthur de consolider son pouvoir discuté et de faire face dans une commune résistance aux envahisseurs saxons. Et poursuivant son rêve de reconstituer l'ancien royaume celtique, Merlin suggère à Arthur de faire venir auprès de lui des Bretons d'Armorique, en particulier les rois Ban de Bénoïc, futur père de Lancelot, et Bohort de Gaunes, futur père de l'un des héros du Graal. Il demande aussi à Arthur de venir en aide au roi Léodagan, dont le domaine se trouve situé quelque part en Gaule, et qui est aux prises avec son voisin, le roi Claudas de la Terre Déserte, qui a fait allégeance à l'empereur de Rome, Jules César soi-même. Merlin s'en va d'ailleurs observer ce qui se passe dans la forêt de *Romanie*.

A Rome, l'empereur Jules César a une épouse très luxurieuse qui garde auprès d'elle douze damoiseaux habillés en filles. C'est à ce moment qu'arrive une jeune fille, Avenable, travestie en garçon, et qui devient le sénéchal de l'empereur. Une nuit, Jules César a un rêve qui le tourmente et qu'il ne peut expliquer. Le jour suivant, un cerf fait son apparition dans la ville, s'agenouille devant l'empereur et lui dit : « Tu ne trouveras personne qui t'explique ta vision, hormis l'Homme Sauvage. » Et le cerf disparaît aussitôt. Alors l'empereur promet sa fille à qui retrouvera le cerf ou à qui lui ramènera l'Homme Sauvage. Le sénéchal, qui se fait appeler Grisandole[1], se lance à la recherche de l'Homme Sauvage et a la chance de s'en emparer pour le traîner devant l'empereur autour duquel la cour est réunie. Il y a même l'*empérière* et ses fausses demoiselles. L'Homme Sauvage impressionne par son allure : « Il avait la tête grosse comme celle d'un veau, les yeux ronds et saillants, la bouche fendue jusqu'aux oreilles, des lèvres épaisses toujours entrouvertes, qui laissaient passer ses dents, les pieds retournés et les mains à l'envers, les cheveux noirs, durs et si longs qu'ils tombaient jusqu'à la ceinture[2]. » Il commence par éclater de rire en regardant l'*empérière* et ses « suivantes », puis Grisandole elle-même. L'empereur lui demande la cause de son rire. Alors l'Homme Sauvage lui explique la vérité, à savoir que tout est *inversé :* les « demoiselles » sont des « demoiseaux » et le sénéchal est une tendre jeune fille, ce qui est la clef du rêve qu'avait fait l'empereur. L'*empérière* est répudiée et bannie, et Jules César peut ainsi épouser Grisandole. L'Homme Sauvage prend alors congé, mais avant de partir, il écrit ces mots « en caractères hébreux » : « Sachez que le grand cerf branchu qui fut chassé dans Rome, et que l'Homme Sauvage qui expliqua à l'empereur son rêve, ce fut Merlin, le premier conseiller du roi Arthur de Bretagne. »

Merlin retourne dans le royaume d'Arthur. Celui-ci connaît de multiples aventures guerrières et amoureuses. Au cours d'une expédition contre les Saxons, il couche avec la femme du roi Loth d'Orcanie, sans savoir que c'est sa sœur, celle qui est déjà mère de Gauvain. De cette union maudite encore qu'involontaire naîtra le fameux Mordret, qui sera le fossoyeur de la société arthurienne. Cependant Merlin avertit le roi qu'il a commis un inceste et que de cet acte naîtra celui qui causera sa ruine. Mais il se garde bien de lui révéler le nom de l'enfant, car nul être

1. On reconnaît ici le thème traditionnel que Boccace utilisera plus tard dans son célèbre conte de *Grisélidis.*

2. La littérature arthurienne abonde en descriptions analogues de l'Homme Sauvage, ce qui démontre le caractère traditionnel et mythologique du personnage. Le modèle se trouve dans les récits irlandais et semble correspondre à une représentation du dieu Dagda, muni d'une massue qui tue par un bout et qui ressuscite par l'autre bout. De toute façon, il s'agit d'un être supranaturel.

humain n'a le pouvoir de contrecarrer les desseins de Dieu. Cela n'empêche pas Arthur de faire le recensement des enfants nés au moment approximatif de la naissance de son fils incestueux, avec l'intention délibérée de les faire tous périr. Merlin intervient alors, démontrant à Arthur l'ignominie de son projet et lui répétant qu'on ne peut rien contre le destin. D'ailleurs, Arthur, qui, sur les conseils de Merlin, est venu en aide au roi Léodagan, est tombé amoureux de la fille de celle-ci, la jeune et belle Guénièvre. Ainsi Arthur épouse-t-il Guénièvre, tandis que Merlin transmet une partie de sa science et de ses dons magiques à la sœur du roi, la jeune Morgane, laquelle réside souvent dans l'île d'Avalon, au milieu de la mer.

Or un jour qu'Arthur tient sa cour à Carduel, une jeune fille, suivante de la Dame d'Avalon, c'est-à-dire de Morgane, se présente au roi et à ses compagnons. Elle porte une épée à sa ceinture et déclare que seul un chevalier au cœur pur pourra l'ôter de cette ceinture. Les chevaliers se précipitent pour accomplir l'épreuve, mais aucun n'y parvient en dehors d'un certain Balin. Tout fier de sa victoire, il prétend garder l'épée pour lui. Merlin intervient alors et lui prédit que son geste aura des conséquences désastreuses pour tout le monde. Il l'exhorte à restituer l'épée à la jeune fille. Balin refuse obstinément. Merlin insiste et précise que Balin, à cause de cette « Épée aux étranges renges[1] », sera responsable du « Coup Douloureux » qui mettra trois royaumes « en deuil et misère » pour trente ans, et frappera l'homme le plus saint du monde[2].

Cependant, Balin quitte la cour avec son épée. Merlin le suit à distance. Balin se trouve engagé dans des aventures innombrables. Il accompagne un chevalier et une demoiselle. En cours de route, un javelot lancé par une main inconnue tue ce chevalier. Un tronçon reste fiché dans la blessure. La demoiselle arrache ce tronçon et l'emporte avec elle. Balin lui jure qu'il vengera son malheureux compagnon. Il rencontre alors un autre che-

1. C'est-à-dire « à l'étrange baudrier ». D'après l'*Histoire du Saint-Graal,* c'est l'Épée du roi Salomon, léguée au Roi-Pêcheur par héritage de Joseph d'Arimathie. Cette épée a des pouvoirs magiques et elle appartient à ces « objets de l'Autre Monde » dont abondent les récits irlandais.

2. Il s'agit du Roi-Pêcheur, gardien du Graal (Pellès dans les récits français, Anfortas dans le récit allemand de Wolfram von Eschenbach), blessé aux jambes, donc infirme et incapable d'assumer sa royauté.

valier qui lui apprend que le défunt ne pourra être vengé que par le tronçon d'arme que porte la demoiselle. Mais en traversant un cimetière, ce second chevalier est tué à son tour. Alors Merlin apparaît à Balin sous les traits d'un berger et lui révèle que son ennemi est un certain Garlan, frère du roi Pellehan[1]. Mais il recommande instamment à Balin de renoncer à son projet de vengeance.

Balin se garde bien de suivre les conseils de Merlin. En compagnie de la demoiselle, il arrive à un château où toute jeune fille doit donner son sang pour guérir une dame malade[2]. Balin est séparé de la demoiselle et enfermé dans un cachot. Il parvient à s'enfuir, retrouve la jeune fille et atteint un autre château où il est fort bien reçu. Il apprend alors que le fils du seigneur a été blessé par enchantement, et que c'est encore Garlan qui est responsable de cette blessure. Balin se fait conduire au château de Pellehan. Il participe à un repas servi par Garlan, et, profitant de l'inattention de celui-ci, il le tue avec le tronçon du javelot, ce qui est évidemment un acte de forfaiture. Pellehan se lance à la poursuite du meurtrier de son frère. Balin se réfugie dans une chambre magnifique : sur une table, se trouve une lance, pointe en bas, qui semble tenir par miracle dans un bassin d'or. Balin saisit la lance et en frappe Pellehan. Une voix mystérieuse se fait entendre et annonce que la lance a été touchée par des mains indignes, et que « les aventures vont commencer ». Et le château s'effondre[3].

Merlin apparaît alors dans la chambre et dégage Balin. Il lui explique que son hôte et la jeune fille sont ensevelis sous les décombres. Il ajoute que désormais, le royaume où ils se trouvent se nommera la « Terre Gaste », et que Balin porte la responsabilité de tout ce qui est arrivé et de tout ce qui arrivera. Balin, blessé gravement par l'effondrement du château, meurt

1. C'est le Roi-Pêcheur, Pellès. On reconnaît à travers la forme française de ce nom le personnage mythologique gallois Pwyll Penn Annwfn, héros de la première branche du *Mabinogi*.

2. Le thème réapparaît dans la version cistercienne de la *Quête du Saint-Graal* : c'est la sœur de Perceval qui doit donner son sang pour guérir une lépreuse. Dans cette même version, l'« Épée aux étranges renges » joue un grand rôle.

3. Cette Lance mystérieuse est celle qu'on retrouve dans le célèbre « Cortège du Graal » : il en coule des gouttes de sang. On a souvent dit, par référence au Saint-Graal qui contient le sang du Christ, que c'était la Lance du centurion Longin. Mais la tradition irlandaise recèle une lance semblable, la Lance d'Assal, arme magique des Tuatha Dé Danann, et qui ne manque jamais son but.

sans que Merlin puisse rien faire pour le sauver. Ce qu'avait prédit l'Enchanteur prophète est devenu une réalité : le Coup Douloureux causera ruine et tristesse pendant trente ans sur trois royaumes.

Merlin rôde à travers la forêt de Brocéliande, « qui était la plus agréable du monde, haute, sonore, belle à chasser et pleine de biches, de cerfs et de daims. » Là, au bord d'une fontaine, qui est évidemment la Fontaine de Barenton, il rencontre la jeune Viviane, fille d'un vavasseur, qui passait ses journées à se promener à travers les bois pour écouter le chant des oiseaux et le murmure du vent dans les arbres. Elle désolait son père à tel point que celui-ci l'avait nommée Viviane, c'est-à-dire, en chaldéen, « *rien n'en ferai*[1]. » Mais celle-ci n'en avait cure et continuait à mener cette existence agréable et quelque peu paresseuse.

Merlin tombe immédiatement amoureux de Viviane, et il se présente à elle sous l'aspect d'un jeune damoiseau. Il prétend être valet errant, cherchant le maître qui lui a appris son métier. Elle l'interroge alors sur son métier. Il répond : « Par exemple, soulever un château, fût-il entouré de gens qui lui donnassent l'assaut et plein de gens qui le défendissent. Ou bien marcher sur un étang sans s'y mouiller le pied, faire courir une rivière là où l'on n'en a jamais vu... » Très intéressée, Viviane promet son amour si Merlin lui explique certains de ses tours. Merlin prend alors une baguette et en frappe la fontaine. Aussitôt des chevaliers et des dames apparaissent, entrant et sortant d'un magnifique château. La fête dure ainsi très longtemps. Le soir, Merlin fait disparaître tout ce qu'il a fait surgir, sauf, sur la prière de Viviane, un beau verger appelé depuis « Repaire de Liesse », ou « Repaire de Joie ». Et avant de la quitter, il lui enseigne quelques-un de ses tours.

Merlin retourne à la cour d'Arthur, qui a réussi à vaincre les Saxons et à rétablir enfin la paix dans son royaume. Il se présente au roi et à ses compagnons sous un déguisement, et il leur parle ainsi : « Roi, il t'appartient de créer une nouvelle chevalerie. Dieu a décidé qu'un compagnonnage s'établira autour de toi. » Ce compagnonnage sera symbolisé par une Table Ronde

---

1. Étymologie fantaisiste, bien sûr, mais l'auteur du texte médiéval insiste sur le caractère « léger » de Viviane, la « Bonne à rien » qui, pourtant, grâce à Merlin, va devenir l'imposante « Dame du Lac ».

« qui tourne comme le monde[1], pour signifier que tous ceux qui devront s'y asseoir n'y auront nulle préséance. » Grâce à ce compagnonnage, ou plutôt à cette *fratrie*, « il adviendra de grands biens et de grandes merveilles à ce royaume ». Mais, « à la droite de monseigneur le roi, demeurera toujours un siège vide en mémoire de Notre-Seigneur Jésus-Christ : personne ne pourra s'y placer sans risquer le sort de Moïse qui fut englouti en terre, hormis le meilleur chevalier du monde qui conquerra le Saint-Graal et en connaîtra le sens et la vérité ». Le roi accepte la proposition de Merlin, et aussitôt, au milieu de la salle, apparaît une table ronde autour de laquelle se trouvent cent cinquante sièges en bois. Les chevaliers d'Arthur jurent de respecter les règles de leur nouveau compagnonnage, et Merlin, ayant ainsi établi la Table Ronde, retourne dans la forêt de Brocéliande.

Il y retrouve Viviane qui lui montre grande joie. Mais elle lui dit : « Beau doux ami, ne m'enseignerez-vous point quelques nouveaux jeux ? Comment, par exemple, je pourrais faire dormir un homme aussi longtemps sans qu'il s'éveillât ? » Merlin n'est pas dupe. Il lui demande cependant la raison de ce désir. Elle répond que c'est pour endormir son père et afin qu'elle puisse faire entrer Merlin dans sa chambre. Merlin refuse. Pendant sept jours, Viviane réitère sa demande. Au bout de la semaine, alors qu'ils se trouvent tous deux dans le Repaire de Liesse, Viviane, qui voit Merlin plus amoureux que jamais, lui demande de lui dire au moins comment il faut faire pour endormir une dame. Merlin le lui enseigne, « et beaucoup d'autres choses encore ; trois mots par exemple, qu'elle prit par écrit, et qui avaient la vertu que nul homme ne pouvait la posséder charnellement lorsqu'elle les portait sur elle. Ainsi se munissait-elle contre Merlin lui-même, *car la femme est plus rusée que le diable*. Et il ne pouvait s'empêcher de lui céder toujours ».

C'est avec beaucoup de tristesse que Merlin quitte Viviane. Il retourne dans le royaume d'Arthur. Sous l'apparence d'un vieillard, il admoneste Gauvain qui est en train de chasser et envoie le neveu du roi participer à la guerre contre les ennemis.

---

1. Au milieu du XIVe siècle, Édouard III aura à cœur de reconstituer ce compagnonnage. Il établira ainsi un ordre de chevalerie, celui de la Jarretière, dont la base est nettement empruntée à la tradition de la Table Ronde. D'ailleurs, le roi d'Angleterre fit construire une immense Table Ronde, celle qui est aujourd'hui exposée à Winchester.

Une grande bataille s'engage d'ailleurs dans la plaine de Salisbury. Merlin aide les Bretons à triompher, et intervient ensuite dans une querelle qui oppose l'un des neveux du roi à Kaï, le frère de lait d'Arthur, devenu son inséparable sénéchal. Puis il quitte la cour en compagnie des rois Ban de Bénoïc et Bohort de Gaunes. Ils passent la nuit dans le château d'Agravadain. Ban tombe amoureux de la fille du châtelain. Merlin lance un sortilège qui permet à Ban de coucher avec la fille d'Agravadain, laquelle concevra un fils qui sera le futur Lionel. Et le lendemain, de retour dans ses domaines de Bénoïc, le roi Ban concevra, de sa femme Hélène, un autre fils qui sera le futur Lancelot du Lac. Merlin demeure une semaine chez le roi Ban, et prend congé pour retourner en Brocéliande auprès de Viviane.

Visiblement, Merlin est de plus en plus amoureux et de plus en plus impatient d'obtenir les faveurs de la jeune fille. Celle-ci en profite pour apprendre de plus en plus de sortilèges. Et toujours, elle se refuse à Merlin, prenant d'ailleurs grand soin de placer les trois mots magiques sous son oreiller lorsqu'elle s'endort.

Un jour, Merlin emmène Viviane près d'un lac où se trouve le tombeau de Faunus. L'enchanteur lui raconte comment, par traîtrise, Diane se débarrassa de son amant Faunus, le faisant périr et l'enfermant sous une grosse roche pour retrouver sa liberté et rejoindre son nouvel amant. Merlin raconte cette histoire avec des allusions qui dénotent clairement qu'il n'a aucune confiance dans Viviane et qu'il prévoit son propre destin. Cependant, il fait construire pour la jeune fille le plus beau château qu'on ait jamais vu. Viviane manifeste sa joie. « Merlin fut si content de la voir heureuse qu'il ne put tenir de lui apprendre encore plusieurs de ses enchantements. Bref, il lui enseigna tant qu'il fut depuis tenu pour fol et qu'il l'est encore. Car elle mettait tout par écrit, étant bonne clergesse dans les sept arts. » « Enfin, elle lui demande : « Comment pourrais-je enserrer un homme sans tours, sans murs et sans fers, de manière qu'il ne puisse jamais s'échapper sans mon consentement ? » Merlin hésite, sachant très bien où elle veut en venir. Mais comme Viviane met cette seule condition pour se donner à lui, l'enchanteur lui répond qu'il lui enseignera ce qu'elle désire à sa prochaine visite. Et il repart pour le royaume d'Arthur.

Merlin apparaît plusieurs fois à la cour sous divers déguisements. Il révèle aux chevaliers de la Table Ronde l'existence du Saint-Graal, un vase précieux dans lequel Joseph d'Arimathie, lors de la mise au tombeau du Christ, a recueilli le sang du Crucifié. Ce saint vase a été transmis de génération en génération à des rois dignes de le garder, et le dernier en date est un étrange roi qu'on surnomme le Roi-Pêcheur. Le château de ce Roi-Pêcheur se trouve en Bretagne, mais le roi a été blessé par un coup de lance, et, depuis, le royaume du Graal dépérit. Mais bientôt, assure Merlin, commenceront les aventures qui conduiront un chevalier au cœur pur et sans tache jusqu'au mystérieux château où se trouve gardé le saint vase.

Le royaume d'Arthur n'a rien à craindre des Saxons, mais d'autres ennemis tentent de jeter le trouble, en particulier des Géants qui, devenant de plus en plus nombreux, peuplent l'île de Bretagne et en massacrent les habitants. Le roi Arthur lance une grande expédition contre les Géants, mais il ne peut les vaincre qu'avec le secours des sortilèges de Merlin. Ainsi Arthur peut-il tuer le roi des Géants et débarrasser son royaume d'un terrible fléau. C'est alors que Merlin va trouver le roi Arthur et la reine Guénièvre et leur annonce qu'il va les quitter pour toujours. Arthur essaie de retenir Merlin, lui démontrant que sans son aide, il ne peut rien. Merlin lui répond qu'il est désormais adulte et que c'est à lui de conduire son royaume. Et Merlin, tristement, prend congé des chevaliers, du roi et de la reine, puis il part, sur une barque, en direction de la Bretagne armoricaine, vers la forêt de Brocéliande, où l'attend impatiemment la jeune Viviane.

Les semaines passent. Personne n'a de nouvelles de Merlin. Comme on ne le voit pas revenir, Arthur envoie quelques-uns de ses compagnons s'enquérir du sort de l'enchanteur. Un jour, Gauvain, le neveu favori d'Arthur (et son successeur, selon la coutume celtique), passe dans la forêt de Brocéliande où il lui arrive d'ailleurs d'étranges aventures. A un détour du chemin, il voit devant lui « une sorte de vapeur translucide » et il entend une voix qui lui parle. Il reconnaît la voix de Merlin et demande à celui-ci de paraître devant lui. Merlin répond qu'il ne le peut pas, car « le monde n'a pas de tour si forte que la prison d'air » où l'a enfermé son amie. Et il explique à Gauvain ce qui lui est arrivé : « Un jour que j'errais avec mon amie dans la forêt, je m'endormis au pied d'un buisson d'épines, la tête dans son giron. Alors, elle se leva et fit un cercle de son voile autour du buisson. Et quand je m'éveillai, je me trouvais sur un lit magnifique, dans la plus belle et la plus close chambre qui fût jamais. » « Hé, Dame, lui dis-je, vous m'avez trompé. Maintenant, que deviendrai-je si vous ne restez céans avec moi ? — Beau doux ami, j'y serai souvent et vous me tiendrez dans vos bras, car vous m'aurez désormais prête à votre plaisir. » Ainsi, il n'est pas de jour ou de nuit que je n'aie sa compagnie. Et je suis plus fol que jamais, car j'aime plus mon amie Viviane que ma liberté. » Et Gauvain rentre à la cour d'Arthur où il rapporte les nouvelles concernant le sort de Merlin. Le roi ordonne aux clercs de mettre ces récits par écrit[1].

Voilà donc une belle histoire d'amour : Merlin a délibérément abandonné le monde pour s'enfermer dans ce château d'air invisible, avec la seule compagnie d'une Viviane dont il est chaque jour plus passionnément amoureux. Cette version « amoureuse » du sort de Merlin n'est d'ailleurs nullement en contradiction avec celle de Merlin primitif, le « Fou du Bois », qui préférait vivre dans la forêt en compagnie des bêtes sauvages *et de sa sœur Gwendydd.* Merlin acquiert ainsi une dimension surhumaine. Et il est comparable à un ermite, à un druide, qui abandonne tout pour vivre dans les bois, à l'emplacement du *nemeton* celtique, c'est-à-dire dans le sanctuaire où s'opèrent les délicats échanges entre le monde de l'invisible et celui du visible. Plus que jamais, même si l'histoire d'amour envahit le mythe primitif, Merlin se révèle comme un *sage* : il est certes le « Fou du Bois », mais il est essentiellement le prêtre, le druide, entièrement voué au service de la divinité, en l'occurrence cette Viviane, image parfaite de la Déesse dont on ne peut être que l'amant si l'on veut la servir authentiquement et *exclusivement.*

Mais c'est la version du récit le plus connu, le plus policé, le plus raffiné, ce récit qui compose une des parties de ce *Lancelot en prose* qui est la somme des aventures arthuriennes mises par écrit entre 1220 et 1250 par différents auteurs français s'inspirant de Chrétien de Troyes, de Robert de Boron et soumis à l'influence des idées cisterciennes. Il y a d'autres versions, moins glorieuses pour Merlin, notamment celle donnée par le récit intitulé le *Huth-Merlin* (du nom d'un ancien propriétaire du manuscrit), récit

1. Dans une des versions connue sous le titre de *Didot-Perceval,* c'est Merlin qui dicte ses aventures et celles des chevaliers à l'ermite Blaise.

datant du début du XIIIe siècle, et dont l'essentiel a été repris dans la somme maintenant classique de l'Anglais Thomas Malory, vers 1450, sous le titre de *Morte d'Arthur*, et qui est la version de référence dans le monde anglo-saxon.

Dans ce *Huth-Merlin*, tout se passe à peu près comme dans la version cistercienne, jusqu'au moment où Merlin rencontre Viviane. Celle-ci n'est pas la fille d'un pauvre vavasseur, mais une princesse de haut rang qui arrive un jour à la cour du roi Arthur à la tête d'une troupe de chasseurs[1]. Elle est fort dignement reçue par le roi Arthur, et Merlin en tombe éperdument amoureux. Il ne la quitte plus. Elle a d'abord peur de lui parce qu'il est « le fils du diable », mais elle profite néanmoins de la situation pour se faire enseigner les « tours » et les sortilèges que connaît Merlin. Elle se montre excellente élève, au même titre que Morgane, mais elle se refuse toujours à Merlin, sachant bien « qu'il n'en veut qu'à son pucelage ». Un jour, elle décide de revenir chez elle, en Bretagne armoricaine. Merlin décide de l'accompagner et Viviane ne sait comment s'en débarrasser.

En forêt de Brocéliande, ils passent un jour dans un pays nommé « En Val », où se trouve le Lac de Diane. Merlin raconte à Viviane la tragique histoire de Diane et de Faunus. Pour répondre au souhait de Viviane, Merlin fait construire un magnifique château qu'il rend invisible pour tous ceux qui passent à proximité. Puis ils vont dans le pays du roi Ban de Bénoïc : là, Merlin prédit le destin magnifique du jeune fils de Ban et de la reine Hélène, le futur Lancelot du Lac, et Viviane ne se lasse pas de cajoler le bel enfant.

Puis, Viviane et Merlin traversent la Forêt Périlleuse. Merlin montre à Viviane une grotte magnifique où se trouve le tombeau de deux amants qui vécurent leur amour totalement reclus en cet endroit. Pour satisfaire la curiosité de Viviane, il soulève la pierre tombale par magie, car la dalle ne peut être soulevée par une main humaine. Viviane déclare alors qu'elle veut dormir avec Merlin, mais dans cette chambre souterraine. L'enchan-

1. La Viviane de la version cistercienne est une divinité des sources et des cours d'eau. Celle du *Huth-Merlin* s'apparente davantage à Diane, c'est-à-dire à une divinité chasseresse. Mais il ne faut pas oublier que le personnage de Diane recouvre la terrible Artémis des Grecs, qui n'est pas une simple divinité chasseresse, mais une des images de la Déesse-Mère des commencements. Le récit du *Huth-Merlin* prépare le rôle futur de Viviane en tant que « Dame du Lac », détentrice de la Souveraineté.

teur, tout heureux, fait descendre Viviane avec lui. Mais quand il est endormi, elle l'ensorcelle de telle sorte qu'il n'a plus aucune réaction. Elle appelle alors ses serviteurs et se demande comment faire disparaître définitivement l'enchanteur. Quelqu'un se propose de le tuer. Viviane refuse avec horreur. Finalement, comme elle connaît tous les charmes de Merlin, elle referme la dalle de telle sorte que personne ne puisse la soulever à nouveau. Et elle quitte la grotte pour ne jamais plus y revenir.

Quatre jours plus tard, le roi Baudemagu, qui est des compagnons d'Arthur, entre dans la grotte, et comme il entend Merlin se plaindre, il veut soulever la dalle du tombeau. Alors Merlin lui raconte ce qui est arrivé et lui dit que ses efforts sont absolument vains : « Ni toi, ni moi, ni personne, nous ne pouvons soulever cette dalle. Il n'y a que celle qui m'a enfermé ici qui pourrait le faire. » C'est la dernière fois que Merlin s'adresse à un être humain, et le *brai* (cri) de Merlin est entendu à travers tout le royaume et provoque de nombreux prodiges. Ainsi disparaît l'enchanteur Merlin, qui n'est pas mort, mais qui dort et rêve quelque part, dans la mystérieuse forêt de Brocéliande. Mais seuls les corbeaux entendent encore ce que leur raconte ce « fils du diable », victime de son amour pour une femme qui connaissait les charmes et les sortilèges qu'il n'aurait jamais dû lui transmettre.

III

LANCELOT ET LA DAME DU LAC

Lancelot du Lac est certainement le plus célèbre de tous les chevaliers de la Table Ronde, celui dont les exploits enchantent l'imagination et dont les amours avec la reine Guénièvre sont exemplaires à bien des égards. Lancelot du Lac, dans l'épopée arthurienne, joue un rôle essentiel, un rôle de premier plan : sans lui, la société arthurienne n'est plus rien, et l'on s'en rend compte lorsqu'à la fin des aventures, il quitte le roi Arthur et retourne dans son pays d'origine, car alors viennent la ruine et la déchéance du royaume. Pourtant, Lancelot n'appartient pas aux compagnons de l'Arthur primitif, celui de la légende de Bretagne insulaire. On chercherait en vain son nom dans les versions les plus anciennes de la légende arthurienne : on a intégré le personnage de Lancelot dans l'épopée arthurienne un peu tardivement, à partir du *Chevalier à la charrette* de Chrétien de Troyes, vers 1170. Mais auparavant, Lancelot avait sa légende spécifique, et elle est nettement d'origine armoricaine, nettement localisée autour de la forêt de Brocéliande [1].

1. Curieusement, la version primitive de la légende de Lancelot se trouve conservée dans une œuvre écrite en allemand vers la fin du XIIe siècle, par un certain Ulrich von Zatzihoven, et intitulé *Lanzelet*. Mais ce récit est, de l'aveu de l'auteur, une adaptation d'un texte en français, lui-même transcription d'une légende orale bretonne armoricaine. Voir J. Markale, *la Tradition celtique en Bretagne armoricaine*, Paris, Payot, 1975, pp. 109-132.

Le roi Ban de Bénoïc, dont le royaume se situe dans le sud de la péninsule armoricaine, est en proie à une révolte de ses sujets. Sa forteresse est assiégée. Avec sa femme, la reine Hélène, et son fils, âgé de quelques semaines, il doit s'enfuir pendant la nuit. « Ils traversèrent les marais et pénétrèrent dans la forêt voisine qui était la plus grande de toutes celles de la Gaule et de la Petite-Bretagne, car elle avait bien dix lieues galloises de long et six ou sept de large. En son centre était un lac[1]. Le roi décida qu'ils se reposeraient en cet endroit. » Mais Ban de Bénoïc, qui est blessé, est faible. La reine veut lui donner à boire, mais le roi rend le dernier soupir. Remplie de désespoir, la reine Hélène n'a plus qu'une idée en tête : protéger son enfant. Elle se réfugie sous un arbre : « Mais alors une *fée des eaux*[2] surgit au milieu du brouillard et du vent, et elle arracha l'enfant à la reine, l'emportant avec elle jusqu'à son pays. Les ennemis qui s'étaient mis à la poursuite du roi capturèrent la reine... »

Cependant, la fée des eaux, qui est la Dame du Lac, a emmené le jeune enfant avec elle dans son pays. « Elle était reine, la meilleure qui eût vécu jusque-là. Elle avait dix mille femmes avec elle dans sa terre qui n'avait pas connu l'homme ou les lois de l'homme... Toute l'année, cette terre était fleurie comme au milieu du mois de mai... Il y avait une montagne de cristal, arrondie comme une balle, sur laquelle se dressait une splendide forteresse... Cette forteresse avait un mur que personne, si habile fût-il, n'eût pu franchir vivant, sauf à l'endroit où se trouvait la porte. Et ce mur était en diamant très dur. Celles qui résidaient à l'intérieur étaient en parfaite sécurité. La forteresse était ornée avec un grand art. Dehors, comme dedans, tout était en or, un vrai bouquet d'étoiles. Rien à l'intérieur ne portait la marque du temps, et bien que tout eût plus de cent années, l'aspect en était aussi beau qu'autrefois. Les femmes qui habitaient là vivaient dans la joie. Les pierres dont avait été construite la forteresse avaient une telle vertu, à ce que l'on raconte, que quiconque y passait la durée d'une journée ne ressentait jamais la tristesse, mais ne connaissait que la joie jusqu'à sa mort.

1. La description correspond fort bien à la situation de Brocéliande, c'est-à-dire à l'actuelle forêt de Paimpont, notamment à la région de Comper, où se trouvent de nombreux étangs.
2. C'est un thème traditionnel : Il y a de nombreux rapts d'enfants par les fées dans les contes populaires. Ici, il n'est guère douteux que la « fée des eaux » soit Viviane.

Il ne faut pas oublier que cette terre merveilleuse se trouve *sous le lac*. Il s'agit de l'Autre Monde à la mode celtique, et la description faite correspond exactement à celle de l'île d'Avalon, où règne Morgane, ou à l'île d'Emain Ablach, dans la tradition irlandaise, où « nul n'est affligé de tristesse, de chagrin, de maladie ou de mort, mais où les fruits sont mûrs toute l'année, et où l'on entend des musiques extraordinaires, là où sont des femmes merveilleuses ».

C'est dans ce monde féerique et féminin qu'est élevé celui qui deviendra plus tard Lancelot du Lac. Pour l'instant, nul ne connaît son nom : on l'appelle seulement le « Beau Trouvé », ou encore le « Fils de Roi ». On lui apprend les bonnes manières, on lui enseigne l'art de se conduire honorablement, on lui donne une éducation raffinée, à manier l'épée, le bouclier et le javelot, à tirer à l'arc, sans oublier de jouer de la musique et de composer des chants. Mais à l'âge de quinze ans, le jeune homme demande à la Dame du Lac la permission de partir pour connaître les aventures. Et il lui demande également de lui révéler son nom qu'il ne connaît pas. La Dame du Lac refuse de le dire avant qu'il n'ait vaincu « le meilleur chevalier qui fût jamais... Iweret. Son château porte le nom de Dodone. Venge-moi de ce qu'il a fait contre moi et tu seras délié de ta dette envers moi. Et sois sûr que tu ne connaîtras jamais ton nom tant que tu ne l'auras pas vaincu. Si tu es brave, tu le trouveras ». Et la Dame lui explique qu'Iweret est un redoutable magicien qui a rendu lâche son fils à elle, Mabuz, lequel, depuis que le sortilège agit, se terre dans un château et ne veut plus en sortir tant il a peur de combattre. Qu'il redonne son courage à Mabuz, qu'il élimine le magicien Iweret, telle est la mission du jeune Lancelot, et c'est donc à cette condition qu'il connaîtra son nom et ses origines, que seule la Dame du Lac est capable de révéler.

La Dame accompagne son fils adoptif sur la rive du Lac. On donne un cheval au jeune homme. Il prend congé de la Dame et monte sur le cheval. Il a d'ailleurs bien du mal à s'y tenir, car c'est la première fois qu'il fait de l'équitation. Aussi laisse-t-il aller le cheval le long du chemin, essayant de dissimuler son chagrin en quittant le pays merveilleux de son enfance.

Il passe devant une forteresse solide et magnifique. A la porte, se trouve un nain qui, avant de disparaître à l'intérieur, se moque de lui. Furieux d'avoir été insulté, et voulant se venger, il tente de pénétrer dans la forteresse, mais il ne peut y parvenir. Plus tard, quand il demandera des renseignements sur cet étrange lieu, on lui répondra : « Le château est appelé Pluris, mais quant au nom de celui qui l'habite, nous n'en savons rien. »

Lancelot fait alors la rencontre d'un jeune chevalier, Geoffroy de Liesse, qui, ayant remarqué son inexpérience, l'invite dans son château, où il est fort bien reçu. Geoffroy enseigne au jeune héros la manière de monter à cheval et lui fournit les meilleurs conseils pour se servir de ses armes. Après avoir pris congé de Geoffroy, Lancelot traverse une grande plaine et aperçoit deux chevaliers en train de se battre, l'un qui se nomme Kuraus au Cœur brave, l'autre Orphilet le Beau. Lancelot fait tant et si bien qu'il réconcilie les deux adversaires et devient leur ami. Tous trois décident de poursuivre leur route ensemble.

C'est ainsi qu'ils parviennent à la forteresse du puissant Galagandreiz : « Sa femme est morte depuis longtemps, mais il a la plus charmante fille qu'on a jamais vue sous le soleil. A cause de son amour pour elle, il la garde enfermée. » Les trois compagnons, conscients du danger qu'ils courent dans cette forteresse, décident cependant de tenter l'aventure. Ils sont reçus avec beaucoup d'honneur par Galagandreiz qui, après leur avoir offert un plantureux repas, les invite à dormir. Mais alors qu'ils cherchent le sommeil, voici la fille de Galagandreiz qui se glisse dans la chambre. La séquestration dont elle fait l'objet de la part de son père la rend audacieuse. Elle s'assoit près d'Orphilet le Beau et lui murmure d'étranges paroles et peu à peu, comme elle s'échauffe, elle en vient à s'offrir entièrement. Mais Orphilet la repousse avec violence.

La jeune fille se rabat sur Kuraus : « Depuis que l'amour accroissait sa peine, la fille avait résolu de le courtiser si ardemment qu'aucun homme ne fut jamais en butte à de telles audaces de la part d'une femme. » Elle lui dit : « Un guerrier qui désire acquérir de grands honneurs ne doit jamais avoir le cœur faible avec une femme. Je veux te dire sans mensonge qu'on m'a informée que tu es parfait dans ta virilité. Prouve ton ardeur sur moi et en moi[1] ; aime une belle fille. Si tu trouves plaisir

1. Il s'agit ici d'un véritable *geis* à la mode irlandaise, c'est-à-dire une incantation magique faite par la femme sur un homme. Si l'homme n'obéit pas à l'injonction, il est déshonoré. De plus, l'allusion à la virilité de Kuraus rend l'incantation plus redoutable : elle

en une femme qui est bonne pour son amant, je serai bien récompensée par toi, je le sais. Mon père m'a interdit de prendre un mari, car il pense qu'il ne pourrait pas vivre sans moi. Mais je veux me dispenser de l'obéissance à cet ordre. » Cependant, comme Orphilet, Kuraus repousse la jeune fille, lui faisant comprendre qu'elle n'a rien à espérer de lui.

En désespoir de cause, la fille de Galagandreiz va s'allonger auprès de Lancelot qui se bouchait d'ailleurs les oreilles pour ne pas entendre la conversation. Mais le fils du roi Ban de Bénoïc ne résiste pas aux charmes de l'enjôleuse : « Il la prit dans ses bras et l'embrassa douze fois. Ils connurent ainsi le plus grand bonheur que connurent jamais deux amants. Ses deux compagnons n'apprécièrent guère ce qui se passa, mais ils essayèrent de ne pas y prêter attention, et le jeune homme prit ainsi la fille très amoureusement. Tous deux furent remplis de la joie et de la plénitude de leur ardeur. Jamais femme ne passa plus belle nuit avec un homme. Cependant, il n'oublia jamais qu'elle n'était venue à lui qu'en dernier lieu.» Lancelot a beau profiter de la situation, il n'est pas dupe du manège de la fille.

Au milieu de la nuit, Galagandreiz fait irruption dans la chambre, cherchant partout sa fille et proférant de violentes menaces. La fille se cache sous son amant, mais le père finit par l'apercevoir. Il se précipite sur Lancelot, son épée à la main et celui-ci n'a que le temps de bondir et de saisir sa propre épée. Alors s'engage une lutte sans merci, mais à la fin, Lancelot tue Galagandreiz. Les vassaux et les serviteurs de Galagandreiz, apprenant la nouvelle, et tout heureux d'être débarrassés de leur tyran, viennent rendre hommage à Lancelot qui devient ainsi le maître de la forteresse. Et il y demeure longtemps en compagnie de la fille.

Il semble que le fils du roi Ban ait quelque peu oublié la mission dont l'a chargé la Dame du Lac. Comme dans de nombreux contes populaires, le héros, ayant débarrassé un domaine d'un mauvais maître gagne la possession de ce domaine et épouse la fille (quand ce n'est pas la femme !) de celui qu'il a éliminé.

---

signifie que si Kuraus n'obéit pas à son invitation, c'est parce qu'il est impuissant. La même anecdote se retrouve dans le récit irlandais de *Diarmaid et Grainné*, prototype de *Tristan et Yseult*, ainsi que dans plusieurs épisodes de la version cistercienne du Lancelot en prose.

Mais Lancelot est encore un jeune homme qui ne connaît ni son nom, ni son origine.

Un jour qu'il est allé chevaucher assez loin dans la forêt, il parvient devant une ville entourée de remparts. Derrière ces murailles, se dresse un château. Il pénètre dans la ville : « A la porte du château, il vit une fille très belle qui montait un cheval dont les ornements brillaient comme un miroir. Le cheval était sans défaut, entièrement blanc comme la neige, sauf une des épaules qui était rouge. Elle sortit du château comme un éclat de lumière. » Voilà Lancelot sur le point d'oublier complètement la fille de Galagandreiz... Il se met à rêver. Une foule hurlante l'entoure alors, menaçante, et il n'est sauvé que par l'intervention de la fille au cheval blanc. On enferme Lancelot dans une sombre tour.

Le soir, la fille dont il a tant admiré la beauté vient le voir et lui explique la coutume du pays : aucun étranger ne doit pénétrer en armes dans la ville sous peine de mort. Elle lui révèle que s'il s'était désarmé, il aurait été accueilli par le fier Linier, gouverneur de cette ville qui a nom Limors[1]. Et elle ajoute qu'elle-même est la nièce de Linier et qu'elle porte le nom d'Ade[2]. « C'est par amour pour toi que je t'ai sauvé de ceux qui voulaient te faire périr, mais je ne peux rien contre nos lois. C'est pourquoi tu as été enfermé dans cette prison. » Elle ajoute encore que, le lendemain, il devra combattre à mains nues un terrible géant. « Si tu réussis, je te donnerai mon amour et mon domaine. »

Le matin, on vient chercher Lancelot et on le conduit dans la cour du château. Là, se trouve le géant, armé d'une massue. Mais le jeune homme réussit à terrasser son adversaire et à lui casser la tête. On lâche alors contre lui deux lions affamés. L'un après l'autre, il les étouffe entre ses bras. Le comte Linier se précipite contre lui, furieux de constater qu'il a échappé au géant et aux lions. Au terme d'un terrible combat, Lancelot fait tom-

1. C'est le même nom que Limours, la « villes des ormes » (gaulois *limos*). Le nom d'un comte de Limors ou de Limwrs revient souvent dans les romans arthuriens français ou gallois.

2. Le nom d'*Ade* peut s'apparenter au breton *adan* qui est un des noms du rossignol, mais qui vient d'une racine celtique signifiant « ailé ». Ade est évidemment un personnage féerique qui fait penser aux « femmes-oiseaux » des récits irlandais et des contes populaires français.

ber son adversaire, qui ne se relève plus. Alors, la belle Ade vient vers lui et déclare publiquement qu'il devient le seigneur de Limors et qu'il peut l'épouser sans que personne n'ait rien à lui reprocher. C'est ainsi que Lancelot, qui a complètement oublié l'existence de la fille de Galagandreiz, gouverne la ville de Limors en compagnie d'Ade.

Cependant le jeune homme est tourmenté parce qu'il ne connaît pas son nom : il sait qu'il ne l'apprendra que lorsqu'il aura vengé la Dame du Lac. Un jour, il part, en compagnie d'Ade et du frère de celle-ci, et après avoir longtemps erré dans la forêt, tous trois parviennent sous les murailles de la forteresse de Schatellemor[1]. C'est là que réside Mabuz, le fils de la Dame du Lac[2]. Le sortilège qui pèse sur le lieu est tel que quiconque pénètre à l'intérieur de la forteresse sans y avoir été invité formellement devient plus couard et plus lâche que le dernier des manants. Et plus sa valeur était grande autrefois, plus sa lâcheté est remarquable.

Cette forteresse n'inspire que peu de confiance à Lancelot. Il décide d'y entrer seul, laissant à la porte Ade et son frère. Il franchit donc la poterne, mais dès qu'il est de l'autre côté, il est pris à partie par deux hommes d'armes qui lui demandent de se rendre. Lancelot, pénétré d'une grande crainte, tend son épée et lâche son bouclier. Il se laisse emmener ainsi sans résistance sous les yeux effarés d'Ade et de son frère. Ade se reproche amèrement d'avoir aimé un lâche et repart en compagnie de son frère, abandonnant Lancelot à son sort. Et l'on conduit Lancelot dans un souterain où sont enfermés des prisonniers qui gémissent et se plaignent. Lancelot se met lui aussi à se lamenter, et encore plus fort que les autres, s'inquiétant de ce qui va lui arriver. Il demande grâce à ceux qui le conduisent et qui rient de le voir si peureux et si déconfit[3].

---

1. Probablement une déformation du breton Castel-Meur, autrement dit « grande forteresse ».

2. Cette histoire de Mabuz fait identifier Viviane, la Dame du Lac, à la déesse galloise Modron (la Gauloise *matrona*), mère d'un certain Mabon (*Maponos*) qui, d'après le plus ancien récit arthurien (*Kulwch et Olwen*), a été ravi à sa mère le troisième jour après sa naissance. C'est le roi Arthur et ses compagnons qui le délivrent de sa prison souterraine à Kaer Lloyw (Gloucester), la « Ville de Lumière ». On retrouve là le mythe du jeune dieu solaire, fils de la Déesse-Mère, prisonnier des forces des ténèbres, et que des héros civilisateurs doivent délivrer pour que le mode tourne normalement.

Quelques jours plus tard, le terrible Iweret, à la tête d'une nombreuse troupe, vient provoquer et insulter Mabuz sous les murailles de la forteresse, se gardant bien d'y pénétrer de peur de tomber sous le coup du sortilège. Évidemment, Mabuz refuse de sortir hors des murs, épouvanté qu'il est par les menaces d'Iweret. Mais il se souvient que sa mère lui a dit qu'un jour, quand arriverait à Schattelemor le plus couard de tous les chevaliers, l'instant de sa délivrance approcherait. Il va trouver Lancelot qui pleurniche dans sa prison à un point tel que personne n'a jamais été témoin d'une telle lâcheté. Mabuz lui demande s'il veut combattre pour lui. Lancelot refuse avec terreur et se met à larmoyer de plus belle. Alors Mabuz dit à ses serviteurs d'habiller le prisonnier, de lui donner ses armes et de le jeter hors des murailles. Ils ont beaucoup de mal, car le jeune homme se débat et implore sa grâce. On le traîne de force jusqu'à la porte et on le met dehors sans ménagements. Mais à peine est-il hors des murailles qu'il reprend conscience, saisit ses armes, saute sur son cheval et se met à la poursuite d'Iweret et de sa troupe. Cependant, comme il est tard et que la nuit tombe, il s'égare dans la forêt et se retrouve près d'un ermitage.

Là, l'ermite l'accueille avec bienveillance, le nourrit, le réconforte et l'abreuve. Lancelot demande à son hôte où il pourra trouver Iweret. L'ermite lui répond : « Il est dans sa ville de Dodone. C'est une puissante forteresse, et bien située, très haute au-dessus de la vallée, ingénieusement construite à l'intérieur comme à l'extérieur. Les étages sont pavés de marbre, les murs sont de même matière, des pierres rouges et blanches, richement travaillées, avec des mosaïques incrustées d'or[1]. Lancelot demande à l'ermite qui est cet Iweret qui inspire tant de terreur à tous ceux à qui on prononce ce nom.

L'ermite se lance dans un long discours : « Iweret est un puissant prince, de haute naissance. Il y a trois royaumes qu'il a

3. Dans un récit tardif mais provenant d'un schéma très archaïque de la littérature arthurienne (XIVe siècle), *les Merveilles de Rigomer*, il arrive une aventure analogue à Lancelot lorsqu'il pénètre dans la château de Rigomer qui est sous le coup d'un sortilège. On lui donne une lance qui ôte la force et le courage à celui qui la porte, et un anneau qui fait perdre toute mémoire.

1. Cette description s'apparente à celle du palais féérique et diabolique — de Klingsor dans le récit allemand *Parzival*, de Wolfram von Eschenbach, palais qui constitue un Autre Monde maléfique, image inversée de l'Autre Monde bénéfique qui est le château de Montsalvage où se trouve le Saint-Graal.

acquis par héritage... Il n'a qu'un enfant, une noble fille, et je peux t'avouer que je n'ai jamais entendu dire qu'il y eût fille aussi belle. Iweret a fait savoir que tous ceux qui convoiteraient sa fille devraient s'opposer à lui dans un combat à mort sous un tilleul. Sous ce tilleul est une fontaine froide qui coule dans un bassin de marbre fin... le tilleul reste vert toute l'année. Pendue à cet arbre, on trouve une cymbale de bronze sur laquelle ceux qui désirent posséder une fille et prouver leur valeur doivent frapper trois fois ; alors Iweret arrive entièrement équipé pour le combat [1]. Mais celui qui veut se mesurer à lui a besoin de beaucoup de chance, car l'année dernière et celle-ci, Iweret a tué de nombreux chevaliers qui ont été enterrés sous le tilleul, là où la mort les a frappés. »

Bien entendu, l'ermite conseille à son hôte de ne pas tenter l'épreuve. Bien entendu, Lancelot n'a de cesse d'y aller. Le lendemain, le voici donc dans la forêt, près de la fontaine. « Voici comment était cette forêt : elle était verte comme l'herbe au printemps et en hiver. Il y avait beaucoup d'arbres très beaux qui portaient des fruits toute l'année, mûrs et savoureux, et aussi des fleurs... Tous ceux qui goûtaient de ces fruits étaient guéris de toute maladie... Il n'y avait nulle blessure, si grave fût-elle, qui ne fût guérie par eux... Si quelqu'un souffrait de chagrin, en traversant cet endroit, il était rempli d'une telle joie qu'il en oubliait sa tristesse. » On se croirait dans le verger merveilleux de l'île d'Avalon, la fameuse île des Pommiers que les Irlandais appellent aussi Emain Ablach. On se croirait également dans le « Jardin de Liesse » que Merlin avait fait surgir par sa magie, tout près de la Fontaine de Barenton, pour le plaisir de Viviane. Et pourtant la mort rôde en cet endroit paradisiaque.

La nuit précédente, Iblis la fille d'Iweret, la belle et jeune fille, avait fait un songe, au cours duquel elle avait vu un jeune guerrier venir vers elle. Elle s'était dit qu'elle n'aurait jamais d'autre époux que celui qu'elle avait aperçu dans son rêve, et, tôt le matin, elle était venue près de la fontaine. « C'était une belle fille sans défaut et dont la conduite était irréprochable.

1. Il existe une analogie frappante entre cette description et celle de la Fontaine de Barenton, où se déroule l'aventure d'Yvain, le Chevalier au Lion. Mais la ressemblance est également frappante avec un épisode de l'*Érec et Énide* de Chrétien de Troyes, l'épisode dit de « la Joie de la Cour », où il faut également frapper sur une cymbale pour faire venir le défenseur du lieu.

L'envie et la haine étaient des choses qu'elle ne connaissait pas. Sa bouche rose n'avait jamais prononcé que de bonnes paroles. On ne l'avait jamais vue chagrinée. Elle vivait toujours dans la joie. Elle était belle, charmante et pure. Elle honorait les hommes et les femmes selon leur mérites. » Quand Iblis voit arriver Lancelot, elle reconnaît en lui le jeune guerrier de son rêve. Elle demande à Lancelot de renoncer à son projet insensé, pour l'amour d'elle, et de l'emmener n'importe où. Lancelot refuse : il a sa mission à accomplir. Il frappe trois fois sur la cymbale.

Iweret apparaît bientôt. Après les explications d'usage, les deux hommes se mettent à combattre. La lutte est rude et furieuse, chacun des adversaires redoublant de puissance et de rage. Le combat se poursuit tout au long de la journée. Mais, à la fin, Iweret tombe et Lancelot ne perd pas son temps : il coupe la tête de son ennemi. « Joyeusement, il revint à l'endroit où se trouvait la fille... Elle s'était évanouie dès le début du combat. Il la souleva, lui mit sur le visage de l'eau de la fontaine, et il la réconforta du mieux qu'il put. » Quand elle est réveillée, Iblis demande à Lancelot de l'emmener, car elle craint la colère des hommes de son père. Pourtant, ceux-ci, quand ils apprennent la nouvelle, en sont plutôt satisfaits. Ils rendent hommage à leur nouveau seigneur et lui demandent qui il est et d'où il vient. Mais ce sont des questions auxquelles le jeune vainqueur ne peut répondre.

« Alors ils aperçurent une belle jeune fille qui cherchait à les joindre. Cette charmante personne montait une petite mule blanche comme l'hermine[1].
Le héros la reconnut tout de suite, car il l'avait déjà vue autrefois auprès de la Dame du Lac... Il l'appela par son nom et lui souhaita la bienvenue, en son nom et au nom de sa dame, la belle Iblis. » Sois remercié, dit-elle, car tu as accompli pour ma maîtresse ce qu'elle attendait de toi. C'est pour cela que ton nom t'avait été caché. Apprends maintenant quelle est ma mission. Je suis venue te dire que tu t'appelles Lancelot, que tu es de bonne famille et de bonne naissance. Je ne te connais pas d'égal.

1. C'est un personnage type de la littérature arthurienne, une messagère de l'Autre Monde, celle qui deviendra Kundry la Sorcière dans le texte allemand de Wolfram von Eschenbach, la « Hideuse Demoiselle à la Mule » dans le *Perceval* de Chrétien de Troyes. Dans la version cistercienne des aventures de Lancelot, ce sera la pucelle Saraide qui, sur l'ordre de la Dame du Lac, vient aider Lancelot lorsqu'il est en danger.

Ton père se nommait Ban de Bénoïc. Bénoïc était le nom de sa terre, et c'est ton héritage légitime. Tout cela est vrai, je le jure par la foi que je dois à ma maîtresse : il avait été prédit que des merveilles seraient accomplies par toi. Car c'est seulement par toi que Mabuz, le fils de ma maîtresse, la Dame du Lac, pouvait être délivré du sortilège qui faisait de lui un lâche.

Les guerriers de Dodone connaissent maintenant le nom de celui qui, par sa victoire, est devenu le maître des « Trois Royaumes ». Après avoir inhumé Iweret sous le tilleul, auprès de tous ceux qu'il a tués, Lancelot épouse la belle Iblis et gouverne sagement son domaine. Il semble qu'il soit parvenu au bout de ses aventures.

Il n'en est rien. Un jour que Lancelot revient seul d'une expédition lointaine, il passe près d'une forteresse qu'il reconnaît fort bien : c'est la forteresse de Pluris, devant laquelle il a été insulté par un nain. Il a le désir de se venger de l'affront qu'il a subi et demande à entrer. On lui répond que c'est impossible. « Ce domaine appartient à la Dame de Pluris, et elle interdit son entrée à tout homme, à moins qu'il ne consente d'abord à combattre cent guerriers. » Lancelot répond qu'il accepte l'épreuve.

Il combat donc les cent guerriers les uns après les autres et réussit à les vaincre. Alors les portes de la forteresse s'ouvrent devant lui, et la reine de Pluris vient elle-même l'accueillir en manifestant toute sa joie. Elle est accompagnée de cent femmes qui étaient les amies des guerriers que Lancelot venait de vaincre[1].

Lancelot est reçu avec tous les égards dus à un roi. Mais, le soir, la reine de Pluris lui fait comprendre qu'il ne devra jamais ressortir de cette forteresse. Par sa vaillance, il a obtenu d'être époux de la reine, et il doit l'épouser sur-le-champ. Lancelot proteste, en disant qu'il n'avait pas agi dans ce but. La reine lui répond qu'il sera déshonoré s'il ne satisfait pas à sa demande car telle est la coutume de ce château[2]. Lancelot épouse donc

---

1. En combat de tournoi, bien entendu. Ce mystérieux royaume de Pluris est l'équivalent du domaine enchanté de la Dame du Lac et de l'île d'Avalon. il est soumis à une femme qui attend le héros qu'elle doit épouser, héros qui doit être nécessairement un être extraordinaire.

2. Le thème développé ici est bien connu des contes populaires : les fées tendent des pièges aux humains, les attirent dans leur domaine enchanté, et ne veulent plus les laisser repartir, que ce domaine soit terrestre, sous la mer ou sous un lac.

la reine de Pluris[1] et demeure avec elle pendant de longs mois. Il mène une vie sans soucis, entouré par les femmes de ceux qu'il avait vaincus, et qui étaient toutes amoureuses de lui[2], mais un soir qu'il se promène le long des remparts, il voit passer une troupe de guerriers devant la forteresse. Il demande alors à la reine la permission d'aller combattre ces intrus. La reine le lui permet. Or, dès qu'il a franchi les murailles, Lancelot va retrouver les guerriers, et au lieu de les combattre, il part en leur compagnie. Les aventures de Lancelot du Lac sont loin d'être terminées...

1. Dans tout ce récit d'origine bretonne, transparaît nettement l'antique coutume celtique du mariage temporaire, généralement limité à un an jour pour jour. Lancelot n'est pas encore, dans ce genre d'histoires, le chevalier fidèle, hanté par son amour exclusif pour la reine Guénièvre. D'ailleurs, ni le roi Arthur, ni la reine Guénièvre n'apparaissent dans cette version.

2. Dans le domaine de la Dame du Lac, les compagnes de la Dame étaient toutes maternelles avec lui. Parvenu à un autre stade, qui est celui de l'âge mûr, les femmes de Pluris ne peuvent être qu'amoureuses de lui.

IV

YVAIN ET LA DAME DE LA FONTAINE

Les aventures du chevalier Yvain, fils d'Uryen, sont certainement les plus liées, dans tout le cycle de la Table Ronde, à la forêt de Paimpont-Brocéliande, du fait que tout le récit est articulé autour de la Fontaine de Barenton. Il existe deux versions de la légende, à vrai dire très peu différentes l'une de l'autre. L'une est due au romancier champenois Chrétien de Troyes, l'introducteur de Lancelot dans l'épopée arthurienne et le premier à avoir parlé du « saint » Graal. La seconde est un récit plus fruste, mais semble-t-il plus archaïque, dû à un auteur anonyme gallois et qui se trouve dans un manuscrit du XIIIe siècle. Le nom du héros est Yvain en français, et Owein en gallois. Mais il s'agit d'un personnage historique dont la mort a été chantée par le barde gallois Taliesin. En fait, cet Owein, fils du roi Uryen, est un guerrier qui a vécu à la fin du VIe siècle, non pas au Pays de Galles, mais chez les Bretons du Nord, dans les territoires de l'actuel Cumberland. Uryen Rheged est bien connu dans la tradition des Celtes insulaires : il a été un des derniers héros de l'indépendance des Bretons en face des Saxons, cela sur le plan historique. Mais sur le plan de la légende, il est devenu une sorte de personnage mythologique, héritier d'une lignée quelque peu fantastique qui avait à sa disposition une mystérieuse « troupe de corbeaux » qui venait aider tous les membres de la famille quand ils étaient en danger. Cette troupe de corbeaux apparaît d'ailleurs dans plusieurs épisodes des romans de la Table Ronde, et l'on a même fait d'Uryen l'époux de la fée Morgane : donc, d'un point de vue légendaire, Yvain-Owein pourrait être le fils de Morgane. Quoiqu'il en soit, l'accent est mis sur l'importance du personnage. Et il est le héros de l'aventure de la Fontaine de Barenton, image parfaite du *nemeton* gaulois, c'est-à-dire du sanctuaire au milieu de la forêt, sanctuaire dédié au dieu Bélénos, le « brillant ». Ainsi, en plein cœur de Brocéliande, et parfaitement localisée, l'histoire d'Yvain et de la Dame de la Fontaine apparaît-elle comme l'une des plus pures et des plus anciennes traditions celtiques revivifiées à l'époque courtoise par la vertu des bardes et des romanciers qui évoluaient à l'ombre de la cour d'Aliénor d'Aquitaine, celle qui, tout en étant la « reine des Troubadours », faisait tout pour coïncider avec l'image qu'on se faisait de Viviane, de Morgane et de la reine Guénièvre.

L'aventure débute à la cour d'Arthur, à Caerlion sur Usk. Le roi se trouve dans sa chambre en compagnie de la reine Guénièvre, du sénéchal Kaï, du chevalier Kynon (Calogrenant) et d'Yvain, fils du roi Uryen. Arthur, qui a sommeil, leur demande de l'excuser : il va s'étendre un moment, mais conseille aux autres de continuer la conversation tout en buvant de l'hydromel et en mangeant des tranches de viande. C'est alors que Kynon, sur les instances de Kaï, raconte les détails d'une aventure merveilleuse qui lui est arrivée.

Kynon, jeune homme brave et avide de gloire, révèle qu'il s'en était allé « vers les extrémités du monde et des déserts ». Un jour, il s'est trouvé dans un vallon assez mystérieux qu'il a suivi « jusqu'à un château étincelant, baigné par les flots ». Il a été reçu dans ce château par un homme et ses deux fils, qui avaient la particularité d'avoir les cheveux blonds frisés. Il y avait aussi vingt-quatre pucelles en train de coudre de la soie, près de la fenêtre[1]. Le maître du château lui a indiqué, après le repas, une aventure qui pouvait le tenter : « Lève-toi demain de bonne heure, suis le chemin sur lequel tu te trouves tout au long de cette vallée jusqu'à une clairière unie. Au milieu, s'élève

1. Tous ces détails font penser à un sanctuaire *solaire*, en rapport avec la clairière de Barenton, correspondant à un rituel venu du fond des âges.

un tertre sur le haut duquel tu verras un grand homme noir, aussi grand au moins que deux hommes de ce monde-ci ; il n'a qu'un pied et un seul œil au milieu du front ; à la main, il porte une massue de fer. Ce n'est pas que ce soit un homme méchant, mais il est laid. C'est lui qui est le garde de la forêt, et tu verras mille animaux sauvages autour de lui[1]. Demande-lui la route qui conduit hors de la clairière. »

Kynon a donc suivi les indications du maître du Château Étincelant. Il a découvert l'Homme noir qui lui a montré son pouvoir sur les animaux sauvages et qui lui a dit : « Prends le chemin au bout de la clairière et marche dans la direction de cette colline rocheuse là-haut. Arrivé au sommet, tu apercevras une plaine, une sorte de grande vallée arrosée. Au milieu, tu verras un grand arbre ; l'extrémité de ses branches est plus verte que le plus vert des sapins ; sous l'arbre est une fontaine et sur le bord de la fontaine une dalle de marbre, et sur la dalle un bassin d'argent attaché à une chaîne d'argent de façon qu'on ne puisse les séparer. Prends le bassin et jettes-en plein d'eau sur la dalle. Aussitôt tu entendras un si grand coup de tonnerre qu'il te semblera que la terre et le ciel tremblent ; au bruit succédera une ondée très froide... Après l'ondée, il fera beau. Il viendra une volée d'oiseaux qui descendront sur l'arbre ; jamais dans ton pays tu n'as entendu une musique comparable à leur chant. Au moment où tu y prendras le plus de plaisir, tu entendras venir vers toi le long de la vallée gémissements et plaintes, et aussitôt t'apparaîtra un chevalier monté sur un cheval tout noir... Il t'attaquera le plus vite possible. »

Kynon a suivi le chemin indiqué par l'Homme noir et est parvenu dans la clairière où se trouve la fontaine. Il a versé de l'eau sur le perron, déchaîné ainsi un violent orage et reçu une pluie abondante. Il a écouté le chant merveilleux des oiseaux, et enfin, il a combattu le chevalier noir qui l'a fait basculer au bas de son

1. Cette description est de l'auteur gallois. Chez Chrétien de Troyes, elle est encore plus pittoresque : « Il avait la tête plus grosse que celle d'un roncin, des cheveux en broussaille, un front pelé large de plus de deux empans, des oreilles moussues et grandes comme celles d'un éléphant, des sourcils touffus, un visage plat, des yeux de chouette, un nez de chat, la bouche fendue en gueule de loup, des dents de sanglier aiguës et jaunes, une barbe noire. » C'est le fameux « Homme des Bois », l'Homme Sauvage de la tradition celtique, image évidente de Merlin, et se rapportant au dieu irlandais Dagda, porteur d'une massue ambiguë.

cheval. Et Kynon conclut son histoire en affirmant qu'il y a sûrement quelque sorcellerie là-dessous.

Après avoir entendu ce récit, en fait très peu glorieux pour Kynon, Yvain n'a qu'une idée en tête : aller lui-même subir l'épreuve de la fontaine, à la fois pour l'aventure et pour assurer la vengeance de Kynon. Il demande donc à Arthur la permission d'aller vers « le bout du monde et les déserts des montagnes ». Le voici donc en forêt de Brocéliande. Il est reçu au Château Étincelant par l'Homme blond, ses deux fils et les vingt-quatre pucelles. Il interroge l'Homme noir et il répète sur la fontaine magique les gestes de Kynon. Comme Kynon, il subit l'orage, écoute le chant merveilleux des oiseaux sur le pin, et il est attaqué par le chevalier noir qui a nom Esclados le Roux. Mais au terme d'un dur combat, Yvain blesse mortellement son adversaire qui s'enfuit vers une forteresse. Yvain le poursuit, mais à peine est-il entré dans le château que la herse se referme, coupant son cheval en deux.

Yvain est maintenant au milieu de ses ennemis. Ceux-ci le cherchent partout. Il se dissimule dans un recoin, et c'est alors qu'apparaît une jeune fille, la suivante de la dame du château, une certaine Luned, qui semble posséder certains pouvoirs magiques. Au lieu de livrer Yvain aux hommes d'armes, Luned s'engage à le protéger et lui glisse au doigt un anneau d'invisibilité qui lui permet de gagner une pièce secrète où elle lui apporte nourriture et boisson. C'est de cette chambre secrète qu'Yvain assiste au cortège funèbre d'Esclados le Roux. Mais ce qui l'intéresse, ce n'est pas le cercueil de son ennemi, ce n'est pas la douleur des serviteurs, c'est l'émouvante beauté de la veuve, la belle Laudine. Il en devient immédiatement amoureux fou. Il l'avoue à Luned, et celle-ci lui promet de lui faire épouser sa dame.

Luned se rend auprès de sa maîtresse et entreprend de la convaincre de se remarier au plus tôt afin de protéger la fontaine contre tous les intrus. Elle imagine même une ruse : elle ira à la cour d'Arthur chercher un chevalier qui soit digne de cet office. Ayant finalement obtenu carte blanche, elle fait semblant de partir, mais en réalité, demeure en compagnie d'Yvain. Puis, le temps du voyage aller et retour s'étant écoulé, Luned va trouver sa maîtresse et introduit Yvain qu'elle a revêtu de beaux vêtements. La Dame de la Fontaine se rend compte qu'Yvain n'a pas l'allure de quelqu'un qui a voyagé, et elle devine très vite qu'il s'agit de l'homme qui a vaincu et tué son défunt mari. Néanmoins, après un avis de pure forme de son conseil, elle décide d'épouser Yvain, et le mariage est immédiatement célébré par le chapelain du château[1].

Voici maintenant Yvain maître du château, mari de la belle Laudine, et *aussi gardien de la fontaine*. Car, en éliminant Esclados le Roux, il a prouvé que celui-ci n'était plus capable d'assumer sa fonction. C'est un peu comme ce qui se passait autrefois, dans certaines civilisations dites primitives : le pouvoir du roi ou du prêtre était constamment remis en cause, et c'était une lutte permanente entre le titulaire et ceux qui voulaient le supplanter, le but de cette lutte étant de garantir à la collectivité la présence d'un roi ou d'un prêtre qui fût nécessairement le meilleur et le plus apte. Ici, l'amour que porte Yvain à la Dame de la Fontaine est un élément secondaire ajouté au schéma primitif du mythe : l'essentiel réside dans la prise du pouvoir d'Yvain, reconnu comme étant le plus capable d'assurer la garde de la fontaine et la prospérité du domaine. On retrouve cette même idée dans la Quête du Saint-Graal : le Roi-Pêcheur, blessé aux cuisses (c'est-à-dire aux parties sexuelles), est impuissant et n'est plus capable d'assumer la royauté, et l'on attend désespérément un jeune homme qui, ayant réussi les épreuves d'initiation, sera reconnu comme le nouveau roi, celui qui opérera la régénérescence du royaume.

Yvain demeure plusieurs mois en compagnie de Laudine. Il s'acquitte au mieux de sa mission : chaque fois qu'un importun vient troubler la fontaine et déclencher l'orage, il le combat, et comme il est le plus fort, il a toujours raison de ses adversaires. Il partage avec ses vassaux les dépouilles de ceux dont il est vainqueur. Mais, un jour, Arthur et ses chevaliers, inquiets de ne pas avoir de nouvelles d'Yvain, arrivent en Brocéliande sous la conduite de Kynon. Ils versent de l'eau sur le perron.

---

1. Au Moyen Age, il arrivait fréquemment qu'un chevalier épousât la veuve de celui qu'il avait tué en combat singulier. C'était en somme une réparation. Uther Pendragon ne fait pas autre chose en épousant Ygerne. Dans le récit français de Chrétien de Troyes, l'acceptation de la Dame ne se fait pas aussi vite : c'est au terme d'une longue discussion remplie de dialectique courtoise que Laudine, d'ailleurs amoureuse elle aussi d'Yvain, consent à l'épouser.

La tempête éclate, et à chaque fois, Yvain vient combattre l'un des chevaliers d'Arthur, qu'il jette à bas de son cheval. Personne n'a reconnu Yvain, et Yvain ne reconnaît aucun des chevaliers. Finalement un jour, il est opposé à Gauvain, le neveu du roi. Tous deux sont de force égale et le combat n'en finit plus. Profitant d'un instant de repos, les deux adversaires enlèvent leur heaume et se démasquent. Ils se reconnaissent et se jettent dans les bras l'un de l'autre. Ce sont alors de grandes retrouvailles. Yvain emmène ses compagnons de la Table Ronde dans son château et les convie à un festin qu'il a d'ailleurs mis trois ans à préparer dans l'espoir qu'Arthur viendrait un jour lui rendre visite. A l'issue du festin, Arthur demande à la Dame de la Fontaine de laisser partir Yvain avec lui pour « le montrer aux gentilshommes et aux dames de l'île de Bretagne ». La Dame lui accorde un congé de trois mois.

Inutile de dire qu'Yvain ne reste pas trois mois absent, mais trois ans, ce qui jette une certaine ombre sur l'amour fou qu'il portait à Laudine. Un jour qu'il se trouve à Caerlion sur Usk, Yvain voit arriver devant lui une pucelle qui lui enlève l'anneau qu'il porte au doigt. Et la pucelle lui dit : « C'est ainsi qu'on traite un trompeur, un traître sans parole : *honte sur ta barbe !* » L'expression constitue l'injure suprême qu'une femme galloise peut décocher à son mari, et dans la juridiction en usage, d'après les Lois galloises de Howell Da, du Xe siècle, lorsque cette injure était prononcée par une épouse, cela signifiait un divorce immédiat *de la part de la femme*, divorce sans appel et sans discussion possible. Tel est donc le contenu du message délivré par la pucelle : Laudine, la Dame de la Fontaine, signifie à Yvain qu'elle le répudie en tant qu'époux.

Le lendemain, Yvain, au lieu d'aller à la cour, pour mener cette existence dorée qu'il y a menée pendant trois ans, s'en va au hasard, « aux extrémités du monde et aux montagnes désertes». C'est dire qu'il revient en Brocéliande, tourmenté par le souvenir de Laudine. Il mène alors une existence d'homme des bois, dans la compagnie et la familiarité des bêtes sauvages. Mais il s'affaiblit de plus en plus et s'endort, un jour, près du parc d'un château, le plus beau du monde, bien entendu, et qui appartient à une comtesse veuve. Celle-ci, qui se promène avec ses suivantes, le découvre et le fait soigner à l'aide d'un onguent précieux — et magique — qu'elle remet à une pucelle, avec mission d'en enduire le corps de l'inconnu plongé dans l'inconscience[1]. La pucelle s'acquitte si bien de sa mission, en employant la totalité de l'onguent, qu'elle peut bientôt conduire Yvain jusqu'au château où la comtesse le reçoit fort aimablement.

La comtesse lui révèle son nom, la « Dame de Noroison », et lui apprend qu'elle n'a plus que son château comme bien, le reste lui ayant été enlevé par son voisin, le comte Alier, parce qu'elle a refusé de l'épouser. Yvain, réconforté et guéri de sa « folie », décide de récompenser sa bienfaitrice. Il combat le jeune comte et le fait prisonnier. La comtesse peut ainsi récupérer toutes ses terres, et le comte Alier s'engage à ne plus rien entreprendre contre elle. La comtesse voudrait bien garder auprès d'elle son sauveur, mais celui-ci n'oublie pas la Dame de la Fontaine. Il prend congé de la Dame de Noroison, et reprend son errance « vers les extrémités du monde et la solitude ».

Le voici de nouveau en Brocéliande, près de la Fontaine de Barenton. Il se fait un malin plaisir de verser chaque soir de l'eau sur le perron, déclenchant ainsi l'orage. Mais personne ne vient le combattre. Ainsi espère-t-il que Laudine, désespérant de trouver un chevalier pour garder ses domaines, le rappellera vers elle. Il vit dans les bois, dans des loges de feuillages, et parfois se fait héberger par des ermites. Un jour, sur ces pays-frontières entre le monde réel et le monde fantastique, il est témoin d'une scène étrange : un lion luttant contre un énorme serpent. Comme le lion est en mauvaise posture, Yvain vient à son secours et tue le serpent. Il reprend son chemin, mais le lion éperdu de reconnaissance, le suit, lui fait mille fêtes et devient son compagnon d'errance et de chasse. Dans le pays, on ne connaît plus Yvain que sous le nom de « Chevalier au Lion ». Un jour, près de la fontaine de Barenton, Yvain évoque les souvenirs d'autrefois et tombe en pâmoison, se heurtant à la pointe de son épée et perdant son sang. Le lion manifeste sa douleur et veut même se suicider. Yvain revient à lui, à la grande joie du lion. Yvain sait désormais que son lion lui est fidèle jusqu'à la mort.

Un jour, alors qu'il rôde une fois de plus aux environs de

1. Dans le récit de Chrétien de Troyes, les dames reconnaissent parfaitement Yvain, fils du roi Uryen, et la comtesse tient son onguent de la fée Morgane elle-même. Elle précise à la pucelle de ne pas employer tout l'onguent, mais la pucelle lui désobéit, sans doute parce qu'elle est amoureuse du héros, ce qui provoque le mécontentement de la Dame.

Barenton, il entend des gémissements. Une voix s'adresse à lui : c'est Luned, laquelle ne reconnaît d'ailleurs pas le « Chevalier au Lion ». Elle déclare qu'à la suite de la forfaiture d'Yvain, elle a été accusée elle-même d'avoir trahi sa maîtresse, et qu'elle a été conduite dans une prison de pierre. Elle doit périr sur le bûcher à moins qu'un chevalier ne vienne la justifier en combat judiciaire. Elle dit qu'elle a envoyé des messagers à la cour d'Arthur pour se trouver un champion, mais qu'aucun de ceux qu'elle a sollicités n'était présent. Et la malheureuse se lamente de son sort, espérant qu'Yvain sera averti à temps et qu'il viendra la délivrer. Sans se faire reconnaître, Yvain lui promet qu'il sera son défenseur. Et il poursuit son chemin[1].

Il passe près d'une forteresse. Là, il est reçu fort courtoisement — et son lion avec beaucoup de crainte — par un noble seigneur qui s'efforce d'être aimable avec lui mais qu'Yvain sent triste et désemparé. Yvain lui demande la cause de son chagrin. L'hôte lui révèle que le géant Harpin de la Montagne s'est emparé de ses deux fils et qu'il viendra le lendemain pour lui proposer le marché suivant : ou bien le seigneur lui livrera sa fille, ou bien les deux jeunes gens seront massacrés sous ses yeux. Yvain a peur de manquer le duel judiciaire au cours duquel il doit défendre le bon droit de Luned. Cependant, il décide d'aider son hôte. Le lendemain matin, il répond aux provocations d'Harpin de la Montagne en allant le combattre. Grâce à sa vaillance et aussi grâce au lion qui est venu l'aider en sautant par-dessus la muraille, il tient tête au géant et parvient même à le tuer. Le seigneur et ses fils ne savent pas quoi faire pour remercier le « Chevalier au Lion », mais celui-ci prend rapidement congé pour se diriger vers l'endroit où Luned doit être conduite au bûcher.

Il arrive juste à temps. La malheureuse a déjà été extraite de sa prison et on est en train de l'attacher sur le bûcher. Yvain intervient alors et défie les accusateurs de la jeune suivante. On décide de surseoir à l'exécution, et le combat s'organise. Les accusateurs sont trois. Yvain est seul. Heureusement, le lion est là, une fois de plus, pour rétablir l'équilibre des forces. Les accu-

1. Dans le texte gallois, Luned est enfermée dans une prison de pierre, vraisemblablement un dolmen, ce qui ajoute à l'aspect fantastique de l'affaire. Chez Chrétien de Troyes, elle se trouve dans une chapelle « petite mais moult belle », sans doute ce qui reste du prieuré de Moinet où officiait Éon de l'Étoile.

sateurs de Luned sont tués. Luned est reconnue innocente. Mais le « Chevalier au Lion » retourne dans la forêt sans que personne n'ait percé sa véritable identité.

Il va d'aventure en aventure. Dans un château perdu dans les bois, il réconcilie les deux filles du seigneur de Noire Épine qui se haïssaient à mort pour une question d'héritage. Et tous les soirs, il s'en va verser de l'eau sur le perron de Barenton. A la fin, Luned, rentrée en grâces auprès de sa maîtresse, la Dame de la Fontaine, parvient à faire entendre raison à celle-ci : privée de son défenseur, la fontaine est constamment menacée et son domaine est en péril, et la seule façon de remédier à cet état de choses est qu'elle se réconcilie avec Yvain. Après avoir beaucoup hésité et tergiversé, Laudine consent à pardonner à son époux parjure, et Yvain reprend la place à laquelle il a droit, aussi bien par son mariage que par la bravoure qu'il a manifestée dans ses actions d'éclat lesquelles ont été évidemment rapportées à la Dame de la Fontaine.

Yvain pourrait couler ainsi des jours heureux auprès de celle qu'en réalité il n'a jamais cessé d'aimer. Mais il apprend qu'il se passe d'étranges événements à la forteresse dite de Pesme-Aventure, qui est aux mains d'un redoutable seigneur portant le nom de Noir Oppresseur. Toujours accompagné de son lion, il se dirige donc vers Pesme-Aventure. Il pénètre dans la grande salle où se trouvent vingt-quatre filles, les plus belles qu'il ait jamais vues, et qui lui expliquent qu'elles étaient venues là avec leurs amis, qu'on leur avait fait bon accueil, mais qu'on les avait enivrées et que le Noir Oppresseur avait tué leurs amis et pris leurs trésors. Ainsi, depuis lors, demeurent-elles prisonnières «du démon à qui appartient cette cour »[1]. Yvain leur promet qu'il les délivrera et qu'il fera payer cher au Noir Oppresseur les crimes qu'il a commis.

---

1. Dans le récit de Chrétien de Troyes, le récit est placé avant la réconciliation d'Yvain et de la Dame de la Fontaine, et il est beaucoup plus développé. En arrivant au château de Pesme-Aventure, le héros est accueilli avec des sarcasmes. Ce n'est pas vingt-quatre jeunes filles qui sont prisonnières, mais trois cents, qui sont condamnées à travailler sans répit et qui chantent tristement leur état et aussi leurs « revendications sociales ». Il semble qu'ici, l'auteur rende compte d'un état de fait observé dans les ateliers de draperie de Champagne. Puis, Yvain doit combattre les deux fils d'un *neton* (probablement un lutin, c'est-à-dire un être de l'Autre Monde aux allures diaboliques). On apprend aussi que les jeunes filles sont là parce que le roi de l'Ile aux Pucelles a été obligé de

Le lendemain, Yvain va combattre le Noir Oppresseur. Et il réussit à le maîtriser. Alors, le Noir Oppresseur demande grâce et lui dit : « Il était annoncé que tu viendrais ici pour me soumettre. Tu es venu et tu l'as fait. J'ai été en ce lieu un spoliateur, et ma maison a été une maison de dépouilles ; donne-moi la vie et je deviendrai hospitalier, et ma maison sera un hospice pour faible et fort tant que je vivrai. » Yvain accepte la demande du Noir Oppresseur. Les jeunes filles sont libérées et retrouvent leurs biens. Ainsi, Yvain se présente-t-il comme un héros civilisateur, un équilibrateur du monde. Avant sa venue, le château de Pesme-Aventure était aux mains des forces obscures, voire diaboliques. Prenant conscience de sa mission divine et solaire, de sa fonction de *héros de lumière*, il libère les vingt-quatre filles qui symbolisent évidemment les heures du jour. Le soleil peut maintenant briller sur la clairière où se trouve la Fontaine de Barenton. Tout est rentré dans l'ordre.

Et Yvain, toujours accompagné de son lion, s'en va vers la cour du roi Arthur, sans doute pour rendre compte de sa mission. Puis il retourne chez ses vassaux, « c'est-à-dire les trois cents épées de la tribu de Kynvarch et la troupe des corbeaux. Partout où il allait avec eux, il était vainqueur ».

Le souvenir d'Yvain rôde toujours sur Brocéliande. Non loin de la chapelle Saint-Jean, sur les landes qui mènent au Val sans Retour, n'y a-t-il pas un dolmen en ruine que l'on appelle le Tombeau du Géant ? N'est-ce pas là qu'Yvain a terrassé Harpin de la Montagne, ou le Noir Oppresseur ? Et que signifient ces vols de corbeaux sur les grandes landes qui entourent Brocéliande ? N'est-ce pas la « Troupe des Corbeaux », menée triomphalement par la fée Morgane, celle qui peut se métamorphoser facilement en oiseau, qui s'éparpille au-dessus de la forêt pour protéger le chevalier Yvain, fils du roi Uryen ?

---

les envoyer comme tribut annuel aux deux monstres, et ce tribut ne cessera que lorsque les deux fils du neton auront été vaincus par un chevalier sans peur et sans reproche. Cet épisode de Pesme-Aventure se retrouve dans la version cistercienne de la Quête du Saint-Graal, dans l'épisode du « Château des Pucelles », et il a pour héros Galaad, le pur.

V

LES ERRANCES DE LANCELOT DU LAC

Le personnage de Lancelot du Lac est donc le plus considérable de toute l'épopée arthurienne, bien qu'il soit étranger lui-même au monde arthurien et que son entrée dans la chevalerie de la Table Ronde soit tardive. Introduit dans cette immense épopée par Chrétien de Troyes, dans son *Chevalier à la Charrette*, il y devient indispensable, et se révèle le meilleur chevalier du monde. Mais ses errances à travers la forêt de Brocéliande ont quelque chose de pathétique, car tel qu'il nous est présenté dans la version en prose dite cistercienne de la légende, Lancelot n'est pas seulement un guerrier invincible qui réussit tout ce qu'il entreprend : il est aussi, et avant tout, un homme, en proie à la passion amoureuse et à toutes les souffrances de l'humanité. A l'origine, Lancelot était peut-être l'image héroïsée et romanesque de l'ancien dieu celtique Lug et du héros irlandais Cûchulainn, mais au fur et à mesure que ses aventures sont racontées par des auteurs d'esprit parfois très différent, il acquiert une étonnante dimension humaine. En fait, il n'est pas un dieu incarné, mais un homme qui dépasse — ou qui essaie de dépasser — la condition humaine. Ainsi Lancelot s'adresse-t-il à la conscience de chacun : nous pouvons tous être des Lancelot si nous savons sortir de nous-mêmes, si nous savons aller au-delà des apparences, si nous savons être fidèles à un idéal de vie, si nous savons que l'amour est souvent le plus puissant moteur de l'action humaine. Tel est le sens des errances d'un chevalier hors pair, mais toujours guetté par les démons qui résident dans les zones ombreuses de l'âme.

Lancelot du Lac arrive à Kamaalot (Camelot), où le roi Arthur tient sa cour. Il est de bon ton que tous les chevaliers du monde se donnent rendez-vous à cette cour. Et comme Lancelot n'est pas encore officiellement chevalier, il est solennellement adoubé par Arthur, le jour de la Pentecôte. Désormais, sa vie sera tout entière consacrée au service du roi Arthur, et aussi à celui de la reine Guénièvre. Car, dès qu'il a été mis en présence de la reine, Lancelot en est devenu éperdument amoureux. Quant à Guénièvre, elle ne peut dissimuler son trouble : il est évident que cet amour est partagé. Même le roi Arthur s'en rend compte. Du premier coup d'œil, il a jugé qu'il fallait que Lancelot fût compagnon de la Table Ronde, et il a demandé à Guénièvre de *faire tout ce qu'il fallait* pour retenir Lancelot à la cour. On ne peut pas mieux accepter son sort[1]. Et effectivement, Lancelot a bien du mal à quitter la cour, et s'il le fait, c'est seulement pour accomplir des prouesses en l'honneur de celle qu'il aime.

Précisément, la Dame de Malehaut arrive à la cour d'Arthur. Elle vient demander du secours au roi et aux chevaliers de la Table Ronde pour repousser des ennemis qui veulent s'emparer de ses domaines. C'est Lancelot qui obtient d'être son champion, et qui part, en compagnie de Kaï, le frère de lait d'Arthur, qui exerce les fonctions de sénéchal du roi. Tous deux rétablissent la situation sans aucune difficulté, mais au retour, Lancelot, qui doit traverser un gué, doit se battre avec le chevalier qui garde le gué, un nommé Urbain secondé par une troupe

1. Arthur connaît parfaitement la liaison de Guénièvre et de Lancelot, mais tant que cette liaison demeure secrète, il ne proteste pas. C'est en conformité avec les règles de l'Amour Courtois : le chevalier-amant est le vassal à la fois de son seigneur et de la femme de celui-ci. Mais l'Amour Courtois, ou *Fine Amor*, est un « art d'aimer » très raffiné et même sophistiqué, et il doit rester secret. Quant au « cocuage » du roi, il reste en conformité avec la tradition celtique : c'est la reine qui détient la souveraineté dont le roi n'est que le metteur en œuvre, et la reine peut, à tout moment, confier une part de cette souveraineté à un de ses amants. L'épopée irlandaise fourmille d'exemples de cette sorte. Dans les versions archaïsantes de l'épopée arthurienne, on s'aperçoit d'ailleurs qu'avant l'introduction de Lancelot dans le récit, Guénièvre a de nombreux amants, tous chevaliers au service du roi.

d'oiseaux[1]. Lancelot a raison de son adversaire, lequel se plaint de son sort, car il a grandement démérité de son « amie », c'est-à-dire de celle qui, sous forme d'oiseau, veillait pourtant sur lui.

C'est alors que Lancelot pénètre dans une mystérieuse forteresse, la « Douloureuse Garde », qui est sous le coup d'un enchantement. Il s'y passe des phénomènes surnaturels, et l'on y voit notamment une jeune fille plongée dans un puits jusqu'à la ceinture et que personne ne peut sortir de là. Lancelot se penche, la saisit à bras-le-corps et la retire de sa prison. Puis il combat un être fantastique qui change de forme à chaque instant ; puis il parvient dans un cimetière où se trouvent des tombeaux vides. Ces tombeaux portent des inscriptions, les noms de plusieurs chevaliers de la Table Ronde qui sont encore vivants. Mais sur l'un d'eux, il n'y a pas de nom. On y voit seulement inscrite cette phrase : « Cette tombe ne sera soulevée par main d'homme, sinon de celui qui conquerra la Douloureuse Garde. » Lancelot s'approche, et sans difficulté, il soulève la dalle. Alors apparaît une autre inscription précisant : « Ci-gira Lancelot du Lac, fils du roi Ban de Bénoïc[2]. » Désormais, les sortilèges qui pesaient sur le château sont levés. Tous les habitants viennent remercier Lancelot et lui rendre hommage comme à leur seigneur et maître.

Mais Lancelot n'est pas au bout de ses peines. Les sortilèges de la Douloureuse Garde ont été levés pour lui, et uniquement pour lui. Le roi Arthur et la reine Guénièvre, ainsi que les chevaliers de la Table Ronde l'apprennent à leurs dépens. En effet, à la nouvelle des exploits de Lancelot à la Douloureuse Garde, toute la cour d'Arthur s'est déplacée pour aller rendre hommage à celui qu'elle considère déjà comme le meilleur chevalier du monde. Or Gauvain, Yvain et le chevalier Yder tombent dans des pièges magiques. Quant au roi et à la reine, ils ne peuvent pénétrer dans le château de la Douloureuse Garde : une sorte de mur invisible les empêche de franchir les douves de la forteresse. Lancelot, apprenant ces nouvelles, commence par délivrer Gauvain et ses compagnons, puis il se présente à la Douloureuse Garde, fait entrer ses hôtes et les reçoit avec tous les honneurs qui leur sont dus. Les enchantements sont désor-

1. Il n'est pas difficile de reconnaître dans cet « Urbain » le roi Uryen, père d'Yvain, et maître de la « Troupe des Corbeaux ».

2. Dans la version cistercienne, c'est ici seulement que Lancelot apprend son nom.

mais définitivement levés, et Lancelot décide que le château s'appellera la « Joyeuse Garde ». La fête dure plusieurs jours et se poursuit en repas somptueux.

Mais Lancelot aime Guénièvre. La voir ainsi près de lui sans pouvoir lui avouer son amour le rend malade. Un jour, il tombe en extase devant elle, et il manque de se noyer dans un fossé. C'est Yvain qui le sauve. Et sur ces entrefaites, on apprend que Galehot, le fils de la Géante, seigneur des Iles Lointaines, défie Arthur et prétend envahir son royaume. Arthur et ses principaux chevaliers se hâtent de repartir pour s'opposer à leurs nouveaux ennemis. Lancelot s'en va à son tour après avoir organisé la Joyeuse Garde, mais, passant sur les terres de la Dame de Malehaut, il est fait prisonnier par les chevaliers de celle-ci. La Dame de Malehaut désire s'assurer les services de ce chevalier hors du commun et le retient prisonnier tant qu'il n'aura pas accepté de la servir.

Cependant, Arthur et ses compagnons sont en passe d'être vaincus. Lancelot, qui apprend ces nouvelles inquiétantes, parvient à fléchir la Dame de Malehaut : il obtient d'elle l'autorisation d'aller combattre pour Arthur, et il s'engage à revenir dans sa prison. Voici donc Lancelot du Lac aux prises avec Galehot, seigneur des Iles Lointaines. Le combat est rude. Les deux adversaires sont de force presque égale. Mais, finalement, c'est Lancelot qui a raison de Galehot. Alors tous deux constatent qu'ils sont faits pour s'entendre : c'est le début d'une grande amitié (qui n'est d'ailleurs pas exempte d'une certaine connotation homosexuelle). Et fidèle à sa promesse, Lancelot quitte la cour en cachette et retrouve sa prison chez la Dame de Malehaut.

Tout s'arrange pour le mieux. La Dame de Malehaut se rend compte de la valeur de son prisonnier et a des remords quant au traitement qu'elle lui fait subir. Elle se pose en intermédiaire entre Arthur et Galehot, et Lancelot répond à l'amitié de Galehot en plaidant sa cause auprès du roi. Galehot est admis comme compagnon de la Table Ronde. Et, de plus, la Dame de Malehaut est tombée amoureuse de Galehot. Ce sont elle et Galehot qui vont également servir d'intermédiaire entre Lancelot et la reine Guénièvre. Sous leur protection, et bien entendu dans le plus grand secret, Lancelot et Guénièvre se rencontrent au lieu dit « le Pont du Secret ». Ainsi commence la longue liaison entre le jeune protégé de la Dame du Lac et la plus puissante reine de toute la Bretagne.

Cela n'empêche pas Lancelot de courir les aventures. Il veut briller à tout prix aux yeux de celle qui est maintenant l'objet unique de son amour. Il part donc en expédition, toujours pour ramener l'ordre dans le royaume d'Arthur. C'est alors qu'arrivent à la cour Lionel, le demi-frère de Lancelot, et Bohort, son cousin, envoyés par la Dame du Lac, laquelle les avait recueillis dans son palais enchanté. Mais Lancelot a disparu et on est sans nouvelles de lui, à la grande inquiétude de la reine Guénièvre. C'est Gauvain qui retrouve Lancelot et qui le ramène à la cour, à la grande joie de tous.

Mais le royaume ne connaît pas la paix. Une coalition de Saxons et d'Irlandais le menace. Lancelot et Galehot prennent part aux combats, mais sous un déguisement, de façon à n'être pas reconnus. L'armée d'Arthur sort victorieuse de cette expédition, mais au retour, le roi Arthur, qui s'est égaré loin de ses chevaliers vit une étrange aventure. Ne sachant pas où passer la nuit, il pénètre dans une forteresse qu'il ne connaît pas et qui est ouverte. Or, c'est le domaine de l'enchanteresse Camille, laquelle le retient prisonnier. Mais il y a au moins deux personnes que cet emprisonnement arrange, car la même nuit, la reine Guénièvre fait entrer pour la première fois Lancelot dans sa chambre.

Cependant, l'enchanteresse Camille semble vouloir le royaume d'Arthur. Non contente de retenir le roi, elle s'arrange pour faire tomber dans des pièges magiques la plupart des chevaliers de la Table Ronde, y compris Gauvain, Galehot et Lancelot. Heureusement, le roi Yder de Northumbrie[1] rassemble ce qui reste de chevaliers, donne l'assaut à la forteresse de Camille et parvient à libérer les prisonniers. L'enchanteresse se suicide. Lancelot, recru de fatigue et toujours aussi follement amoureux de Guénièvre, tombe en frénésie, mais il est guéri de sa crise grâce à l'intervention de la Dame du Lac, laquelle semble le surveiller de loin et intervenir chaque fois que le héros a besoin d'une aide surnaturelle. Lancelot et Galehot quittent alors la cour pour un bref séjour en Sorelois, dans le pays de Galehot. Là, leur

1. C'est un personnage considérable de la légende primitive d'Arthur, l'un de ses premiers compagnons. Curieusement, sa légende se retrouve dans l'hagiographie armoricaine où il est devenu « Saint » Édern, patron des paroisses d'Édern, de Lanedern et de Plouedern, dans le Finistère.

amitié réciproque se manifeste par bien des actes et bien des paroles, souvent à la limite de l'ambiguïté.

Pendant ce temps, à Kamaalot, arrive une pucelle qui accuse Guénièvre d'avoir été substituée à la véritable reine le jour même de ses noces. Le scandale est énorme. Un vieux chevalier du nom de Bertholai se porte garant de la véracité de cette accusation. Arthur, très embarrassé, renvoie l'examen de la plainte à la prochaine cour qui se tiendra à la Chandeleur[1]. Quant à Lancelot, il apprend les faits et en manifeste une grande douleur, ne sachant pas quelle peut être la vérité.

La cour se tient donc à la Chandeleur. Devant tous les chevaliers assemblés, on voit paraître une fausse Guénièvre qui, par ses charmes et son impudence, attire Arthur dans la forêt où il est fait prisonnier et envoyé dans le pays de Carmélide. Cette fausse Guénièvre parvient à persuader le roi qu'il y a eu substitution et que c'est elle la véritable fille de Léodagan. Elle se rend totalement maîtresse du cœur et de l'esprit du roi. Pendant cette absence d'Arthur, pour éviter les troubles, Gauvain est nommé régent du royaume. Mais, après Pâques, parvient une convocation d'Arthur : il appelle tous les chevaliers à se réunir en Carmélide, et là, il fait condamner Guénièvre : elle sera détrônée, tondue et bannie, et en plus, elle aura la peau des mains arrachée. Lancelot offre de défendre la cause de Guénièvre, mais Arthur refuse avec obstination. Il autorise seulement Guénièvre à vivre dans le pays de Sorelois, auprès de Galehot et de Lancelot. C'est alors que le pape, averti de ce qui se passe, jette l'interdit sur le royaume de Bretagne. Arthur tombe subitement malade et commence à réfléchir, se repentant de son injustice. La fausse Guénièvre tombe malade, elle aussi, mais très gravement, et avant de mourir, elle avoue la vérité. Arthur revient à Kamaalot, quelque peu honteux de cette aventure. Quant à Lancelot, il finit par persuader Guénièvre de reprendre sa place auprès du roi. Et Lancelot du Lac lui-même siège de nouveau à la Table Ronde, et une grande cour plénière se tient à Londres, pendant laquelle Lionel est armé chevalier.

Cependant, les chevaliers se lancent dans des aventures périlleuses, en particulier Yvain en forêt de Brocéliande, et Gales-

1. Il faut noter que dans la tradition galloise, à propos d'Arthur, il est fait mention de trois Guénièvre successives.

sin, duc de Clarence, qui essaie de délivrer les prisonniers du Val sans Retour. C'est la fée Morgane, demi-sœur d'Arthur qui a enchanté ce val de telle sorte que tous les chevaliers infidèles à leur dame s'y trouvent retenus de force, victimes de ses sortilèges. Le duc de Clarence a essayé de lever l'enchantement, mais il est demeuré prisonnier, parce qu'il avait lui-même quelque chose à se reprocher. Et, chaque jour, de nouveaux chevaliers pénétrent dans le Val et ne peuvent plus en sortir. C'est Lancelot du Lac qui triomphe des sortilèges de Morgane : il est le seul qui soit obstinément fidèle à sa Dame, la reine Guénièvre. Ainsi libère-t-il cent trente chevaliers. Mais Morgane veut se venger de lui, d'autant plus qu'elle est secrètement amoureuse du héros et fort jalouse de Guénièvre. Elle s'arrange pour le retenir prisonnier dans une de ses forteresses magiques, mais n'arrive pas à se faire remettre l'anneau que la reine a donné à Lancelot et qu'il porte toujours à son doigt. Elle autorise toutefois Lancelot à essayer de délivrer Gauvain, prisonnier d'un étrange personnage, Karadoc, qui le retient dans la Tour Douloureuse. L'armée d'Arthur investit la tour, mais Yvain et le duc de Clarence échouent dans leur attaque et sont faits prisonniers. Lancelot combat Karadoc lui-même et le tue, délivrant ainsi Galessin, Yvain et Gauvain. Puis, ayant réussi dans sa mission, il retourne dans la prison de Morgane.

Celle-ci n'a pas abandonné son dessein. Elle parvient pendant le sommeil de Lancelot, à substituer un faux anneau à la place de celui de la reine, et elle envoie une messagère à la cour de son frère pour dire que Lancelot, mortellement blessé, a confessé son péché avec la reine, qu'il demande pardon et qu'il renvoie son anneau à Guénièvre. Arthur ne sait trop quoi penser ou faire, mais Guénièvre défend très habilement son honneur, prétextant qu'elle a donné son anneau à Lancelot pour preuve de la confiance qu'elle lui manifestait. Lionel, Galehot, Gauvain, et Yvain se lancent alors à la recherche de Lancelot. Morgane, qui se rend compte qu'elle ne peut garder plus longtemps son prisonnier, lui fait boire un philtre qui lui fait imaginer la reine en train de le trahir, puis elle le libère sous condition qu'il ne retourne pas à la cour d'Arthur et qu'il ne parle à aucun chevalier ni à aucune dame avant le jour de Noël. Lancelot se met à errer le long des chemins. Il rencontre Gauvain et Yvain, mais ne répond à aucune de leurs paroles. Il tombe de nouveau en frénésie, et il erre tout l'hiver dans la forêt, vivant comme une bête sauvage. Il faut encore l'intervention de la Dame du Lac pour qu'il guérisse.

A l'Ascension, le roi Arthur tient sa cour à Kamaalot. Survient un chevalier inconnu (nous saurons plus tard qu'il s'agit de Méléagant) qui lance un défi à Arthur : il emmène la reine Guénièvre avec lui à moins qu'un chevalier choisi par Arthur lui-même ne vienne le combattre. Si ce chevalier est vainqueur, l'inconnu s'engage à libérer la reine ainsi que tous les chevaliers d'Arthur qu'il détient déjà dans son royaume, c'est-à-dire le royaume de Gorre. Curieusement, Arthur ne répond rien. Alors Kaï injurie littéralement le roi et réclame comme un don (impossible à refuser, selon la coutume celtique) d'accompagner la reine et de combattre l'inconnu. Arthur hésite : il n'a pas tellement confiance dans la valeur de son frère de lait, mais il est prisonnier de la coutume et doit laisser aller Kaï en compagnie de Guénièvre. Bien entendu, Kaï est vaincu, et même gravement blessé. C'est Gauvain, le neveu du roi, qu'on devine secrètement amoureux de Guénièvre, qui obtient de son oncle le droit de poursuivre le ravisseur. Dans sa poursuite, il rencontre un chevalier anonyme qui, lui aussi, mais de son propre chef, s'est lancé aux trousses de Méléagant. On apprendra plus tard qu'il s'agit de Lancelot du Lac. Les deux héros sont confrontés à de multiples dangers. Pour connaître la direction prise par la reine et son ravisseur, Lancelot est obligé de monter sur la charrette d'infamie, sur laquelle on expose et on promène les condamnés au pilori, ce qui lui fait subir les pires injures de la part des gens qu'il rencontre. Mais, détail très important, il a hésité un court moment avant de monter dans cette charrette.

Lancelot est ensuite obligé de combattre un chevalier qui veut lui interdire de franchir le gué. Il est vainqueur et veut faire grâce à son adversaire quand une jeune fille, laquelle, on l'apprendra plus tard, est la sœur de Méléagant, lui réclame la tête du vaincu. Il commence par refuser, mais sur les instances de la jeune fille, il coupe la tête du chevalier, moyennant quoi la jeune fille lui promet son aide lorsqu'il se trouvera en péril. Lancelot arrive ainsi aux abords du royaume de Gorre ou de Voirre (c'est-à-dire de Verre), sur lequel règne Méléagant, et qui est un pays « où tous les étrangers, sans pouvoir retourner, sont forcés de rester dans la servitude et l'exil[1] ». Un cours d'eau tumultueux en interdit l'accès. On ne peut franchir cette onde bouillonnante que par le Pont de l'Épée et par le Pont sous l'Eau, aussi dangereux l'un que l'autre. Tandis que Gauvain, au risque d'être noyé, franchit le Pont sous l'Eau, Lancelot passe le Pont de l'Épée, qui consiste en une énorme épée fichée entre les deux rives, le plat étant vertical, où il se blesse et s'écorche à loisir en manquant de tomber à chaque instant.

Une fois dans le royaume de Gorre, Lancelot participe à un tournoi où il est opposé à Méléagant. Après de multiples péripéties, au cours desquelles intervient la reine Guénièvre, spectatrice du tournoi, il a raison de son adversaire et s'apprête à le tuer, quand le père de Méléagant, le bon roi Baudemagu, demande la grâce de son fils. Lancelot est déclaré vainqueur, mais on décide un tournoi de revanche dans un an jour pour jour. Lancelot est mis en présence de Guénièvre, qui lui tourne le dos parce qu'il a hésité un instant avant de monter dans la charrette d'infamie, préférant son amour-propre à l'amour qu'il prétend avoir pour elle. Elle se réconcilie cependant avec son amant lorsque celui-ci a satisfait un certain nombre d'épreuves humiliantes. Elle l'autorise enfin à la retrouver dans sa chambre, mais pour ce faire, il est obligé de tordre et de casser les barreaux de la fenêtre, ce qui lui occasionne d'abondantes blessures. Le matin, le lit de la reine est tout ensanglanté, mais comme le sénéchal Kaï, blessé lui aussi, se trouve dans la chambre voisine, c'est celui-ci qui est accusé d'avoir passé la nuit avec Guénièvre.

Cependant, Méléagant attire Lancelot dans un piège et le retient prisonnier dans une tour, et c'est Gauvain qui ramène la reine à la cour d'Arthur. Un an après, Méléagant est au rendez-vous et fait constater par tous que Lancelot ne s'y trouve pas. On va déclarer Lancelot lâche et « récréant ». Mais la sœur de Méléagant délivre Lancelot de sa prison, et le héros n'a que le temps de galoper jusqu'au lieu de la rencontre. Il combat Méléagant et le tue, à la grande satisfaction de Gauvain et du

1. C'est un Autre Monde maléfique, une sorte d'Enfer. Méléagant — qui est le Maelwas de la tradition galloise est une sorte de divinité infernale maléfique. Par contre, le père de Méléagant, le roi Baudemagu, présente des analogies avec le Saturne latin du mythe de l'Age d'Or.

roi Arthur, lequel se trouve ainsi vengé de l'injure faite à son épouse[1].

De nouveau à la cour, Lancelot raconte ses aventures au roi Arthur, et celui-ci les fait mettre par écrit. Bohort de Gaunes, le cousin de Lancelot, se lance lui aussi dans les aventures. Il se retrouve à la cour du roi Brangore d'Estragore, et tombe amoureux de la fille de celui-ci. Quant à Lancelot, il apprend que son ami Galehot, seigneur des Iles Lointaines, vient de mourir. Avec beaucoup de chagrin, il le fait enterrer dans son domaine de la Joyeuse Garde. Au cours de son expédition, il a l'occasion de délivrer la sœur de Méléagant qui allait être suppliciée, et retourne auprès d'Arthur et de Guénièvre.

Un jour de Pentecôte, Arthur s'en va chasser dans la forêt en compagnie de Dodinel le Sage, de Kaï, de Sagremor et de Lancelot. La reine participe elle aussi à cette chasse. Tout à coup, un chevalier inconnu essaie d'entraîner Guénièvre. Lancelot veut s'interposer, mais une vieille femme surgit d'on ne sait où et lui rappelle une promesse qu'il lui a faite autrefois de l'aider. Il est ainsi entraîné dans une série d'aventures plus ou moins fantastiques, et son absence se prolonge. Arthur et Guénièvre, revenus à la cour, apprennent même la nouvelle de sa mort. A cette annonce, Bohort s'évanouit et Gauvain décide de partir à la recherche de Lancelot, qu'il soit mort ou vivant. Neuf chevaliers décident de l'accompagner. Quant à la reine Guénièvre, elle envoie une de ses cousines en Armorique pour supplier la Dame du Lac d'intervenir et de sauver Lancelot.

Lancelot n'est évidemment pas mort, mais il est très malade et il est soigné par une pucelle fort amoureuse de lui et qui voudrait bien le garder. Elle fait savoir à Arthur que Lancelot est vivant, mais que sa maladie lui a fait perdre tous ses cheveux. Lionel et la reine persuadent Arthur de tenir une grande assemblée à Kamaalot, aux octaves de la Madeleine : ils pensent qu'ainsi Lancelot ne pourra pas se retenir de participer aux tournois qui auront lieu. Mais Lancelot a bien du mal à se débarras-

1. Cet épisode du rapt de Guénièvre par Méléagant, qui est très ancien (il est représenté sur des sculptures de la cathédrale de Modène, en Italie, dès l'an 1100), est raconté en détail par Chrétien de Troyes dans son *Lancelot ou le Chevalier à la Charette*, avec de nombreuses références aux règles précises de l'Amour Courtois : Lancelot y devient le modèle du chevalier-prêtre dévoué au service exclusif de la Dame, considérée comme une véritable divinité.

ser de la pucelle qui l'aime d'un fol amour. Il finit par lui fausser compagnie et erre dans la forêt. Or, fatigué par son errance, il s'endort au pied d'un arbre. Il est alors emmené par trois enchanteresses, dont la fée Morgane qui ne l'a pas reconnu, et enfermé dans une tour. Mais une jeune fille, également amoureuse de lui, le délivre. Il continue son errance et se trouve hébergé par une femme assez étrange qui lui propose également son amour, le provoque en mettant en doute son honorabilité et sa virilité. Pour se justifier, il devrait révéler le nom de celle qu'il aime par-dessus tout. Or, il ne le peut pas, par discrétion, et l'étrange femme le menace de raconter partout qu'il est impuissant : or un impuissant n'est pas capable de combattre, et Lancelot sera honni et rejeté par tous ses compagnons d'armes. Mais Lancelot résiste et, à la fin, la femme, émue par tant de fidélité et de discrétion, n'insiste pas. Elle lui promet, par contre, de lui montrer, le lendemain, la chose la plus merveilleuse du monde.

Elle tient parole. Le lendemain, elle conduit Lancelot aux abords d'un mystérieux château, et lui apprend qu'il s'agit de Corbénic, dont le maître est un certain Pellès, qu'on appelle aussi le Roi-Pêcheur. Lancelot est reçu fort aimablement par le roi Pellès. La fille de celui-ci, qui est la porteuse du Graal, tombe amoureuse de Lancelot, et Pellès envisage sérieusement l'union de sa fille, héritière d'une lignée sacrée, avec le meilleur chevalier du monde. Grâce aux sortilèges de sa gouvernante Brisane qui donne à la fille de Pellès l'aspect de la reine Guénièvre, Lancelot la rejoint dans la nuit. Ainsi est conçu celui qui deviendra Galaad, le chevalier au cœur pur, sorte de double *blanc* de Lancelot, lui-même obscurci par le péché qu'il commet avec la reine Guénièvre. Mais, le matin, au réveil, Lancelot s'aperçoit de la supercherie. Il est saisi d'une colère épouvantable et va jusqu'à menacer la fille de Pellès. Celle-ci le calme par sa douceur et sa résignation, et il consent à pardonner ce qui s'est passé. Et il quitte Corbénic, le cœur rempli de mélancolie.

Le voici maintenant dans la « Forêt Perdue, d'où nul ne revient ». Il aperçoit, dans une prairie, tout un groupe de chevaliers et de dames qui se livrent à des danses incessantes. Lancelot entre dans la danse. Il perd toute notion du temps, et il se met à célébrer en *écossais* la beauté de la reine Guénièvre. La danse dure jusqu'au soir. Alors, on assoit Lancelot sur un fauteuil et on lui met une couronne sur la tête. Au même moment, une statue représentant un roi tombe du haut d'une tour et se brise non loin du groupe de danseurs. L'enchantement est dissipé : les danseurs retrouvent la mémoire et la notion du temps. Ils rendent hommage à Lancelot qui les a libérés.

Pendant ce temps. Yvain, qui a refusé d'embrasser une vieille femme[1], se trouve confronté à toute une série d'aventures qui tournent à son désavantage. Quant à Bohort, il arrive à Corbénic, où il est reçu avec autant d'égards que Lancelot. Au cours du repas que lui offre le Roi-Pêcheur, il voit passer un étrange cortège où l'on porte une lance d'où coulent des gouttes de sang, un vase d'où émane une lumière et un tailloir d'argent magnifique. Au passage du cortège, les plats des convives se chargent des nourritures les meilleures du monde. Et, à Kamaalot, Arthur, Guénièvre et Gauvain attendent désespérément le retour de Lancelot. Yder provoque la jalousie de la reine en prétendant que Lancelot ne pourrait pas tenir tête aux chevaliers de la Table Ronde. Arthur saisit l'occasion et fait annoncer un grand tournoi.

Le tournoi se déroule dans une atmosphère de liesse. Lancelot y participe, mais incognito. Il est cependant reconnu par la reine qui s'arrange pour lui faire des signes, ce qui l'encourage à se dépasser. Il est vainqueur de tous les compagnons de la Table Ronde, mais Yder, qui a deviné l'identité de Lancelot, oblige le roi à décider un nouveau tournoi. Là encore, Lancelot, toujours incognito se surpasse et poursuit tous les chevaliers, les mettant piteusement en fuite et en blessant sérieusement quelques-uns. Il les pourchasse même jusqu'au palais de Kamaalot. Arthur en sort et demande au vainqueur de se faire connaître : alors Lancelot se découvre. Bien que ses chevaliers aient été humiliés et même blessés, Arthur manifeste sa joie de retrouver Lancelot, décidément le meilleur chevalier du monde, et il appelle ses clercs pour mettre par écrit les exploits de ses compagnons. Cependant Guénièvre a des remords : elle se rend compte que Lancelot n'ira pas au bout de son destin à cause du péché qu'il commet avec elle, et elle s'en plaint amèrement. Lancelot lui répond alors que sa valeur lui vient uniquement

1. Thème fréquent dans la tradition celtique. Si le héros accepte d'embrasser la vieille femme, la plupart du temps hideuse, celle-ci se transforme en radieuse jeune fille, ou bien exauce tous les souhaits du héros. Sinon, celui-ci est maudit, et il ne lui arrive que des désagréments.

de l'amour qu'il lui porte. Le roi Arthur comble d'honneur Lancelot et admet le roi Baudemagu comme compagnon de la Table Ronde.

Après quelques semaines à la cour, Lancelot repart en expédition. Il tombe au pouvoir de Morgane qui l'enferme dans un de ses châteaux. Là, il demeure prostré, incapable de réagir. Cependant, comme il voit un peintre qui décore un mur avec les épisodes de l'histoire d'Énée, il a l'idée de retracer lui-même ses propres aventures et ses amours avec Guénièvre sur les murs de sa chambre. Morgane, qui s'aperçoit du manège, le laisse faire avec une joie perfide : elle se dit qu'elle tient ainsi le moyen de perdre Guénièvre et Lancelot dans l'esprit du roi. Lancelot demeure deux hivers et un été dans sa prison, puis, un jour, saisi de fureur, il brise les barreaux de sa fenêtre et s'enfuit, provoquant ainsi le courroux de Morgane. Mais elle se calme bientôt, sachant qu'elle détient la preuve de l'adultère de Guénièvre contre laquelle elle ressent une haine profonde. Amoureuse de Lancelot et jalouse de la royauté de son frère Arthur, Morgane rumine sa vengeance.

Précisément, à la cour du roi, on apprend que la messagère que Guénièvre avait envoyée à la Dame du Lac a été maltraitée par le roi Claudas de Terre Déserte. D'ailleurs, Claudas, averti de la disparition de Lancelot, en profite pour insulter Arthur. L'un des vassaux de Claudas en vient même jusqu'à s'asseoir sur le Siège Périlleux, mais il est immédiatement foudroyé. Tous les compagnons de la Table Ronde sont réunis à Kamaalot, et il n'y manque que Lancelot. Arthur monte au sommet d'une tour d'où l'on voit à dix lieux à la ronde. Il aperçoit un chevalier épuisé, revêtu de l'armure de Kaï : c'est Lancelot qui s'est trompé d'armure une nuit où il a sauvé Kaï. La reine s'entretient alors avec Lancelot et lui révèle les agissements de Claudas de la Terre Déserte. Lancelot décide de venger les habitants de son pays et Arthur lui promet son aide.

Cependant, Claudas a fait alliance avec les « Romains ». Arthur envoie sur le continent un corps expéditionnaire qui commence par gagner plusieurs combats. Mais bientôt, en dépit de la vaillance des Bretons, en particulier de Baudemagu, de Bohort et d'Yvain, la situation devient périlleuse. Lancelot, qui est resté dans l'île de Bretagne, demande du secours à Arthur. Le roi passe la mer en compagnie de Lancelot, et rétablit la situation.

C'est alors que le duc Frolle d'Allemagne émet des prétentions sur le pays. Il est vaincu et tué. Quant à Claudas de la Terre Déserte, il s'enfuit, puis reconnaît sa défaite et remet à Arthur les clefs du royaume de Gaunes qu'il avait usurpé au détriment du père de Bohort. Arthur veut faire de Lancelot le roi de la Gaule, mais Lancelot refuse, proposant le trône de Bénoïc à son demi-frère Hector, celui de Gaunes à son cousin Bohort et celui de Gaule à son autre cousin Lionel. Tous les trois refusent, car ils préfèrent la vie de chevaliers errants.

Arthur et l'armée bretonne reviennent à Kamaalot huit jours après la Pentecôte, et le roi tient une cour plénière. C'est alors qu'arrive la fille de Pellès en compagnie de sa suivante Brisane. Elle montre de grandes marques d'affection envers Lancelot. Évidemment, Guénièvre se croit trahie par son amant : elle le chasse avec violence. Lancelot quitte Kamaalot sans même s'habiller et tombe encore une fois dans un état de frénésie absolue, errant sans but à travers la forêt. La fille de Pellès, qui prend conscience de ce qui se passe, dévoile la vérité à Bohort. Et c'est Bohort qui explique tout à Guénièvre, laquelle éprouve une grande douleur, à la fois parce qu'elle sait que Lancelot a eu un fils d'une autre et parce qu'elle a chassé injustement celui qu'elle aime. Bohort lui promet de retrouver Lancelot, et il part en compagnie de Lionel et d'Hector.

L'état de démence de Lancelot dure plusieurs années. Au cour de ses errances, il finit par échouer à Corbénic, dans un état lamentable. La fille de Pellès le reconnaît et le fait soigner. Mais c'est la vision de l'étrange vase qu'on nomme le Saint-Graal qui le guérit. C'est à Corbénic que Bohort retrouve Lancelot et lui apprend que, depuis son départ, la reine Guénièvre n'a jamais souri une seule fois. Lancelot, ayant retrouvé tous ses esprits et toute sa force, décide de revenir à la cour d'Arthur. Il emmène son fils Galaad qu'il fait élever dans une abbaye, près de Kamaalot. Puis il retrouve Arthur et surtout la reine Guénièvre qui l'accueille avec passion.

VI

LES MYSTÈRES DU GRAAL

Lorsque Lucifer, l'Archange porte-lumière, s'est révolté contre le Créateur, il a été chassé des célestes séjours et précipité dans l'abîme des Ténèbres. Mais, au cours de sa chute, la magnifique émeraude qu'il portait sur son front s'est détachée et elle est tombée sur la terre, où elle a été recueillie par Adam et transmise ensuite de génération en génération. A l'époque de Jésus, c'est Joseph d'Arimathie, disciple secret de Jésus, qui en était le détenteur. Joseph avait fait tailler l'émeraude en forme de coupe. Et c'est dans cette coupe qu'il recueillit le sang du Christ, quand celui-ci fut descendu de la Croix et enseveli dans son tombeau.

Après un séjour en prison et de multiples aventures, Joseph d'Arimathie a quitté la Palestine en compagnie de son fils Joséphé, et il a erré à travers le monde pour mettre en sûreté le saint vase et son précieux contenu. Après avoir converti les deux rois païens Évallach et Séraphé qui prennent les noms chrétiens de Nascien et de Mordrain, et qui prophétisent ce que sera la lignée du Saint-Graal, Joseph et ses compagnons parcourent les pays celtiques et vont s'établir quelque part en Bretagne[1]. Le roi

1. La tradition anglaise fait de Glastonbury le premier établissement chrétien dans les îles Britanniques, allant même jusqu'à prétendre que le premier évêque de Glastonbury

Mordrain, qui a voulu s'approcher trop près du Graal, perd la vue : il ne pourra être guéri que par le Bon Chevalier qui achèvera les aventures. Joseph, puis Joséphé meurent. Leurs descendants construisent le château de Corbénic pour abriter la sainte relique. Mais à la suite de différents conflits, les sortilèges ont frappé le pays de Corbénic qui est devenu désert et stérile. Seul le Bon Chevalier pourra redonner vie et prospérité au royaume[1].

Un jour qu'Arthur tient sa cour, un chevalier nommé Blihis Bliberis[2] vient raconter comment a disparu le château où vit l'étrange Roi-Pêcheur chargé de la garde du Saint-Graal. Autrefois, ce château était visible par tout le monde et les voyageurs y étaient reçus par des jeunes filles qui leur dispensaient nourriture et breuvage dans des linges blancs et des écuelles d'or. Mais un roi du nom d'Amangon a fait violence à l'une des jeunes filles et lui a arraché la coupe d'or avec laquelle elle abreuvait ses hôtes. Depuis ce moment, les jeunes filles ont disparu, les sources se sont taries et la route qui menait chez le Roi-Pêcheur s'est perdue. Le chevalier ajoute que c'est aux compagnons du roi Arthur de chercher à le retrouver à travers les marais et les forêts. Quand le château du Roi-Pêcheur sera retrouvé, alors la joie renaîtra et le pays redeviendra prospère. Mais il faudra également retrouver le Roi-Pêcheur lui-même, qui est un grand magicien « savant tant de nigromance qu'il pouvait cent fois changer son aspect »[3].

Cependant, dans le plus profond de la forêt de Brocéliande, vit un jeune homme, Perceval, qui ne sait d'ailleurs pas encore son nom. Il a passé son enfance dans le domaine de sa mère,

---

était Joseph d'Arimathie lui-même. Il ne faut pas oublier le rôle déterminant de l'abbaye de Glastonbury dans la rédaction des récits concernant le Graal, ni le fait que Glastonbury, colline au milieu des marais, a été longtemps considérée comme l'île d'Avalon.

1. La légende de Joseph d'Arimathie, issue des évangiles apocryphes, a été diffusée à partir d'une œuvre de l'auteur franc-comtois Robert de Boron, influencé par les Clunisiens et inféodé aux Plantagenêts. Ce qu'on appelle l'*Estoire dou saint Graal*, est le premier volet de l'épopée arthurienne connue sous le titre de « Lancelot en prose », ou encore de « Vulgate Lancelot-Graal ».

2. Il semble que ce soit un personnage historique, un conteur gallois familier de la cour d'Aliénor d'Aquitaine *(famosus ille Bledhericus fabulator qui tempora nostra paulo praevenit)*, grand pourvoyeur de légendes orales celtiques auprès des clercs et des poètes du XIIe siècle. L'auteur anglo-normand Thomas le cite constamment dans son roman de *Tristan*.

3. Cet épisode constitue un texte curieux, datant de la fin du XIIe siècle, l'*Elucidation*, d'un auteur anonyme, et qui prétend servir de préface au *Perceval* de Chrétien de Troyes.

en véritable reclus, à l'écart du monde, parce que sa mère veut lui éviter le sort de son père mort en combat singulier. Mais un jour qu'il chasse dans la forêt, il rencontre trois chevaliers qu'il prend d'abord pour des démons, puis pour des anges, et qui lui expliquent ce qu'est la chevalerie. Le jeune homme n'a de cesse d'aller à la cour du roi Arthur. Sa mère accepte à contre-cœur et le laisse partir après lui avoir donné toute une série de conseils que Perceval suivra à la lettre, de façon naïve, ce qui lui occasionnera bien des désagréments. Il arrive néanmoins à la cour d'Arthur où il prétend se faire armer chevalier. Mais le moment est mal choisi : un chevalier rouge vient de ravir à la reine la coupe où elle buvait et il a insulté le roi. Perceval arrive dans la salle où se trouve le roi tout pensif et incapable de réagir. Perceval lui adresse la parole mais le roi ne répond pas. Perceval remonte sur son cheval, mais ce faisant, il heurte une des pièces de l'armure d'Arthur et le roi se réveille de sa torpeur. Perceval lui demande alors les armes du chevalier rouge. Ironiquement, Kaï lui dit d'aller les chercher lui-même. Le jeune homme ne se le fait pas dire deux fois : il sort, saluant une jeune fille qui n'avait pas ri depuis des années et qui se met à prédire les prouesses futures de Perceval. Kaï, furieux, donne un soufflet à la jeune fille et jette dans le feu le bouffon d'Arthur qui, lui aussi, avait prophétisé la gloire du jeune homme. Arthur reproche à Kaï sa brutalité, mais le bouffon déclare qu'avant quarante jours, Kaï sera puni et aura le bras brisé.

Cependant, Arthur est très inquiet sur le sort du jeune inconnu. Mais celui-ci a rejoint le chevalier rouge, et avec une audace incroyable, il l'a provoqué et il l'a tué, vengeant ainsi l'honneur du roi et de la reine. Arthur veut garder auprès de lui ce jeune phénomène, mais Perceval s'en va dignement. Alors commencent pour lui toute une série d'aventures. Chaque fois qu'il combat un chevalier, il est vainqueur, et il envoie le vaincu se constituer prisonnier à la cour d'Arthur. Il délivre la belle Blanchefleur, menacée par des ennemis, et tombe éperdument amoureux de la jeune personne. Au cours d'une errance, alors qu'il ne sait pas trop bien où il va, il est reçu par un étrange roi boiteux dans un château à l'écart de tout. Pendant le repas, il assiste à un singulier cortège : on porte en effet une lance d'où coulent des gouttes de sang, un vase d'où émane une lumière étonnante et un magnifique tailloir d'argent. Mettant en pratique les conseils de sa mère qui lui a dit de ne jamais se mêler des affaires des autres, Perceval ne pose aucune question concernant ce qu'il a vu. Mais, le lendemain, il se retrouve seul dans le château.

Il continue son errance. Une jeune fille, qui se révèle être sa cousine, lui apprend son nom et lui déclare qu'il est maudit parce qu'il n'a pas posé de question à son hôte à propos de l'étrange cortège dont il a été le témoin : s'il avait posé une question, il aurait guéri son hôte et redonné la prospérité au royaume. Perceval est désespéré d'avoir manqué sa mission. Il poursuit sa route, alors que les chevaliers d'Arthur se sont lancés à sa recherche. Un jour, impressionné par le spectacle d'un corbeau buvant des gouttes de sang sur la neige, il tombe en extase, pensant à la belle Blanchefleur dont les cheveux sont noirs comme le corbeau, les lèvres rouges comme le sang et le teint blanc comme la neige[1]. Complètement en dehors de toute réalité, il ne répond pas aux interpellations de deux chevaliers d'Arthur, Sagremor et Kaï : il lutte même contre eux et casse le bras de Kaï, justifiant ainsi la prophétie du bouffon. Finalement, il se laisse conduire par Gauvain auprès du roi Arthur qui l'accueille chaleureusement.

Cependant, le passage de Perceval au château du roi blessé, qui est Pellès, le Roi-Pêcheur, n'a pas été sans conséquence. En ne posant pas la question concernant le mystérieux cortège, il a accentué le sortilège qui pèse sur le royaume. Le Roi-Pêcheur est tombé en langueur. Quant au roi Arthur lui-même, il a perdu sa puissance de don, ce qui fait que sa cour est abandonnée. Sur le conseil de Guénièvre, Arthur va en pélerinage au sanctuaire de Saint-Augustin, en Galles. Il ne peut entrer dans la chapelle, mais, du dehors, il assiste à la messe et il a une étrange vision. Au retour, il est vainqueur d'un chevalier à la Lance Flamboyante et il sent qu'il a retrouvé toute sa puissance de don. Il peut donc convoquer à nouveau ses chevaliers en cour plénière. Celle-ci se tiendra donc à Kamaalot, le jour de la Pentecôte.

Il existe une coutume à Kamaalot, qui veut que le festin ne commence qu'après une aventure ou un événement merveilleux. Or, ce jour-là, voici qu'arrivent trois pucelles qui déclarent être les messagères du Roi-Pêcheur. Elles décrivent abondamment les misères de leur maître et l'état lamentable du royaume, affir-

1. Il s'agit d'un véritable cliché poétique de la tradition celtique, très commun dans la littérature irlandaise.

mant que rien ne sera rétabli avant la venue du Bon Chevalier. Et, avant de s'en retourner, les messagères[1] laissent pour Perceval un bouclier qui a appartenu à Joseph d'Arimatie. Elles ont à peine disparu que l'on voit apparaître une inscription sur le Siège Périlleux, inscription qui affirme : « Quatre cent cinquante-quatre ans après la passion de N.-S. Jésus-Christ, le jour de la Pentecôte, ce siège aura son maître. » C'est alors qu'un écuyer vient annoncer qu'on a découvert sur la rivière une pierre flottante de marbre rouge dans laquelle est fichée une épée. Sur la pierre, une phrase est inscrite, qui déclare que l'épée ne pourra être retirée que par le meilleur chevalier du monde[2].

Comme il ne fait aucun doute que Lancelot soit le meilleur chevalier du monde, c'est au fils de Ban de Bénoïc qu'Arthur demande de tenter l'épreuve. Mais Lancelot s'y refuse obstinément. Alors Arthur se tourne vers son neveu Gauvain : celui-ci, obéissant à contrecœur, essaie vainement de retirer l'épée. Arthur va demander à Perceval de prendre la suite, mais à ce moment, un prud'homme arrive, conduisant un adolescent qui n'est autre que Galaad. Aussitôt, dans la salle du festin, les portes et les fenêtres se ferment, mais une lumière étonnante persiste cependant à l'intérieur. Galaad s'assoit sans dommage sur le Siège Périlleux, puis le Saint-Graal apparaît, porté par des mains invisibles, caché sous un voile, et procure aux convives les meilleures nourritures et les meilleures boissons qui se puissent. Après le festin, le jeune Galaad retire facilement l'épée du perron merveilleux et chacun reconnaît en lui le fils de Lancelot du Lac, ce qui fait d'ailleurs que la reine Guénièvre en éprouve à la fois une grande fierté et une grande jalousie. Et tous les chevaliers décident de partir à la recherche de Corbénic, le château du Roi-Pêcheur, et de découvrir le sens et le secret du Saint-Graal. Le roi Arthur, quelque peu désolé, assiste au départ de tous ses compagnons. Il sait très bien qu'ils ne reviendront pas tous de cette aventure, mais il n'a rien à dire, car ce qui se passe est

1. Ces messagères sont le triplement de la seule messagère du Graal chez Chrétien de Troyes, qui est l'équivalent de Kundry la Sorcière chez Wolfram von Eschenbach, c'est-à-dire de la « Hideuse Demoiselle à la Mule ».

2. C'est évidemment un doublet de l'intronisation d'Arthur, quand il s'agit de retirer l'épée fichée dans le perron. Mais ici, il s'agit d'une royauté spirituelle et non plus de la royauté temporelle. La pierre qui flotte sur la rivière se réfère à de nombreuses légendes de saints bretons venus d'Irlande ou de Grande-Bretagne sur des auges de pierre.

en conformité avec ce que révélait Merlin autrefois. Guénièvre, quant à elle, fait de tendres adieux à Lancelot. L'atmosphère de la cour est celle d'une fin qu'on pressent plus ou moins imminente : désormais, plus rien ne sera comme avant dans le royaume d'Arthur.

Gauvain, toujours aussi fougueux, se jette tête baissée dans la Quête. Il apprend de la bouche d'une étrange jeune fille rencontrée dans une forêt qu'il doit d'abord conquérir l'épée qui a servi à la décollation de saint Jean-Baptiste. Il obtient cette relique en combattant et en mettant à mort un géant qui avait enlevé le fils du roi païen Gurgalan, qui est le dépositaire de cette épée. Gauvain s'en revient donc avec cette arme sacrée, tandis que le roi Gurgalan décide de se convertir, et tout son peuple avec lui. Mais comme Gauvain n'a pas pu empêcher le géant de tuer le jeune fils du roi, il est témoin des étranges funérailles qui sont faites à celui-ci : le corps du malheureux jeune homme est en effet découpé en lanières et mis à bouillir dans un chaudron dont tous les assistants se partagent le bouillon.

Muni de cette épée qui est en quelque sorte son « rameau d'or », c'est-à-dire le signe symbolique avec lequel il peut pénétrer dans l'Autre Monde, Gauvain franchit les ponts périlleux qui conduisent au château de Corbénic. Il est reçu par le Roi-Pêcheur. La lumière du Graal illumine l'intérieur comme en plein jour. Dans la salle, il y a vingt-deux chevaliers qui ont plus de cent ans mais qui en paraissent à peine quarante. Un repas magnifique est servi en l'honneur de Gauvain. Deux pucelles paraissent, l'une tenant une lance, l'autre une coupe, et deux anges les suivent, portant des candélabres. Gauvain est si émerveillé de ce spectacle qu'il tombe en extase et oublie de poser les questions que lui avait demandé de poser le Roi-Pêcheur lui-même. Tout le monde le regarde avec une grande tristesse. Le cortège repasse devant lui, mais il y a maintenant trois anges, et dans la coupe, il semble y avoir une forme d'enfant. Gauvain ne peut détacher son regard des trois gouttes de sang que la lance a laissées sur la table. Alors la coupe est portée en l'air, et Gauvain aperçoit l'image du Crucifié, la lance au côté. Gauvain demeure seul dans la salle. En face de lui, il n'y a qu'un échiquier qui joue tout seul. Gauvain se laisse prendre au jeu : il bouge les pièces, mais il se fait battre deux fois de suite. De colère, il brise l'échiquier qui disparaît. Gauvain s'endort. Le lendemain, il trouve les portes fermées. Il tente en vain de pénétrer dans une chapelle où l'on est vraisemblablement en train de célébrer une messe. Une voix se fait entendre et lui dit alors que le roi du Château Mortel, frère infidèle et renégat du Roi-Pêcheur, va venir attaquer le Château du Graal et s'en emparer. Gauvain découvre son cheval tout sellé et part au mileu d'une tempête épouvantable[1].

Perceval s'est lui aussi lancé dans la Quête, avec une sorte de rage au cœur. Il sait qu'il est allé au Château du Roi-Pêcheur et qu'il a vu le Cortège du Graal ; Il sait qu'il a démérité parce qu'il n'a pas posé les questions qu'il devait poser ; il sait que depuis son séjour à Corbénic, la tristesse et le désespoir ont envahi le cœur du Roi-Pêcheur. Il cherche donc à retrouver le chemin de Corbénic, mais ce chemin est perdu, et Perceval doit errer à travers Brocéliande, allant de château en château, s'égarant dans des vallées sans retour ou se perdant sur des landes sans fin. Un jour, il rencontre une recluse, laquelle lui dit qu'elle est sa tante, et qui lui révèle certaines choses concernant le Graal. Elle l'engage également à conserver sa chasteté, faute de quoi il ressemblerait à Lancelot qui, « par échauffement de sa chair et mauvaise luxure, a failli depuis longtemps au but que les autres se proposent aujourd'hui». Poursuivant son chemin, il passe près d'une chapelle dans laquelle il ne peut entrer. Mais en regardant par la fenêtre, il est témoin d'une étrange cérémonie : un homme blessé, allongé sur un lit qui tend les bras vers le ciel, alors qu'un prêtre s'approche de lui et qu'apparaît, au milieu d'une lumière étonnante, une coupe qui descend vers le blessé. Perceval est aveuglé par la lumière et s'enfuit à toute vitesse. Au moment de traverser un gué, il tombe de cheval et manque de se noyer. Il entend alors un rire à travers les arbres et cherche à savoir qui a ainsi éclaté de rire. Mais à force de chercher, il s'égare complètement et se retrouve au bord d'une large rivière, comme un estuaire, sans cheval, harassé de fatigue.

C'est à ce moment qu'une magnifique jeune fille vient à sa rencontre. Elle l'invite à venir se reposer dans sa nef ancrée non loin de là, lui promettant ensuite de lui fournir un cheval. Perceval suit la jeune fille qui lui paraît encore plus belle et plus tentante que Blanchefleur pour laquelle il a toujours un grand

---

1. Cet épisode se trouve dans le récit de *Perlesvaux*, de la fin du XIIe siècle.

amour. Arrivé sur la nef, la jeune fille le fait étendre dans une chambre luxueuse et lui verse à boire un breuvage doux et enivrant. Perceval commence à se sentir échauffé, tant par le breuvage que par la vue de la fille qui s'acharne à prendre devant lui les poses les plus audacieuses. Il va succomber à ses charmes, il se précipite sur elle, quand, par ce geste, il fait tomber son épée. Il regarde alors le pommeau de l'épée en forme de croix, et dans un réflexe presque inconscient, il trace avec sa main, le signe de la Croix. Aussitôt un bruit terrible se fait entendre et tout disparaît : Perceval se trouve au bord de la rivière, à moitié dans l'eau, au milieu d'une brume aux odeurs sulfureuses. Il comprend que c'est le diable qui lui est apparu sous la forme de cette jeune fille, et en signe de mortification, il se taillade la cuisse avec son épée, geste symbolique qui signifie qu'il se châtre volontairement.

Il poursuit sa lamentable errance, toujours à pied. Le voici maintenant dans un château où il ne trouve personne. Il pénètre dans une grande pièce et voit un échiquier dressé sur une table. Il s'aperçoit alors que les pièces jouent toutes seules. Comme Gauvain, il se laisse prendre au jeu et bouge les pièces. Il se fait battre deux fois. Furieux, il attrape l'échiquier et le jette par la fenêtre. Une jeune fille se présente alors à lui et lui reproche violemment de lui avoir perdu son échiquier. Pour se racheter, elle lui demande d'aller tuer un Blanc Cerf qui hante la forêt et de lui ramener la tête de l'animal. Pour retrouver le Blanc Cerf, il a besoin d'un petit chien, et la jeune fille lui confie le petit chien en lui faisant promettre de le ramener lui aussi, faute de quoi il ne sera jamais pardonné. Perceval se lance dans cette aventure. Il réussit à rattraper le Blanc Cerf et à le tuer, mais alors un homme noir surgit de dessous une pierre et lui dérobe le petit chien. Voici Perceval fort ennuyé. Après bien des péripéties, il parvient à retrouver l'homme noir. Il se bat contre lui et l'oblige à rendre le petit chien. Mais après cela, il a bien du mal à retrouver le chemin du Château de l'Échiquier. Il y parvient enfin et se réconcilie avec la jeune fille. Celle-ci lui annonce qu'elle va le conduire à Corbénic[1].

1. Cet épisode se trouve dans la « Seconde Continuation » du *Perceval* de Chrétien de Troyes, mais le thème de l'échiquier est nettement plus développé dans le récit gallois de *Peredur*, avec des détails qui semblent surgir de la mythologie celtique la plus primitive.

Il suit la jeune fille. Mais elle lui rappelle qu'il a fait une promesse à sa mère avant de quitter celle-ci : la promesse qu'il vengerait la mort de son père et tuerait les ennemis qui s'étaient emparés de ses domaines. La jeune fille le mène dans une forteresse où se trouvent effectivement les meurtriers de son père. Ils sont nombreux, mais il les bat tous en combat singulier et se fait reconnaître comme le maître de la forteresse. Les vassaux et les serviteurs viennent lui rendre hommage. Alors, Perceval se venge d'une façon surprenante : il fait décapiter douze de ses ennemis et recueillir leur sang dans un chaudron. Ensuite, il fait pendre le treizième, leur chef, par les pieds, la tête dans le chaudron rempli de sang afin qu'il y soit noyé et étouffé[1]. Et il reprend sa route en compagnie de la jeune fille, en direction de Corbénic. Il force les portes d'une forteresse magique, le Château Tournoyant, dont il anéantit par sa présence les sortilèges. Grâce à son courage et au bouclier de Joseph d'Arimathie qu'il n'a pas perdu au cours de ses mésaventures, il est vainqueur du Chevalier au Dragon, mais il est brûlé par la flamme du dragon. Il se guérit de ses brûlures en les recouvrant des cendres du chevalier.

Mais, pendant ce temps, Lancelot s'est lui-même lancé à la recherche du Graal. Bien qu'il ait séjourné plusieurs fois au château de Corbénic, il ignore le chemin qui y mène. Pendant des semaines, il rôde dans la forêt de Brocéliande, interrogeant les ermites qu'il rencontre et déjouant les maléfices des femmes étranges qui l'invitent dans leur domaine enchanté. C'est ainsi qu'un jour, il pénètre dans une cité dévastée, la Cité des Ames. Il n'y voit nul être vivant, et pourtant, des voix invisibles se font entendre en de longs gémissements. Il comprend que la cité est sous le coup d'un sortilège et tente de savoir ce qui se passe réellement. Dans la cour du château, il aperçoit alors un chevalier qui tient à deux mains une grande hache. Il s'adresse à Lancelot et le somme de lui couper la tête et de prendre l'engagement de revenir, un an après, subir le même sort. Lancelot ne peut faire autrement que d'accepter le défi du chevalier inconnu. Il lui coupe donc la tête, mais quand il se prépare à quitter la Cité des Ames, le corps et la tête du chevalier ont disparu.

---

1. Cette vengeance se réfère à un rituel celtique très archaïque en l'honneur du dieu Teutatès.

Il reprend sa route et se retrouve, sans savoir comment, à Corbénic où il est chaleureusement reçu par le Roi-Pêcheur. Celui-ci l'invite à son repas, mais ni la coupe merveilleuse, ni la lance, ni le tailloir d'argent ne passent devant lui, et si les assiettes des convives se chargent de nourriture, la sienne reste vide. Le Roi-Pêcheur lui fait donner de « très bonnes viandes ». Lancelot se rend compte que le secret du Graal lui échappera toujours. Au cours de la nuit, il entend une musique céleste. Il sort de sa chambre et se dirige, par de sombres couloirs, vers l'endroit d'où semble provenir la musique. Il arrive ainsi jusqu'à une porte entrebâillée d'où émane une grande lumière. Il veut la pousser et pénétrer dans la pièce. Mais la porte lui résiste et il entend une voix qui lui dit : « Fuis, Lancelot, mais n'entre pas, tu ne dois point le faire. Et si tu enfreins cette défense, tu t'en repentiras. » Désespéré, il quitte Corbénic sans prendre congé du roi et continue d'errer une année entière.

Les autres chevaliers d'Arthur sont eux aussi aux prises avec les aventures, et quelques-uns d'entre eux connaissent des fins tragiques. Yvain est tué par un de ses compagnons qui ne l'a point reconnu. D'autres sont blessés et peuvent à peine revenir à la cour d'Arthur. Bohort, le cousin de Lancelot, avec acharnement et patience, continue un chemin périlleux, déjouant tous les pièges que lui tend le diable, refuse toutes les propositions alléchantes de « pucelles » au regard de feu qui s'engagent à le conduire à Corbénic s'il passe la nuit avec elles, combat des bêtes fantastiques et des géants qui ne sont souvent que des enchanteurs maléfiques. Quant à Galaad, le pur et le « sans tache », il n'est pas exempt d'épreuves, mais il s'en tire avec honneur, sans jamais succomber à la moindre tentation. C'est ainsi qu'il arrive au Château des Pucelles, où sept chevaliers retiennent prisonnières, en les obligeant à la fornication, les pucelles qu'ils enlèvent ou qui s'égarent dans les alentours. Galaad combat les sept chevaliers les uns après les autres et les met en fuite. Ces sept chevaliers sont ensuite tués par Gauvain, ce que regrette Galaad en disant : « Ils auraient pu s'amender. » Néanmoins, les pucelles sont délivrées, et le château devient un lieu d'accueil pour tous les voyageurs en difficulté. Et Galaad poursuit son chemin, traquant sans merci l'injustice et l'oppression, rétablissant l'ordre partout où il passe. Le « Bon Chevalier » acquiert ainsi gloire et renommée.

Finalement, Galaad rencontre Perceval et Bohort, et tous les trois, ils découvrent la nef merveilleuse de Salomon, un étrange navire qui navigue sans pilote, et qui contient l'Épée aux Étranges Renges, l'épée de Salomon, celle qui a été la cause du Coup Douloureux porté par le chevalier Balin, et qui a plongé le royaume du Graal dans la désolation. Ils apprennent l'histoire de l'Arbre de Vie, cet arbre qui se trouvait au Paradis Terrestre, et dont le bois a servi pour fabriquer cette nef de Salomon. Puis, en traversant la forêt de Brocéliande, ils aperçoivent un Cerf Blanc portant un collier d'or, entouré de quatre lions, symbole évident de Jésus-Christ entouré de ses quatre évangélistes. Ils apprennent également que, dans une forteresse, une jeune fille malade ne peut être guérie que si une jeune fille vierge, qui ne peut être que la sœur de Perceval, se dévoue et lui donne son propre sang. Les trois compagnons retrouvent la sœur de Perceval qui accepte de se sacrifier : elle donne son sang à la malade, et elle meurt elle-même peu après. Alors Galaad, Perceval et Bohort décident de se séparer, se promettant de se retrouver dans trois mois à un endroit précis.

Mais Lancelot, qui a pourtant perdu tout espoir de mener la quête à son terme, se trouve toujours sur les chemins de Brocéliande. Il n'oublie pas non plus qu'il doit retourner à la Cité des Ames pour respecter le serment fait au chevalier à la hache. Le voici donc dans la cité dévastée. Dans la cour, il aperçoit le chevalier à qui il a coupé la tête, il y a un an. Mais, quand Lancelot s'agenouille pour subir le même sort, le chevalier se contente de faire le simulacre de la décapitation, proclamant que Lancelot, par son courage et son abnégation, a levé l'enchantement qui pesait sur la cité[1]. Et tous les habitants viennent lui rendre hommage.

Quelque peu réconforté par ce succès, Lancelot reprend sa route. Il rencontre son fils Galaad et navigue avec lui pendant quelques jours, « parmi les îles qui entourent la Bretagne ». Puis le père et le fils se séparent. Lancelot décide de retourner à la cour d'Arthur tandis que Galaad se hâte de rejoindre Perceval et Bohort.

1. Ce « Jeu du Décapité » se retrouve dans un récit épique irlandais concernant le héros Cûchulainn dont les points communs avec Lancelot sont plus qu'évidents. Il y a là le souvenir d'un antique rituel de sacrifice par substitution dont nous ignorons évidemment le sens ou la portée.

Une fois réunis, les trois hommes se dirigent vers Corbénic : les temps sont venus de terminer les aventures. Galaad guérit le Roi Blessé, et tous trois sont admis à la liturgie secrète du Graal. Le royaume retrouve alors sa prospérité : les arbres fleurissent, l'herbe pousse là où il n'y avait que de la terre sèche, et des chants de joie jaillissent de chaque vallée. Mais ce n'est pas tout : la nef de Salomon aborde sous la forteresse de Corbénic. Galaad, Perceval et Bohort s'y embarquent et accomplissent alors une navigation mystérieuse qui les conduit au palais merveilleux de Sarraz. C'est là que Galaad est couronné Roi du Graal, achevant ce qu'il avait commencé à Kamaalot en s'asseyant sur le Siège Périlleux. C'est là aussi que Galaad est admis à contempler *ce qu'il y a dans le Graal.* Mais comme il n'est malgré tout qu'un être humain, il ne peut supporter la vision des choses célestes contenues dans le saint vase. Après avoir embrassé Perceval et recommandé à Bohort de saluer son père Lancelot, il meurt en état d'extase. Alors une main descend du ciel, prend le Graal et la Lance et disparaît dans un nuage. Jamais, sur cette terre, on ne reverra le Saint-Graal[1].

Dès que Galaad est inhumé, Perceval se rend à un ermitage situé non loin de la ville de Sarraz et se fait religieux. Bohort le suit, mais ne se fait pas moine. Au bout d'un an et trois jours, Perceval meurt, et Bohort le fait enterrer auprès de sa sœur et de Galaad. Après cela, Bohort, seul témoin encore vivant des merveilles du Graal, retourne en Bretagne, à la cour d'Arthur où il raconte ce qu'il a vu et ce qu'il a vécu. Et le roi Arthur ordonne à ses clercs de mettre tous ces récits par écrit.

---

1. On remarquera que cette version « cistercienne » est très différente des récits de Chrétien de Troyes et de Wolfram von Eschenbach, où le seul héros du Graal était Perceval (ou Parzival). Le personnage de Perceval était sans doute trop entaché de traditions celtiques païennes pour coïncider vraiment avec l'image qu'on voulait donner, au XIIIe siècle, du « saint » Graal, récipient contenant le sang du Christ en conformité avec la doctrine de la Présence Réelle dans l'Eucharistie, officialisée en tant que dogme de foi au début de ce même XIIIe siècle. A Perceval, le « niais » qui découvre le Graal sans trop savoir ni comment, ni pourquoi, on a tenu à adjoindre un pécheur repenti, en l'occurrence Bohort, et un « saint », un « élu », c'est-à-dire Galaad, double *blanc* du pécheur endurci Lancelot.

VII

DE BROCÉLIANDE AUX BRUMES D'AVALON

Le dernier volet de l'épopée arthurienne a quelque chose d'indéfinissable et de grandiose, d'une intense mélancolie, comme si, à travers la mort d'Arthur, c'était tout un monde qui s'écroulait. Certes, avec cette fin tragique et néanmoins mystérieuse d'un roi *qui n'est pas mort*, et *qui reviendra un jour*, c'est un peu l'amère constatation que la société celtique, un instant revivifiée par la fiction de la Table Ronde, n'a pas sa place dans une Europe qui se cherche à travers les débats théologiques et les ambitions personnelles des princes, papes, évêques, rois et seigneurs féodaux continuant allègrement le modèle qu'avait fourni la Rome antique, à savoir un univers d'intolérance et de centralisation à outrance, et oubliant parfois leurs querelles pour éliminer — par l'inquisition et le lavage des cerveaux — les tentatives marginales, d'inspiration celtique, visant à l'établissement d'un monde plus juste, plus libre, plus *humain.* La mort, ou plutôt l'évanouissement d'Arthur, c'est la mise à l'écart d'un rêve. C'est probablement pour cela que les dernières aventures d'Arthur et de ses chevaliers parlent à notre imaginaire comme à notre cœur, laissant à ceux qui savent comprendre ce qui se dit à travers les mots, cette poignante nostalgie d'un espoir étouffé, obscurci, occulté par une idéologie qui ponctue son triomphe de bûchers et d'anathèmes.

Ce dernier volet, c'est la *Mort le roi Artu*, pour en respecter le titre en vieux français. Et ce n'est pas sans raison que, deux siècles plus tard, l'anglais Thomas Malory, en pleine guerre des Deux-Roses, intitulera *le Morte d'Arthur* son incroyable compilation sur l'aventure arthurienne. Si, en France, le roi Arthur est un personnage de légende pour raconter aux enfants, en Grande-Bretagne, il est plus qu'un mythe : il est une réalité vécue et ressentie comme telle par tous les sujets de Sa Majesté britannique. Les Plantagenêts avaient fait d'Arthur leur ancêtre. Les souverains anglais, bien que d'origine allemande, sont les héritiers des Plantagenêts et par conséquent les héritiers d'Arthur[1]. On n'oublie pas que l'ordre de la Jarretière, l'un des plus fameux ordres chevaleresques à perdurer, a été fondé par Edouard III (par ailleurs petit-fils de Philippe de Bel), lequel avait d'abord créé un ordre de la Table Ronde. Et il ne faudrait pas oublier non plus, qu'en dépit de certaines fausses notes au cours des siècles, la Grande-Bretagne a donné au monde occidental des leçons de tolérance, d'égalité et de liberté.

Cette *Mort le roi Artu* se présente comme la dernière résurgence d'une tradition mythologique héritée de la nuit des temps, une mythologie celtique donc « barbare », intégrée dans une conception littéraire qu'on pourrait presque qualifier de « moderne » et qui est le résultat d'une étonnante synthèse entre le fonds gaulois primitif, l'humanisme gréco-latin et les tumultueux apports germaniques, le tout baignant dans la mystique judéo-chrétienne. C'est probablement là que réside le miracle du Moyen Age : avoir réalisé une synthèse entre des éléments hétérogènes et avoir débouché sur une autre dimension culturelle. Mais, dans cette symbiose, la part originelle, c'est-à-dire le mythe lui-même, n'est jamais altérée ni même rabaissée à un rang secondaire. Le schéma est là, intact, ayant franchi les siècles : Arthur est un ancien dieu présenté comme un roi humain, souffrant et luttant pour que s'établisse un monde de paix et de justice. Et Lancelot du Lac, peut-être parangon de toutes les vertus chevaleresques, n'oublie jamais qu'il est le fils adoptif de la Dame du Lac, la fée Viviane, qu'il a été nourri dans le palais merveilleux de la Déesse des Commencements, qu'il est lui-même le dieu « hors fonction »

1. Tous les rejetons mâles de la famille royale britannique portent le nom d'Arthur parmi leurs nombreux prénoms.

de la tripartition indo-européenne, celui qui, par sa valeur et sa puissance, assume toutes les fonctions qu'on prête à la divinité absconse, celle dont on ne connaît ni la figure, ni le nom, mais qui régit l'univers, quelles que soient les croyances et les définitions théologiques.

Et puis, littérairement parlant, c'est déjà le passage de l'épopée au roman, voire au scénario cinématographique[1]. Les caractères mis en place dans les premiers récits de l'aventure arthurienne s'affirment et se confirment. De héros significatifs, les personnages deviennent des humains qui tentent de transcender leur condition, qui s'agitent certes, mais qui tentent l'impossible pour se prouver à eux-mêmes qu'ils participent à l'action divine, d'une façon ou d'une autre. La grandeur littéraire coïncide avec l'éternité d'un mythe fondamental : dans les halliers de Brocéliande, les dieux naissent et meurent à la mesure d'un esprit humain tourmenté mais toujours conquérant. Car Arthur *n'est pas mort* . Ceux qui parcourent les sentiers de Brocéliande le savent bien.

Tous les rescapés des expéditions de la Quête du Saint-Graal sont revenus à la cour d'Arthur. Le roi vieillit et devient morose. Il se désole d'avoir perdu vingt-deux de ses meilleurs chevaliers dans des combats singuliers où, bien souvent, ils s'entre-tuaient sans avoir eu le temps ou la chance de se reconnaître. Gauvain porte, sur ce point, une lourde responsabilité, lui qui, par bravoure ou par esprit d'aventure, est toujours prêt à en découdre avec n'importe qui. Et Gauvain est pourtant son neveu préféré, celui qui peut espérer lui succéder, puisque le roi n'a pas d'héritier légitime. Arthur réunit ses chevaliers, organise des tournois. Mais cela ne suffit pas à dissiper la morosité. On sent une atmosphère de fin de règne.

---

1. Il y a eu beaucoup de films sur la légende arthurienne, et beaucoup d'échecs retentissants parce qu'il est très difficile de saisir l'essence du mythe tout en le rendant accessible au public. Le plus représentatif de tous ces films, et le plus acceptable dans sa globalité, est certainement *Excalibur* de John Boorman. Le plus étrange, et le plus profond, par contre, est le *Lancelot du Lac* de Robert Bresson, qui peut agacer par une esthétique très personnelle et très discutée, mais qui n'en représente pas moins une évocation nostalgique et émouvante de la dislocation du monde arthurien *après la quête du Graal*, c'est-à-dire à partir du moment où, les aventures étant terminées, le compagnonnage de la Table Ronde ne trouve plus ni justification ni but. Certes, la position de Bresson est pour le moins janséniste, mais elle correspond à l'esprit du texte médiéval.

Cependant, un jour, alors que les compagnons sont à la Table Ronde, évoquant leurs exploits passés, une jeune fille survient et leur reproche leur inertie. Elle les invite à venir en Irlande, auprès de sa dame, pour y chercher des aventures et de belles amies. Puis elle repart, sans même avoir dit quel était le nom de sa dame. Lancelot du Lac est fort intrigué : il la suit de loin, et, au milieu d'aventures incroyables, il parvient en Irlande où il apprend que la dame qui a envoyé cette messagère se nomme Dionise, et qu'elle est la maîtresse du château de Rigomer où s'accomplissent des prodiges qui passent pour terrifiants dans toute l'Irlande. Ces enchantements durent depuis fort longtemps et ne prendront fin que lorsqu'un chevalier, le meilleur du monde, ayant femme ou amie, viendra y mettre un terme par sa bravoure et son intelligence. Ainsi en a décidé la fée qui a lancé la malédiction sur Rigomer.

Il n'en faut pas plus à Lancelot pour se diriger de ce côté. Effectivement, il se passe des choses étranges : dans la lande qui entoure le château, on peut jouter et mener belle vie pourvu qu'on consente à n'y entrer que désarmé[1]. Mais si l'on veut passer le pont qui traverse le fossé, on doit combattre un serpent monstrueux, et quand même on arriverait à le vaincre, on n'en serait pas moins tué ou honni. Tel a été le sort de tous les chevaliers qui, jusqu'à présent, ont tenté l'épreuve. Mais cela n'effraie guère Lancelot, qui a vu bien pire et qui a affronté bien d'autres sortilèges. Il se présente. Il combat d'abord un chevalier gigantesque dont il finit par avoir raison, mais non sans avoir reçu de terribles blessures. Qu'à cela ne tienne... Il se fait soigner et revient un mois plus tard pour combattre le serpent : il réussit à l'assommer d'un coup de massue et franchit le fossé. Mais d'autres ennuis l'attendent. Une pucelle se présente à lui, et sous prétexte de lui faire combattre un ennemi de sa dame, elle l'emmène dans un souterrain où elle lui dit d'attendre son adversaire. Elle lui donne une lance avec laquelle il devra combattre cet ennemi, mais cette lance a la propriété d'ôter le courage et la force à celui qui la porte. Le chevalier que Lancelot doit combattre arrive en effet, et il n'a aucune peine à désarmer le héros qui se sent tout à coup très faible et très peureux. Puis

1. Cela fait penser à un épisode du récit allemand concernant les premières aventures de Lancelot, et rappelle évidemment les sortilèges du Val sans Retour.

Lancelot, abandonné dans le souterrain, gémit et se désole. Une autre pucelle survient, qui lui présente, de la part de sa dame et en signe d'amitié, un anneau qu'elle lui demande de mettre à son doigt. A peine a-t-il passé l'anneau qu'il perd le sens et la mémoire. Il se laisse ainsi conduire en un lieu où se trouvent déjà les autres chevaliers qui ont tenté l'aventure avant lui. Tous ont, comme lui, un anneau magique au doigt, et ne savent plus ni qui ils sont ni d'où ils viennent. On les fait travailler aux métiers les plus divers, le plus souvent les plus dégradants pour un noble chevalier. C'est ainsi que Lancelot est mis à la cuisine où il doit faire office de marmiton.

Cependant, à la cour d'Arthur, on a reçu les nombreux prisonniers que Lancelot a vaincus au cours de ses aventures. Arrive enfin le géant qui défendait le pont de Rigomer. Il apprend aux compagnons de la Table Ronde le triste sort réservé à Lancelot et raconte les merveilles de Rigomer. Au printemps, de nombreux chevaliers, parmi lesquels Gauvain et son frère Gahériet, décident d'aller délivrer Lancelot de sa déshonorante prison. Ils tentent les épreuves pour entrer dans le château, mais ils subissent le même sort que Lancelot, et se retrouvent eux aussi aux cuisines, sauf Gauvain, qui a été retardé, et qui, voyant ce qui se passe, se fait plus prudent que d'ordinaire. Des renforts envoyés par Arthur arrivent d'ailleurs et campent dans la lande. Mais, chaque jour, les compagnons de la Table Ronde doivent livrer d'épouvantables combats contre des animaux fantastiques qui surgissent de partout quand on ne les attend pas : parmi ces animaux de cauchemars, on peut citer des monstres à un pied, d'autres cornus, d'autres à bec d'oiseau, ainsi que des Têtes de Chiens[1] et des Popeliquans[2]. Devant cette invasion de monstres, les Bretons ne peuvent tenir bien longtemps, et, malgré leur courage, ils préfèrent s'enfuir.

Arrive enfin Gauvain. Il avait été attiré dans un piège, jeté en prison, mais sauvé par la mystérieuse fée Lorie « qui moult

1. Ce sont des monstres de l'Autre Monde que l'on retrouve dans certaines épopées irlandaises. Ils jouent évidemment le rôle du Cerbère grec.

2. Il s'agit des Poulpiquets, nom que l'on donne parfois en Bretagne armoricaine aux korrigans, ces nains qui vivent dans des souterrains et qui se révèlent aux humains soit en les aidant et en leur donnant des trésors cachés, soit en leur jouant les pires mauvais tours. On les appelle également des *ozeganned* dans le pays de Vannes et des *Corrianneit* au Pays de Galles.

l'aimait ». Dans la lande, face à Rigomer, Lorie a fait dresser un pavillon, et c'est là qu'elle reçoit Gauvain quand celui-ci se présente. Le lendemain, Gauvain prend part à plusieurs combats et se montre digne de sa réputation. Il peut prétendre à pénétrer dans le château. Mais au lieu de le combattre, le serpent lui fait la fête. Le voici dans la place. La pucelle qui avait trompé Lancelot veut en faire autant avec lui, mais brusquement, elle perd toute contenance et lui avoue la vérité sur la lance, le souterrain et l'anneau qui dépersonnalise. Voici Gauvain prévenu et décidé à libérer ses compagnons. Le chevalier qui vient combattre s'enfuit devant lui. La pucelle aux anneaux veut lui en passer un au doigt, mais Gauvain l'écarte violemment et elle s'enfuit. Gauvain pénètre alors dans la cuisine et y découvre Lancelot, gros et gras, en train de tourner une broche. Lancelot ne reconnaît absolument pas Gauvain qui se met à pleurer à ce spectacle. Il appelle Lancelot par son nom et celui-ci semble éprouver une certaine émotion à s'entendre ainsi appeler, mais il refuse de suivre Gauvain hors de ce lieu à cause de son amie qui lui a donné un anneau la veille et qui lui a dit de ne pas s'en aller. Or, il y a plus d'un an que Lancelot se trouve ici. Gauvain ne cherche pas à convaincre Lancelot ; il lui enlève simplement son anneau, et celui-ci retrouve instantanément son bon sens et sa mémoire, se jetant dans les bras de Gauvain. Ainsi réunis, les deux amis délivrent tous leurs compagnons les uns après les autres. Les enchantements sont définitivement levés, mais ils le sont par Gauvain, et non par Lancelot. On propose à Gauvain d'épouser Dionise, maîtresse du château et première victime des sortilèges, mais à ce moment, la fée Lorie arrive avec un magnifique cortège : elle se déclare l'amie du meilleur chevalier du monde, et aucune mortelle ne peut l'emporter sur elle, qui est une fée. Alors, Gauvain, qui n'a guère envie d'épouser Lorie, lui promet, dans un délai d'un an, de lui trouver un homme digne d'elle[1]. Puis tous les chevalier retournent à la cour d'Arthur[2].

1. Coutume celtique lorsque l'homme, prié d'amour par une femme, est dans l'impossibilité de l'épouser, pour une raison ou une autre.
2. Tout cet épisode de Rigomer ne se trouve pas dans la *Mort le roi Artu*, mais dans un texte tardif, et pourtant très archaïsant, intitulé « les Merveilles de Rigomer ». Il est assez révélateur du goût qu'avait le public du XIVe siècle pour les aventures féeriques et fantastiques.

Pendant les longs mois où Lancelot s'était lancé dans la Quête du Saint-Graal, il avait compris que ses échecs provenaient du péché d'adultère qu'il commettait avec la reine Guénièvre. Plusieurs fois, il s'en était repenti et avait promis de s'amender, de renoncer non pas à son amour mais à la réalité de ses rapports avec Guénièvre. Peine perdue... Revenu à Kamaalot, et de nouveau en présence de la reine, Lancelot ne peut plus se retenir : Guénièvre et Lancelot se jettent de nouveau à corps perdu dans leur passion, et ils en oublient même toute prudence. Un jour, au cours d'un de leurs rendez-vous secrets, il sont surpris par Agravain, l'un des frères de Gauvain, lequel, très envieux de Lancelot, décide de se taire pour l'instant, mais d'en tirer parti le jour où il pourra faire du tort au « meilleur chevalier du monde ».

Le roi Arthur, pour lutter contre l'amollissement de ses chevaliers, décide d'organiser un grand tournoi dans la plaine de Winchester. Lancelot a grande envie d'y participer, mais il veut le faire sans être reconnu. Il feint donc d'être malade. Agravain croit que c'est une ruse pour demeurer à Kamaalot en l'absence d'Arthur et rencontrer ainsi la reine en toute liberté. Sans plus attendre, il dénonce les amants à Arthur en promettant à celui-ci de les prendre sur le fait. Arthur commence par douter de ce qu'Agravain lui raconte[1], mais il finit par accepter le plan que lui propose Agravain afin de surprendre les coupables en flagrant délit[2].

Cependant, Lancelot n'a pas l'intention de demeurer à Kamaalot. Il prend congé de la reine et se dirige incognito vers Winchester. Il se loge chez le vavasseur d'Escalot, dont la fille, la « demoiselle d'Escalot », tombe éperdument amoureuse du chevalier sans même connaître son nom. Pour se débarrasser de celle-

1. L'attitude d'Arthur est ambiguë par rapport à la mentalité actuelle : il apparaît comme naïf. En réalité, dans le contexte courtois, et en application des règles de la *Fine Amor*, il peut être parfaitement conscient de la liaison entre le reine et Lancelot, mais doit tout faire pour que cette liaison ne soit pas connue, car alors son honneur — intact si le secret est gardé — est bafoué. Voir à ce sujet J. Markale, *l'Amour courtois, ou le couple infernal*, Paris, Imago, 1987.

2. Il y a ici une nette influence de la légende de Tristant et Yseult, notamment de l'épisode dit « du Pin » et de celui dit de « la farine », quand les deux amants sont dénoncés par le nain Froscin. On sait que la légende de Tristan, à l'origine totalement différente de la légende arthurienne, a fini par être intégrée dans celle-ci, Tristan devenant lui-même un chevalier de la Table Ronde.

ci sans trop la heurter dans son fol amour, Lancelot promet de combattre, pendant le tournoi, en portant les couleurs de la demoiselle. Il est vainqueur du tournoi, bien entendu, et sans avoir été reconnu. Mais il a été gravement blessé et n'a que la force de revenir chez le vavasseur d'Escalot, où il est tendrement et efficacement soigné par la demoiselle. Mais sa convalescence dure un certain temps, et ce n'est qu'au bout de quelques semaines que Lancelot quitte Winchester pour aller un peu au hasard courir d'autres aventures.

A la suite de certaines circonstances, le roi Arthur et Gauvain sont amenés à loger chez le vavasseur d'Escalot. Gauvain, qui est un incorrigible coureur de jupons, fait une cour assidue à la demoiselle d'Escalot. Celle-ci lui réplique qu'elle n'aime qu'un seul homme : le vainqueur inconnu du tournoi de Winchester. Et elle lui montre le bouclier que Lancelot a laissé chez le vavasseur. C'est ainsi que Gauvain apprend l'identité de celui qui avait surpassé tous les autres chevaliers. Il ne peut se tenir d'en faire part à Arthur, et celui-ci, tout heureux de l'événement, peut réfuter aisément les accusations d'Agravain en lui démontrant que Lancelot est amoureux d'une belle jeune fille. Agravain comprend qu'il a fait fausse route en dénonçant les amants, mais, sournoisement, il s'arrange pour que Guénièvre soit au courant de l'idylle de Lancelot. On imagine la douleur de la reine. Se croyant réellement trahie, elle éprouve une telle crise de jalousie que Bohort, Lionel et Hector, qui font partie du « clan » des Armoricains puisqu'ils sont de la famille de Lancelot, sont en butte eux-mêmes à l'animosité de Guénièvre. Ils envisagent de quitter la cour, mais, ne sachant pas où se trouve Lancelot, il préfèrent différer leur départ.

Un jour, cependant, un petit bateau aborde sous les murailles de Kamaalot. Il n'y a pas de pilote. Intrigués, Arthur et Gauvain, qui se promenaient sur les rives, pénètrent dans l'esquif et découvrent le cadavre de la demoiselle d'Escalot. Un message se trouve à côté du corps, message qui déclare que la demoiselle est morte d'amour pour Lancelot, le meilleur chevalier du monde, mais aussi le plus cruel, et qui n'a jamais voulu céder à ses prières. Apprenant la nouvelle, Guénièvre se reproche ses mauvaises pensées contre Lancelot. Mais l'histoire de la demoiselle d'Escalot et son tragique destin ne font qu'encourager les ennemis de Lancelot et de Guénièvre. Ce ne sont qu'allusions perfides en présence de la reine, devant le roi, lequel laisse faire et ne répond rien. Mais un accident survient : un des chevaliers de la Table Ronde meurt subitement après avoir mangé un fruit qui lui a été présenté par la reine : il n'en faut pas plus pour que certains, dont Agravain et son demi-frère Mordret (qu'Arthur ne sait pas être son fils incestueux et considère seulement comme son neveu), accusent Guénièvre d'avoir empoisonné le fruit pour faire périr le chevalier. L'accusation est grave, et personne ne veut prendre la défense de la reine en duel judiciaire, pas même Gauvain, qui devrait alors combattre ses frères. Heureusement, Lancelot survient à temps : il est vainqueur du combat contre Agravain et lave définitivement la reine du soupçon qui pesait sur elle.

Bien entendu, après cette suite de brouilles et de réconciliations, les amours de Guénièvre et de Lancelot ne connaissent plus de bornes. Et, un jour qu'Arthur passait auprès du château de Morgane, sa sœur l'invite à loger chez elle et lui fait mille amabilités. Elle en profite pour le laisser dans la chambre qu'a occupée autrefois Lancelot et sur les murs de laquelle il a peint des scènes quelque peu explicites de sa liaison avec Guénièvre. Le roi en est fort troublé mais il se méfie, à juste titre d'ailleurs, de sa sœur, toujours aussi jalouse de son pouvoir et toujours aussi désireuse de lui nuire. Mais il n'est pas le seul à avoir vu les peintures de Lancelot. Agravain saisit l'occasion pour réitérer ses accusations. Malgré l'opposition de Gauvain, qui manifeste toujours beaucoup d'admiration pour Lancelot et de respect ambigu envers Guénièvre[1], Agravain somme le roi de châtier les coupables. Mordret, qui hait autant Lancelot que le roi, suggère de prendre Lancelot au piège : que le roi fasse semblant de partir à la chasse en s'arrangeant pour laisser seuls Guénièvre et Lancelot. Cette fois, le piège fonctionne parfaitement et les deux amants sont surpris en flagrant délit d'adultère. Lancelot parvient à s'enfuir tandis qu'Agravain et Mor-

1. Dans l'épisode de *la Charrette*, surtout dans le texte de Chrétien de Troyes, on a l'impression que Gauvain est amoureux de Guénièvre. D'ailleurs, dans le *Perceval* du même Chrétien, Gauvain décrit la reine en des termes qui laissent percer non seulement son admiration, mais aussi une sorte d'amour idéal et impossible. Cette complicité amoureuse de Guénièvre et de Gauvain apparaît nettement dans le film *Lancelot* de Robert Bresson. Le cinéaste m'a assuré, au cours d'un entretien télévisé (TF1, octobre 1974), qu'il avait délibérément voulu suggérer un possible amour — presque un amour d'enfance — entre Gauvain et Guénièvre.

dret se saisissent de la reine. Les chevaliers se réunissent pour juger la reine : à l'unanimité moins Gauvain, ils condamnent Guénièvre au bûcher[1].

La reine va donc être conduite vers le lieu de son supplice, à la grande joie du « clan » de Mordret. Mais à ce moment, Lancelot surgit avec le « clan » des Armoricains : ils se précipitent sur les chevaliers qui gardent Guénièvre et en font un horrible massacre. Agravain et son frère Guerrehès sont tués, ainsi que beaucoup d'autres, Lancelot enlève Guénièvre, et, avec Bohort, Lionel et Hector, il va s'enfermer dans le château de Joyeuse Garde, qui est sa propriété personnelle[2]. Arthur, furieux d'avoir été bafoué publiquement, décide de mettre le siège devant la Joyeuse Garde. Les combats font rage, au cours desquels se distingue Gauvain, devenu le pire ennemi de Lancelot parce que celui-ci a tué son frère Agravain. Mais la situation risque de ne trouver aucune solution.

C'est alors que sur l'ordre du pape, l'évêque de Rochester vient imposer une trêve et tente de réconcilier les adversaires. On arrive à un compromis : la reine sera rendue à Arthur, mais elle sera lavée de toute faute et reprendra sa place à la cour ; quant à Lancelot et à son clan, ils repasseront la mer pour retourner à jamais dans leur pays d'origine, c'est-à-dire l'Armorique. Ainsi s'accomplit la fatale séparation des Bretons insulaires et des Bretons armoricains. Lancelot et ses compagnons reviennent donc dans leurs domaines continentaux et fortifient leurs villes en prévision d'une attaque qu'ils savent imminente. Car le roi Arthur, poussé d'ailleurs par Gauvain et Mordret, n'a plus qu'une idée en tête : faire payer cher à Lancelot sa trahison. Arthur décide de conduire lui-même une expédition en Armorique, et, avant de s'embarquer, il confie la régence du royaume à Mordret. L'armée d'Arthur investit le pays de Bénoïc, mais les multiples escarmouches ne donnent aucun résultat. Les envoyés des deux adversaires finissent par se mettre d'accord sur un point : on ne pourra mettre un terme à cette lutte fratricide que par un combat singulier entre Lancelot du Lac et Gauvain. Tous deux sont de vaillance et de force à peu près égale, et Arthur s'engage,

1. Cette série d'épisodes surgit tout droit de la légende de *Tristan*.

2. Une tenace tradition, non pas populaire, mais cléricale, et remontant au Moyen Age, place le château de Joyeuse Garde sur les bords de l'Élorn, en Bretagne armoricaine, près de la Forêt-Landerneau.

si son neveu est vaincu ou tué, à abandonner l'expédition et à s'en retourner dans l'île de Bretagne.

Au jour fixé, devant tous les chevaliers, Lancelot et Gauvain sont aux prises. Mais c'est un combat à mort pour les deux amis, les deux anciens compagnons d'une même lutte contre les ennemis de la Bretagne. Le combat est acharné. Gauvain, grièvement blessé, s'abat sur le sol,mais malgré les objurgations de Bohort, Lancelot ne l'achève pas. Arthur reconnaît la défaite de son neveu. Désespéré, il tente l'impossible pour faire soigner Gauvain. Il apprend alors que Mordret a pris le pouvoir dans l'île de Bretagne, faisant courir la nouvelle qu'Arthur était mort, et qu'il a fait alliance avec les Saxons et les Irlandais. Arthur décide de repasser la mer en toute hâte pour châtier l'usurpateur, et en faisant des recoupements à propos de sa propre vie et de certains avertissements de Merlin, il comprend que Mordret est le fils incestueux qu'il a eu, sans le savoir, avec l'une de ses sœur, la femme du roi Loth d'Orcanie. De sombres pressentiments l'agitent, d'autant plus que Gauvain est mourant. Avant de rendre l'âme, celui-ci avertit son oncle de ne pas combattre lui-même Mordret, qui « est traître et pervers », et il rend hommage à Lancelot du Lac, déplorant tout ce qui s'est passé et surtout regrettant que Lancelot ne soit pas là, aux côtés d'Arthur, pour défendre encore une fois le royaume de Bretagne. Arthur fait enterrer Gauvain et embarquer ce qui lui reste d'armée. Il débarque bientôt et se prépare à rencontrer l'armée de Mordret dans la plaine de Salisbury[1].

Arthur établit son campement et attend le jour pour livrer bataille. Les plus sinistres avertissements ne l'ébranlent en rien : il doit s'opposer à Mordret, le destructeur de l'ordre qu'il a tenté d'établir avec l'aide de Merlin. Précisément, sur les pierres que Merlin avait apportées jadis en cet endroit par sa magie[2], une inscription est apparue : « Ici aura lieu la mortelle bataille qui rendra le royaume de Logres[3] orphelin. » Et pendant la nuit, le roi fait un songe : il se voit sur une roue de for-

1. La tradition galloise parle de la « bataille de Camlann ».

2. Il s'agit du monument préhistorique de Stionehenge.

3. Dans les romans français, Logres est le nom du royaume d'Arthur, mais c'est un contre-sens dû à une confusion : la tradition galloise, qui est quand même la plus ancienne à parler d'Arthur, et la plus fiable sur ce sujet, parle du pays de *Lloegr* comme étant la partie de l'île de Bretagne occupée par les Saxons.

tune, au plus haut de cette roue, et puis brusquement précipité vers le bas.

Le matin, l'affrontement est effectif, terrible et meurtrier. La dernière garde des chevaliers de la Table Ronde disparaît sous les coups des ennemis supérieurs en nombre. Finalement, Arthur et Mordret se retrouvent face à face, le père et fils animés chacun de la haine de l'autre. Arthur tue Mordret, mais celui-ci a eu le temps de le blesser mortellement[1]. La prédiction de Merlin s'est révélée exacte : le royaume sera maintenant orphelin.

Le vieux roi s'éloigne du champ de bataille, soutenu par l'un des rares rescapés du massacre, le chevalier Girflet, fils de Do[2]. Il déplore le sort de son royaume désormais voué à l'arbitraire et la tyrannie et se désole devant son épée Excalibur, signe de sa puissance et de sa souveraineté. Il a même d'étranges paroles, regrettant que Lancelot du Lac ne soit pas là, car il eût été le seul à qui il eût pu la confier[3]. C'est pourquoi il demande à Girflet d'aller jeter l'épée dans un étang. Évidemment Girflet fait semblant de jeter Excalibur et se contente de la cacher sous une touffe. Arthur lui demande ce qu'il a vu. Comme Girflet n'a rien vu de spécial, le roi se fâche contre lui et lui ordonne d'aller jeter l'épée dans l'étang. Cette fois, il jette le fourreau, mais comme rien ne s'est produit, Arthur le fait retourner une troisième fois. Girflet, à contre cœur, jette l'épée dans l'étang : il voit une main surgir de l'eau, saisir l'épée, la brandir trois fois et s'engloutir définitivement. Apprenant ce qui s'est passé, le roi soupire et demande à Girflet de l'emmener au bord de la mer. Une fois sur le rivage, Arthur ordonne à Girflet de l'abandonner. Girflet s'en va, mais se cache derrière un rocher. Il voit

1. D'après les *Annales de Cambrie*, cette bataille où « Arthur et Medrawt (Mordret) s'entretuèrent », eut lieu en 537. D'après les Annales irlandaises de Tigernach, c'est en 541 que se déroula la bataille. La tradition cléricale galloise, qui est la seule à présenter un Arthur historique, en fait un *dux bellorum* des environs de l'an 500, c'est-à-dire un « chef de guerre », autrement dit le chef d'un groupe de cavaliers au service des rois bretons en lutte contre les Saxons. La même tradition explique la lutte entre Arthur et Mordret par la rivalité entre deux chefs. Il n'est évidemment pas question du moindre lien de parenté. Voir J. Markale, *Le Roi Arthur et la société celtique*, Paris, Payot, 1976.

2. Il est étrange de rencontrer, parmi les chevaliers d'Arthur, ce personnage qui est le dieu Gilvaethwy, fils de la déesse Dôn, de la mythologie galloise.

3. Dans la tradition galloise, l'épée Kaletfwlch ne peut être brandie par personne d'autre qu'Arthur, sinon par un certain Llenleawg le Gaël, ou Llwch Llyminawg, que quelques érudits ont reconnu comme un prototype de Lancelot. Voir J. Markale, *Lancelot et la chevalerie arthurienne*, Paris, Imago, 1985.

arriver sur la mer une nef remplie de dames qui se saisissent du roi Arthur et l'emportent avec elles. La nef quitte la côte et se perd dans la brume. Mais Girflet a eu le temps de reconnaître Morgane la Fée, sœur du roi, et il comprend qu'elle a emmené son frère dans l'île d'Avalon. Girflet, désespéré, se réfugie chez les moines, et il meurt dix-huit jours plus tard, après avoir raconté les événements dont il a été le témoin[1].

Cependant, la reine Guénièvre a réussi à échapper à Mordret qui voulait la contraindre à l'épouser. Réfugiée dans une tour et gardée par de fidèles serviteurs, elle profite des troubles qui suivent la mort de Mordret pour demander asile dans une abbaye. C'est là qu'elle finira ses jours, très pieusement, dans le remords d'avoir été la cause indirecte de la ruine du royaume et de la mort d'Arthur.

Quant à Lancelot du Lac, il apprend la nouvelle de la bataille et de la mort d'Arthur. Il bat le rappel de tout son clan et forme une armée qui se dirige vers l'île de Bretagne. En compagnie de Bohort et de Lionel, il venge le roi Arthur en tuant les fils de Mordret. Et lui aussi, en compagnie de son frère et de ses cousins, il se retire peu après dans une abbaye[2] et meurt quel-

---

1. C'est la tradition monastique insulaire qui a répandu la croyance qu'Arthur n'était pas mort, mais qu'il était en dormition sur l'île d'Avalon, veillé par sa sœur Morgane, curieusement réconciliée avec lui. De toute façon, cette croyance est attestée pendant le début du Moyen Age, comme en témoigne le récit du voyage d'une délégation de moines de Laon en Cornwall et en Devon, en 1113 très exactement. Le récit est très précis : « De là (Exeter), nous allâmes dans la province appelée Devon, où on nous montra la Chaire et le Four de ce roi Arthur, fameux dans les histoires des Bretons, et on nous dit que ce pays avait été celui d'Arthur. Dans la ville appelée Bodmin, au moment où les Bretons (= les habitants de Cornwall) sont en train de se quereller avec les Français (= les moines de Laon), un certain homme commence à discuter avec un de nos moines, Haganellus, disant qu'Arthur était encore en vie ». C'est contre cette croyance que s'insurgea Henry II Plantagenêt puisqu'il voulait qu'on le reconnût comme héritier d'Arthur. C'est pourquoi il s'arrangea pour faire « découvrir » dans l'abbaye de Glastonbury, en 1191, le fameux tombeau d'Arthur et de Guénièvre qu'on peut encore voir de nos jours. Cela permettait également d'opérer l'identification entre Glastonbury et l'île d'Avalon des antiques légendes celtiques. Giraud de Cambrie écrit, en 1192, qu'il a vu l'inscription sur le tombeau : « Ci-gît le fameux roi Arthur avec Guénièvre, sa seconde épouse dans l'île d'Avalon. » Et l'historiographe, précurseur des ethnologues modernes, se lance dans une description détaillée des corps qu'on y a retrouvés, ainsi que dans une justification étymologique très fumeuse concernant Glastonbury = île de Verre = Avalon. Il ne faut pas oublier que Giraud de Cambrie, fort précieux pour les renseignements qu'il donne sur les Celtes de Grande-Bretagne et d'Irlande, n'en était pas moins l'obligé des rois Plantagenêt.

2. Cette « conversion » de Lancelot est un argument en faveur de la thèse développée

ques mois plus tard. De tous les chevaliers de la Table Ronde, seul survit Bohort...

Ainsi se termine cette épopée grandiose où les héros ont des figures de dieux surgis des brumes celtiques. La bataille de Salisbury ou de Camlann marque la fin d'un royaume de Bretagne dont les Bretons eux-mêmes ont toujours rêvé mais qu'ils n'ont jamais réussi à instaurer autrement que dans l'imaginaire de leurs légendes. Peuples vaincus par les armes, écrasés par des sociétés qui n'avaient pas les mêmes structures, ni la même idéologie, les Celtes ont disparu de la carte politique de l'Europe à partir du XIIe siècle, si l'on excepte un Pays de Galles encore indépendant et une Bretagne armoricaine en train de se franciser. Il fallait bien que ces Celtes, orgueilleux et braillards, braves et capables de tout, si l'on en croit les auteurs de l'Antiquité grecque et latine, prissent une revanche éclatante sur l'Histoire. Et cette revanche, ils l'ont réalisée avec un éclat extraordinaire : c'est la légende arthurienne qui, depuis le XIIe siècle, a conquis le monde, du moins par la pensée et par le rêve.

C'est dans cette mesure que la forêt de Brocéliande, même si la localisation des légendes s'y est opérée tardivement, demeure le domaine le plus exemplaire et le plus émouvant de l'imaginaire celtique : Brocéliande, quelle qu'en soit la cause réelle et historique, a recueilli un héritage qui remonte à la nuit des temps. Et cet héritage est toujours vivant, à notre portée, pourvu qu'on veuille bien, ne fût-ce qu'un instant, dépasser l'apparence et pénétrer au cœur même d'une *sur-réalité* pourtant bien proche de nous par les murmures du vent qui transmet d'étranges messages.

Mais alors, des questions se posent : sommes-nous capables de comprendre exactement la teneur de ces messages, et en quoi nous concernent-ils ? S'il s'agit seulement de satisfaire à tout prix le besoin contemporain de « remplir les loisirs », ce n'est assurément pas la peine de perdre son temps à déchiffrer ces messages. Les légendes de Merlin, d'Arthur, de Lancelot et du Graal n'ont jamais été destinées à combler la morosité des diman-

---

et soutenue par des médiévistes de l'université de Caen à propos de « saint » Frambault ou Frambourg, évangélisateur de la région de Bagnoles-de-l'Orne et du Nord du Maine, vénéré également à Senlis et en rapport avec la famille capétienne. Selon cette thèse, c'est le « saint » Frambault, ancien guerrier devenu ermite, qui aurait servi de modèle au Lancelot littéraire.

ches où l'on ne sait trop quoi faire. Elles ont été élaborées à partir de schémas essentiels qui ont trait à la destinée humaine, au sens qu'il convient de donner à la vie, à la direction que doit suivre l'action humaine pour se justifier face à une éternité béante et vide lorsqu'on a peur d'y mettre un idéal.

La « fin » d'Arthur est grandiose. L'épée plongée dans les eaux d'un étang et qu'une main mystérieuse saisit et brandit trois fois est une image saisissante et provocante à la fois. C'est un signe. C'est le signe que l'épée Excalibur est enfouie au plus profond des eaux, c'est-à-dire de *l'inconscient humain*, et qu'elle reste là à la disposition de tous ceux qui voudraient tenter de la reprendre. Mais il ne suffit peut-être pas de vouloir reprendre cette épée magique, il faut aussi être capable d'assumer la redoutable charge de la brandir. C'est en tout cas ce que semble affirmer la Dame du Lac — car, à n'en pas douter, il s'agit bien de Viviane, la disciple de Merlin et sa maîtresse, à tous les sens du terme, qui tend sa main hors des eaux primordiales et recueille l'épée — en faisant comprendre qu'il y a plusieurs voies — au moins trois — qui sont à suivre si l'on veut franchir les mystérieuses zones frontières entre le monde visible et le monde invisible. Mais avant de s'engager dans une de ces voies, il est bon de se demander où se trouve la réalité : en surface, en dessus ou en dessous. De la réponse à cette question dépend la réponse des dieux, car les dieux attendent des mortels qu'ils *choisissent* avant de leur faire confiance. Le temps n'est plus où les Hébreux, dans le désert, ouvraient béatement la bouche pour recevoir une manne généreusement dispensée par un Éternel qui avait bien du mal, s'il faut lire entre les lignes de la Bible, à se faire comprendre d'un peuple qu'il était censé avoir élu. L'épopée arthurienne est d'origine celtique, il convient de le répéter une fois de plus, et l'essentiel de la démarche humaine, selon la pensée des Celtes, est le dépassement constant de soi-même, un refus permanent de ce qui est imposé, une *re-création* d'un univers qui, tel qu'il est, ne correspond nullement au plan divin, et qui ne peut être *fini* que par l'action commune du Dieu inconnu et des humains que celui-ci a créés. C'est tout cela qui transparaît de l'étonnante aventure arthurienne, à travers les frondaisons de Brocéliande, même si, pendant un instant, le diable s'est jeté en travers, sous les traits héroïsés de Mordret, l'enfant du péché le plus monstrueux, l'inceste, lequel, on le sait, est réservé au dieux. Mais Arthur n'est pas mort, puisqu'il est en dormition dans les brumes d'Avalon.

Mais si le Roi des Rois n'est pas mort, et si l'on espère son retour, j'allais dire sa *parousie*, l'univers qu'il a tenté de structurer avec l'aide de Merlin s'est effondré sous les coups d'un destin soumis aux puissances des Ténèbres. Rien ne subsiste de cette société bâtie sur la prouesse, le dévouement, le dépassement, société où l'individu et la collectivité cessaient d'être contradictoires, les actes de chacun étant des actes de tous et les exploits de tous étant les exploits de chacun. L'univers arthurien, surgi dans la conscience humaine au moment où la coupole romane réverbérait à l'infini l'intériorité de l'âme, s'est éteint lorsque les verrières gothiques ont emprisonné le regard sous la lumière étincelante mais factice de la scolastique. Il n'y avait plus de place pour Arthur et sa chevalerie idéale dans un humanisme dit chrétien que les puissances politiques centralistes s'efforçaient de récupérer par tous les moyens. Arthur en dormition, quelque part, dans une île ou dans une grotte, de toute façon dans les brumes de l'imaginaire... Mais c'était oublier que Merlin, malgré son mutisme, malgré son *enserrement* , était toujours là : un prophète-enchanteur, fût-il Homme des Bois, ne meurt pas. Et que dire de Viviane et de Morgane ? Ne sont-elles pas toujours présentes dans les halliers de Brocéliande ?

C'est là où le mythe révèle son incroyable fécondité. Il imprègne jusqu'aux plus secrètes zones de l'imaginaire ; il inonde la lumière qui pénètre au fond des bois. Viviane, la petite fille que rencontre Merlin dans son errance, est devenue la grande Dame du Lac, celle qui détient la Connaissance et la Souveraineté, celle qui élève, éduque et protège le chevalier des chevaliers. Et si Lancelot est mort, Viviane n'en continue pas moins, dans son palais de cristal, sous les eaux d'un étang que nul être humain n'est capable de reconnaître, à détenir l'épée de Souveraineté qu'elle remettra un jour à celui qui se montrera digne de la brandir. Divinité des eaux, image de la Déesse des Commencements dans son rôle de « pourvoyeuse », comme l'Anna Parenna des Latins et l'Anna Pourna des Indiens, elle est la Dana des anciens Celtes, la mère des dieux, celle qui a apporté la science, la magie et le druidisme à ses enfants qui sont nombreux tant en Irlande qu'en Bretagne. Déesse des Commencements, elle est aussi celle qui régénère, qui redonne la vie à ceux qui se sont perdus sur les chemins de Brocéliande : elle accueille les voyageurs et leur fournit des breuvages ou des paroles réconfortantes. L'étymologie de son nom la fait remonter à une antique Boann, c'est-à-dire *Bo-Vinda*, la « Vache Blanche », symbole évident de la vie, de la fécondité et aussi de la pureté. Viviane est la *Déesse Blanche* par excellence, celle que l'on aperçoit parfois dans certaines grottes des Pyrénées et qui peut prendre l'aspect de la Vierge Marie. Mais, à Brocéliande, elle prend l'allure du vent pour mieux envelopper ceux qui la cherchent et les conduire ainsi, au milieu des tourbillons, derrière les murs de verre de sa citadelle engloutie.

Mais il n'y a pas de Dame Blanche sans Dame Noire. Dans la gigantesque partie d'échecs que joue toute sa vie Lancelot du Lac, il est constamment sous les yeux de Viviane et de Morgane. Et c'est Morgane, la Dame Noire, celle qui tend des pièges au héros et qui l'enferme parfois pour lui faire oublier sa mission. Est-ce vraiment pour nuire à Lancelot ? Non, puisqu'en réalité Morgane l'aime d'un amour aussi passionné que désespéré : Morgane sait très bien qu'avec Lancelot pour chevalier servant, elle conquerrait le monde. Et puis, Morgane est peut-être, comme le dit le texte médiéval, « la femme la plus chaude et la plus luxurieuse de toute la Bretagne » ; elle n'en est pas moins *l'autre* image de la Déesse des Commencements. Elle est aussi la déesse Modron, c'est-à-dire la « maternelle ». Elle est l'équivalent de la déesse irlandaise Morrigane ou Morrigu, dont le nom signifie « grande reine ». Et elle règne aussi bien sur le Val sans Retour que sur l'île d'Avalon. Et elle conduit la « Troupe des Corbeaux », elle-même sous la forme d'un oiseau noir. Car elle est capable de métamorphoser son aspect au gré des circonstances et recoupe intégralement toutes ces images de « femmes-oiseaux » si habituelles dans la mythologie irlandaise et si répandues dans les contes populaires oraux de la tradition occidentale. Et n'oublions pas que Morgane et Viviane sont les deux disciples de Merlin : il était logique qu'il y en ait une « blanche » et l'autre « noire », puisqu'elles se présentent dans le monde des relativités où rien n'existe sans l'opposition — apparente — des contraires.

Il est évident que si les aventures arthuriennes sont menées, fort honorablement, par des héros comme Arthur, Lancelot, Gauvain, Yvain, Perceval ou Bohort, ceux qui tirent littéralement les ficelles sont des personnages cachés, des personnages qui, sans apparaître vraiment, sont les moteurs de l'action. Et rien ne se passerait sans Merlin, Viviane et Morgane. Sont-ils des personnages divins, ou simplement surnaturels, ou encore des humains doués de pouvoirs magiques ? Peu importe : ils sont là, et lorsque les héros sont fatigués, ils les enfouissent dans la brume de l'inconscience, peut-être pour les restituer plus tard, quand les temps seront favorables. Les fées et les enchanteurs ont tous les pouvoirs que leur donne leur nature ambiguë, et ils s'en servent quand ils le veulent et au moment où ils le veulent. Et ils peuvent eux-mêmes s'effacer provisoirement de l'horizon ; ils peuvent se cacher dans leurs profondes retraites, quelque part dans un ravin, dans un étang, sous une grosse roche, sous les racines d'un chêne, dans le murmure d'un ruisseau. Qui pourrait alors deviner leur présence ? Mais ils sont là, à côté de nous, dans cette forêt de Brocéliande où il est si facile de se perdre.

Ils attendent pourtant d'être reconnus. S'ils demeurent tapis dans l'ombre de Brocéliande ou dans les brumes d'Avalon, c'est qu'ils ont pour mission de nous indiquer le chemin qui mène au Château du Graal, cette mystérieuse forteresse à côté de laquelle on passe souvent sans même reconnaître son étrangeté, sans même savoir qu'un Roi-Pêcheur attend un jeune homme qui viendra et qui posera une question quand il verra sous ses yeux un vase d'où émanera une lumière étonnante. Le secret du Graal est bien gardé, mais il est peut-être possible d'approcher de cette lumière irréelle contenue dans le vase mystérieux porté par une jeune fille, alors que, dans le même cortège, trois gouttes de sang découlent d'une lance. Étrange spectacle. Mais ce qui est encore plus extraordinaire, c'est peut-être de le voir à travers les yeux de feu de Morgane, la femme-oiseau, celle qui guette du haut de son arbre, ou du sommet de sa tour, attendant le moment de jeter son cri rauque : il faut comprendre le langage des oiseaux.

TROISIÈME PARTIE

L'énigme du Graal

I

LES MÉTAMORPHOSES DU GRAAL

« Tandis qu'ils causent à loisir, paraît un valet qui sort d'une chambre voisine, tenant par le milieu de la hampe une lance éclatante de blancheur. Entre le feu et le lit où siègent les causeurs il passe, et tous voient la lance et le fer dans leur blancheur. Une goutte de sang perlait à la pointe du fer de la lance et coulait jusqu'à la main du valet qui la portait. Alors viennent deux autres valets, deux fort beaux hommes, chacun tenait en sa main un lustre d'or niellé ; dans chaque lustre brûlaient dix cierges pour le moins. Puis apparaissait *un graal*, que tenait entre ses deux mains une belle et gente demoiselle, noblement parée, qui suivait les valets. Quand elle fut entrée avec le graal, une si grande clarté s'épandit dans la salle que les cierges pâlirent, comme les étoiles ou la lune quand le soleil se lève. Après cette demoiselle, en venait une autre portant un tailloir d'argent. Le graal qui allait devant était de l'or le plus pur ; des pierres précieuses y étaient serties, des plus riches et des plus variées qui soient en terre ou en mer ; nulle gemme ne pourrait se comparer à celle du Graal[1]. » Voilà la description, la première en date, c'est-à-dire vers 1190, d'un mystérieux cortège et d'un non moins mystérieux objet, *un graal*, description due au poète champenois Chré-

1. *Perceval*, trad. Lucien Foulet, Paris, Stock, 1947, pp. 75-76.

tien de Troyes, dans son ouvrage inachevé, *Perceval ou le conte du Graal.*

« Il commençait à causer avec son oncle, lorsqu'il vit venir dans la salle et entrer dans la chambre deux hommes portant une lance énorme ; du col de la lance coulaient jusqu'à terre trois ruisseaux de sang. A cette vue, toute la compagnie se mit à se lamenter et à gémir. Malgré cela le vieillard ne rompit pas son entretien avec Peredur ; il ne donna pas l'explication de ce fait à Peredur et Peredur ne lui demanda rien, Après quelques instants de silence, entrèrent deux pucelles portant entre elles un grand plat sur lequel était une tête d'homme baignant dans son sang. La compagnie jeta de tels cris qu'il était fatigant de rester dans la même salle qu'eux[1]. Tel est le même mystérieux cortège dans le récit gallois de *Peredur*, datant à peu près de la même époque, version plus populaire d'un même thème, mais où le mot « graal » n'est jamais exprimé, et où l'étrange objet est décrit comme un plat sur lequel se trouve une tête d'homme baignant dans le sang.

« Tout ce dont ils se nourrissent leur vient d'une pierre précieuse, qui en son essence est toute pureté. Si vous ne la connaissez pas, je vous en dirai le nom : on l'appelle *lapsît exillis.* C'est par la vertu de cette pierre que le phénix se consume et devient cendres ; mais de ces cendres renaît la vie ; c'est grâce à cette pierre que le phénix accomplit sa mue pour reparaître ensuite dans tout son éclat, aussi beau que jamais. Il n'est point d'homme si malade, qui, mis en présence de cette pierre, ne soit assuré d'échapper à la mort pendant toute la semaine qui suit le jour où il l'a vue. Qui la voit cesse de vieillir. A partir du jour où cette pierre leur est apparue, toutes les femmes et tous les hommes reprennent l'apparence qu'ils avaient au temps où ils étaient dans la plénitude de leurs forces. S'ils étaient en présence de la pierre pendant deux cents ans, ils ne changeraient pas ; seuls leurs cheveux deviendraient blancs. Cette pierre donne à l'homme une telle vigueur que ses os et sa chair retrouvent aussitôt leur jeunesse. Elle porte aussi le nom de *Graal*[2]. » Voilà comment est décrite une non moins mystérieuse pierre, portée également dans un cortège somptueux par une très belle jeune

1 J. Loth, *les Mabinogion*, éd. 1913, II, pp. 64-65.
2 *Parzival*, trad. Ernest Tonnelat, Paris, 1934, II, p. 36.

fille, par le poète allemand Wolfram von Eschenbach, vers 1220, dans son ouvrage connu sous le nom de *Parzival*, et qui a servi de thème au célèbre opéra de Richard Wagner qui porte le même titre. Mais entre-temps, vers 1200, un auteur anonyme qui écrivait sous une influence certaine des moines clunisiens, mais incorporait des éléments celtiques très archaïques, fait apparaître le Graal, dans cet étrange ouvrage qu'est *Perlesvaux*, sous cinq formes différentes *que l'on ne doit pas dire, car il ne faut pas dire les choses secrètes des sacrements*, ce qui n'empêche cependant pas l'auteur de nous révéler que le cinquième aspect est celui d'un calice. C'est la première fois, ajoute-t-il, qu'on voyait un calice en Grande-Bretagne. Mais c'est aussi la première fois que cet énigmatique *graal* est présenté comme un calice.

Ces textes ont été composés en l'espace de trente années. Ils ont tous des points communs : les personnages présentés font tous partie de l'univers arthurien, sont plus ou moins des chevaliers de la Table Ronde, et un mystérieux cortège est décrit avec comme éléments constants une « lance qui saigne » et un objet que trois de ces quatre textes nomment le *graal*. Mais, le moins qu'on puisse dire, c'est que personne n'est d'accord sur ce « graal ». Chrétien de Troyes en fait *un graal*, nom commun, et se garde bien de dire ce qu'il y a dedans. L'auteur anonyme gallois en fait un plateau portant une tête coupée. Wolfram von Eschenbach en fait une pierre merveilleuse, et l'auteur anonyme de *Perlesvaux*, après avoir parlé de quatre formes inconnues, en fait un calice pour le cinquième aspect. On peut y ajouter de nombreuses autres versions qui présentent ce *graal* comme une écuelle, comme un vase « en semblance de calice » (version cistercienne de la *Vulgate Lancelot-Graal*), comme une simple coupe, ou comme une émeraude taillée en forme de vase, émeraude tombée du front de Lucifer lors de la révolte et de la chute de celui-ci. Tout cela manque de précision. On en vient presque à partager l'opinion du philosophe Étienne Gilson qui voyait dans ce Graal « la grâce du Saint-Esprit », autrement dit un objet symbolique purement imaginaire mais servant de support à une idée mystique.

Ce n'est pourtant pas si simple. Le Franc-Comtois Robert de Boron, l'un des premiers à s'être emparé du personnage de Merlin, et à l'avoir mis en relation étroite avec le thème du Graal, met en scène le prophète-enchanteur devant Arthur et ses chevaliers. Et voici ce que Merlin dit : « Le Roi-Pêcheur demeure en ces îles d'Irlande en un des plus beaux lieux du monde. Et sachez qu'il est dans la pire des situations où fût jamais homme, et qu'il est tombé en grande maladie. Mais je peux bien vous dire que quelles que soient sa vieillesse et son infirmité, il ne peut mourir tant qu'un chevalier qui sera à la Table Ronde ait tant fait d'armes et de chevalerie, en tournois et en recherche d'aventures, qu'il sera le plus renommé du monde. Et celui-ci, quand il se sera tant élevé qu'il pourra venir à la cour du Riche Roi-Pêcheur, quand il aura demandé de quoi le Graal a servi et de quoi il sert, alors le Roi-Pêcheur sera guéri. Et il lui dévoilera les sacrées paroles de Notre-Seigneur et trépassera de vie à mort. Et ce chevalier aura le sang de Jésus-Christ en garde. Alors disparaîtront les enchantements par la terre de Bretagne, et la prophétie sera toute accomplie[1]. » On apprend seulement que le Graal contient « le sang de Jésus-Christ », mais des détails sont maintenant révélés quant à l'endroit où se trouve cet objet merveilleux. Certes, une île du côté de l'Irlande, cela ne veut pas dire grand-chose. Le texte de *Perlesvaux* affirme que c'est à Glastonbury en Grande-Bretagne. D'autres versions parlent indifféremment de la Grande ou de la Petite Bretagne, et certains nomment même Brocéliande. De toute façon il est impossible de parler de Brocéliande et de ses « enchantements » sans évoquer le Graal dont la recherche patiente et parfois tragique constitue une des missions des fidèles chevaliers du roi Arthur. Ce qui est important dans le texte de Robert de Boron, c'est d'une part l'explication nette d'une situation (le Roi- Pêcheur, gardien du Graal, malade, ne peut être guéri que par l'arrivée d'un chevalier-héros), et d'autre part la mention non moins nette que c'est Merlin qui l'annonce et qui engage les chevaliers à partir à la Quête du Graal. Le *Fou du Bois* est partie prenante dans cette aventure chargée aussi bien de mysticisme chrétien que de détails mythologiques de la plus pure tradition druidique. C'est donc Chrétien de Troyes qui, le premier, a parlé du Graal. Mais on remarquera que, dans sa présentation du cortège, le Graal n'est qu'un nom commun. D'après la description, on peut conclure qu'il s'agit d'un contenant, en or, garni de pierres précieuses, mais on ne sait rien de ce qu'il y a dedans. Tout au

1. R. de Boron, *le Roman du Graal*, Paris, 1981, pp. 194-195.

plus apprend-on qu'une intense lumière émane de ce « contenant ». Plus tard, Chrétien nous dévoilera, par la bouche d'un « prud'homme », que le Graal est une « chose sainte », et qu'on porte dans ce Graal une hostie qui nourrit le Roi-Pêcheur blessé. A ce compte, il s'agirait d'un ciboire, et non d'un calice, comme dans les versions ultérieures. Mais il est prouvé une fois de plus que le Graal est indiscutablement un *contenant* : au fond, peu importe ce qu'il y a dedans, et le poète champenois s'arrange d'ailleurs très bien pour maintenir le « suspens » sur ce sujet, à tel point même qu'il n'a pas terminé son ouvrage, probablement de sa propre volonté. De toute façon, le mot *Graal* s'explique parfaitement, mais par la langue occitane et non par une langue celtique. Il provient en effet du latin *cratalis* (apparenté au grec *krater*) par l'intermédiaire d'un languedocien ancien *cratale* ou *gradale*, devenu *grazala*, « récipient, terrine », en occitan moderne.

Cet objet, ou plutôt le mot qui le désigne, étant remis à sa juste place, il convient de s'interroger sur l'immense succès qu'il a obtenu tant auprès des lecteurs que des auteurs qui se sont précipités à la suite de Chrétien de Troyes et qui ont exploité le thème avec un acharnement et une habileté tout à fait extraordinaires. Une raison logique pourrait être l'inachèvement du récit de *Perceval*. On prétend généralement que Chrétien de Troyes a été interrompu par la mort. Il faut remarquer qu'il n'avait pas terminé son autre ouvrage, *Lancelot, ou le Chevalier à la Charrette*, et avait laissé à un certain Geoffroy de Lagny le soin et le plaisir d'achever les aventures amoureuses de son héros, si tant est que celles-ci aient pu avoir une fin. Mais Chrétien de Troyes, comme beaucoup d'auteurs de cette époque, manie très bien ce qu'on appelle le « Gai Savoir », c'est-à-dire l'art de brouiller les pistes. Cette technique du Gai Savoir est parfaitement au point au XIIe siècle, aussi bien chez les Occitans que chez les gens du Nord. Troubadours et trouvères savent magnifiquement jongler avec les mots, inventer des références qui n'existent pas, lancer leurs lecteurs et leurs auditeurs sur des chemins qui ne mènent nulle part. Ainsi, au début de son *Perceval*, Chrétien nous dit qu'il écrit son poème sur une commande de Philippe d'Alsace, comte de Flandre, qui lui aurait remis d'ailleurs un livre contenant le sujet. Or, on est à peu près sûr qu'il s'agit d'une supercherie, tout cela n'étant que jeu de mots entre *conte du Graal* et *comte de Flandre*[1], ce qui laisserait d'ailleurs supposer que Chrétien aurait pu avoir un modèle issu de Flandre. L'interruption du roman pourrait être du même ordre : Chrétien, en abandonnant délibérément son récit, laissait à d'autres le soin de le compléter, comme s'il s'agissait d'un jeu collectif des écrivains du temps, chacun travaillant quelque temps sur un sujet, à tour de rôle. Le fait que les deux premiers continuateurs de Chrétien n'aient pas terminé, eux non plus, leur ouvrage, tendrait à faire accepter facilement cette hypothèse.

De toute façon, cet inachèvement du roman paraît bien être une des causes premières du développement ultérieur de la légende. S'il est vrai que Chrétien de Troyes, Juif converti de Champagne et familier de la Kabbale, a interrompu volontairement son récit, il a réussi au-delà de tout espoir à imposer le thème du Graal comme sujet universel, et de toutes les époques. Car il fallait savoir la suite : Chrétien en avait trop dit, et pas assez. Il fallait une fin, car les éléments mis en jeu par Chrétien étaient trop énigmatiques, trop peu expliqués, trop contradictoires même, et finalement trop *provocateurs* pour être oubliés, d'autant plus qu'à l'analyse, le poète champenois semble les avoir puisés à bonne source, c'est-à-dire dans une tradition celtique orale qui perdurait en Petite et en Grande-Bretagne. Mais ce que Chrétien de Troyes a fait, et ce qu'ont fait les continuateurs, n'a parfois plus rien de commun. Chacun des continuateurs — et ensuite chacun des traducteurs ou des adaptateurs — a orienté la quête de cet objet merveilleux qu'est le Graal vers une fin qui résultait de ses propres motivations, ou des motivations des

1. On peut lire à ce sujet deux ouvrages fondamentaux de Roger Dragonetti, *la Vie de la lettre au Moyen Age*, Paris, Le Seuil, 1980, et *le Gai Savoir dans la rhétorique courtoise*, Paris, le Seuil, 1982. L'auteur analyse toutes les ruses, tous les « contre-dits » utilisés par les poètes de l'époque. Il insiste sur le fait que le *trobarleu*, c'est-à-dire l'Art ouvert, l'expression non hermétique, est parfois chargé de plus de sous-entendus et d'hermétisme que le *trobar clus*, l'Art fermé, art hermétique avoué des Troubadours. Il met aussi en lumière l'importance des « manques » dans certaines œuvres et considère que les récits lacunaires sont ainsi construits dans un but très précis. Il en est de même pour les ouvrages inachevés : « Il en restera alors un roman inachevé qui dissimule l'impossibilité d'en finir. » L'essentiel est le langage, seul maître des poètes courtois. Et Roger Dragonetti donne un exemple frappant avec le récit du *Bel Inconnu*, poème attribué à un certain Renaud de Beaujeu (évidemment « beau jeu » de mots !), et qui est inachevé. Or, une analyse très stricte du dernier épisode exprimé démontre que tout est en place pour permettre à n'importe quel continuateur un peu doué de reprendre le sujet et de le mener à son terme.

différentes écoles de la société intellectuelle et cléricale (c'est presque une tautologie) de cette période. On peut donc dire que Chrétien de Troyes a été un initiateur au sens propre du terme, et tout à fait prodigieux. Les autres ont suivi, et ont apporté chacun une réponse aux questions qu'on se posait.

C'est dire l'extrême complexité de la légende du Graal. C'est dire qu'il faut se garder de définir le Graal comme une coupe contenant le sang du Christ, ou comme une pierre, ce que font généralement ceux qui, ayant lu une des versions de la légende, s'en tiennent là et se gardent bien d'aller examiner les autres textes qui concernent le même sujet. Il est stupide de vouloir donner son avis sur le Graal, qu'il soit païen, ésotérique, mystique ou simplement « Saint-Graal », en n'utilisant qu'une seule et unique version. Au fond, la Quête du Graal est une œuvre collective. Il faut impérativement, si l'on veut comprendre quelque chose à cet énigmatique Graal, en examiner les multiples métamorphoses.

Le récit de Chrétien de Troyes part d'un thème de conte populaire bien connu : il s'agit d'un jeune homme un peu niais, sans expérience, et qui, après avoir quitté sa famille, se trouve aux prises avec des aventures fantastiques. Il ne comprend rien à ce qui lui arrive, accumule les maladresses et les mésaventures, jusqu'au jour où, sa conscience se réveillant et sa valeur se confirmant, il devient un héros. Perceval, dit « le Gallois », est de cette nature. Il quitte sa mère qui l'a élevé dans un domaine en dehors de toute civilisation, accumule les sottises et se retrouve un jour dans un château, en compagnie d'un étrange Roi-Pêcheur blessé. C'est là qu'il est témoin du Cortège du Graal. Mais il ne pose aucune question et ne s'étonne de rien. Le lendemain, il s'aperçoit que le château est vide. Tout est désert. Il s'en va, se fait injurier par une jeune fille qui se révèle être sa cousine, et qui lui explique qu'il aurait pu guérir le Roi-Pêcheur s'il avait posé une question. Tout le reste du récit tourne autour d'une quête désespérée de Perceval, accompagné ou non de chevaliers de la Table Ronde, pour retrouver le chemin du Château du Graal. Mais l'auteur fait la part belle aux aventures de Gauvain qui, dans la Quête primitive, semble jouer un rôle aussi important que celui de Perceval.

Les continuateurs de Chrétien ont brodé sur ce thème en multipliant les aventures et les prouesses des personnages, pour en arriver finalement à l'entrée triomphale de Perceval dans le Château tant désiré. Il guérit le Roi-Pêcheur et devient à son tour le Roi du Graal. Alors, la « Gaste Terre », le territoire qui se trouvait autour du château, et qui était stérile et désolé, refleurit et redevient fécond : les enchantements disparaissent et tout rentre dans l'ordre, parce que, selon la pensée celtique, un royaume ne peut avoir de prospérité que si le roi — qui incarne ce royaume — est en bonne santé et capable de maintenir l'équilibre et l'harmonie autour de lui. Le thème n'est chrétien que de nom, il s'agit davantage d'un rituel d'intronisation royale, même si le Graal contient ce qu'il y a de plus saint au monde, le sang de Jésus-Christ, recueilli à la descente de Croix par Joseph d'Arimathie.

La version galloise, c'est-à-dire le récit de *Peredur*, est très différente d'esprit. Certes, on retrouve le même thème du jeune homme niais. Il lui arrive à peu près les mêmes aventures. Mais là, le Graal n'est pas tellement un objet : c'est une histoire de vengeance par le sang que doit accomplir le héros pour rétablir l'harmonie rompue par une injustice. L'acte final est accompli par Peredur et Gwalchmai, c'est-à-dire Gauvain, avec l'aide du roi Arthur et de tous ses chevaliers : il s'agissait d'éliminer les sorcières de Kaerloyw, surgies tout droit de la tradition celtique la plus archaïque, qui pourtant avaient été les initiatrices de Peredur, mais qui avaient commis un crime contre sa famille, d'où l'explication de la tête coupée baignant dans son sang et portée sur un plateau au cours de ce fantastique cortège qui n'avait pas réveillé sa curiosité.

Le *Parzival* de Wolfram von Eschenbach suit les grandes lignes du *Perceval* de Chrétien de Troyes, dont il n'est parfois qu'une transposition, voire une simple traduction. Mais il reflète un état d'esprit complètement opposé à celui de Chrétien, et totalement différent du récit gallois. D'abord, Wolfram von Eschenbach prétend avoir eu communication d'une autre version que celle de Chrétien, version due à un certain Kyôt le Provençal, lequel aurait puisé des éléments ésotériques dans un ouvrage d'un musulman — ou d'un juif — d'Espagne. De fait, les emprunts à l'Orient sont innombrables dans le récit de Wolfram, et les intentions ésotériques ne font aucun doute. Le Graal devient une pierre, et on ne peut que penser à la Pierre Philosophale, d'autant plus que ce Graal a valeur de panacée et constitue le bien le plus précieux qui soit. Quand l'ermite Trévizent explique à Parzival ce qu'est le Graal et quelles sont les coutumes attachées au Graal, son long discours est chargé de références et de réflexions philosophiques où l'influence des néoplatoniciens, des gnostiques et des Orientaux est plus qu'apparente. La tonalité est bien entendu parfaitement chrétienne, mais les thèmes abordés n'ont plus rien à voir avec le christianisme romain, pas plus qu'avec le celtisme. Qu'on en juge : « La pensée peut se soustraire au regard du soleil ; la pensée, bien qu'aucune serrure ne l'enferme, demeure cachée, impénétrable à toute créature ; la pensée, ce sont les ténèbres où ne pénètre aucune lueur. Mais la divinité a le pouvoir de tout éclairer ; son éclat rayonne à travers la paroi dont l'enveloppent les ténèbres. » On ne peut que comparer ces réflexions au symbole même du Bouddha, dont le nom signifie l'*Éveillé*. L'être humain, enfermé dans sa pensée (ou dans son *ego*), attend désespérément qu'un rayon de la lumière divine vienne l'éveiller. Cet être humain, en pensée, est prisonnier de la *Maya*, c'est-à-dire de l'Illusion. La lumière divine fait disparaître l'Illusion, et du même coup la Souffrance. C'est aussi le stade auquel doivent parvenir les vrais Cathares, ceux qui ont été *revêtus*.

Mais ce n'est pas tout. Le Graal, dans le château de Montsal vage, est gardé par une troupe d'élite, par *des Templiers*, fait assez surprenant. « Ce sont les Templiers qui vont souvent chevaucher au loin, en quête d'aventures. Quelle que soit l'issue de leurs combats, gloire ou humiliation, ils l'acceptent d'un cœur serein et sont gardés en bonne santé grâce à cette pierre merveilleuse, ce Graal, autrement dénommé *lapsît exillis*, laquelle pierre procure une quasi éternelle jeunesse à ceux qui en bénéficient. La Pierre Philosophale des Alchimistes est évidemment très proche de ce mystérieux Graal. Et les Templiers, ou soi-disant tels, participent à un Festin d'Immortalité dans la plus pure tradition païenne. En fait, la vie, au Château de Montsalvage, semble une reconstitution de l'Age d'Or, une remontée dans le temps, à l'aube de l'humanité, quand on n'avait nul besoin d'exploiter la nature : le Graal nourrit par lui-même. Ce thème est d'ailleurs repris par d'autres versions de la légende.

Cependant, Wolfram von Eschenbach se souvient tout d'un coup qu'il écrit pour un public chrétien, au sein d'une société chrétienne où l'Inquisition commence à intervenir. Quelque peu effrayé par l'aspect païen — ou simplement hérétique — de sa description, il y met une coloration chrétienne, à vrai dire très vague : « Chaque vendredi saint (une colombe) vient apporter à la pierre la vertu de fournir les meilleurs des breuvages et les meilleurs des mets... Le paradis n'a rien de plus délicieux... La pierre procure en outre à ses gardiens du gibier de toutes sortes » (trad. Tonnelat, II, p. 37). L'intervention du Saint-Esprit, sous forme d'une colombe, est rassurante, mais elle n'explique rien. On comprend surtout que les gardiens du Graal sont prêts à tout pour conserver une pierre aussi merveilleuse. Mais comment sont donc recrutés ces soi-disant Templiers, gardiens acharnés du Graal ?

« Sur le bord de la pierre, on voit apparaître une mystérieuse inscription qui dit le nom et la lignée de ceux qui — jeunes garçons ou pucelles — sont désignés pour accomplir ce bienheureux voyage. Pour enlever cette inscription, il n'est nul besoin de la gratter, car elle s'évanouit aux yeux de celui qui la regarde, dès qu'il a lu le nom. On va chercher les élus dans les pays les plus divers » (Ibid., II, pp. 37-38). C'est dire que la confrérie des Templiers du Graal constitue une société fermée et réellement secrète : les gardiens du Graal sont choisis mystérieusement. Ce sont des Élus. Mais par qui ? Par le dieu des Chrétiens, ou par quelque divinité surgie du fond des mythologies indo-européennes ? On peut se poser la question et se dire que cette façon d'opérer le recrutement des Templiers du Graal a largement contribué à développer certaines idées fâcheusement racistes en un temps où le Graal servait de pivot symbolique à certaines sociétés secrètes qui allaient préparer l'avènement du nazisme. On ne s'étonnera plus ensuite de savoir que Hitler avait décidé de faire représenter le *Parsifal* de Richard Wagner, fortement inspiré de Wolfram, pour fêter la victoire définitive du IIIe Reich. Les connotations douteuses abondent, et il faut bien reconnaître que cette odeur sulfureuse émane directement du texte de Wolfram von Eschenbach, texte écrit en Allemagne vers 1220 sur un thème qui, à l'origine, n'avait rien à voir avec une quelconque initiation à une société secrète, ni à un ordre nouveau, quelque nom qu'on lui donne.

En tout cas, le Graal, selon Wolfram, est de nature ésotérique. Le Graal est bien gardé. « En ce château réside une noble confrérie. Ceux qui en font partie ont avec vaillance combattu pour empêcher les hommes de tous les pays d'approcher le Graal, en dehors de ceux qu'à Montsalvage l'inscription désigne pour entrer dans la troupe sainte » (Ibid., II, p. 39). Dans les autres versions de la légende, c'est par ses mérites qu'on parvient au Château du Graal, et même ceux qui se révèlent indignes d'approcher de près le Graal, sont admis dans le Château et sont soumis à l'épreuve. C'est ce qui arrive à Gauvain et à Lancelot du Lac : on ne les écarte pas d'emblée. Mais dans la version allemande, l'élitisme joue à fond, et c'est un élitisme arbitraire qui veille jalousement sur *la pureté de la race*. Autant d'éléments qui ne manquent pas d'être inquiétants si l'on veut bien dépasser le stade de la critique littéraire ou de l'étude des mythes. D'ailleurs, le Roi du Graal, qui s'appelle ici Anfortas, est malade, blessé, souffrant horriblement, parce qu'il n'a pas respecté cet élitisme, ou plutôt cette pureté de la race. On nous explique d'abord qu'il est infirme, « parce qu'il était jeune et riche, et parce que, dans sa quête d'amour, il ne sut pas respecter la chasteté ». On ne peut qu'applaudir, dans un premier temps : les chevaliers du Graal, tels des prêtres, et tels des Templiers, pratiquent la chasteté, ce qui semblerait tout à fait normal eu égard à la sainteté du Graal dont ils ont la garde. Mais on s'aperçoit qu'il s'agit de tout autre chose. Wolfram, toujours par la voix de l'ermite Trévizent, précise en effet les circonstances dans lesquelles Anfortas a été blessé : « Le roi du Graal qui recherche l'amour d'une femme autre que celle dont le nom est apparu sur la pierre est voué à une dure expiation... Son cri de guerre était « Amor »... dans un combat singulier, il fut blessé en ses parties viriles par une lance empoisonnée » (Ibid., II, p.44).

Si l'on comprend bien, la « chasteté » dont il est question est tout simplement le refus d'avoir des relation sexuelles avec une femme qui n'appartiendrait pas à la confrérie. Ce qui jette encore un jour douteux sur ces Templiers de Montsalvage. C'est en se *mésalliant* qu'Anfortas a mérité son châtiment : imagine-t-on, dans l'Allemagne des années 1930-1945, un dignitaire nazi avoir une liaison publique avec une femme reconnue officiellement comme juive ? C'est, de façon analogique, ce qui est pourtant arrivé à Anfortas. Depuis lors, il n'a jamais pu guérir, malgré tous les soins prodigués, et il ne peut pas mourir non plus. Il sera guéri par un chevalier — un chevalier dont le nom sera sur la pierre, bien entendu — et qui lui posera *la* question.

Car il n'y a *qu'une* question. L'ermite Trévizent déclare à Parzival — qui est son neveu — qu'un « homme demeuré simple d'esprit » a pénétré à Montsalvage (il s'agit de Parzival lui-même), et qu'il est « reparti chargé d'un lourd péché, parce qu'il n'avait pas demandé à son hôte « *quelle était la souffrance à laquelle il le voyait en proie* » (Ibid., II, p. 40). La question est donc ici bien différente de celle, ou de celles, que doit poser le héros dans les autres versions de la Quête. Il suffit de demander : « De quoi souffres-tu ? » Il n'y a rien à demander sur le Graal, sur ce qu'il est et à qui on en sert. L'élément principal de la Quête du Graal, selon Wolfram von Eschenbach, n'est donc pas de découvrir le Graal, celui-ci n'ayant pas besoin d'être découvert, et ne pouvant pas l'être puisqu'il est réservé à une élite choisie d'avance, mais de guérir le roi blessé pour que le royaume soit délivré de sa souffrance, qui est celle du roi. Le Graal, tout mystérieux et sacré qu'il est, est pourtant ravalé à un rang secondaire. Mais Parzival, après de nombreuses aventures guérira Anfortas — qui n'en mourra pas pour autant — et deviendra roi du Graal et père du héros Lohengrin, ancêtre mythique de la famille de Bouillon.

Ces remarques et ces réserves sont nécessaires : le *Parzival* de Wolfram von Eschenbach appartient à une lignée d'œuvres dans lesquelles se manifeste un état d'esprit douteux et qui sont responsables d'avoir alimenté les pulsions racistes d'une certaine humanité. Le concept de race pure est certes une utopie, mais, dans *Parzival*, il est haussé au rang de dogme primordial : les Templiers, gardiens du Graal, sont en droit d'écarter et d'éliminer tous ceux qui voudraient s'approcher de la pierre merveilleuse sans que leur nom figurât sur ladite pierre. On voit le danger d'un tel comportement. Cela démontre que les mythes, en eux-mêmes, ne sont ni bons, ni mauvais. Ils *sont*, et c'est par leur expression dans le cadre d'une société déterminée, ayant ses propres motivations, qu'ils prennent une coloration spécifique.

Cela dit, l'œuvre de Wolfram est remarquable dans sa composition et dans son écriture. Et, de plus, elle contient des éléments archaïques récupérés dans la tradition d'un possible archétype celtique de la Quête du Graal, comme on le voit esquissé dans le *Peredur* gallois. On peut en effet noter l'importance donnée par Wolfram au thème de la vengeance par le sang : Parzival, avant de quitter sa mère, doit lui promettre de tuer un des ennemis de son père. On peut aussi remarquer l'épisode du château et du jardin féerique de l'enchanteur Klingsor. Cet épisode n'apparaît dans aucune autre version, et Richard Wagner en a tiré les plus heureux effets dans son drame lyrique, notamment avec le thème des Filles-Fleurs. Ici, l'origine est nettement celtique, et bien que le château de Klingsor soit curieusement décrit comme un monastère bouddhique, l'ensemble du domaine féerique est l'équivalent du Val sans Retour, enchanté, comme on le sait, par la fée Morgane. Chez Wolfram, Klingsor, l'enchanteur *noir*, joue le rôle de Morgane, celle-ci étant, comme on l'a vu, le double *noir* de Viviane, la Dame du Lac, protectrice du roi Arthur. Et la célèbre « Kundry la Sorcière » offre bien des points communs avec cette Morgane, même si, par son amour désespéré pour Parzival, elle parvient à s'échapper des illusions démoniaques de Klingsor. Au reste, le château de Klingsor se présente comme un faux Montsalvage : c'est un château du Graal inversé, maléfique. Klingsor est lui aussi blessé dans ses parties sexuelles. Mais au lieu d'attendre le salut et la guérison, il se venge de son impuissance par des enchantements.

Un court épisode est révélateur. Il s'agit de Gauvain qui pénètre dans le château magique de Klingsor. Le caractère *solaire* de Gauvain apparaît dans tous les romans arthuriens : on nous dit toujours que sa force grandit tout au long de la journée pour atteindre son maximum vers midi et décliner ensuite. Or, Gauvain, en apparaissant dans le château, illumine les zones ombreuses et réveille ceux qui s'y étaient endormis, victimes des sortilèges, autrement dit de leurs fantasmes. Gauvain les débarrasse alors de leurs illusions et les libère. Il y a là un motif oriental mêlé à l'aventure celtique : Gauvain est un *Bouddha* qui éveille. Et comme dans le *Peredur* gallois, le neveu du roi Arthur joue un rôle très important, bien que secondaire par rapport à Parzival.

L'œuvre de Wolfram von Eschenbach est complexe, et prête à d'innombrables commentaires. Les autres versions de la Quête du Graal sont beaucoup plus sereines et beaucoup plus en harmonie avec ce que l'on soupçonne d'un schéma primitif hérité de la nuit des temps : la recherche d'un objet sacré dont la découverte doit régénérer un royaume tombé dans la désuétude.

Chrétien de Troyes n'avait cependant rien dit de ce qui se trouvait *dans* le Graal. Le récit anonyme de *Perlesvaux*, qui contient bien des archaïsmes d'origine celtique, mais qui a été écrit sous l'influence des moines clunisiens et pour mettre en valeur l'abbaye de Glastonbury, haut lieu des légendes arthuriennes, fait référence à l'origine même du Graal. Personne, avant l'auteur de *Perlesvaux*, n'avait encore mis en relation le thème du Graal avec le personnage évangélique de Joseph d'Arimathie. Ce personnage demeure fort mystérieux. Originaire d'Arimathie, ce Joseph, membre du Sanhédrin (Luc, XXIII, 50), « était disciple de Jésus, mais en secret, par crainte des Juifs ». Il avait demandé à Pilate la permission « d'enlever le corps de Jésus » (Jean, XIX, 38). Ayant reçu une autorisation officielle (qui était contraire au règlement romain), Joseph avait donc descendu Jésus de la Croix et l'avait enseveli dans un tombeau qu'il avait fait construire pour lui-même, tombeau creusé dans le roc (Mathieu, XXVII, 60). Mais dans les évangiles canoniques, il n'est pas question d'autre chose. Or, l'auteur de *Perlesvaux* raconte que, pendant la descente de Croix, Joseph d'Arimathie aurait recueilli le sang de Jésus dans un vase. La chose est médicalement impossible, mais cela n'a pas empêché certains auteurs de livres apocryphes — ou jugés tels — de l'affirmer. C'est ainsi que l'Évangile de Nicodème, les *Gesta Pilati* et la *Vindicta Salvatoris* font écho à des traditions concernant ce « recueillement » du sang de Jésus par Joseph d'Arimathie. Et Joseph, arrêté par autorités romaines en tant que suspect de sympathies envers l'agitateur crucifié, aurait été, dans sa prison, nourri et réconforté par la présence de ce vase précieux. Libéré ensuite, il aurait quitté la Palestine avec l'objet sacré et serait venu en Europe, en Bretagne armoricaine, disent les uns, en Grande-Bretagne disent les autres, à Glastonbury même, prétend une tenace tradition monastique toujours en honneur dans le Somerset et l'Ouest de l'Angleterre.

La trame du récit de *Perlesvaux* est assez touffue. Tous les chevaliers du roi Arthur y jouent un rôle, Gauvain, bien entendu, qui est reçu au château du Roi-Pêcheur, et qui, en extase devant le cortège du Graal, en oublie de poser une question, mais également Lancelot du Lac. Ce dernier est reçu par le Roi-Pêcheur, mais il ne parvient pas à contempler le Graal. Ici, l'explication est moralisante : c'est à cause du péché d'adultère qu'il commet avec la reine Guénièvre. Au reste, dans un autre épisode du récit, on s'aperçoit que le Graal, pour Lancelot, c'est tout simplement Guénièvre. Un ermite lui dit en effet que s'il avait désiré voir le Graal avec la même force qu'il désirait voir la reine, il aurait pu le contempler. Lancelot répond alors par des paroles ambiguës qui semblent signifier que pour lui, Guénièvre incarne ce qu'il y a de plus beau et de plus noble au monde. Ainsi apparaît la dichotomie entre la quête de l'amour divin et la quête de l'amour humain, dichotomie qui n'existait certes pas dans la quête primitive, ni chez Chrétien, ni chez Wolfram, ni dans le récit gallois, ni dans les œuvres des Troubadours. La quête de Lancelot devient alors une quête érotique qui s'oppose à la quête mystique de Perlesvaux, c'est-à-dire Perceval. Cela n'empêche d'ailleurs nullement Perlesvaux de se livrer à un rituel parfaitement païen et sanguinaire : obéissant aux ordres de sa mère qui lui avait demandé de venger la mort de son père, il fait décapiter douze de ses ennemis et recueillir leur sang dans un chaudron. Ensuite, il fait pendre le chef de ses ennemis par les pieds, la tête dans le chaudron rempli de sang, afin qu'il y soit noyé et étouffé. On ne peut pas dire que ce rituel soit conforme à l'esprit évangélique animant le reste du récit. Mais il est vrai que les moines de Cluny, inspirateurs du texte, ont été les plus ardents promoteurs des Croisades, avec toute leur violence. De plus, Perlesvaux sort curieusement *purifié* de l'accomplissement de cette vengeance et atteint un degré supérieur d'initiation. Il est maintenant apte à guérir le Roi-Pêcheur et à devenir lui-même roi du Graal, ce Graal qui peut prendre cinq aspects, dont celui d'un calice contenant le sang de Jésus.

Selon le récit intitulé *Joseph*, dû au Franc-Comtois Robert de Boron, l'origine du Graal repose sur les traditions rapportées par les Évangiles dits apocryphes. Le but de Robert de Boron semble avoir été d'expliquer le mystérieux récipient signalé par Chrétien de Troyes, et surtout de relier, par tous les moyens, le thème quelque peu « païen » du Graal aux Écritures. Pour ce faire, en bon connaisseur des textes qu'il était, Robert de Boron s'est servi de certains passages du chroniqueur mérovingien Grégoire de Tours, passages inspirés par la lectures d'évangiles non canoniques, en particulier les soi-disant *Actes de Pilate*. La première partie de son *Joseph* repose sur ces données para-bibliques. La seconde partie, souvent confuse et remplie de contradictions, est une habile création destinée à raccrocher le thème du château du Graal à ces éléments para-bibliques, tout en faisant état d'une tenace tradition selon laquelle, d'après Guillaume de Malmesbury, la christianisation de la Grande-Bretagne aurait débuté *in valle Avaloniae juxta Glastoniam*, « dans la vallée d'Avalon, près de Glastonbury ». Car pour Robert de Boron, il ne fait aucun doute que l'abbaye de Glastonbury, située au bas du tertre qui supporte la mystérieuse *Glastonbury Tor*, et d'où coule une source dite du Graal, est dépositaire des «grands secrets du Graal », en même temps que l'île d'Avalon des traditions celtiques.

Robert de Boron reviendra sur ces thèmes dans son *Merlin* et dans un ouvrage en vers perdu, le *Roman du Graal*, dont nous ne possédons plus qu'une adaptation en prose connue sous le titre de *Didot-Perceval*. Pour Robert de Boron et ceux qui reprendront sa tradition, le Graal est le « vaissel », c'est-à-dire l'écuelle dans laquelle mangea Jésus lors du repas pris en commun, le Jeudi Saint, chez Simon le Lépreux. Après la mort de Jésus, Joseph d'Arimathie vient demander à Pilate l'autorisation d'enlever le corps du Crucifié. C'est alors que Pilate offre à Joseph le « vaissel », et au moment de descendre le corps de la Croix, il s'aperçoit que les plaies saignent encore. Il recueille donc le sang dans ce « vaissel ». Plus tard, dans sa prison, Joseph d'Arimathie est réconforté et nourri par la sainte écuelle que Jésus ressuscité lui a apporté lui-même. Cette idée que le Graal procure à la fois la nourriture et la vie spirituelle était ainsi reliée au concept pré-chrétien du chaudron d'abondance et d'inspiration, ou à l'écuelle inépuisable de la tradition celtique. Et Robert de Boron de décrire ensuite les errances de Joseph et de ses descendants avant d'atteindre Glastonbury.

La Quête du Graal, racontée dans le *Didot-Perceval*, suit les grandes lignes du récit de Chrétien de Troyes, mais on y notera l'importance du rôle de Merlin, toujours présent au milieu des aventures vécues par les chevaliers d'Arthur. C'est d'ailleurs l'enchanteur qui, sous l'aspect d'un bûcheron, donc d'un « homme des bois », guide Perceval et l'aide à retrouver le chemin du Château du Graal. Alors, Perceval guérit le Roi-Pêcheur. Celui-ci révèle à Perceval les « secrets du Graal », lui confie la royauté suprême et meurt quelque temps après. Quant à Merlin, il se rend immédiatement au Château du Graal, en compagnie de son ami, l'ermite Blaise, lequel est d'ailleurs présenté comme celui qui écrit cette histoire sous la dictée du vieil enchanteur. On peut dire, à ce moment-là, que Merlin et Blaise (dont le nom signifie « loup ») forment le couple idéal du début de l'humanité, le coupe homme-animal. Tous deux reconstituent les Temps Primordiaux, et ils sont témoins de la régénération du Royaume du Graal, c'est-à-dire de la résurgence du monde édénique de l'Age d'Or. Prise sous cet angle, la Quête du Graal n'est évidemment pas d'une orthodoxie chrétienne exemplaire, même si les données monastiques sont nombreuses dans ce *Didot-Perceval*. Ce texte est d'une importance considérable dans la mesure où il réalise la synthèse la plus harmonieuse entre les différentes traditions concernant le Graal. Il intègre la version primitive de la Quête (une histoire de vengeance et de guérison par le sang) dans un contexte plus nettement arthurien, tout en développant les conceptions spiritualistes des Cisterciens. Car ici, l'influence des disciples de saint Bernard est évidente. Cela ne nuit aucunement à l'intégration des épisodes étrangers à la Quête primitive. Et la trame respecte les grandes lignes du schéma arthurien tel qu'il avait été esquissé par l'introducteur littéraire du cycle, Geoffroy de Monmouth. Désormais, toute l'aventure arthurienne sera marquée, d'une façon ou d'une autre, par le Graal et par la quête qu'on doit accomplir vers le mystérieux château du Roi-Pêcheur, où est gardée cette « chose si sainte ».

Les œuvres appartenant à la tradition de Robert de Boron, contrairement au *Perlesvaux* d'influence clunisienne, portaient la marque des Cisterciens. Ce sera encore plus net et plus précis dans ce qu'on appelle le cycle *Lancelot-Graal*, autrement dit le *Lancelot en prose*, vaste ensemble rédigé au cours du XIIIe siècle par différents auteurs, et qui prétend être la somme des légendes arthuriennes. On y remarque une forte volonté de synthèse et une non moins forte tendance à intégrer l'ensemble des épisodes arthuriens dans une grande épopée chrétienne, Arthur devenant en quelque sorte un nouveau Charlemagne, se battant pour établir une société idéale d'inspiration chrétienne et éliminer les forces diaboliques qui menacent le monde. L'un des récits qui composent cette somme, la *Quête du Saint-Graal*, est donc l'un des moments les plus vivants et les plus caractéristiques de cette épopée en prose.

La tradition qui sert de base est celle de Robert de Boron. Mais de nombreuses variantes se font jour. Le Roi-Pêcheur est toujours le gardien du Graal ; il est le descendant de Joseph d'Arimathie, mais il est devenu une sorte de roi temporel n'ayant plus de mission spirituelle. Il n'est d'ailleurs pas infirme. Le roi blessé, c'est un certain Évallach, le « roi méhaigné ». On peut s'interroger sur ce dédoublement, d'autant plus que le nom d'Évallach sonne très celtique : c'est à peu près le nom gallois de l'île d'Avalon, *Avallach*, et dans certains textes, Morgane est dite « fille d'Avallach », ce qui est en contradiction avec la version courante pour laquelle elle est la demi-sœur d'Arthur, fille d'Ygerne et du duc de Tintagel. Quoi qu'il en soit, depuis que le roi Évallach est « méhaigné », rien ne va plus dans le royaume du Graal, et l'on attend la venue d'un chevalier pur et sans tache qui rétablira la situation primitive en guérissant Évallach et *en découvrant le Saint-Graal*. L'idée est nouvelle : il n'est pas question ici que le « découvreur » de l'objet sacré devienne à son tour le Roi du Graal. Après la « découverte », le Graal disparaîtra et les enchantements cesseront sur la Bretagne. Autrement dit, la quête du Saint-Graal est une tentative pour éliminer du monde le mal et l'illusion et pour établir définitivement une société chrétienne idéale que la société arthurienne préfigure, mais préfigure seulement. Les intentions mystiques sont plus que visibles.

Pourtant les événements qui surviennent pour en arriver là sont étranges et parfois peu conformes à la morale chrétienne. Il y a dans la *Quête du Saint-Graal*, comme dans les autres récits de cette somme arthurienne, un mélange ahurissant de traditions celtiques païennes, de contes populaires divers et de spéculations théologiques bien caractéristiques de ce XIIIe siècle en pleine crise de spiritualité. Il y a d'abord le rôle ambigu de Lancelot du Lac considéré comme le meilleur chevalier du monde, le plus apte *matériellement* à accomplir l'épreuve, mais qui en est écarté à cause du péché d'adultère qu'il commet avec la reine Guénièvre. Mais *l'indignité* de Lancelot n'est pas totale. Qu'on le veuille ou non, dans l'esprit des auteurs du roman en prose, Lancelot reste néanmoins le « prédestiné », mais un prédestiné qui ne peut aller au bout de son destin, *probablement parce que la grâce lui manque*, idée issue évidemment des thèses augustiniennes discutées et adaptées par les théologiens de l'époque, en particulier par Thomas d'Aquin.

Il est impossible, dans l'état d'esprit cistercien qui anime le *Lancelot en prose*, de faire de Lancelot du Lac le meilleur chevalier du monde, le parangon de toutes les vertus, le chevalier au cœur pur et sans tache qui découvrirait le Saint-Graal. Lancelot était un *pécheur* ; il était *obscurci par son péché*. De plus, le personnage de Lancelot, présenté pourtant comme appartenant à la lignée sacrée du Graal, comme lointain descendant du roi David, recouvre une entité divine empruntée à la mythologie celtique. Il est en effet, après de nombreuses métamorphoses de détails, l'image intégrale du dieu Lug, le « Multiple Artisan » des Tuatha Dé Dannan irlandais, le dieu qui est « hors fonction » parce qu'il assume à lui seul toutes les fonctions divines. Dans la société idéale de la Table Ronde, Lancelot est un « étranger » venu de Bretagne armoricaine : il appartient à cette confrérie de la Table Ronde tout en n'en faisant pas partie, et, de plus, il en est le soutien indispensable. On s'en aperçoit bien lorsqu'à la fin du cycle épique, après sa rupture avec le Roi Arthur et sa retraite dans ses terres armoricaines, en compagnie de son clan, les chevaliers d'Arthur sont incapables de soutenir l'assaut de leurs ennemis. Sans Lancelot, le monde arthurien s'écroule. D'où l'importance de ce personnage *hors pair parce que hors fonction*[1]. Il en était de même pour le dieu Lug des anciennes épopées irlandaises, qui « préside » sans aucun droit le conseil des dieux Tuatha Dé Dannan et qui en est l'élément le plus actif bien qu'il soit lui-même un « métis », ayant une double nature, à la fois Tuatha Dé Dannan et Fomoré.

On ne pouvait donc pas se passer de Lancelot dans la Quête du Graal. Il y participe d'ailleurs activement, mais à chaque fois qu'il pénètre dans le château du Roi-Pêcheur, il n'est jamais admis à assister aux « mystères » du Graal. Chaque fois qu'il essaie d'entrer dans la salle d'où émane une lumière surprenante et irréelle, une voix lui interdit d'aller plus loin.

Il fallait donc s'en tirer par une sorte d'astuce. Au cours d'un de ses séjours au Château du Graal, qui se nomme ici Corbénic, le Roi-Pêcheur s'arrange, grâce à des sortilèges, pour lui faire passer la nuit avec sa propre fille, la « porteuse du Graal ». De cette union passagère — et magique — naîtra un fils, Galaad, lequel sera un Lancelot purifié et digne d'assumer les fonctions de « découvreur ». Ainsi sera respectée la lignée sacrée à laquelle appartient Lancelot, et sa valeur incomparable se retrouvera dans

1. Sur le rôle particulier de Lancelot du Lac, voir J. Markale, *Lancelot et la chevalerie arthurienne*, Paris, Imago, 1985.

le fils qui, par ailleurs, porte son véritable nom. Car le nom de baptême de Lancelot est Galaad[1]. C'est donc un double Lancelot que ce jeune Galaad, un double pur et lumineux parce qu'il ne sera pas soumis au péché, comme son père, bien que sa conception soit assez peu conforme à ce qu'on attend d'un « saint ». Mais les récits du Moyen Age sont remplis d'adultère, d'incestes et d'unions étranges qui sont plus des symboles que des réalités effectives.

Cette intrusion d'un nouveau personnage dans le schéma de la quête en modifie le déroulement et la signification. C'est toujours Merlin qui révèle aux chevaliers de la Table Ronde la mission qui leur incombe. Mais le vieil enchanteur n'explique pas le but exact de cette quête. Il se contente d'indiquer que les « enchantements » qui pèsent sur la Bretagne doivent disparaître. On note aussi qu'autour de la Table Ronde, se trouvait un siège vide, le « Siège Périlleux » réservé à celui qui mènerait jusqu'au bout les aventures. Tous les audacieux qui s'asseyaient indûment sur ce siège étaient foudroyés. Bien sûr, lorsque Galaad, devenu jeune homme, s'y assoit avec une sorte d'effronterie, une voix s'élève, disant qu'il était bien celui qu'on attendait. Mais tous les chevaliers se lancent dans la quête. Et ils s'entre-tuent tous plus ou moins, comme si les auteurs voulaient démontrer qu'une quête entreprise sans but authentique dégénérait en auto-destruction. Gauvain retrouve un peu du rôle qu'il avait dans les versions primitives, mais son aveuglement et son goût prononcé pour les « pucelles » l'écartent définitivement. Lancelot reprend cette perpétuelle quête qui est la sienne, mais elle est sans espoir, puisque son propre Graal, c'est la reine Guénièvre, même si, pour un temps, il cesse d'avoir des relations avec elle. Yvain, le Chevalier au Lion de Chrétien de Troyes, se distingue parmi tous les autres, mais il ne sortira pas vivant de l'épreuve. Il eût dû se contenter d'être le gardien fidèle de la Fontaine de Barenton.

Finalement, ce sont trois personnages qui « découvrent » le Graal. Galaad, d'abord, puisqu'il est l'Élu, le Prédestiné, celui qui ne commet aucun péché, et qui réussit tout ce qu'il entreprend. A bien y réfléchir, il n'en a aucun mérite. La grâce divine

---

1. La question se pose de savoir si le nom de Galaad est celui de la tribu hébraïque ou s'il provient de la racine celtique *galu* qui a le sens de « puissance ».

ne lui fait pas défaut et le guide dans cette longue route vers le château du Graal. Mais il est escorté par deux compagnons dans sa marche triomphale : Perceval le niais, mais aussi le pur, l'idéaliste, à qui l'on prête les mêmes aventures que dans le récit de Chrétien de Troyes, et enfin Bohort, le cousin de Lancelot. Ce dernier est un personnage intéressant, car il incarne le commun des mortels. C'est en effet un pécheur qui se rachète, par sa bravoure, par sa ténacité et par son repentir : tout un enseignement religieux conforme aux nouvelles tendances de la spiritualité du XIIIe siècle, tendances provoquées par l'influence incontestable des Cisterciens. La leçon est claire : au départ, Bohort était privé de la grâce divine, mais comme c'était un homme de « bonne volonté », il a obtenu de Dieu cette grâce qui lui permet de mener à bien sa quête spirituelle.

Il existe cependant des nuances entre les trois héros du Graal. Bohort ne sera admis à voir le Graal que de loin. Ensuite, il reviendra dans le siècle où il rendra témoignage de ce qu'il a vu. Et il participera aux derniers événements de l'épopée arthurienne, notamment lorsque Lancelot et lui vengeront le roi Arthur en éliminant le traître Mordret et les siens. Bohort sera présenté comme le dernier survivant de la Table Ronde, le témoin irrécusable de tout ce qui s'est passé, la preuve que tout le récit est une « vérité historique » ou considérée comme telle. Et c'est par lui qu'on connaîtra les dernières aventures des héros du Graal. Car Perceval le Gallois, qui représente un autre type humain, l'imbécile qui devient sage, ne reviendra pas de sa quête. Il contemplera le Graal de plus près que Bohort, et il ne quittera pas le royaume — dont il n'est aucunement le roi, dans cette version. Mais il mourra quelques jours plus tard, saintement, bien entendu. Quant à Galaad, il est couronné roi du Graal, mais sa royauté est bien éphémère. Car, en tant que « roi du Graal », son unique prérogative est de regarder *ce qu'il y a dans le Graal*. « Aussitôt qu'il y eut jeté les yeux, il se mit à trembler, car sa chair mortelle apercevait les choses spirituelles. » En fait, quoique surhumain, il ne peut supporter la vision de la divinité. Il embrasse Perceval, il demande à Bohort d'embrasser son père Lancelot, il se met à genoux, et il meurt. « Dès que Galaad fur mort, il advint une grande merveille : ses deux compagnons virent distinctement une main qui descendait du ciel, sans qu'on aperçût le corps auquel elle appartenait. Elle alla droit au saint vase, le prit, saisit aussi la lance, et les emporta au ciel, de sorte que, depuis lors, nul homme ne put être si hardi qu'il prétendît avoir vu le Saint-Graal[1]. »

En contre champ de cette scène, il convient de placer l'épisode où, dans la *Mort du roi Arthur*, une main surgit d'un étang et saisit l'épée d'Arthur, Excalibur, la brandit trois fois et disparaît sous les eaux. D'un côté, la royauté terrestre, matérialisée par l'épée de Souveraineté. De l'autre, la royauté céleste sous l'image du Saint-Graal, emporté par la main mystérieuse dans d'autres profondeurs, mais vers le haut. Ainsi la boucle est-elle bouclée, et les enchantements qui pesaient sur la Bretagne défaits. Brocéliande peut reprendre son aspect habituel, sous le soleil de midi ou le vent des équinoxes. Mais les oiseaux murmurent d'étranges chansons.

Ce récit de la *Quête du Saint-Graal*, faussement attribué à l'auteur normand Gautier Map, pose en fait beaucoup plus de problèmes qu'il n'y paraît. C'est une évidente récupération d'un thème épique et chevaleresque, dont les origines sont à chercher dans la mythologie celtique, par les zélateurs d'une spiritualité nouvelle inspirée par les écrits de saint Bernard de Clairvaux. Cette *quête* est incontestablement cistercienne dans l'esprit. Dans son étude publiée en 1932 et intitulée *les Idées et les Lettres*, Étienne Gilson remarque à propos de ce récit « que c'est altérer la signification de l'œuvre entière que d'interpréter un symbole de la Grâce (le Graal) comme s'il s'agissait d'un symbole de Dieu ». Car, à l'analyse, *le Graal n'est pas Dieu*, il n'en est pas même l'image concrète, et, à la limite, cela n'a aucune importance de savoir si le vase sacré a contenu le sang du Christ ou n'importe quoi, ou rien du tout. Par conséquent, les chevaliers qui se lancent dans la quête dans le but de découvrir l'objet-Graal, image de Dieu, font fausse route et ne réussissent qu'à mordre la poussière[2]. D'ailleurs, tout au long du récit, ce qui peut paraître une incohérence, ou même une contradiction, on s'aperçoit que la plupart des chevaliers cherchent un trésor qui, pour mystérieux qu'il soit, ne se dérobe nullement à leurs yeux. Le Graal se montre constamment — et en cela le récit de la *Quête*

1. *La quête du Saint-Graal*, trad. Albert Béguin, Fribourg-Paris, 1945, p. 251.

2. C'est ce qu'a magnifiquement mis en lumière Robert Bresson dans son film *Lancelot du Lac*, en montrant que l'échec de nombreux chevaliers est dû à ce qu'ils cherchaient Dieu au lieu de chercher la *porte* qui permettait d'accéder à la demeure divine.

diffère profondément des autres versions où le Graal est invisible au commun des mortels — soit pour guider le chercheur, soit pour guérir, conforter, nourrir. Qui plus est, aucun des personnages engagés dans l'affaire n'ignore le lieu où se trouve le Graal, au château de Corbénic, et la plupart d'entre eux y sont allés, un jour ou l'autre, car Corbénic n'est pas un domaine interdit ou réservé aux « purs », comme le Montsalvage de Wolfram von Eschenbach. Galaad lui-même, le héros de cette *Quête* cistercienne, est né à Corbénic, et il y a été élevé. Il n'aura donc aucune peine, après son initiation guerrière et chevaleresque à la Table Ronde, à retrouver le chemin qui y mène.

Cela explique d'ailleurs que ceux qui sont en présence du Graal réagissent selon leur tempérament et selon leur état de grâce. Gauvain, pourtant valeureux et généreux, est réprouvé à la fois à cause de sa sensualité excessive et à cause de son refus de recourir aux sacrements de l'Église, sources de la Grâce. Les chevaliers qui meurent pieusement au cours de la quête — souvent parce qu'ils se battent les uns contre les autres sans se reconnaître — sont des pécheurs endurcis et obscurcis par leurs fautes, mais qui se réconcilient avec Dieu au dernier moment : ainsi Yvain trouve-t-il son salut éternel dans la mort. Certains, qui sont des pécheurs ou des faibles, mais qui parviennent à se transcender, comme Bohort ou Perceval, sont placés en dehors de tout péril et atteignent un état mystique qui, s'il est imparfait, les élève cependant au-dessus du commun des mortels. En fait, le seul à ne pas chercher le Graal, quoi qu'il en dise lui-même, c'est Lancelot du Lac. Mais nous avons vu qu'en réalité, Lancelot cherche Guénièvre, c'est-à-dire sa propre vision du Graal. Lancelot est donc hors jeu — comme son modèle mythologique Lug —, d'où les privilèges qui lui sont accordés, en particulier l'honneur d'être le père de Galaad.

A ce compte, le récit de la *Quête du Saint-Graal* du pseudo-Gautier Map, et seulement ce récit, est une remarquable utilisation de thèmes romanesques et mythologiques pour exprimer une conception chrétienne de l'univers. Selon Gilson, cette quête n'est en aucune façon une recherche de connaissance, mais *une quête de dilection*, parce que, dans toute l'école augustinienne et bernardienne, « les formules cognitives ne sont que des métaphores désignant des états affectifs ». La haute aventure à laquelle participent les héros arthuriens, symbolisant à des degrés divers les êtres humains livrés au quotidien, est ramenée ici à une expérience spirituelle *purement affective*, culminant dans l'extase, cette « efflorescence suprême de la vie de grâce en nous ». Ce langage théologique chrétien n'est certes pas en contradiction avec l'expérience extatique de Merlin parvenu au sommet de son Arbre cosmique, au milieu du *nemeton* de Barenton : l'extase chamanique — ou druidique — conduit aux mêmes effets que l'union mystique résultant d'un rituel chrétien soigneusement et scrupuleusement respecté. Encore une fois, il s'agit de la pratique des sacrements, seule capable de faire « décrocher » du réel apparent et d'atteindre le monde spirituel qui est celui des réalités essentielles.

Car le Graal n'est pas autre chose que la Grâce donnée par Dieu, d'ailleurs très généreusement et avec beaucoup d'amour : nous n'en sommes pas encore aux sombres inquiétudes de Calvin ou de Jansénius. C'est aux êtres humains de répondre à l'appel et de saisir cette grâce au vol, bien entendu pour accomplir quelque chose. Ce n'est déjà plus la grâce augustinienne nécessaire mais jalousement réservée par Dieu à ceux qu'Il choisit (comme chez Wolfram von Eschenbach), mais la grâce bernardienne — et donc cistercienne — qui maintient le principe du libre arbitre. Tous les chevaliers reçoivent cette Grâce, mais certains la refusent (Gauvain), d'autres n'en font pas usage (Lancelot), ou s'en servent maladroitement (Yvain). Ainsi donc, comme l'affirme Étienne Gilson, le Graal n'étant point une « chose terrienne », mais une manifestation de l'amour divin, il importe, non de le trouver, ce qui est à la portée de tout le monde, mais de *découvrir et de faire sienne sa révélation première*.

Ainsi, quand on veut comprendre cette version particulière de la quête que constitue le récit du pseudo-Map, il ne faut jamais perdre de vue que le Graal n'est qu'un symbole visuel. Cela rejoint parfaitement le schéma de la quête primitive dans laquelle l'objet n'avait qu'une importance toute relative et ne constituait qu'un élément dans le déroulement de l'action. On pourrait presque dire que le Graal, sous toutes les formes qu'on lui prête, en tant qu'*objet* (au sens étymologique le plus strict), n'est que la carotte qu'on place devant l'âne pour le faire avancer. Le Graal cistercien est de cette nature, même s'il représente la grâce divine : c'est un encouragement au dépassement, à la sublimation, à l'appel de Dieu, quelle que soit la formulation utilisée.

Répétons ce que dit Étienne Gilson : « La quête du Saint-Graal est la recherche des secrets de Dieu, inconnus sans la grâce ».

Après ces belles considérations théologiques, que reste-t-il du Graal-objet ? Peu de chose en vérité, et qui peut faire comprendre qu'on ne doit jamais essayer de *décrire* le Graal, ou de s'en tenir définitivement à l'une ou l'autre des descriptions faites par les auteurs du Moyen Age. Ceux qui se sont emparés du thème du Graal sont nombreux. Ils ont chacun donné leur version, leur interprétation du mythe originel ; ils l'ont reçu et exprimé avec leurs convictions et selon le système socio-culturel en vigueur. Le Graal n'est ni une coupe, ni un vase, ni un calice, ni une écuelle, ni une pierre, ni une tête coupée sur un plateau. C'est tout cela en même temps, et bien autre chose encore. C'est un mythe, et comme tous les mythes, il a besoin d'être matérialisé, incorporé dans le réel pour devenir objet de compréhension à l'usage des pauvres humains qui, sans cette concrétisation, ne parviendraient jamais non pas même à le découvrir, mais simplement à le chercher. D'où les multiples métamorphoses de ce Graal qui, à mesure qu'on s'en approche, s'éloigne et se perd dans la brume. Mais c'est le privilège de Brocéliande de susciter ces métamorphoses[1].

---

1. Je me suis expliqué très longuement sur les différentes versions de la légende du Graal, et sur les commentaires qu'elles suscitaient, dans *le Graal*, Paris, Retz, 1982, 3e ed. 1987. Édition abrégée, Paris, Retz, 1989.

II

LE RACHAT PAR LE SANG

A l'époque où sont écrits les romans du Graal, c'est-à-dire dans les environs de l'an 1200, les spéculations théologiques et les manifestations de la foi chrétienne sont en mutation constante. C'est devenu en effet un lieu commun de prétendre que les XIIe et XIIIe siècles ont été des périodes de triomphe pour le christianisme. Et de citer pêle-mêle saint Bernard, saint François d'Assise, saint Thomas d'Aquin, à la rigueur saint Dominique, sans trop insister sur l'Inquisition, saint Louis et la Sainte-Chapelle pour contenir l'éminente relique de la Couronne d'Épines (ou du moins un fragment supposé de celle-ci), l'achèvement de l'art roman et la naissance de l'art ogival, dit gothique, expression, comme on dit, de la foi jaillissante d'un peuple tout entier tourné vers Dieu. Cependant, quand on y regarde d'un peu plus près, tout ce bel édifice ne tient pas debout.

En effet, période charnière du Moyen Age, les environs de l'an 1200 sont passablement agités au point de vue religieux comme au point de vue politique et même au point de vue simplement culturel. Le royaume capétien est confronté aux tentatives d'hégémonie de l'empire Plantagenêt, tandis qu'un troisième larron, l'empereur du Saint Empire romain germanique, les observe chaque fois qu'il le peut, c'est-à-dire quand il n'a pas de démêlés avec le pape, souverain spirituel de la chrétienté, mais qui n'oublie pas de se faire payer les revenus de ses territoires temporels, et au besoin de les accroître sensiblement. Là-dessus, une puissance discrète mais efficace noyaute la chrétienté, surtout en France, l'ordre du Temple, qui, par la force des choses et le rôle qu'il joue, va devenir un État dans l'État, avec tout ce que cela suppose de compromis divers, de négociations secrètes, puis de rivalités et de haines. Certes, l'aventure est dangereuse ; mais c'est munis de la bénédiction du pape et de ses affidés que les croisés s'embarquent, avec le secret espoir non pas de délivrer Jérusalem, mais de s'assurer de solides principautés dans des pays neufs où il est encore possible de dominer des populations qui ont le malheur de n'être pas chrétiennes, mais de croire sur parole ceux qui répandent l'enseignement de l'« imposteur » de La Mecque. Chacun sait que Dieu a parlé une fois pour toutes et qu'il s'est incarné une seule fois dans son fils unique, Jésus, Notre-Seigneur, n'en déplaise à ces maudits musulmans qui prétendent, contre tout bon sens, qu'Allah est le seul Dieu et que Mahomet est son seul prophète. En tout cas, les croisades sont bien pratiques, car elles permettent d'éloigner un peu le trop-plein de chevaliers et de nobles belliqueux qui encombrent l'Europe. Les colonies ont toujours servi à se débarrasser des citoyens trop encombrants ou turbulents. Le tout dans la plus parfaite harmonie avec la doctrine évangélique, d'ailleurs, et la mise en valeur du précepte fondamental : Aimez-vous les uns les autres.

Mais, à l'intérieur de l'Église, même si l'on construit de nouvelles églises et de magnifiques cathédrales, même si les monastères se développent et s'agrandissent considérablement, des turbulences éclatent au grand jour sous forme de contestations doctrinales, et, fait plus grave, sous l'aspect d'hérésies. Certes, ces mouvements hérétiques ne réussissent pas tous à drainer des populations entières comme c'est le cas en Occitanie avec le Catharisme, mais les sectes se multiplient, occasionnant parfois des émeutes et des répressions. L'aventure mystérieuse d'Éon de l'Étoile reste un exemple parmi beaucoup d'autres. Et, de plus, des théologiens s'affrontent. Pierre Abélard a jeté le trouble dans les esprits. Saint Bernard de Clairvaux a tenté de remettre de l'ordre, mais son ordre est à nouveau contesté. On discute de tout, de la grâce divine bien sûr, mais aussi des sacrements, et notamment de l'Eucharistie. En effet, on pose nettement le problème de la Présence Réelle, et l'on discute de la consubstantiation (le Christ est présent *dans* le pain ou le vin) et de la transsubstantiation (le Christ est présent *sous l'aspect* du pain et du vin). Finalement, cette ardente controverse trouve son épilogue (provisoire, puisque tout sera remis en cause au temps de la Réforme) au concile de Latran, en 1215 : le dogme de la transsubstantiation y est en effet proclamé avec tout l'éclat qui convient. Désormais, le pain que consacre le prêtre *sera* le corps du Christ, et le vin contenu dans le calice sera le sang du Christ, autrement dit le *Précieux Sang*.

Ce « Précieux Sang » aura d'ailleurs suscité un enthousiasme populaire extraordinaire au cours des siècles précédents. Le Moyen Age est vraiment la période des Reliques. C'est à qui possédera un clou qui a servi à crucifier Jésus, un morceau de la couronne d'épines, du « lait de la Vierge », comme à Quintin, en Bretagne, voire le « saint prépuce ». Ne parlons pas des morceaux de la Vraie Croix : ils sont tellement nombreux qu'on pourrait construire avec eux un immeuble de plusieurs étages. Cette folie concernant les reliques ne connaît plus de bornes. On se dérobe mutuellement les reliques les plus fameuses, non seulement par piété, mais parce que ce sont des occasions de pèlerinages et que les pèlerinages rapportent. Dans ces conditions. il était normal que certains sanctuaires ou certains monastères fussent les dépositaires d'une autre relique encore plus exaltante, le Précieux Sang de Jésus, recueilli d'une manière ou d'une autre quand le Christ fut descendu de sa Croix et mis au tombeau par Joseph d'Arimathie. Il est d'ailleurs bon de remarquer que le mot *Arimathie* signifie « tombeau », ce qui jette une certaine ombre sur la réalité du personnage, ou tout au moins,ce qui peut prêter à commentaires.

Depuis longtemps, on connaissait des fioles et des ampoules qui contenaient des gouttes de ce Précieux Sang. En Europe occidentale, il y en avait à Glastonbury, bien entendu, et ce n'est pas par hasard qu'on y prétendait que Joseph d'Arimathie y était venu. Mais il y en avait également en Espagne, à San Juan de la Pena et à Valence, en Italie, à Lucques, Sarzane et Mantoue, en Allemagne, à Wiengarten, en France, à Neuvy-Saint-Sépulcre et à Charroux. Mais les deux lieux les plus célèbres, aux environs de l'an 1200, étaient Fécamp, d'une part, et Bruges, d'autre part. A Bruges, c'était Philippe d'Alsace, comte de Flandre, qui avait ramené la Sainte Ampoule qui lui avait été remise en Orient, lors d'une croisade. Or, on se rappelle que Chrétien de Troyes écrit son *Conte du Graal* soi-disant sur commande de ce même comte de Flandre. La coïncidence est trop précise pour qu'elle ne corresponde pas sinon à une réalité, du moins à un projet longuement mûri. Car il est évident que le thème du Graal, surtout traité par les successeurs de Chrétien de Troyes, est lié à celui du Précieux Sang.

On voit alors tout le parti qu'on pouvait tirer de cette association entre le Graal et l'ampoule de Bruges contenant le Précieux Sang, à une époque où l'on commençait à affirmer dogmatiquement que le calice que tenait le prêtre pendant le sacrifice de la Messe, contenait effectivement, réellement, le sang du Christ. Le « saint » Graal devait donc être un objet (une coupe ou tout autre récipient) analogue à un calice et contenir le sang de Jésus, recueilli à sa descente de Croix par Joseph d'Arimathie, selon les événements rapportés par Grégoire de Tours et par les *Actes de Pilate*, ainsi que par le pseudo-évangile de Nicodème. Et cette assimilation était d'autant plus facile *que le sang de Jésus avait été versé pour racheter la faute du premier homme et de la première femme et régénérer ainsi l'humanité tout entière.*

Ainsi est mis en évidence l'un des thèmes majeurs — bien que généralement occulté par les commentateurs — de la quête du Graal, celui de *la vengeance par le sang*, pourtant exprimé de façon saisissante dans la plupart des versions de la légende.

Ce thème de la vengeance constitue la trame essentielle de la version qu'on peut qualifier de primitive, telle qu'elle apparaît dans le *Peredur* gallois[1], et il en reste des traces abondantes dans Perlesvaux et dans le *Parzival* de Wolfram. En fait, cette vengeance ne s'explique pas tellement si l'on s'en tient à la lettre : on pourrait croire qu'il s'agit d'un épisode ajouté par l'auteur pour rendre son récit plus pittoresque et se conformer au goût du temps. Bien sûr, la tête coupée que voit Peredur pendant le Cortège mystérieux, justifie amplement la vengeance qui s'exerce ensuite contre les sorcières de Kaerloyw, responsables de ce meurtre. Bien sûr, le Parzival de Wolfram reçoit de sa mère

1. Elle apparaît également de façon saisissante dans le roman occitan de *Jauffré*, qui date de la même époque. Ce roman de *Jauffré*, sans citer le nom du Graal, ni aucun objet équivalent, a cependant une trame très voisine de celle de la Quête et peut donc être considéré comme une des versions primitives du Graal.

la mission de tuer un certain Le Hellin (dont le nom renferme le mot *Hell*, « enfer »), mais cette mission tourne court. Bien sûr, dans la tradition de Robert de Boron, l'infirmité du Roi-Pêcheur a pour cause un « coup douloureux » porté contre lui à la suite de circonstances malheureuses, et la guérison ne pourra intervenir que par une action qui équivaut à une vengeance. Bien sûr, Perlesvaux se venge des meurtriers de son père par le sang, mais d'une façon si bizarre et si *rituelle* qu'on ne peut considérer cette vengeance comme le simple résultat d'une accumulation de haines. Il y a autre chose : telle qu'elle apparaît ici, *la vengeance ne peut être que la transposition historicisée d'un sacrifice rituel sanglant.*

Un épisode figurant dans toutes les versions de la quête, sauf dans celle de Wolfram, peut nous éclairer sur le sens réel de ce sacrifice sanglant : l'épisode qui concerne la Chasse au Blanc Cerf. Après avoir été confronté à un jeu d'échecs magique, Perceval (ou Peredur) est obligé d'aller chasser un Blanc Cerf, de le tuer et d'en ramener la tête à une mystérieuse jeune fille qui semble la maîtresse du château, et qui se révèle être une fée, ou l'une des incarnations de l'Impératrice, cette femme qui guide le héros vers son destin dans la version galloise. De quoi s'agit-il ? D'un rituel préhistorique qui a traversé les siècles et qui est encore pratiqué de nos jours sous la forme archaïque de la Chasse à Courre, cette chasse n'étant plus ressentie d'ailleurs autrement que comme un divertissement réservé à une élite sociale.

L'étude de la mythologie celtique permet en effet de repérer les différents substrats qui perdurent sous le vernis littéraire des épopées. On peut ainsi déterminer que toute la légende arthurienne repose sur les rites d'une civilisation agraire : le nom d'Arthur est dérivé de celui de l'ours (racine *arto*, breton *arz*, gallois *arth*), animal qui dort pendant l'hiver et agit pendant l'été, image concrète de la germination et de la dégénérescence de la nature. Ce même nom d'Arthur est même lié à une autre racine indo-européenne, *ar*, qui signifie « labourer ». De plus, cette civilisation est celle de l'élevage du porc, ce qui se décèle dans de nombreuses légendes celtiques relatives au cochon et au sanglier et dans la fameuse chasse qu'accomplit Arthur en poursuivant le sanglier Twrch Trwyth. Les rites de cette civilisation archaïque se sont maintenus dans les campagnes avec les festivités et repas (fête de la gogue, notamment) qui accompagnent la mort cérémonielle du cochon.

Mais avant cette époque, on repère dans le cycle d'Ulster une civilisation pastorale bien visible dans la grande épopée irlandaise de la *Razzia des bœufs de Cualngé :* il s'agit de communautés qui vivent essentiellement de l'élevage des bovins et qui ont domestiqué le chien comme gardien de troupeaux, comme en témoignent les noms des principaux héros du cycle, Cûchulainn (chien de Culann) en particulier. Et encore plus avant dans le temps, on découvre une civilisation de chasseurs, mythologiquement marquée par l'épopée du cycle de Leinster, dit « cycle ossianique ». Finn et les *Fiana,* héros de ce cycle, sont des nomades chasseurs et des redresseurs de torts. Bien entendu, ce sont surtout des cervidés qu'ils chassent, comme le disent éloquemment les noms des principaux chefs : le véritable nom de Finn est en réalité *Demné,* le « daim », son fils est Oisin (Ossian), c'est-à-dire le « faon » ; et son petit-fils, Oscar, « qui aime les cerfs ». Il est probable que le dieu gallois Kernunnos, représenté dans la statuaire gallo-romaine avec des cornes de cervidé, et qui semble pré-indo-européen, doit son nom et son aspect à une divinité d'une lointaine époque, probablement le Mésolithique, où, dans des conditions climatiques défavorables, les hommes n'ont pu survivre qu'en chassant les grands troupeaux de rennes.

Or, dans presque toutes les versions de la quête, il est question d'une chasse au cerf. Il en est également question dans le roman de Chrétien de Troyes, *Érec et Énide,* où l'on apprend qu'il s'agit d'une très ancienne coutume : celui qui ramène la tête du Blanc Cerf peut prétendre recevoir les honneurs du jour et épouser la plus belle fille de toute l'assemblée. Que fait d'autre Perceval-Peredur en ramenant, avec le chien qui sert à la chasse, après bien des déboires qui sont autant de péripéties initiatiques, la tête du Blanc Cerf à la mystérieuse jeune fille du jeu d'échecs ? Ce sacrifice est nécessaire pour aller plus avant dans la quête, et le récit de *Peredur* apparaît très précis à ce sujet : c'est seulement après avoir ramené la tête de cerf que le héros va connaître le chemin du Château des Merveilles. Il semble alors y avoir identification entre la tête du Cerf et la tête d'homme coupée qui baigne dans son sang, et qu'on a présenté à Peredur lors de son premier passage au château. Dans *Perlesvaux,* le cerf a disparu, mais la délivrance du château est obtenue par la mort du Roi Félon, autrement dit par un sacrifice sanglant de même nature que la mise à mort du cerf. Il ne faudrait pas non plus négliger ce que nous présente la « Troisième Continuation » de *Perceval*, à savoir que le Roi-Pêcheur n'est pas guéri par une question qu'on lui pose, mais par la simple vue qu'on lui procure de la tête de son ennemi, tué par le héros.

Dans ces conditions, il paraît à peu près certain que le schéma de la quête du Graal remonte aux époques préhistoriques, bien avant l'arrivée des Celtes en Europe occidentale, et qu'il recouvre un rituel sacrificiel en rapport avec une civilisation de chasseurs de cervidés. Quant à savoir quelle pouvait être la signification de ce rituel, il ne peut en être question. Par contre, il pouvait être interprété et réactualisé, ce que n'ont pas manqué de faire les conteurs irlandais ou gallois, ce que n'ont pas non plus manqué de faire les auteurs de certaines versions de la quête. Ainsi ce sacrifice archaïque du Blanc Cerf réapparaît, complètement détourné de sa valeur primitive, dans le récit du pseudo-Map. Cette fois, il ne s'agit pas d'une chasse, mais de la présence dans la forêt de Brocéliande d'un mystérieux « Cerf Blanc au collier d'or », entouré de quatre lions. L'interprétation chrétienne est transparente : c'est Jésus entouré de ses quatre évangélistes. Mais à y bien réfléchir, si le Cerf Blanc au collier d'or représente le Christ, il n'y a aucune différence fondamentale entre le sacrifice de Jésus mourant sur la croix et le sacrifice du cerf plus ou moins divinisé dans une antique religion pré-celtique.

On n'en finirait pas de rechercher dans la tradition populaire orale les contes qui recèlent des vestiges de cet antique rituel de sacrifice sanglant d'un animal qu'on pourrait presque considérer comme « totémique ». Pourtant, l'un de ces contes, provenant de l'Agenais, est particulièrement significatif. C'est *la Grande bête à tête d'homme*. Le héros en est un jeune homme pauvre, mais vaillant et avisé, qui est amoureux de la fille d'un seigneur. Or, ce seigneur est lui-même très pauvre, et sa fille devra entrer dans un couvent si elle ne peut épouser un jeune homme riche. En symbolique des contes, l'interprétation est facile : le royaume — et donc le roi — est menacé de dépérissement, et la fille du roi, laquelle doit normalement assurer la continuité de la souveraineté, restera stérile, sauf si un jeune riche l'épouse et régénère ainsi le royaume. C'est exactement le thème de départ de la quête du Graal. Le jeune héros du conte décide donc de devenir riche en entreprenant une quête particulièrement difficile : « Sur le versant de la montagne, il y a une grotte pleine d'or, et une grande Bête à tête d'homme qui la garde. La grande Bête a promis la moitié de son or à celui qui pourra donner une réponse à trois questions. » Le jeune homme commence par aller trouver l'archevêque d'Auch, lequel lui donne des conseils qui font songer à ceux du roi-ermite à Perceval-Peredur, et lui révèle même davantage de choses qu'il ne l'espérait. Il suffira de poser à la Bête trois questions, et si celle-ci ne peut répondre, il faudra alors utiliser un couteau d'or pour la tuer, la saigner et lui couper la tête. Ainsi, tout l'or lui appartiendra. Bien entendu, le jeune homme réussira à trouver les réponses aux trois questions de la Bête et posera à celle-ci trois questions auxquelles elle ne pourra répondre. Le jeune homme tue la Bête avec le couteau d'or que lui a donné l'archevêque (curieux ecclésiastique !), la saigne, lui coupe la tête et ramasse tout l'or disponible dans la grotte. Il épouse la fille du seigneur, et tout est pour le mieux dans le pays[1]. Ce conte n'a pas surgi spontanément de l'imagination d'un conteur. Le schéma est trop net : il s'agit d'une autre version, transmise oralement, de la quête du Graal. La plupart des éléments s'y retrouvent : le pays désolé et le seigneur pauvre, c'est-à-dire incapable de gouverner, le jeune homme pauvre mais avisé et vaillant qui se lance dans la quête, les conseils d'un homme vénérable — et donc initié —, le sacrifice sanglant de la Bête et la tête coupée, et bien sûr, les questions qu'on doit poser.

En fait les différents récits de la quête du Graal insistent tous sur le *sang versé.* On pourrait même dire que la quête en elle-même est un « bain de sang ». Dans la version cistercienne, les chevaliers d'Arthur s'entre-tuent. De toute façon, ils rencontrent des ennemis sournoisement éparpillés sur leur passage et qui les assaillent. La quête est une guerre inexpiable, comme s'il s'agissait de montrer le combat des forces de lumière contre les forces des ténèbres. Assurément, le diable se jette en travers pour que les chevaliers ne parviennent jamais au château du Graal. Mais en dehors de cet aspect guerrier, qui n'est après tout pas plus terrible que dans les chansons de Geste ou dans n'importe quelle épopée antique, il y a ce thème de la vengeance

1. J. Markale, *Contes occitans*, Paris, Stock, 1982, pp. 96-105.

contre un homme qui, d'une façon ou d'une autre, a transgressé un interdit en lançant *un coup douloureux.* De ce coup provient la stérilité dont est affligé le royaume. L'effroyable vengeance de Perlesvaux est un exemple significatif : faire pendre le chef de ses ennemis, la tête en bas dans une cuve déjà remplie du sang de ses compagnons, ce peut être considéré comme un acte de sauvagerie peu digne d'un homme qui prétend découvrir le Graal. Pourtant il le fait. Et l'on s'aperçoit que c'est un rituel nécessaire. Si le sang n'est pas versé, le héros ne pourra pas accéder à un stade supérieur de son initiation. On en vient à dire que le sang est un élément indispensable de la Quête du Graal.

Il ne faut pas oublier que dans de nombreuses traditions, le sang acquiert une valeur qui dépasse même l'aspect symbolique : chez les Juifs, par exemple, le sang est considéré comme le véhicule de l'âme, d'où les innombrables tabous sur le sang relevés dans le *Talmud.* Cette assimilation entre le sang, matériel et visible, et l'âme, spirituelle et invisible, prend tout son sens dans le rituel moderne du duel, où il suffit de « verser le sang » de son adversaire pour être lavé de ce qu'on croit être un déshonneur. Point n'est besoin de tuer cet adversaire, verser le sang de l'autre suffit largement, puisque par cet acte on lui fait sortir symboliquement un peu de son âme. Il y a encore cette même idée dans les cérémonies d'affrèrement, les rites de fraternité, d'échanges de sang, dans toutes les civilisations, même celles qui se prétendent évoluées. Dans le cadre des récits mythologiques, les anecdotes sur le sang sont révélatrices.

Ainsi, en Irlande, dans un court récit, voit-on le héros Cûchulainn blesser un cygne d'une balle de fronde. Le cygne tombe sur le sol et se transforme en belle jeune fille. C'était évidemment une femme-cygne, une fée. Cûchulainn, désolé de son geste, suce le sang de la blessure et en extrait la balle de fronde. Mais alors, la femme-cygne lui déclare qu'elle était venue par amour pour lui. Cûchulainn déclare qu'il ne peut plus avoir de relations sexuelles avec elle puisqu'il a sucé son sang et qu'ils sont donc unis par des liens de fraternité. L'interdit sur l'inceste demeure toujours présent dans la tradition indo-européenne[1].

Mais, dans le cadre de la quête du Graal, l'importance du sang (et donc du rachat par le sang) s'exprime de façon saisissante

1. « Histoire de Derbforgaille », J. Markale, *l'Épopée celtique d'Irlande,* pp. 106-108.

par la présence, dans toutes les versions, de cette mystérieuse lance, de laquelle coule du sang, et qui est portée au cours du cortège auquel assiste le héros. Dans les versions christianisées, il serait logique de voir dans cette lance celle du centurion Longin, qui perça le flanc de Jésus sur la croix, pour l'achever, puisque telle était la coutume. Le problème, c'est que le personnage de Longin paraît plus symbolique que réel, son nom signifiant précisément « Porteur de lance » en grec. Mais quoi qu'il en soit du coup de lance donné à Jésus (en fait, on achevait les crucifiés en leur brisant les jambes), il n'est pas possible une seule seconde de voir dans la Lance qui saigne du Cortège du Graal la lance du récit évangélique. Ce n'est pas une hypothèse, mais une certitude, car cette Lance qui saigne existe bel et bien à de multiples exemplaires dans la tradition celtique, et dans les textes français qui en sont dérivés. De toute façon, que viendrait faire la lance de Longin dans le Cortège tel qu'il est décrit dans le *Peredur* gallois, alors qu'il n'y a visiblement ni référence au sang du Christ, ni le moindre détail chrétien dans ce cortège ? Il faut chercher ailleurs.

Les plus anciennes mentions se trouvent dans les récits irlandais. On la reconnaît comme étant la Lance qu'avaient apportée des îles du nord du monde les dieux Tuatha Dé Danann, « la lance qu'avait Lug : on ne pouvait gagner de bataille sur celle ou celui qui l'avait en main » (Dottin, *l'Épopée irlandaise*, p. 17). D'après le récit du *Sort des enfants de Tuirenn*, cette lance avait un pouvoir si destructeur qu'il fallait toujours tremper sa pointe dans un chaudron pour éviter que la ville où elle se trouvait ne s'embrasât (*Ogam*, XVI, p. 244). Ailleurs, elle est nommée « Lance d'Assal : «Mort est celui dont elle verse le sang ; sa valeur est telle qu'elle ne frappe pas en erreur si on lui dit *ibar*. Mais si on lui dit *athibar*, elle revient en arrière jusqu'à la maison de celui qui l'a lancée » (*Livre des Conquêtes*, poème 66). Et c'est aussi la lance du héros irlandais Celtchar, fils d'Uthechar, personnage très étrange qui pourrait bien fournir une réponse aux questions qui se posent quant à l'origine de la quête primitive.

En effet, dans le récit intitulé *le Cochon de Mac Dathô*, alors que les guerriers réunis se disputent, selon la coutume, le « morceau du héros » qui est un honneur suprême, Celtchar affirme sa prétention à être le premier de tous. Mais il est récusé par

Cet, fils de Maga, qui lui dit : « Je suis venu jusqu'à la porte de ta maison. On criait sur moi. Tout le monde arriva. Tu es arrivé aussi. Tu allas dans un défilé où tu me rencontras. Tu me lanças un javelot. Je t'en lançai un autre qui te perça la cuisse et le haut des testicules. Tu as une maladie de vessie depuis ce temps-là, et dans la suite, tu n'as plus engendré de fils et de fille » (Dottin, p. 58). En somme, Cet accuse Celtchar d'être impuissant et stérile, ce qui l'exclut d'office de la compétition, la virilité étant indispensable à la fonction guerrière.

Mais ce qu'il faut considérer, c'est la blessure de Celtchar : c'est la même que celle du Roi-Pêcheur. Et Celtchar, comme le Roi-Pêcheur, possède une lance merveilleuse. Voici de quoi faire réfléchir quant à la constitution même du personnage de ce Roi-Pêcheur blessé « aux cuisses » (ou aux parties sexuelles, chez Wolfram), et qui ne peut guérir sa blessure, celle-ci le rendant d'ailleurs inapte à la guerre et à la fonction royale. Et ce n'est pas tout : la lance de Celtchar va réapparaître dans la suite des aventures du personnage, mêlée à une sombre histoire de vengeance.

Dans un autre récit irlandais, *la Mort violente de Celtchar, fils d'Uthechar,* on apprend que la femme de Celtchar a trompé celui-ci avec un certain Blai Briuga. Alors que Blai Briuga se trouve dans la maison du roi Conchobar d'Ulster et qu'il regarde Conchobar et Cûchulainn jouer aux échecs, Celtchar s'approche et enfonce sa lance au travers du corps de Blai, « si bien qu'une goutte de sang, du bout de la lance, vint sur le jeu d'échecs ». On remarquera l'importance attribuée à la goutte de sang *au bout de la lance,* comme témoignage d'un acte de violence sanglante, mise en œuvre d'une vengeance. D'ailleurs, cette goutte de sang sert pour un autre témoignage : l'endroit où elle est tombée permet de savoir qui, de Conchobar ou de Cûchulainn, se trouvait le plus près de la victime, et par conséquent qui des deux doit assumer la vengeance contre Celtchar, puisque celui-ci a violé le droit d'asile et d'hospitalité qui est normal dans la maison d'un roi.

Voilà une histoire bien étrange et qu'on ne peut manquer de rapprocher de la Quête du Graal. Mais dans les différentes version de la quête, rien n'est expliqué : tout se passe comme si les différents narrateurs avaient oublié des usages remontant très loin dans le temps. Après tout, les gouttes de sang qui tombent de la lance, comme il est dit dans la description du Cortège, peuvent très bien être le souvenir de gouttes témoins dans un acte sanglant qu'il reste à venger. Et l'on sait que ce Cortège du Graal sert *aussi* à déterminer quel est l'homme qui vengera le Roi Pêcheur et le guérira du Coup douloureux qu'il a reçu.

Dans le récit irlandais, Celtchar est finalement condamné à débarrasser l'Ulster de trois fléaux. C'est encore une analogie flagrante : le héros du Graal a pour mission de redonner la prospérité au royaume en accomplissant la vengeance et la guérison du roi, et il ne peut généralement le faire qu'au bout d'une longue errance et de multiples aventures au cours desquelles il affronte ce qui peut être considéré comme des fléaux. Le héros du Graal est un redresseur de torts, un justicier, selon le principe celtique qu'un royaume où se commet l'injustice est un royaume stérile, en voie de disparition. Le seul point de discordance est que, dans le récit irlandais, Celtchar semble à la fois le Roi-Pêcheur (à cause de sa blessure et de sa lance) et Perceval, puisqu'il est chargé de la quête.

Le premier fléau est un homme qui ravage le pays, et qui ne peut être vaincu par une lance ou une épée. Celtchar s'arrange pour lui faire épouser sa fille, curieusement nommée Niam, c'est-à-dire « ciel », au sens religieux du terme. Niam se marie donc et apprend de son époux la seule façon dont il pourrait être tué. Bien entendu, elle le révèle à son père (« Il faut enfoncer des pointes rouges dans mes plantes des pieds et dans mes tibias »). Celtchar met la recette à profit et accomplit donc sa première mission.

Le second fléau est un chien redoutable, un chien d'enfer en quelque sorte, qui vient de l'Autre Monde pour ravager le monde des vivants. Celtchar se débarrasse par ruse du monstre. Mais le troisième fléau (un autre chien d'enfer) lui est fatal. Au moment où il va tuer le chien, « une goutte du sang du chien roula sur la hampe de la lance et vint à travers lui jusqu'à terre, si bien qu'il en mourut » (*Ogam*, X, pp. 371-380). La vengeance est accomplie et le royaume d'Ulster débarrassé des fléaux qui le dévastaient ; mais ce résultat n'est acquis qu'au prix de la mort du héros de la quête, lui-même chargé du sang de sa propre victime. Et là encore, c'est une goutte de sang qui coule le long de la lance.

Cependant, la lance de Celtchar est en elle-même un objet redoutable. Son origine est obscure, et certains textes la mettent en possession d'Œngus, l'un des Tuatha Dé Danann, qui s'en sert pour aveugler le roi Cormac, lequel avait fait violence à sa sœur. La lance d'Œngus a la particularité d'être toujours sanglante et son nom est d'ailleurs *Crimall*, c'est-à-dire « tachée de sang ». D'autres textes, comme *le sort des enfants de Tuirenn*, en font la lance d'Assal, que le dieu lug demande aux fils de Tuirenn d'aller quérir pour lui dans un pays étrange et merveilleux. C'est une lance qui brille et qui foudroie, et donc liée à l'éclair ou au tonnerre. Au moment où elle est en possession de Celtchar, elle apparaît comme étant douée d'un pouvoir venimeux et destructeur. Pour atténuer cette puissance permanente, il faut la plonger dans un chaudron rempli de poison et de « fluide noir », c'est-à-dire de sang déjà décomposé : là, la lance sanglante et le chaudron, qui est un des aspects archaïques du Graal, sont intimement liés. Il en est de même dans le récit de *la Destruction de l'hôtel de Da Derga*, où nous voyons un homme grand, presque un géant, plonger une lance dans un chaudron où cuit un veau dans un liquide noir et horrible : au moment où la lance plonge dans le chaudron, une flamme jaillit. On apprend qu'elle peut tuer un homme à chaque coup, neuf hommes à chaque jet, l'un des neuf étant toujours un roi ou un chef. Et l'on ne peut apaiser sa chaleur qu'en la plongeant dans un chaudron rempli de poison, ce qui explique le jaillissement de la flamme. D'ailleurs, dans ce même récit, le héros Mac Cecht possède lui-même une énorme lance rouge-noir et bourbeuse, c'est-à-dire dégoulinante de sang. On nous dit enfin que c'est le forgeron divin Goibniu qui a fabriqué cette arme : il s'est même blessé avec elle en la fabriquant et a dû se guérir de sa blessure par un vin magique[1].

Et nous retrouvons cette lance dans le récit de l'*Ivresse des Ulates*, où elle est décrite comme une arme épouvantable lorsque l'ardeur la prend. On ne peut venir à bout de cette ardeur qu'en la plongeant dans un mélange de sang de chien, de sang de chat et même de sang de druide. Mais le fait de la plonger dans le chaudron déclenche un jaillissement de ruisseaux de sang[2]. Dans le récit gallois de *Kulhwch et Olwen*, il est également question de cette lance, ici tenue par Bedwyr (Béduier),

1. J. Markale, *l'Épopée celtique d'Irlande*, pp. 171-184.

2. J. Markale, *l'Épopée celtique d'Irlande*, pp. 114-122.

l'un des plus anciens compagnon d'Arthur : « La pointe de la lance se détachera de la hampe ; elle tirera du sang du vent et descendra de nouveau sur la hampe[1]. » Dans toutes les traditions mythologiques ou épiques, les armes sont toujours magiques ou divines, mais il est probable que Wolfram von Eschenbach se réfère à la même donnée lorsqu'il dit, dans *Parzival*, qu'un seul coup de la lance, celle du fameux cortège, pourrait anéantir le Pays de Logres (l'Angleterre) en entier. Et c'est cette même lance qui blesse Gauvain lors de son séjour au Château Aventureux, quand il est en proie aux épreuves fantastiques imposées par la coutume, celle qu'on voit reposer dans un vaisseau, la tête en bas, dans un épisode de la *Première Continuation de Perceval*. Les exemples similaires sont innombrables.

Faut-il en conclure que *la mort violente de Celtchar* est un des prototypes possibles de la « Quête du Saint-Graal » ? Sûrement pas, mais le récit irlandais appartient à la même tradition : celle de la vengeance par le sang. Le *coup douloureux* qui, dans certaines versions, est la cause de la stérilité du pays et de l'infirmité du roi, se retrouve dédoublé dans le récit irlandais. Et la guérison s'obtient par le sang qui doit être versé. Le sang, qui contient l'âme, passe pour être un puissant régénérateur. Et dans la version cistercienne de la quête, c'est en appliquant le fer de la lance sanglante sur la blessure du vieux roi blessé que Galaad peut le guérir. Étrange rituel...

Mais ce rachat, qui est aussi une guérison, peut très bien s'expliquer par la linguistique : dans les langues celtiques, en effet, l'idée de vengeance et l'idée de guérison sont intimement liées. Ainsi, en vieil irlandais, « guérison » et « paiement » sont exprimés par le même mot (*iaccaim*, « je paie » ou « je guéris »), et il en est de même en gallois (*iachau*). N'oublions pas ce qui se passe dans la *Troisième Continuation*, celle attribuée à Manessier. A la fin de l'histoire, Perceval tue un certain Partinal de la Tour Rouge, lui coupe la tête et la présente au Roi-Pêcheur. Or, le roi, blessé et boiteux, dès qu'il voit la tête, *se dresse sur ses pieds, parfaitement guéri*, et remercie Perceval de l'avoir vengé de son ennemi. Cette conformité avec le récit de *Peredur* donne à penser que la trame primitive de la *Quête du Saint-Graal* était exclusivement une vengeance, un *rachat par le sang*, qui per-

1. J. Loth, *les Mabinogion*, éd. 1913, I, p. 320.

mettait de guérir un roi blessé et de redonner ainsi vie et prospérité au royaume devenu stérile à cause de l'impuissance du souverain. Or, si l'on en croit les Évangiles, Jésus-Christ, à la fois Dieu et Homme, a racheté l'humanité *impuissante* en versant lui-même son sang. On comprend alors pourquoi les Chrétiens ont pu si facilement récupérer un mythe celtique païen et en faire un symbole de la mystique médiévale de la Grâce.

III

LE CHÂTEAU DU GRAAL

Si l'on en croit toutes les versions qui ont relaté les hauts faits du Graal, cet objet merveilleux est quelque part, dans un château, sous la garde d'un Roi blessé d'une blessure inguérissable, et qui passe une partie de son temps à pêcher sur un étang, d'où son appellation de Roi-Pêcheur, parfois même de Riche Roi-Pêcheur. Personnage bien étrange que ce Roi-Pêcheur, aussi étrange que le Château Aventureux sur lequel il règne silencieusement. Le tout est de savoir où se trouve ce Château des Merveilles, comme le nomme le récit gallois de *Peredur*. Il est souvent décrit auprès d'un lac ou d'un étang, au plus profond d'un pays déserté, où les collines sont dénudées, où l'herbe pousse à peine, dans le *Gaste Pays*, un pays stérile où les rayons du soleil ne pénètrent déjà plus tant la nuit se fait obscure. Et pourtant, ce Château du Graal, il doit bien se trouver quelque part.

Dans l'*Élucidation*, texte datant des environs de l'an 1200, et qui prétend être la préface du *Perceval* de Chrétien de Toyes, le narrateur, Blihis Bliheris (en qui on a reconnu le conteur gallois Bledhri, familier de la cour d'Aliénor à Poitiers), précise avec une certaine ironie les moyens par lesquels on pourra peut-être retrouver la cour du Roi-Pêcheur. Il faut la chercher à travers les forêts, à travers les landes, les lacs, jusqu'à ce que Dieu permette qu'on la découvre. Alors renaîtra la joie succédant à la tristesse qui accable le pays. Et l'on retrouvera le Roi-Pêcheur qui « moult savait de nigromance qu'il muât cent fois sa semblance », donc un être féérique, comparable à la fée Morgane, qui apparaît sous les formes qu'il désire prendre, trompant ainsi tous ceux qui le cherchent et qui ne sont pas destinés à accomplir les aventures. Peut-être que le Roi-Pêcheur n'est autre que Merlin ? Qui peut le nier, qui peut l'affirmer ? La forêt de Brocéliande est hantée par ces êtres qui changent leur aspect au gré de ceux qu'ils rencontrent, parfois pour les égarer, parfois pour les guider. Mais il est probable que si le Roi-Pêcheur change constamment de forme, il en est de même pour son château. Le Château du Graal, mais quel château et d'ailleurs quel Graal ?

Il ne manque pourtant pas de gens pour partir à la recherche de cette étrange forteresse perdue dans les rêves anciens de l'imaginaire médiéval. Il ne manque pas de gens pour affirmer que le Château du Graal, c'est Montségur, le haut lieu des Cathares, d'abord parce que les Cathares connaissaient le secret du Graal et ensuite parce que Montségur est presque en homophonie avec Montsalvage. Le problème est que les Cathares ne connaissaient probablement rien sur le Graal, et que le nom de Montségur, en tout cas, n'a strictement aucun point commun, sinon le premier terme, avec le nom du Château dans le texte de Wolfram von Eschenbach, Montsalvage, c'est-à-dire *Muntsalvasche* dans l'original. Montsalvage veut sans aucun doute dire « Mont Sauvage », ou « Mont au milieu des forêts », ce qui n'est assurément pas le cas pour Montségur. Ce dernier signifie « Mont Sûr » ce qui convient fort bien à une telle position stratégique, à moins qu'il ne faille voir dans ce toponyme l'évolution d'un ancien *Mons Securis*, ou « Mont de la Hache », avec tout son lot de symboles [1]. Ce sont les rêveries d'intellectuels, allemands pour la plupart, ou admirateurs fanatiques de Richard Wagner, qui ont lancé l'idée que Montségur pouvait être le Château du Graal, et cette idée n'est pas apparue avant la fin du XIXe siècle, époque du symbolisme littéraire et musical qui voyait de l'ésotérisme partout, y compris où il n'y en avait pas. Si l'on peut croire que Montségur a pu être un *temple* cathare en même temps qu'une forteresse, il est absurde d'y faire garder le Graal par le Roi-Pêcheur. Dans quel étang irait-il donc pêcher pour

1. Étymologie proposée par Raymonde Reznikov.

occuper ses longues journées à guetter l'arrivée du jeune héros ?

De l'autre côté de la Manche, d'autres rêveurs ont placé le Château du Graal à Glastonbury, non pas dans l'abbaye actuelle, mais sur la colline que surplombe encore la fameuse Glastonbury Tor, et qui a été l'emplacement vraisemblable du premier monastère. Tout repose sur Grégoire de Tours et le chroniqueur Guillaume de Malmesbury, relayés par d'innombrables auteurs insulaires qui écrivaient en latin, en français ou en gallois. Certes, la légende est solidement implantée à Glastonbury, et elle fait partie du paysage. Les habitants sont les premiers à s'y référer puisque, toujours d'après Guillaume de Malmesbury, la première église du lieu fut fondée par les disciples du Christ eux-mêmes. D'ailleurs, sur les flancs de la colline, se trouve une source qu'on appelle la Fontaine du Calice, au milieu d'un étrange jardin planté par les membres d'une association philosophique à tendances nettement gnostiques, qui est propriétaire des lieux. Endroit de rêve, bien sûr. L'eau de la source est ferrugineuse, un peu rouge. C'est pourquoi on affirme sérieusement que, dans les profondeurs de la terre, gît le Graal, et qu'il y restera jusqu'au retour du Christ sur la terre. Alors pourquoi chercher le Graal dans un château puisqu'il est caché au fond d'une fontaine ? Il faut dire qu'à la fin du XIIe siècle, dans la nouvelle abbaye de Glastonbury, située beaucoup plus bas, un barde avait affirmé à Henry II Plantagenêt qui se prétendait l'héritier d'Arthur, que là étaient enterrés le roi Arthur et la reine Guénièvre. Voulant anéantir la légende tenace qui prétendait qu'Arthur n'était pas mort et qu'il reviendrait, Henry II fit tout pour découvrir la fameuse tombe. Et on la trouva, près du cimetière des moines. On exhuma même un homme et une femme, en laquelle on crut reconnaître Guénièvre. On enterra les deux défunts solennellement dans l'église abbatiale, et on y mit une inscription pour prouver l'authenticité de la tombe. Il est vrai que l'abbaye de Glastonbury était déjà renommée à l'époque pour son habileté à composer de fausses chartes et de faux documents en tous genres. C'était chose fréquente, et personne ne songeait trop à s'en plaindre, sauf les gens lésés par lesdits documents. Et puis, après tout, le grand abbé de Glastonbury, Henri de Blois, était le propre neveu du terrible Plantagenêt.

Alors, Montségur ou Glastonbury ? Nous avons dit que Montségur ne s'y prêtait absolument pas. Glastonbury serait évidemment plus propice. Autrefois, la colline surmontait une île au milieu des marécages qui, depuis, ont été asséchés. C'est pourquoi on y a mis si facilement la merveilleuse île d'Avalon, alors qu'à présent, le site se trouve en pleine terre. Mais il est difficile de faire coïncider l'île parfaitement païenne d'Avalon, gouvernée par la voluptueuse fée Morgane et ses compagnes, cette Terre des Fées des rêves druidiques, avec le Haut Lieu du Saint-Graal, là où un Roi-Pêcheur veille jalousement sur une coupe renfermant le Sang de Jésus-Christ. Il est vrai qu'à Tréhorenteuc, en forêt de Brocéliande, sur une des stations du *Chemin de Croix*, on peut voir Jésus tombé aux pieds d'une Morgane triomphante et quelque peu transparente. Mais cela ne signifie pas qu'à Glastonbury, on puisse admettre une telle collusion, même si elle est née d'un souci de montrer la souffrance de Jésus devant l'un des fameux péchés capitaux (et en l'occurrence capiteux). Certes, la Fontaine du Calice est étrange. Son eau, aux reflets rouges, est pure et bonne à boire. Faut-il en conclure que le Graal est enfoui au fond ? Encore une fois, de quel Graal s'agit-il ?

A mi-chemin entre Montségur et Glastonbury, il y a pourtant Brocéliande, sur cette vieille terre d'Armorique où nécessairement Joseph d'Arimathie s'est arrêté s'il est vrai qu'il soit parvenu jusqu'à Glastonbury. Brocéliande a sa Fontaine de Barenton, qui est d'ailleurs son plus beau titre de gloire. Elle a Lancelot du Lac, dont la légende est incontestablement originaire de Bretagne armoricaine et qui est, d'une façon ou d'une autre, reliée à Brocéliande. Elle a localisé là les exploits d'Yvain, le Chevalier au Lion. Elle a récupéré Merlin, le faisant venir de très loin, des rives de la Clyde, en Écosse actuelle, et elle se l'est approprié comme son bien le plus cher. La légende de Merlin fait partie du paysage, désormais, et la présence du Tombeau de Merlin accentue encore cette impression. Alors, après tout, pourquoi la forêt de Brocéliande ne se serait-elle pas approprié également le Graal ? Le Graal et le château dans lequel il est gardé. Il ne manque pas d'étangs dans toute la forêt, sur lesquels le Roi-Pêcheur mélancolique pourrait aller passer ses journées, dans une barque dérivant lentement parmi les roseaux, au gré du vent qui souffle à travers les arbres.

L'imagination peut errer à loisir, les sites de Brocéliande se prêtant fort bien à ce genre d'exercice. Alors, la cour du Roi-

Pêcheur est-elle le château de Trécesson, sous les landes de Bréolo, la « montagne de la lumière », ce délicieux manoir qui se reflète sur les eaux d'un étang trop calme pour être vrai ? On y verrait davantage la jeune Viviane que l'austère roi boiteux en compagnie de sa fille la Porteuse de Graal. C'est peut-être le château du Rox, sous les flancs nord de la Haute Forêt, à l'abri dans son nid de feuillages, mystérieux à souhait, mais dont les lignes trop pures évoquent davantage le classicisme français que la folie celtique ou le baroque médiéval. C'est peut-être le château de Comper, avec ses pierres rouges et violettes qui prennent les nuances de la pluie, quand le brouillard monte de tous les étangs. Certes, ces étangs sont voués à la pêche. Mais c'est encore l'ombre de Viviane, la Dame du Lac, avec son palais merveilleux sous les eaux, qui s'impose à celui qui cherche vainement l'entrée interdite au palais fermé du roi, comme dit un texte alchimique. D'ailleurs, quel château de Comper ? Le manoir de style Renaissance est un faux de la fin du XIXe siècle. Quant à la forteresse médiévale, il n'en subsiste plus grand-chose, que des pans de murailles, des débris de tours et les fossés. C'est peut-être le château de Boutavent, dans la partie orientale de la forêt. Mais où est donc l'étang ? C'est peut-être auprès de l'étang d'Isaugouët, où se trouvait autrefois le siège d'une châtellenie. Mais où sont les vestiges ? C'est peut-être le manoir de Rue-Neuve, à Tréhorenteuc. Mais ce n'est que le portail d'un ancien château plus important, et qui n'est pas voisin d'un étang. Alors, peut-être dans le Val sans Retour ? Mais c'est l'ombre parfois inquiétante de Morgane qui surgit du Miroir aux Fées, et non pas la coupe qui contient ce qu'il y a de plus beau et de plus divin au monde. La recherche s'avère décevante lorsqu'il s'agit de « visualiser » un lieu possible pour ce Château du Graal.

Nous en avons pourtant des descriptions dans les textes. Ainsi Peredur « arriva dans un bois grand et désert ; sur la lisière du bois, il y avait un étang, et de l'autre côté de l'étang, un beau château fort. Sur le bord de l'étang, il vit un homme à cheveux blancs à l'air accompli, assis sur un coussin de *paile*, vêtu de *paile*, et des valets en train de pêcher. En apercevant Peredur, l'homme aux cheveux blancs se leva pour se rendre au château ; il était boiteux[1]. » Plus tard, presque au terme de sa quête,

1. J. Loth, *les Mabinogion*, éd. 1913, II, p. 114.

Peredur s'entendra dire : « Franchis cette montagne, là-bas, puis tu verras un étang, et au milieu un château : c'est ce qu'on appelle le Château des Merveilles. Ce nom, nous le connaissons, mais pour les merveilles, nous n'en savons rien[1]. » On a l'impression effectivement que le Château, au fur et à mesure qu'on le cherche, change de forme, comme le Roi-Pêcheur lui-même. C'est probablement pourquoi le récit gallois le nomme « Château des Merveilles ». De toute façon, sans une aide, le héros n'arrive jamais à retrouver le chemin de ce château dans lequel il est pourtant entré une première fois. Dans presque toutes les versions, c'est une Femme mystérieuse qui indique le chemin à suivre. Dans *Peredur*, c'est ce fameux personnage de l'Impératrice, femme multiforme et féérique, qui mène le jeu. Elle entraîne Peredur dans une série d'aventures fantastiques et incompréhensibles où il risque de se perdre, mais en fait on comprend que c'est pour le guider à travers des paysages magiques qui masquent le château du Graal. Il en est de même chez Wolfram von Eschenbach, puique c'est Kundry la Sorcière qui montre à Parzival le chemin de Montsalvage. La première foi qu'il y était allé, il avait rencontré le Roi-Pêcheur, c'est-à-dire Anfortas, avec « un chapeau fourré de plumes de paon », qui l'avait invité à passer la nuit dans son château. Son entrée dans le château s'était accompagnée d'ailleurs d'épisodes grotesques. Mais à l'intérieur, tout change : « De longue date, les divertissements y étaient négligés. Les cœurs n'y connaissaient que le chagrin. » Mais, bien sûr, le lendemain matin, le château est entièrement désert et semble inhabité. Il n'y trouve plus que son cheval tout sellé.

De toute façon, le château du Graal est défendu par des sortilèges qui rendent son abord difficile pour qui ne sait pas les affronter, ou les anéantir, ou encore parce qu'il en a peur. Dans le *Lancelot* proprement dit, on est témoin de la première entrée de Lancelot à Corbénic, la demeure du Roi-Pêcheur. Au cours de multiples aventures, il rencontre une femme qui l'accueille avec courtoisie, mais aussi en essayant de le séduire. Elle l'héberge cependant, et, le lendemain, elle le conduit à Corbénic. Lancelot réussit une épreuve que n'avait pas réussie Gauvain, son prédécesseur : il retire une jeune fille d'une cuve d'eau

1. *Ibid*, II, p. 114.

bouillante dans laquelle elle était plongée à mi-corps. Puis il lève la dalle d'une tombe sur laquelle sont écrites ces paroles : « Cette tombe ne sera pas levée avant que le léopard d'où sortira le grand lion y revienne. Celui-là la lèvera et le grand lion sera engendré en la belle fille du roi de la Terre Foraine. » Car le Roi-Pêcheur, qui a nom Pellès, dans cette version, est dit « roi de la Terre Foraine », autrement dit de la « Terre Étrangère », indiquant ainsi que le Château du Graal se trouve dans ce que les Celtes appellent *l'Autre Monde*. D'ailleurs, le nom de Pellès est la transcription française d'un personnage mythologique gallois, héros de la première branche du *Mabinogi* : il s'agit de Pwyll Penn Annwfh Pwyll, chef de l'Abîme, surnom qui lui a été donné lors d'une épreuve suscitée par Arawn, roi des Enfers. Arwn l'a en effet remplacé sur terre tandis que Pwyll prenait la place d'Arawn dans son domaine de l'Autre Monde. Pwyll, par la suite, épousera Rhiannon, la déesse cavalière dont le nom signifie « reine », ou « royale », et qui est une des incarnations de la grande Déesse des Commencements. Il n'est guère étonnant de le rencontrer, sous l'appelation de Pellès, le Riche Roi-Pêcheur (allusion aux trésors de l'Autre Monde), comme gardien du Graal, puisque le Graal est lui-même un objet de l'Autre Monde.

Au reste, ce château risque d'être décevant. Lorsque après avoir assisté au Cortège du Graal et négligé d'avoir posé une question au sujet de ce qu'il voyait, Perceval a passé la nuit, confortablement installé dans une chambre, quelle n'est pas sa surprise le lendemain matin ! « Quand il ouvrit les yeux, il ne vit personne près de lui. Il semble qu'il aura à se lever tout seul, bon gré mal gré. Il prend son parti, et sans attendre d'autre aide, il se lève et se chausse, puis va prendre ses armes qu'il trouve au bout de la table, où on les avait apportées. Quand il est de tout point équipé, il va par devant les huis des chambres qu'il avait vus ouverts la veille, mais il perd son temps, car toutes les portes sont fermées et bien fermées. Il appelle, heurte et frappe tant et plus. Rien ne s'ouvre, pas un mot de réponse. Las d'appeler il s'en va à l'huis de la salle, le trouve ouvert et descend les degrés jusqu'en bas. Il voit son cheval tout sellé, sa lance et son écu appuyés au mur. Il se met en selle, inspecte toutes les cours : personne, ni sergent, ni écuyer. Il pousse droit à la porte du château. Le pont-levis est baissé... Il passe par la porte, mais avant qu'il ait franchi le pont, il sent que les pieds de son cheval partent vers le haut ; la bête fait un bond, et si elle n'eût si bien sauté, coursier et cavalier se trouvaient en fâcheuse posture. Le valet se retourne pour voir ce qui se passait et s'aperçoit qu'on avait levé le pont. Il appelle, nul ne répond[1]. » Tel est l'état du château, le matin, après l'échec de Perceval, selon la description de Chrétien de Troyes.

Mais lorsqu'il parvient au terme de son errance, quelque chose attire le héros vers le but qu'il doit atteindre. Après avoir satisfait à de nombreuses épreuves provoquées par la mystérieuse Impératrice, Peredur est convié à aller vers un buisson et à demander quelqu'un pour se battre. C'est ce qu'il fait. « Aussitôt un homme noir sortit de dessous la pierre, monté sur un cheval osseux, couverts lui et son cheval, d'une forte armure rouillée. Ils se battirent. A chaque fois que Peredur le renversait, il sautait de nouveau en selle. Peredur descendit et tira son épée. Au même moment, l'homme noir disparut avec le cheval de Peredur et le sien, sans que Peredur pût même jeter un coup d'œil dessus. Peredur marcha tout le long de la montagne et, de l'autre côté, dans une vallée arrosée par une rivière, il vit un château. Il s'y dirigea. En entrant, il vit une salle dont la porte était ouverte. Il entra et aperçut au bout de la salle sur un siège un homme aux cheveux gris, boiteux ; à côté de lui, Gwalchmai (Gauvain), et son propre cheval dans la même écurie que celui de Gwalchmai. Ils firent joyeux accueil à Peredur qui alla s'asseoir de l'autre côté de l'homme aux cheveux gris[2]. » Il semblerait que le Château des Merveilles puisque tel est son nom dans la version galloise, soit davantage une forteresse de type celtique qu'un château fort médiéval. Il y a là un archaïsme évident, ce qui prouve d'ailleurs l'ancienneté du récit gallois, tout au moins dans sa structure, par rapport au texte de Chrétien de Troyes, qui représente déjà une transposition du thème dans la société du XIIe siècle. La description de l'auteur gallois *remonte dans le temps*, à l'époque où les forteresses étaient des collines fortifiées, entourées d'un mur, et comprenant, dans l'espace intérieur, un certain nombre de bâtiments, tous au rez-de-chaussée, ce qui justifie la présence du cheval de Peredur dans la salle où il pénètre.

---

1. *Perceval*, trad. Foulet, p. 79.
2. J. Loth, *les Mabinogion*, éd. 1979, p. 238.

Tout paraît limpide à celui qui a réussi l'épreuve initiatique de la quête. Le château où est gardé le Graal peut avoir n'importe quel aspect, *l'essentiel est d'y pénétrer*. L'accent est mis ainsi sur la valeur propre de la quête par rapport au Graal qui, en tant qu'objet, n'est *rien*. Ceux qui s'efforcent de le découvrir ne réussissent guère à mettre un terme aux épreuves imposées. D'ailleurs, dans la version cistercienne, le Graal n'est pas mystérieux : il apparaît continuellement et on sait très bien où il se trouve. Pourtant, les chevaliers mettent des mois et même des années à accomplir ce qui doit être accompli. C'est dire que le Graal importe peu et que l'essentiel repose sur *l'accomplissement de la quête*. Cette constatation est autant valable pour les versions dites païennes que pour les versions dites christianisées.

Remarquons tout d'abord que la quête suppose *l'action*. Et cette *action* conduit le héros à pénétrer, un jour ou l'autre, dans le château du Graal. Ce qu'il y fera, c'est une autre histoire. Mais il faut qu'il y pénètre et qu'il y accomplisse un acte qui s'apparente à un rituel de régénération. En effet, sa mission est avant tout de rétablir une situation désespérée, de redonner une harmonie à un univers qui sombre dans le chaos. Le royaume du Graal désolé et stérile représente cet état désespéré qui peut aussi bien concerner un individu qu'une collectivité. Il faut alors tenter l'impossible, se dépasser, aller au-delà du « ce qui va de soi », dans une recherche qui vise à trouer le rideau de nuages de l'inconnu.

Un conte corse recueilli en 1882 à Porto-Vecchio, *la Délivrance du Prince*, milite en faveur de cette thèse, en même temps qu'il est un bon exemple de transposition de la quête du Graal, celle-ci étant accomplie par une femme et non par un héros guerrier. Une jeune fille du nom de Catarinella s'en va chercher du bois sur le mont Incudine, en compagnie de ses sœurs, et elle entend toujours une même voix dire : « Monte plus haut. » Un jour, elle se décide à monter plus haut, c'est-à-dire jusqu'au sommet du mont Incudine. Elle se retrouve dans un grand jardin, près d'un magnifique château. Un jardinier l'accueille, la conduit dans une salle remplie de statues et lui déclare que si elle ne réalise pas la mission qu'il va lui confier, elle mourra. Il lui désigne une statue et lui dit : « C'est le fils d'un roi, et tu dois l'épouser. » Catarinella demande comment elle pourrait épouser un mort. Le jardinier lui répond qu'elle devra parcourir le monde jusqu'à ce que « sept paires de souliers de fer et trois baguettes de bois soient usées, les unes à force de parcourir les royaumes, les autres à force de frapper aux portes... Si tu réussis, tu épouseras le prince et tous les trésors qui sont ici t'appartiendront. » La jeune fille se lance dans l'aventure, aidée par d'étranges personnages qui lui donnent des objets magiques. Au terme de son errance, elle revient au mont Incudine et redonne la vie au prince et aux autres personnes statufiées. Elle épouse évidemment le prince et devient une puissante reine[1].

On reconnaît bien le schéma de la quête dans cette histoire. Il s'agit de redonner vie et prospérité à un royaume endormi. La seule différence notable, c'est que la sexualité est inversée, la charge de la quête incombant à la femme. Et la fin du conte est révélatrice : une fois revenue sur le mont Incubine, c'est-à-dire après avoir pénétré dans le Château du Graal, Catarinella trempe une baguette de bois dans une eau que lui remet le jardinier et touche les statues en disant : « Prends cette eau, je te donne la vie. » Geste symbolique qui peut représenter un baptême, mais qui est aussi une sorte d'union sexuelle, l'eau représentant la féminité et la baguette la virilité. Catarinella redonne la vie à ceux qui étaient endormis par l'équivalent d'un acte sexuel de procréation. Ainsi s'accomplit la régénération du royaume.

Car il est toujours question de *royaume*. On a dit bien souvent que le rituel observé dans les récits du Graal mettait en évidence la recherche d'un roi qui puisse enfin gouverner. Les gestes accomplis par les chevaliers au cours de la quête font donc partie d'un rituel d'intronisation royale. On ne peut pas accepter n'importe qui en tant que roi, car le royaume est nécessairement à l'image du roi, et inversement. Dans la tradition celtique, de nombreux récits témoignent d'épreuves initiatiques et magiques très compliquées pour parvenir à l'élection d'un roi. A Tara, en Irlande, sur le tertre sacré qui symbolisait le centre le l'île, le candidat à la royauté devait s'asseoir sur le Pierre de Fâl : si la pierre criait, le choix était bon ; mais, si la pierre demeurait muette, on devait chercher un autre candidat. Cette Pierre de Fâl, d'aspect phallique, évoque aussitôt le Siège Périlleux qui se trouve à la Table Ronde et sur lequel ne peut s'asseoir

1. J. Markale, *Contes de la mort*, Bartillat, éd. 1986, pp. 385-391.

que Galaad, celui qui a été choisi pour devenir le roi du Graal. Tout se passe comme si le rituel garantissait l'authenticité du personnage à qui incombe la royauté.

D'où une curieuse constatation. Le Graal, en effet, est, chez Chrétien de Troyes, un simple récipient, et dans la version galloise, on ne sait même plus de quoi il s'agit exactement. Mais, dans la plupart des autres récits, l'objet mystérieux de Chrétien de Troyes est devenu le *Saint-Graal*. Or, on sait que les auteurs des XIIe et XIIIe siècles ont très souvent manié les jeux de mots pour faire passer des messages sous une forme discrète, pour ne pas dire secrète. A partir du moment où le Graal, contenant le Sang du Christ, est devenu le *Saint-Graal*, il s'est passé un étrange phénomène : certains manuscrits offrent certaines variantes orthographiques — bien compréhensibles à cette époque — qui paraissent systématiquement voulues en particulier une combinaison comme *sangral, sangréal, sangraal*. Au XVe siècle, le compilateur Thomas Malory, dans son *Morte d'Arthur*, fait prédominer nettement le terme *sangréal*.

C'est sur cette forme que se situe le jeu de mots, car il y en a un. A la césure classique et normale *san-gréal* (saint Graal), on peut facilement substituer une autre césure, ce qui fera *sang-réal*. En français moderne, cela donne indubitablement « sang royal ». Alors se pose une question fondamentale : est-ce que le Graal, ou plutôt le *sangréal*, ne serait pas tout simplement, non un objet vainement recherché, mais l'indication d'une *lignée royale détentrice d'un message secret qu'elle perpétue de génération en génération* ?

L'hypothèse est loin d'être absurde. Les textes nous révèlent avec force détails la généalogie des rois du Graal, depuis Joseph d'Arimathie jusqu'au roi Évallach de la quête cistercienne, le Roi-Pêcheur des autres versions. Et, de plus, on nous apprend que Perceval (ou Peredur, ou Parzival, ou Perlesvaux, c'est le même) est le neveu du Roi-Pêcheur, et qu'il appartient donc à cette même lignée. Dans la quête cistercienne, c'est Galaad l'ultime héritier de la lignée, à la fois par sa mère, la fille du Roi-Pêcheur, et par son père Lancelot, qui, lui aussi, appartient à la même famille, laquelle remonte jusqu'au roi David. Et que dire du récit de Wolfram, si chargé d'éléments douteux concernant cette élite des Templiers du Graal, lequels appartiennent tous obligatoirement à une lignée sacrée ? Il faut bien y voir là quelque chose de troublant.

Ce l'est d'autant plus qu'on ignore toujours ce qu'est le Graal. l'important, c'est la quête, qui permet le dépassement, qui permet d'accéder à l'intérieur du Château des Merveilles, ou de Corbénic, ou de Montsalvage. Cette entrée dans le château équivaut à une prise de conscience fantastique : le héros, à force de ténacité et de dépassement, parvient à percer l'écran des illusions qui empêchent l'esprit de *distinguer le Réel du Vrai*. Car le Vrai n'est qu'un jeu de la pensée où l'on peut tricher à satiété, tandis que le Réel est l'existence même des êtres et des choses. En un certain sens, le héros qui réussit la quête atteint l'état d'éveil qui caractérise le Bouddha. Mais la problématique graalienne n'est pas orientale. La quête individuelle qui caractérise l'état d'esprit occidental y trouve son incarnation la plus fidèle, mais aussi la plus étrange, la plus secrète, la plus *ésotérique*.

Car, après tout, enfoui dans un château malaisé à découvrir, et devant lequel l'on passe parfois sans le voir, le Graal continue, depuis des siècles, de narguer tous ceux qui le cherchent. Est-il trop haut pour l'être humain qui préfère lever les yeux au ciel plutôt que se dresser sur la pointe des pieds ? Est-il trop bas, parce que l'être humain a pris l'habitude de marcher en position verticale et que se baisser représente pour lui une régression ? D'ailleurs, si le Graal est trop haut, il risque d'être noyé dans l'azur, et ainsi on ne pourrait plus le distinguer. Mais s'il est trop bas, il risque d'être gardé par les dragons enfouis dans notre inconscient et qui sont prêts à se réveiller pour nous dévorer. Quand Lancelot parvient un jour devant Corbénic, il aperçoit des lions enchaînés devant la porte et qui ont l'intention bien nette de ne pas le laisser approcher. Pourtant Lancelot s'approche, et les lions disparaissent. Ce n'était qu'illusion. La recherche du Graal conduit nécessairement à éliminer les puissances trompeuses dont parlait Blaise Pascal et qui, tels des démons acharnés à notre perte, s'interposent (se jettent *diaboliquement* en travers) entre le réel et notre perception du réel. De nombreux contes de la tradition universelle nous montrent de pauvres gens endormis au-dessus de trésors extraordinaires, sans même sans rendre compte. *Est-ce que par hasard le Graal ne serait pas à portée de nos mains, à portée de notre esprit, là où on l'attendrait le moins* ?

Il faut bien reconnaître que le Graal pose des problèmes et

qu'en lui-même il constitue une énigme qu'on ne peut résoudre. C'est peut-être un « objet », mais alors il est merveilleux, magique, surnaturel, divin, de toute façon incompréhensible parce qu'appartenant à l'Autre Monde. C'est peut-être simplement un rachat par le sang, un acte exemplaire et sacré par lequel le héros peut rédimer un monde en pleine dégénérescence. C'est peut-être le Sang du Christ contenu dans un calice et qui est, selon le dogme chrétien, la plus grande richesse au monde. C'est peut-être, de façon plus abstraite, la Grâce que Dieu accorde aux humains quand ceux-ci la lui demandent, c'est-à-dire lorsqu'ils partent sur le difficile chemin qui mène vers le château du Graal.

On en revient toujours à ce château, à cette cour du Riche Roi-Pêcheur, ce pêcheur qui est aussi un *pécheur*, et qui attend le moment de la rédemption et de la guérison. Les nombreuses versions de la quête tournent toutes autour de la démarche que doit entreprendre l'être humain pour se dépasser lui-même et atteindre, sinon la connaissance, du moins la sainteté. *Ou peut-être les deux ensemble.* A ce compte, ce serait la leçon essentielle que nous donnerait le Graal. Mais comment savoir puisque, de toute façon, ce Graal prend les formes que chacun de nous veut bien lui donner ? On a intégré le mythe du Graal, qui remonte certainement à l'aube de l'humanité pensante, dans le contexte de l'univers arthurien, comme l'image d'une société idéale rêvée par les gens du Moyen Age. C'était une façon d'actualiser le mythe, de l'incarner dans des actes et des paroles qui pouvaient être perçus par le public cultivé de l'époque. Le Graal, en s'incarnant dans cet univers, a revêtu une coloration particulière, à tel point qu'on ne peut plus séparer le thème de la chevalerie arthuthurienne de celui de la quête. Que serait le roi Arthur s'il n'avait pas envoyé ses compagnons à la découverte de l'impossible ? Que serait Merlin, l'enchanteur et le prophète, s'il n'avait révélé à certains de ses compagnons le chemin qui conduit au Château des Merveilles ? Que serait Lancelot du Lac sans son errance désespérée à la recherche de la Femme, son Graal éternellement remis en cause, éternellement mouvant et fluctuant ? Que serait donc enfin le forêt de Brocéliande sans ce château enfoui sous la verdure, et d'où émane une lumière irréelle, une lumière qui surprend le voyageur au milieu des ténèbres et qui peut l'égarer vers des abîmes insoupçonnés aussi bien que le conduire vers le *nemeton*, la clairière sacrée où se dresse l'Arbre du Monde ? Là, il n'est plus besoin de spéculer, de philosopher. De même que Galaad, en se penchant sur le Graal, a contemplé le mystère absolu de la divinité, de même, Merlin le vieil enchanteur fatigué, en haut de son arbre, rêve qu'il est dans un palais invisible, en une chambre de cristal où convergent tous les rayons du soleil. Mais ce soleil, est-ce la Femme, la Viviane de ses rêves, ou bien le Graal, plus énigmatique encore quand on le regarde en face que lorsqu'il est enfoui au fond des bois ?

Les questions sont posées. Elles demeureront sans réponses tant qu'on ne saura pas se diriger à travers les landes et les bois, tant que l'on ne saura pas franchir les vallées, tant qu'on ne comprendra pas ce que hurle parfois, certains soirs d'automne, le vent qui vient de très loin réveiller les ombres endormies de Brocéliande.

Car il faut savoir écouter ce que le vent apporte dans ses tourbillons. L'eau, paraît-il, garde la mémoire des objets sur lesquels elle a glissé, des êtres qu'elle a traversés. Mais l'eau coule et s'enfuit, et se noie dans l'océan, dans ce puits insondable qui la brasse depuis des millénaires et qui l'enfouit dans les ténèbres de la non-existence. Le vent, au contraire, parce qu'il tourbillonne, parce qu'il revient sans cesse rôder là où il a été, est le témoin des événements du monde. D'ailleurs, n'est-ce pas dans le vent de Brocéliande qu'on entend le fameux « Brai de Merlin », ce cri de l'enchanteur qui, du fond de son château invisible, raconte inlassablement les aventures auxquelles il a été mêlé et celles qu'il a suscitées pour les chevaliers d'Arthur, au temps où la lumière du Graal brillait dans la nuit, quelque part, dans une forteresse perchée sur l'eau d'un étang endormi ?

Et c'est un message que renferme le « Brai de Merlin », un message qu'il s'efforce de maintenir vivant et compréhensible à tous ceux qui veulent bien l'entendre. La sagesse de Merlin lui impose d'être discret, de ne pas trop dévoiler les secrets dont il dispose lui-même, mais dont la connaissance, par n'importe qui, serait peut-être nuisible à l'humanité toute entière. En fait, du haut de son arbre, dans la clairière sacrée de Brocéliande, Merlin tente de nous dire encore une fois ce qu'est le Graal.

« Les mythes du Graal reposent sur l'existence idéale d'un objet magique — tantôt pierre précieuse, tantôt coupe — dont le symbolisme de plus en plus complexe a fini par faire oublier l'origine matérielle, au point que l'un des continuateurs de Chrétiens de Troyes a osé penser — avec raison — qu'en tant que « support » d'une vision supra-terrestre, il pouvait être n'importe quoi » (René Nelli). L'origine de ce Graal est une énigme en elle-même. Pourtant, si l'on regarde le nom de la Pierre, dans la version allemande de Wolfram, on s'aperçoit que l'expression *lapsît exillis* pourrait bien être une corruption (Wolfram en commet bien d'autres dans tout son récit !) d'un *lapis e cœlis*, c'est-à-dire « Pierre (tombée) du ciel »,ce qui remet en mémoire une autre tradition, celle qui veut voir dans le Graal une émeraude tombée du front de Lucifer, lors de la chute de celui-ci dans l'Abîme.

Mais cette Pierre, cette Émeraude, a été taillée en forme de coupe. Et c'est sous l'aspect de coupe que l'objet sacré apparaît le plus, souvent. « La coupe est d'ailleurs par elle-même un des symboles dont la signification est essentiellement centrale, de même que la lance qui accompagne le Graal, et qui est en quelque sorte complémentaire, est une des figurations traditionnelles de l'« Axe du Monde », qui, passant par le point central de chaque état, relie entre eux tous les états de l'être » (René Guénon). De toute façon, en tant que coupe, le Graal est l'équivalent du cœur, siège de la vie, mais aussi de l'affectivité. Le rapport avec le « Sacré-Cœur » a été senti comme une évidence par les auteurs influencés par la mystique cistercienne, ce qui justifiait d'avance toutes les explications traditionnelles ou inventées sur la présence du sang de Jésus dans le Graal. A ce compte, la confrérie du Graal, qui *se nourrit* du Graal, du moins par sa vision ou sa contemplation, n'est pas éloignée de ces sociétés — plus ou moins secrètes — qui pratiquent les rites d'affrèrement par le mélange du sang des participants. A l'analyse, ce que fait Jésus en disant aux Apôtres : « Ceci est mon sang versé pour le rachat de l'humanité, buvez-le », sous-entend une étrange conséquence : « Car ainsi nous serons frères, et vous serez unis à moi lorsque je vaincrai la mort et que je ressusciterai avec mon corps glorieux. »

Dans le court récit irlandais du *Baile an Scaile* (le palais du Fantôme), on voit le roi Conn aux Cent Batailles s'égarer dans la brume et se retrouver dans un palais souterrain, dans le monde du *sidh* (mot qui signifie « paix » et qui désigne l'Autre Monde), c'est-à-dire dans les profondeurs d'un tertre mégalithique. Alors, une fille d'une merveilleuse beauté lui remet une coupe, en présence du grand dieu Lug, lui prédisant que sa postérité règnera longtemps sur l'Irlande. Il s'agit de la Coupe de Souveraineté. Mais le Graal, lui aussi, confère la Souveraineté, puisque son « découvreur » deviendra le Jeune Roi à la place du Roi-Pêcheur, mutilé et faible. Il est d'ailleurs logique que cette coupe, centre du monde, « cœur » de l'être, soit celle de la Souveraineté, puisqu'elle correspond à l'œuf cosmique, peut-être cet étrange « œuf de serpent » tant recherché par les druides, aux dires de Pline l'Ancien.

La coupe est également un symbole *féminin*, tandis que la lance est un symbole masculin, pour ne pas dire phallique. On ne peut pas dire que la féminité soit absente de la quête du Graal, même dans les versions les plus christianisées : c'est toujours une magnifique jeune fille qui est chargée de porter le Graal dans le célèbre cortège, et l'érotisme — un érotisme discret et *courtois* — fait partie de toutes les péripéties de la quête, même si, dans la version cistercienne, Galaad le pur a été vidé de toute sexualité. Mais ni Perceval, ni Peredur, ni Perlesvaux, ni Parzival ne sont chastes. Ils ne cherchent d'ailleurs pas à l'être. Quant à Lancelot du Lac, il l'avoue crûment : le Graal, pour lui, c'est la Femme, en l'occurrence Guénièvre. A ce moment-là, on peut interpréter la dernière péripétie de la quête comme étant le mariage sacré, l'union charnelle et mystique à la fois, du jeune roi avec la Terre, qui ne fait que reprendre d'anciens rituels païens d'intronisation du roi. Il n'y a là rien de nouveau, ni de contraire à la doctrine chrétienne, pourvu qu'on veuille bien aller au-delà de la lettre. La coupe sacrée qui contient le sang du Christ est une *coupe d'amour*, d'amour divin et total, bien sûr, mais comme le font entendre clairement les troubadours, c'est par l'amour de la Femme qu'on atteint l'amour de Dieu.

« C'est bien ce que prescrivaient les vieux rites d'initiation. L'action supposée du Graal pré-chrétien, tel qu'il a été retrouvé par Chrétien de Troyes, c'est de réaliser en l'homme la soumission de la chair à l'âme par dévotion à la féminité. Mais les Cisterciens ont inventé un troisième degré initiatique qui manquait au Graal païen, et qui exige maintenant l'adhésion de l'âme à son esprit » (René Nelli). En fait, les Cisterciens n'ont rien inventé, ils n'ont fait que donner au mythe sa dimension théologique chrétienne. Car chez les Celtes, toute féminité est solaire :

dans toutes les langues celtiques, le soleil est du genre féminin ; et dans la mythologie celtique, on peut observer de nombreuses traces d'une ancienne déesse solaire dont l'hypostase la plus célèbre est Yseult la Blonde, sans laquelle le héros-lune,c'est-à-dire Tristan, ne peut vivre plus d'un mois. D'ailleurs, le Graal n'a-t-il pas un caractère solaire absolu ? Reprenons Chrétien de Troyes : « Quand elle fut entrée avec le Graal, une si grande clarté s'épandit dans la salle que les cierges pâlirent, comme les étoiles ou la lune quand le soleil se lève. » C'est le thème de la « Belle Matineuse », si cher aux poètes précieux du XVIIe siècle, et c'est aussi un thème fréquemment développé par les Troubadours dans le cadre de la *Fine Amor*, ou si l'on préfère, l'Amour courtois[1]. De plus, en symbolique, le Soleil est l'image de la divinité qui répand chaleur et fécondité autour d'elle par les rayons de feu qu'il lance sur les êtres et les choses. Et le feu n'est-t-il pas symbole de l'Esprit notamment chez les Alchimistes ?

Mais la coupe, c'est aussi le Chaudron, et ce chaudron est abondamment décrit dans les récits traditionnels celtiques. C'est le fameux Chaudron de Dagda : « Aucune compagnie ne le quitte sans être rassasiée. » C'est le Chaudron de Brân le Béni qui ressuscite les morts qu'on y plonge. C'est le Chaudron de Keridwen qui est un « chaudron de science », c'est-à-dire que le liquide qu'il contient donne à la fois l'abondance, la beauté, la connaissance, l'inspiration poétique et le re-naissance. On sait, d'après les scholies d'un manuscrit de *la Pharsale* de Lucain, qu'on noyait des victimes en leur plongeant la tête dans un chaudron en l'honneur du dieu Teutatès, rituel figuré sur une des plaques du célèbre Chaudron de Gundstrup, aujourd'hui conservé au musée d'Aarhus, au Danemark, et qui est une illustration parfaite de la mythologie celtique. Au fait, que faisait donc Perlesvaux lorsqu'il faisait pendre par les pieds le chef de ses ennemis, la tête plongée dans un chaudron rempli de sang ? Curieuse résurgence d'un rituel franchement païen dans un texte chrétien où se fait sentir l'influence de l'abbaye de Glastonbury...

Il s'agit d'un *sacrifice*, mais ce sacrifice est une régénération. Ainsi, le thème de la vengeance se double-t-il toujours de celui du « rachat par le sang ». Et plus que jamais, le Graal contient

1. Voir J. Markale, *l'Amour courtois, ou le couple infernal*, Paris, Imago, 1987.

le *sang réal*, c'est-à-dire le Sang Royal qui permet aux participants du Festin du Graal d'acquérir l'immortalité. Mais nul ne peut acquérir cette immortalité *sans les autres*, car le salut, tout en étant individuel, concerne la collectivité toute entière. C'est ce qu'avaient fort bien compris les Cathares lorsqu'ils affirmaient que la remontée vers le Royaume de Lumière ne pourrait pas se faire avant que ne soit sauvée la dernière âme. « Tant que Parzival n'a pas ouvert son cœur à la souffrance d'autrui, il n'est *pas incarné dans sa propre vie* : il n'est qu'un esprit et il n'est qu'un corps. Il ne voit même pas la blessure d'Anfortas, il ne voit pas non plus le Graal : il croit le voir. Il le cherche plus loin qu'il n'est. » C'est en ces termes que René Nelli explique la « niaiserie » du jeune héros du Graal avant qu'il ne prenne conscience de sa mission.

Tout réside en effet dans cette prise de conscience du déchirement de l'être, d'une part, et du déchirement des êtres, d'autre part. La pensée celtique, telle qu'elle apparaît à travers les fragments druidiques que nous connaissons, est une tentative désespérée pour abolir la contradiction entre l'Un et le Multiple, et pour affirmer de façon paradoxale que l'Un suppose le Multiple et que le Multiple n'est rien sans l'Un. Le repas que prennent les quêteurs de Graal, lorsqu'ils sont parvenus à *ouvrir la porte qui est en dedans du Château des Merveilles*, est celui de la réconciliation des antinomies. Chacun des participants boit, dans la même coupe, le Sang qui contient son Ame. Chacun avait oublié qu'il avait une âme, une âme individuelle plongée dans la grande Ame universelle. Peut-être est-ce là le secret du Graal ? N'est-ce pas, comme disait Jung, « la plénitude intérieure que les hommes ont toujours cherchée » ?

Le Graal tourmente, parce qu'il pose le problème essentiel d'une humanité toujours en quête de son âme. Cette âme, on va la chercher parfois très loin, et l'on s'aperçoit alors que, derrière l'horizon, il n'y a rien, que le désert. L'âme ne s'y trouve pas. De même les chevaliers partis à la quête du Graal croyaient toujours l'apercevoir devant eux, et ils s'épuisaient à parcourir les grands chemins qui ne menaient nulle part. Le Graal constitue la part de rêve de l'humanité. Le Graal est en quelque sorte le moteur qui détermine l'action humaine.

Mais quel Graal ?

A cette question, selon ses bonnes habitudes, Merlin éclate

de rire. Il sait très bien que le Graal prend la forme de la petite flamme qui est en chacun de nous, prête à jaillir au milieu de la nuit, quand les portes du Château du Graal s'ouvriront devant l'espoir du monde.

Bieuzy - Lanvaux, 1988

TABLE

Impression réalisée sur CAMERON par

BUSSIÈRE

GROUPE CPI

à Saint-Amand-Montrond (Cher)
en décembre 2007

N° d'édition : 48987. — N° d'impression : 074118/4.
Dépôt légal : juillet 2007.

Imprimé en France